住房和城乡建设部“十四五”规划教材
高等学校物业管理专业系列教材

物业管理风险防范管理

鲁　捷　于军峰　主　编
穆林林　陈　爽　副主编
翁国强　主　审

中国建筑工业出版社

图书在版编目（CIP）数据

物业管理风险防范管理 / 鲁捷，于军峰主编；穆林林，陈爽副主编. —北京：中国建筑工业出版社，2021.12（2025.8重印）

住房和城乡建设部"十四五"规划教材　高等学校物业管理专业系列教材

ISBN 978-7-112-26906-8

Ⅰ.①物…　Ⅱ.①鲁…　②于…　③穆…　④陈…　Ⅲ.①物业管理—风险管理—高等学校—教材　Ⅳ.①F293.347

中国版本图书馆CIP数据核字（2021）第243837号

本教材为住房和城乡建设部"十四五"规划教材，高等学校物业管理专业系列教材。教材主要内容包括风险和风险管理的基本认识、风险防范管理的思路与方法、物业管理风险防范管理，重点介绍物业管理法律风险防范管理、物业服务合同风险防范管理、前期物业管理风险防范管理、物业管理活动风险防范管理、物业管理财务管理的风险防范管理、人力资源管理的风险防范管理等。内容表述注重用事实说话，以法律法规、规章政策、标准规范为依据，识别、评估物业管理活动中的风险隐患，并以问题导向理念引导确定积极有效的风险应对思路与措施，有很强的实践指导意义。

本教材主要用于普通高校、高等职业院校物业管理专业教学，也适合作为继续教育、自学考试教材，更可作为物业服务企业内部职业岗位能力培训、物业管理行业职业技能考核的培训用书。

为更好地支持相应课程的教学，我们向采用本书作为教材的教师提供教学课件，有需要者可与出版社联系，邮箱：jckj@cabp.com.cn，电话：（010）58337285，建工书院https://edu.cabplink.com（PC端）。

责任编辑：张　晶　牟琳琳
责任校对：张　颖

住房和城乡建设部"十四五"规划教材
高等学校物业管理专业系列教材
物业管理风险防范管理
鲁　捷　于军峰　主　编
穆林林　陈　爽　副主编
翁国强　　　　　主　审
*
中国建筑工业出版社出版、发行（北京海淀三里河路9号）
各地新华书店、建筑书店经销
北京锋尚制版有限公司制版
建工社（河北）印刷有限公司印刷
*
开本：787毫米×1092毫米　1/16　印张：19½　字数：410千字
2021年12月第一版　2025年8月第三次印刷
定价：**48.00**元（赠教师课件）
ISBN 978-7-112-26906-8
（38663）

出版说明

党和国家高度重视教材建设。2016年，中办国办印发了《关于加强和改进新形势下大中小学教材建设的意见》，提出要健全国家教材制度。2019年12月，教育部牵头制定了《普通高等学校教材管理办法》和《职业院校教材管理办法》，旨在全面加强党的领导，切实提高教材建设的科学化水平，打造精品教材。住房和城乡建设部历来重视土建类学科专业教材建设，从“九五”开始组织部级规划教材立项工作，经过近30年的不断建设，规划教材提升了住房和城乡建设行业教材质量和认可度，出版了一系列精品教材，有效促进了行业部门引导专业教育，推动了行业高质量发展。

为进一步加强高等教育、职业教育住房和城乡建设领域学科专业教材建设工作，提高住房和城乡建设行业人才培养质量，2020年12月，住房和城乡建设部办公厅印发《关于申报高等教育职业教育住房和城乡建设领域学科专业“十四五”规划教材的通知》（建办人函〔2020〕656号），开展了住房和城乡建设部“十四五”规划教材选题的申报工作。经过专家评审和部人事司审核，512项选题列入住房和城乡建设领域学科专业“十四五”规划教材（简称规划教材）。2021年9月，住房和城乡建设部印发了《高等教育职业教育住房和城乡建设领域学科专业“十四五”规划教材选题的通知》（建人函〔2021〕36号）。为做好“十四五”规划教材的编写、审核、出版等工作，《通知》要求：（1）规划教材的编著者应依据《住房和城乡建设领域学科专业“十四五”规划教材申请书》（简称《申请书》）中的立项目标、申报依据、工作安排及进度，按时编写出高质量的教材；（2）规划教材编著者所在单位应履行《申请书》中的学校保证计划实施的主要条件，支持编著者按计划完成书稿编写工作；（3）高等学校土建类专业课程教材与教学资源专家委员会、全国住房和城乡建设职业教育教学指导委员会、住房和城乡建设部中等职业教育专业指导委员会应做好规划教材的指导、协调和审稿等工作，保证编写质量；（4）规划教材出版单位应积极配合，做好编辑、出版、发行等工作；（5）规划教材封面和书脊应标注“住房和城乡建设部‘十四五’规划教材”字样和统一标识；（6）规划教材应在“十四五”期间完成出版，逾期不能完成的，不再作为《住房和城乡建设领域学科专业“十四五”规划教材》。

住房和城乡建设领域学科专业“十四五”规划教材的特点，一是重点以修订教育部、住房和城乡建设部“十二五”“十三五”规划教材为主；二是严格按照专业标准规范要求编写，体现新发展理念；三是系列教材具有明显特点，满足不同层次和类型的学校专业教学要求；四是配备了数字资源，适应现代化教学的要求。规划教材的出版凝聚了作者、主审及编辑的心血，得到了有关院校、出版单位的大力支持，教材建设管理过程有严格保障。希望广大院校及各专业师生在选用、使用过程中，对规划教材的编写、出版质量进行反馈，以促进规划教材建设质量不断提高。

住房和城乡建设部“十四五”规划教材办公室

2021年11月

前言

物业管理活动中的风险防范能力，是物业管理从业人员尤其是基层一线管理人员必备的职业能力要求，自然是物业管理专业学生必须掌握的能力知识、职业技能。

“物业管理风险防范管理”是物业管理专业的一门专业课程。该门课程的学习需要扎实的物业管理专业综合知识、娴熟的物业管理专业能力作为基础，以问题导向思维为指引，熟练地应用以往所学的物业管理专业知识与专业技能，才能融会贯通地理解物业管理风险防范知识、把握风险防范的基本规律、养成风险防范的科学思路，选择行之有效的风险防范手段和措施，在学习过程中准确客观地分析风险防范案例，提出有针对性的解决方案，在实践中能够精准地预判风险隐患，采取经济且合理的手段控制风险、化解风险。因而，“物业管理风险防范管理”与其他课程关系紧密且起到巩固、应用其他课程所学的作用。

本教材以风险和风险管理的基本认识、风险防范管理的思路与方法、物业管理风险防范管理为知识铺垫，以运用法律法规、规章政策、标准规范等识别、评估物业管理活动中的风险隐患、确定积极有效的风险应对思路与措施为逻辑思路，重点介绍物业管理法律风险防范管理、物业服务合同风险防范管理、前期物业管理风险防范管理、物业管理活动风险防范管理、物业管理财务管理的风险防范管理、人力资源管理的风险防范管理等物业管理风险防范专业知识。

教材编写充分考虑物业管理风险防范管理具有较强的专业综合性、实践应用性、问题导向性等特点，选取教材内容注重以多元知识为基础，强化与实践紧密关联，关注问题导向意识、思路和方法。以物业管理专项业务为主线，应用任务驱动理念，构建教材体例，突出“学习任务”架构；以理实一体化理念，梳理、归纳教材内容，既有“理论”属性的知识准备，更有“实务”属性的能力培养；以课程衔接为桥梁，将所学知识、能力作为“学新”的前导，以所学回顾启发学习，打牢基础，为实行“学中做”“做中学”“学做一体化”的教学组织提供积极有利的条件，有益于取得高效率的教学效果。

本教材由沈阳师范大学管理学院鲁捷、佳木斯大学于军峰任主编；沈阳工程学院管理学院穆林林、南宁职业技术学院陈爽任副主编，辽宁知因人力资源有限公司刘赛男、勤博教育王思源和熊芸露参加了编写。具体编写分工如下：第2章、第3章由鲁捷编写，第4章第3节以及第5章第5节、第6节由于军峰编写，第1章以及第5章第1节、第2节、第3节由穆林林编写，第4章第2节、第5章第4节由陈爽编写，第4章第1节与第4节由鲁捷、王思源编写，第6章由鲁捷、王思源和熊芸露编写，第7章由于军峰、刘赛男、熊芸露编写。

本教材的编写队伍除上述院校教师外，国内知名企业的专家也参与了编写工作，他们提供了丰富的企业资料，并对教材内容进行了认真的审核，提供了有益的建议。这充分体现了校企合作的办学精神，借此对他们表达深深的谢意！

中国物业管理协会高级顾问翁国强先生担任本教材主审，通审了全稿，提出了许多宝贵的改进意见，谨致谢忱。

本书编写过程中，沈阳师范大学管理学院研究生张帅、曹晓漫、朱妍、吴琪强、张静雅、张可欣、刘洁、李新月等同学帮助查阅整理资料、校对文稿，借此致谢！

教材编写中，我们力求做到尽善尽美，但由于能力和实践经验的不足，败笔之处难免，还望大家不吝赐教。

目 录

1

风险管理概述

知识目标

1. 了解风险、风险要素、风险管理、风险防范管理等基本知识，知晓要义；
2. 熟悉风险防范管理的思路与方法、物业管理风险管理来源与种类；
3. 掌握风险防范管理体系、物业管理的风险防范内容及应对。

能力目标

1. 具备物业管理风险防范管理工作的组织能力；
2. 具备物业管理风险的识别能力、评估能力；
3. 具备物业管理风险的防范能力、应对能力。

思政目标

1. 培养知法守法的思想品德与职业操守；
2. 树立风险意识，培养细致严谨的工作作风。

1.1 风险和风险管理的基本认识

学习目标：1．了解风险、风险要素以及风险种类；
2．熟悉风险管理和风险管理原则；
3．掌握风险防范管理内涵与风险防范管理体系。

1.1.1 风险与风险管理

1．风险与风险要素

（1）风险。风险是指一个事件产生人们所不希望的后果的可能性，即收益或结果偏离预先期望或目标的可能性。风险是某一特定不利事件发生的可能性和后果的组合，不利事件的危害程度是可能性与后果的函数关系。从另一意义上讲，风险是指因未来的不确定性所带来的可能损失。只要某一事件存在两种或两种以上的可能性发生，那么该事件就存在着风险。

但是，风险的不确定性是有其自身规律性的，体现的基本属性为可预见性与可控制性，因而，风险是可以防范的。这是风险防范管理的重要认识支撑。

（2）风险要素。风险由风险因素、风险事故和损失等要素构成。

1）风险因素。风险因素是风险事故发生的潜在原因，是造成损失的内在或间接原因。具体些讲，风险因素是指那些会影响某一特定风险事故发生的可能性、原因或条件。如对于房屋而言，风险因素是指其所使用的建筑材料的质量、建筑结构的稳定性等客观条件。

根据性质不同，风险因素可分为物质风险因素、道德风险因素和心理风险因素三种类型。其中物质风险因素，是指造成风险事故发生的物质原因或条件，如防水材料老化造成的屋面漏水；道德风险因素，是指人的主观故意或不道德行为，如个别业主和物业使用人为满足自己种植蔬菜的愿望，侵占绿地种植蔬菜的行为；心理风险因素，是指人的过失、疏忽或无意的行为，如窨井盖遭车压损毁，物业项目管理处工程人员因认为路人都能看见并避开的侥幸心理而未及时更换且未设置围护、警示，造成有人踏空摔伤。

2）风险事故。风险事故是指造成人身伤害或财产损失的偶发事件，是造成损失的直接的或外在的原因。风险事故是损失的媒介物，即风险只有通过风险事故的发生才能导致损失。在风险事故发生之前，风险只是一种不确定的状态；风险事故发生，才能最终导致损失。

就具体事件而言，如果它是造成损失的直接原因，那么它就是风险事故；而在其他条件下，如果它是造成损失的间接原因，它便成为风险因素。如建筑物外墙表面装饰砖脱落，但没有造成人员伤害、车辆损毁，那么建筑物外墙表面装饰砖脱落这一事件本身就是风险事故；但建筑物外墙表面装饰砖脱落事件，造成了人员伤害、车辆损毁，那么建筑物外墙表面装饰砖脱落这一事件则是风险因素，人员伤害、车辆损毁是损失。

3）损失。损失是指非故意的、非预期的、非计划的经济价值的减少。从风险管理角度看，该损失定义包含两个条件，一是不可预料的；二是经济价值的减少，判断某一事件是否是损失必须同时满足这两个条件。但从实践看，损失是由于风险事故的发生，所带来的人身伤害或财产损害的结果，除经济价值的减少外，还应包括未预料的人身伤害带来的经济付出。

通常我们将损失分为两种形态，即直接损失和间接损失。直接损失是指因风险事故直接造成的人身伤害、财产损害，如因物业管理过失，损毁的窨井盖没有得到及时更换，造成人员伤害，承担的受害人伤残后医疗费用、护理费用等，就是直接损失；间接损失是指因风险事故造成受害人工资、奖金停发等，就是间接损失。但人员因年龄增长的记忆力减退、生理能力下降；物品折旧、报废等，因为是必然发生的或是计划安排的，不能称为损失。

风险因素、风险事故和损失三者构成风险的统一体，风险因素引起或增加风险事故的发生或可能性增加；风险事故的发生可能造成损失出现。

2. 风险管理与风险管理原则

（1）风险管理。风险管理是指通过对风险的认识、衡量和分析，以最小的成本取得最大安全保障的管理方法。

风险管理的目标是以最小的成本获取最大的安全保障。风险管理的具体目标分为损前目标和损后目标。损前目标是指风险事故发生之前风险管理设立的目标，即在风险发生前即做好风险识别、分析、控制和防范措施，最大限度降低风险发生的可能性；损后目标是指损失发生后的风险管理目标，即针对已经发生的风险损失，尽最大努力降低或消除损失所带来的后果，努力恢复到损失前的状态。

（2）风险管理原则。风险管理原则是为风险管理的有效性确定的基本行为准则。

1）风险管理保护价值。风险管理是将可能的损失降低到可控制的程度，否则就必须将风险转移；如果一个风险既不能被降低到一个可控制的程度，而又无法转移，那么必须将风险规避，以此保护价值。

2）风险管理应整合在所有管理过程中。风险管理作为管理职责的组成部分，应整合在管理的整体过程中。

3）风险管理支持决策。风险管理应该帮助做出发展方向、思路和措施的正确决策。

4）风险管理解决不确定问题。风险管理能够准确地认识并把握问题不确定性的本质，并加以解决。

5）风险管理应该量力而行。风险管理须充分考虑自身能力与风险状况的匹配程度，在不损失现有利益的前提下，做好风险管控。

6）风险管理促进持续改进。风险管理需正确认识经营管理短板，才能实现风险管控，引起关注并实现持续改进。

3．风险管理方法

风险管理方法分为控制法和财务法两大类。控制法是指通过改变引起风险事故和扩大损失的各种条件，避免、消除风险或减少风险因素、风险发生频率及控制风险损失扩大的风险管理方法，具体思路和方法包括避免、预防、抑制、风险中和、集合或分散，其目的是减少损失频率和降低损失程度；财务法是通过提留风险准备金，事先做好吸纳风险成本的财务安排来降低风险成本的风险管理方法，即对无法控制的风险事先做好吸纳风险成本的财务安排，主要思路和方法是自留或承担，其目的是以财务手段化解损失。

对物业管理风险管理而言，运用控制法强化具体物业管理服务事项的作业程序，规范员工作业行为是避免、消除风险或减少风险因素、风险发生频率的主要管控手段，且最为经济有效。

1.1.2 风险防范管理的基本认识

1．风险防范管理

风险防范管理是指通过风险识别、风险评估作为决策基础，制定有针对性的风险防范策略、措施，形成风险防范体系，对风险实施有效预防、控制和妥善处理损失的管理活动。风险防范管理主要依托于构建科学的风险防范管理体系。

（1）风险防范管理的手段。预防和控制，是风险防范管理的主要手段，是风险防范的关键所在，也是构建风险防范管理体系的思维认识出发点。

预防是解决风险的最好方法。将风险消除在萌芽状态，是风险防范管理实现目标的最高境界。因为从机会成本角度看，降低十分的损失，就是有十分的收益；而成功的预防，是不让风险发生，就是以消除风险的手段消除了损失，其收益巨大。

控制已经发生的风险是降低损失的有力措施。阻止损失扩大或降低损失，是风险防范管理实现止损目标的基本要求。快速有效地控制已经发生的风险，正是实现这一基本要求的必要手段和措施，是风险防范管理能力的重要体现。

（2）风险防范管理的思路。风险防范管理的思路就是风险防范管理的步骤安排、适用方法的组合。风险防范管理的思路，依其步骤安排主要包括风险识别、风险评估、风险防范和风险应对。

2．风险防范管理体系

风险防范管理体系的基本框架包括八个方面内容：

（1）内部环境建设。内部环境包括企业文化、道德价值观、风险防范管理理念以及经营环境，对全员风险意识有影响力。内部环境建设应该做到：一是不断强化风险意识，尤其是管理层的风险意识；二是建立决策层、执行层和操作层风险防范管理体制，明确责任权利；三是完善风险防范管理规章制度，形成闭合管理流程。

（2）目标设定。确定目标是有效进行风险识别、风险评估和风险应对的前提，也是明确风险防范方向，落实风险防范责任的过程。目标还需层层分解，才能确定各管理层、操作岗位的防范事项和职责，实现全员风险防范责任，为风险防范管理奠定扎实的人员基础。

（3）风险识别。识别影响目标实现的内部和外部事项，区分风险和机会，将机会应用到发展战略制订中，扬长避短地推动企业发展；明确的目标，能够引导识别出影响目标实现的潜在事项中的风险，才能做到依事项将责任落实到岗到人，为全面风险防范管理打好基础。

（4）风险评估。对可能产生风险的事项进行确认，通过考虑风险的可能性和影响来对其加以分析，采取定性与定量结合的方法进行衡量，并依衡量结果确定风险度和防范重点，作为实施风险防范管理的依据。

（5）风险应对。依据风险评估结果，选择风险应对的措施，通过采取回避、转移、降低或分担等一系列行动将风险控制在可承受范围。

（6）控制活动。控制活动是制订和执行政策与程序以帮助确保风险应对得以有效实施的主要手段，包括咨询、评估、决策、批准、授权、执行、控制监督、审计审核等活动，要贯穿于管理经营的全过程。

（7）信息与沟通。信息是确保全员履行风险防范职责的基础，收集并使用信息是识别风险的方式，积极有效的沟通是风险防范的手段。有效沟通包括信息在企业中向下、平行和向上的及时、准确、有效传递，是风险防范管理科学决策的基础。

（8）监控。风险的数量和可能性会随内外部环境的变化而变化，通过持续的全面监控可以明确今后风险防范管理中应当改进的问题。监控可以通过持续的管理活动、部门联动、分层监控、事后追踪等实现。应在学习借鉴的基础上，建立规范、完整、有效的监控体系。

思考题

1．简述风险管理的方法。

2．简述风险防范管理的手段。

实训练习题

基础理论知识

一、单项选择题

1．（　）造成人身伤害或财产损失的偶发事件，是造成损失的直接的或外在的原因。

A．风险因素　B．风险事故　C．风险收益　D．风险损失

2．那些会影响某一特定风险事故发生的可能性、原因或条件是（　）。

A．风险因素　B．风险事件　C．风险收益　D．风险损失

3．对可能产生风险的事项进行确认、衡量，并以衡量结果确定风险度和防范重点，作为实施风险防范管理的依据。这属于风险防范体系的（　）。

A．风险识别　B．风险应对　C．风险评估　D．风险监控

4．风险管理应该帮助做出发展方向、思路和措施的正确决策，这体现的是风险管理的（　）原则。

A．风险管理保护价值　B．风险管理解决不确定问题

C．风险管理支持决策　D．风险管理应该量力而行

5．解决风险的最好方法是（　）。

A．接受　B．转移　C．控制　D．预防

二、多项选择题

1．风险主要由（　）等要素构成。

A．风险因素　B．风险事故　C．风险收益

D．风险损失　E．风险防范

2．风险防范管理的主要手段是（　）。

A．控制　B．预防　C．转移

D．接受　E．回避

3．控制活动是制定和执行政策与程序以帮助确保风险应对得以有效实施的主要手段，它包括（　）。

A．咨询　B．评估　C．决策

D．预防　E．批准

4．以下描述风险防范管理体系正确的是（　）。

A．建立决策层、执行层和操作层风险防范管理体制，明确责任权利

B．目标层层分解，才能确定各管理层、操作岗位的防范事项和职责

C．有效的沟通，能够引导识别出影响目标实现的潜在事项中的风险

D．有效沟通包括信息在企业中向下、平行和向上的及时、准确、有效传递

E．监控可以通过持续的管理活动、部门联动、分层监控、事后追踪等实现

5. 风险防范管理的思路包括（　　）。

A. 风险识别　　B. 风险评估　　C. 风险防范

D. 风险应对　　E. 风险管理测评

案例分析题

1. 你认为应该应用哪个风险管理方法做好本案宣传栏风险防范工作，具体怎样操作。

案情：某住宅小区内设有多个宣传栏，尺寸为宽1m，长1.5m，重约8kg。夏季的某天，气象台预报有台风，该市为台风预计登陆点，风力可能会超过10级，最高12级。该天中午，台风登陆将某宣传栏刮起，砸毁5m开外的奔驰车车窗玻璃和车门，经修理花费将近2万元，车主要求物业管理公司赔偿。

经查，该宣传栏系事发3年前安装，原固定宣传栏的4个螺栓，其中两个已经锈蚀、松动，经台风长时间吹刮断裂，酿成大祸。

2. 你认为规避化粪池爆炸风险，应该应用什么风险防范管理手段，具体怎样操作。

案情：2010年4月14日下午5时，业主林某接听手机走到小区一个化粪池井盖边时，点起打火机想熏走蚊虫，化粪池突然爆炸，将他全身烧伤70%，伤残6级。为此，林某将该小区物业管理公司诉讼至所在地法院。10月19日，法院作出一审判决，物业管理公司承担全部责任，应支付给原告林某总计达13万余元的赔偿金，其中包括精神损失费1万元。

1.2 风险防范管理的思路与方法

学习目标：1. 了解风险识别概念、风险分析的目的；

2. 熟悉风险识别的方法、风险分析的方法、风险评估的方法；

3. 掌握风险防范措施、风险应对方法。

1.2.1 风险识别

1. 风险识别的概念与含义

风险识别是指风险从发现到确认，再到描述的过程。具体地说，风险识别就是找出可能引发损失产生的各种风险，以及分析风险发生的潜在因素的过程。风险识别关键是潜在因素的分析，因为这里的潜在因素，即为风险因素，是指引起或增加风险事故发生或损失扩大的原因和条件。构成风险因素的原因和条件越多，发生风险事故的可能性就越大，损失就可能会越严重。

风险识别，在实践中主要就是识别风险因素。所谓识别风险因素，就是找出导致风险的人的不安全行为、物的不安全状态、作业环境的不安全因素和管理缺陷，即找出风险隐患。从隐患与风险的关系看，风险是可能性，而隐患具有确定性，隐患是将风险从可能性转化为现实的载体，所以找到风险隐患，就可以预防并消除风险。

物业管理风险识别就是物业服务企业对物业管理服务风险的主动发现与确认的过程。物业服务企业的风险识别，主要针对物业管理的服务对象、管理对象以及经营管理活动找出潜在的可能发生的每一个风险隐患。这是一项细致而又缜密的工作，通过定性或定量的分析，判断哪些环节存在着风险隐患，每一环节隐藏着哪些风险隐患，这些风险隐患导致风险产生的可能性大小、损失程度等。这是物业服务企业风险防范管理的重要前提。

2．风险识别的方法

风险隐患由风险源、风险载体、风险承载体三个方面组成。风险隐患的形成机理是风险源通过风险载体的作用加害于风险承载体。常见风险源有人、物理能、化学物质、自然灾害和声源等；常见的风险载体有设施设备、使用工具、使用方式、空间、地点、物理物品、化学物质等；风险承载体主要是人和物。如火灾的风险源是火种火源，风险载体是物品，尤其易燃品，风险承载体是受害人和财物损失；盗窃的风险源是盗贼，风险载体是盗窃工具、出入通道、盗贼藏身之处，风险承载体是失主和被盗财物。因此，风险识别就是从风险隐患的风险源、风险载体、风险承载体三方面识别出人的不安全行为、物的不安全状态、作业环境的不安全因素和管理缺陷。

风险识别的方法主要有感性认识与工作经验、风险事故记录分析、专家咨询与专家现场勘察。

（1）感性认识与工作经验。感性认识与工作经验是指通过对一线人员风险隐患认识的启发引导，全面调查收集其工作过程中的工作经验、管理经验和存在的风险隐患，经过科学梳理，归纳提炼出常见易发的风险隐患。

（2）风险事故记录分析。风险事故记录分析是指对以往的事故记录、事故报告等资料进行文献分析、统计分析，从环境、时间、频率以及造成的人身或经济损失等方面进行分析，归纳风险隐患规律，识别出风险隐患。

（3）专家咨询与专家现场勘察。专家咨询与专家现场勘察是指通过向风险管理专家咨询或邀请其亲临现场进行勘察，培训、指导风险识别工作，或梳理归纳风险隐患事项，形成风险识别报告。

运用风险识别方法须注意：一是资料来源的可靠性、可参考性；二是要考虑由于偏差疏漏等原因未找出的风险因素的影响；三是对于无力或不愿意承受的风险，要单独列出，认真研究对策；第四，风险识别只是发现已知风险，未知风险仍然存在，不可掉以轻心。

物业管理风险识别还须认识到服务对象业主和物业使用人的主观意识、行为对风险识别的不可预测性，以及对不可抗力的认识正确与否、把握程度对风险识别的不可预料性，需要在风险识别中谨慎对待。

1.2.2 风险评估

1．风险评估的概念与含义

风险评估是指通过对风险的衡量、分析、评价，对风险给人们的生活、工作、生命、财产等各个方面造成的影响和损失的可能性进行量化评估，以确定其危险等级，设定日常工作对其关注的重要性等级。风险评估的实质是就风险对人们生活、工作、生命、财产等各个方面造成的影响和损失的可能程度的量化测评。风险评估作为风险防范管理的基础，是确定安全需求的一个重要途径，属于风险防范管理策划过程。

风险评估是对已经识别出来的风险进行量化估计，目的是确定每个风险的影响力大小。通常评估的主要因素包括：风险影响、风险概率、风险值。通过风险评估，能够识别评估对象面临的各种风险、评估风险概率和可能带来的负面影响、确定风险等级、确定承受风险的能力，为形成风险应对决策奠定基础。

2．风险评估方法

风险评估的方法主要有定量分析法、直观评价法和经验评价法等，比较常用的是定量分析法。所谓定量分析法是通过对导致风险发生因素的数量特征、数量关系与数量变化进行定量评价与计算，按其分值确定风险等级的评估方法。

风险评估定量分析法中，比较简便易掌握的是格雷厄姆风险评价方法（*LEC*法）。该方法确定了风险源的三要素是发生事故的可能性大小、暴露于危险环境的频繁程度和发生事故产生的后果。其公式为：

$$D=LEC$$

式中 D——风险值；

L——发生事故的可能性大小；

E——暴露于危险环境的频繁程度；

C——发生事故产生的后果。

当用概率来表示事故发生的可能性大小（L）时，绝对不可能发生的事故概率为0；而必然发生的事故概率为1。然而，从系统安全角度考察，绝对不发生事故是不可能的，所以人为地将发生事故可能性极小的分数定为0.1，而必然要发生的事故分数定为10，介于这两种情况之间的情况设定若干中间值，见表1-1。

事故发生的可能性（L） 表 1-1

分数值	事故发生的可能性
10	完全可以预料
6	相当可能
3	可能，但不经常

续表

分数值	事故发生的可能性
1	可能性小，完全意外
0.5	很不可能，可以设想
0.2	极不可能
0.1	实际不可能

当确定暴露于危险环境的频繁程度（E）时，人员出现在危险环境中的时间越长，则危险性越大。规定连续出现在危险环境的情况定为10，而非常罕见地出现在危险环境中定为0.5，介于两者之间的各种情况设定若干中间值，见表1–2。

暴露于危险环境的频繁程度（E） 表 1-2

分数值	频繁程度
10	连续暴露
6	每天工作时间内暴露
3	每周一次或偶然暴露
2	每月一次暴露
1	每年一次暴露
0.5	非常罕见地暴露

关于发生事故产生的后果（C），由于事故造成的人身伤害与财产损失变化范围很大，因此规定其分数值为1～100。把需要救护的轻微伤害或较小财产损失的分数值规定为1，把造成多人死亡或重大财产损失的可能性分数值规定为100，其他情况的数值在1～100之间，见表1–3。

事故发生的严重程度（C） 表 1-3

分数值	后果
100	大灾难，许多人死亡
40	灾难，数人死亡
15	非常严重，一人死亡
7	重伤或较重危害
3	轻伤后一般危害
1	轻微危害或不利于基本的安全卫生要求

风险值D求出之后，关键是如何确定风险级别的界限值，而这个界限值并不是长期固定不变的。不同时期，应根据其具体情况来确定风险级别的界限值，以符合持续改进的思想。表1–4的内容可作为确定风险级别界限值及其相应风险控制策划的参考。

危险等级划分（*D*） 表 1-4

等级	*D* 值	危险程度
Ⅴ	＞320	极其危险，不能继续作业
Ⅳ	160～320	高度危险，需立即整改
Ⅲ	70～160	显著危险，重点控制
Ⅱ	20～70	一般危险，需要控制
Ⅰ	＜20	稍有危险，可以接受

3．风险评估案例

在物业管理过程中保洁人员经常会出现一些作业风险，如消杀工作中毒、保洁作业地面湿滑摔伤、高空或离开地面作业时坠落、道路或出入口作业身体伤害、下水或密闭管井缺氧和中毒、保洁带电设备或插座触电等安全事故，以下是结合格雷厄姆风险评价方法（*LEC*法）对保洁作业风险进行的风险评估（表1-5）。

保洁类安全风险评估 表 1-5

类别	安全隐患	值计算				风险等级
		L	*E*	*C*	*D*	
保洁类	消杀工作中毒	3	2	3	18	Ⅰ
	保洁作业地面湿滑摔伤	3	6	3	54	Ⅱ
	高空或离开地面作业时坠落	3	2	7	42	Ⅱ
	道路或出入口作业身体伤害	1	10	7	70	Ⅱ
	下水或密闭管井缺氧和中毒	3	1	15	45	Ⅱ
	保洁带电设备或插座触电	6	10	7	420	Ⅴ

1.2.3 风险防范

1．风险防范的概念与含义

风险防范是有目的、有意识地通过计划、组织、控制和检查等活动来阻止风险事故的发生，以获取最大利益。

预防和控制作为风险防范管理的主要手段，是风险防范的核心手段。在这一认识中，预防对风险防范尤为重要。预防是风险防范的关键所在，也是构建风险防范管理体系的思维认识出发点。防范是风险发生前的预防，通过风险评估，若潜在损失远大于采取预防措施所支出的成本，就应采用预防手段来阻止风险，即通过采取预防措施控制风险因素，使其不能或减少导致风险事故发生的可能性，以减小损失发生的可能性及损失程度。在这样的风险防范过程中，预防与控制是一体的，预防措施离不开控制手段的支持，需要控制手段才能得以实现。

风险识别的规律告诉我们，看上去不起眼的小事件往往是逐级演变成大危机的起因，但在实践中，很少有人会在意那些触发反应链的微小事件，这在物业管理服务活动中表现尤为显著，即所谓的“物业管理无小事”。因而，风险防范要注重微小事件的走向趋势，从细节入手，加强防范。对物业管理而言，风险防范的切实行动就是加强日常巡查，关注微小事件及其发展趋势，及时采取有效的预防措施，防患于未然。

2．风险防范措施的策略

（1）建立健全法律风险防范机制。设立专门法律事务处理机构，配备专职法律事务人员，统一处理法律事务；建立健全法律顾问制度，重大事项进行法律论证和审查；增强管理层法律意识，重视法律知识的学习和培训，提高全员法律意识和运用法律能力，实现法律风险防范的目标。

（2）强化内部控制、防患于未然。内部控制是对经营管理活动进行调整、检查和制约所形成的内部管理机制，是为实现管理目标而形成的自律系统。一是控制企业文化、组织结构、人事政策等内部环境；二是控制职责、流程、记录、检查等管理活动，做到全员注重风险防范，并以规范的工作行为预防、控制风险因素，实现风险防范目标。

（3）加强信息沟通，建立风险防范机制。及时有效地提供风险防范信息，让全员明确风险防范目标和任务，促成部门与部门之间、员工与员工之间的紧密合作；通过健全的风险防范机制，一致行动、快速应对，形成有效控制，达到预防手段的效果，实现风险防范目标和任务。

3．风险防范措施的确定

确定风险防范措施，就是运用格雷厄姆风险评估方法，把握风险因素本质内容，结合专业技术要求，有针对性地制定风险防范措施。

如结合格雷厄姆风险评估方法（*LEC*法）对保洁作业、秩序维护作业、工程维修作业进行风险值（*D*）的评估，并根据风险值（*D*）确定风险等级及规避措施（表1–6）。

安全风险评估及规避措施　　表 1–6

类别	隐患	*D* 值	等级	措施
保洁作业类	保洁带电设备或插座时触电	420	Ⅴ	1．电气设备和配电间由专业电工负责清洁。 2．对开关插座清洁时，必须断电且使用干布。 3．对有导体裸露的部位，未有保护措施禁止清洁作业
秩序维护类	在道路、出入口执勤受到身体伤害	126	Ⅲ	1．在距离出入口30m、5m处设置减速带。 2．出入口显著位置设置“限速”“一车一杆”标识。 3．增加出入口照明亮度，夜晚执勤人员穿着反光衣。 4．执勤时须确认周边情况安全后，才能行动。 5．加强人员安全培训，制定并落实安全作业制度
工程维修类	高空及离开地面作业时坠落或伤人（如更换楼顶灯、路灯等）	252	Ⅳ	1．作业基准面2m以上作业，须2人同时在场。 2．高处作业必须系好安全带、戴好安全帽，设置安全梯或安全网等。 3．遇有4级以上风速，暴雨或雷电等恶劣气候时，停止高处作业。 4．高处作业所用工具、零件、材料等必须装入工具袋。 5．上下作业梯，须双手扶梯，手中不得持有任何物件。 6．使用登高梯，作业前确认登高梯稳固牢靠

1.2.4 风险应对

1．风险应对的概念与含义

风险应对是指针对不同类型、不同规模、不同概率等不同等级的风险，为使风险损失的影响降到最小限度，结合自身承受能力，采取并实施的相应对策、措施或方法。

确定风险应对方法需要考虑风险的可规避性、可转移性、可缓解性、可接受性等因素。

2．风险应对方法

（1）风险规避。风险规避是改变决策来避免风险事故的损失。对待风险，首先要考虑的是避免风险。凡是风险所造成的损失不能由该决策可能获得的利润予以抵消时，就应采用回避、退出、不参与、不介入的对策。如物业服务企业在游泳池里不设跳台（板）就可以避免跳台（板）的风险，这已是住宅小区内游泳池的普遍做法。

但风险规避方法具有很大的局限性，一是只有在风险可以避免的情况下，避免风险才有效果；二是有些风险无法避免；三是有些风险可以避免但成本过大；四是消极地避免风险，会使企业安于现状，不求进取。

（2）风险转移。风险转移是指将风险及其可能造成的损失全部或部分转移给他方。风险转移的主要形式是合同和保险。合同转移，即通过签订合同，可以将部分或全部风险转移给一个或多个其他参与者；保险转移，即通过购买保险，实现风险转移，是使用最为广泛的风险转移方式。

物业服务企业为了避免自己在承担风险后对自身经济活动的妨害和不利，可以对风险采用各种不同的转移方式。如通过对外委托合同将保洁、绿化、秩序维护、电梯等专项物业管理服务事项转委托给物业专营企业，转移部分风险；或通过购买公众责任险、雇主责任险等保险，将风险带来的损失转移给保险公司。

（3）风险减轻。风险减轻是利用政策或措施降低风险发生的可能性或影响程度，将风险降低到可接受的水平。风险减轻，一是通过分散策略，采取数量分散化、委托对象多元化、资产用途分散化、资产种类分散化等，如物业服务企业对外委托专项物业管理服务事项，就同一管理事项选聘多家物业专营企业在多个物业项目承担专项物业管理服务事项，从而达到服务品质的风险控制目的；二是借助内部流程或行动，将不良事件发生的可能性降低到可接受的程度以控制风险，如物业项目管理处的内部巡查制度、联动制度以及对外委托监察制度，就是通过高频次的检查，达到服务品质风险的控制目的。

（4）风险接受。是对可承受的风险，在权衡成本效益之后，不采取降低风险或者减轻损失的方法；或者是在既不能避免风险，又不能完全控制风险或分散风险时，只能自己承担风险所造成的损失。从风险防范管理的视角看，风险接受主要是指前一种主动选择。

风险接受包括有计划接受和无计划接受。有计划接受是指可能的损失发生前，通过做出各种资金安排以确保损失出现后能及时获得资金以补偿损失，保险是主要方式，如物业服务企业购买雇主责任险、公众责任险，即为规避员工或业主和物业使用人的意外伤害。无计划接受，是对不可预见的风险，如不可抗力；或风险规避，风险转移、风险减轻不可行；不公平竞争的特殊要求等情形下的无奈接受，严格意义上讲，这不是风险防范管理的方法，如物业服务企业为承接物业项目不得不承担的改造资金，该资金是难以甚至无法从物业费或是住宅专项维修资金、共有部分经营收入等业主共有资金渠道收回的。

思考题

1. 简述风险识别的方法。
2. 简述风险防范措施的策略。

实训练习题

基础理论知识

一、单项选择题

1. 在游泳池里不设跳台（板）就可以避免跳台（板）的风险，是住宅小区内游泳池的普遍做法，这属于风险应对方法中的（　）。

A. 风险接受　B. 风险减轻　C. 风险转移　D. 风险规避

2. 风险防范管理思路中，首先要进行（　）。

A. 风险评估　B. 风险识别　C. 风险防范　D. 风险应对

3. 风险评估中比较常用的方法是（　）。

A. 定量分析法　B. 定性分析法　C. 经验评价法　D. 直观评价法

4. 物业服务企业购买公众责任险是属于风险应对方法中的（　）。

A. 风险规避　B. 风险减轻　C. 风险转移　D. 风险接受

5. 在权衡成本效益之后，不采取降低风险或者减轻损失的方法是（　）。

A. 风险接受　B. 风险减轻　C. 风险转移　D. 风险回避

二、多项选择题

1. 风险防范管理的思路是（　　）。

A. 风险识别　B. 风险评估　C. 风险防范

D. 风险应对　E. 风险监控

2. 风险应对的方法是（　　）。

A. 风险规避　　B. 风险减轻　　C. 风险转移

D. 风险接受　　E. 风险分散

3. 风险转移的主要形式有（　　）。

A. 合同　　B. 约定　　C. 协议　　D. 承诺　　E. 保险

4. 风险减轻中的分散策略包括（　　）。

A. 数量分散化　　B. 委托对象多元化

C. 资产用途分散化　　D. 委托对象单一化

E. 资产种类分散

5. 风险评估的方法主要有（　　）。

A. 定量分析法　　B. 定性分析法

C. 直观评价法　　D. 预测分析法

E. 经验评价法

案例分析题

1. 请运用所学的格雷厄姆风险评价方法（*LEC*法）评估本案风险等级，谈谈本案例风险识别的思路与方法。

案情：某物业小区402住户家人从负1层消防楼梯到1层电梯厅过程中，在推开防火门时，防火门碰倒站在防火门另一侧的一位老人（403家人）。老人摔倒后感觉不适，402、403两家业主将老人送到医院。经检查，老人胯部骨折。402业主认为防火门位置设计不合理，不应该设在电梯厅，物业管理公司应对老人摔倒事件承担民事赔偿责任，并向物业管理公司递交了一份律师函。

2. 针对本案诉讼，你认为应该采取怎样的风险应对方法，为什么？

案情：某日下午3时左右，吴女士8岁的儿子小强和10岁的女儿约了邻居林女士7岁的儿子一同到儿童戏水池玩水。在戏水过程中涉入深水区的小强突然不见了，孩子们立即呼救。5分钟后，救生员从水中捞出已经不省人事的小强，并立即送往医院。经医院抢救，小强脱险，住院20天，花了2万多元医药费。

小强的父母认为：由于戏水池的经营者物业管理公司的过失，放任孩子们到深水区戏水，导致溺水事故发生，要求物业管理公司赔偿。在多次索赔不成后，小强父母将该物业管理公司告上法庭，索要医疗费、误工费、精神损害赔偿等共计2.8万余元。

1.3　物业管理风险防范管理

学习目标：1. 了解物业管理风险管理的概念和来源；
2. 熟悉物业管理风险管理的特点、物业管理风险的种类；
3. 掌握物业管理的风险防范内容及应对。

1.3.1　物业管理风险防范管理的基本认识

1. 物业管理风险防范管理

物业管理风险是指在物业服务企业签订物业服务合同以后，在合同约定的管理服务事项范围和期限内，由于管理服务过程中出现的不可控或不确定因素导致的人身伤害、财产损害等损失的可能性。

物业管理风险防范管理是指物业服务企业通过风险的识别、评估，选择有效的方式，主动、有目的、有计划地防范、应对在物业管理服务过程中由企业内部或企业外部各种因素所导致的须由物业服务企业承担的风险，以求用最小的经济成本获得最大安全保障的管理过程。

由于物业管理的管理对象技术性、专业性、综合性很强，服务对象业主和物业使用人构成情况复杂，相关联的社会关系错综复杂，风险无时无处不在。对物业管理风险如果不加以妥善合理的防范管理，在一定条件下就有可能演化为突发的、影响比较大的风险事故（突发事件或紧急事件），一方面可能会带来人员伤害或财产损失，另一方面还可能会导致物业管理区域秩序混乱，带来区域性的社会不稳定，给物业服务企业乃至物业管理行业带来不利影响。但由于物业管理风险具有不确定性，这些不确定性又源自人们对风险认识的有限性和对风险控制防范的难度等因素，物业服务企业防范在物业管理服务过程中出现的各种风险，最大限度地降低企业损失，已成为物业服务企业面临的工作重点和难点。因此，物业服务企业必须重视物业管理风险防范管理，对物业管理风险进行科学防范和有效处置。

物业管理风险管理的基本目标是以最小的经济成本获得最大的安全保障效益，即物业管理风险管理就是以最少的费用支出达到最大限度地分散、转移、消除风险，以实现物业安全使用，保障业主的合法权益与物业服务企业的经济利益的物业管理目标。

2. 物业管理风险防范管理的特点

（1）项目性。由于物业服务企业的经营管理是以物业项目为基础的，因此，物业服务企业风险管理的落脚点在物业项目。物业项目的风险防范管理是物业服务企业风险防范管理的重要支撑。

（2）复杂性。无论是专业复合性还是管理服务过程复杂性，物业服务企业风险防范管理所涉及的业务环节和风险因素复杂多样，需要进行全面统筹规划，否则就会因风险防范管理体系缺乏系统性和可操作性，导致物业管理风险防范管理难以奏效。

（3）主动性。物业管理风险潜在地存在于各个物业项目、各项管理服务事项以及管理服务事项各个环节，而这些环节都是由一线员工所承担，因此，风险防范管理的责任必须落实到每个员工身上，并让风险防范成为工作过程中的主动行为。

（4）外在性。物业管理受托于业主，业主和物业使用人自然是物业管理风险防范管理的关键因素之一。业主和物业使用人对物业管理法律法规与专业知识的了解程度、遵守管理规约的程度、心理感知程度，以及风险意识和风险防范能力等，都会影响到物业服务企业风险防范管理的效果。

3．物业管理风险来源

物业管理风险按照风险发生的来源，导致物业管理风险的因素有：

（1）企业内在因素。企业领导层不重视物业管理，只注重利润追求；内部管理不科学、不规范、不全面或制度执行不到位；缺乏风险危机意识，风险识别与风险应对机制不健全；专业人才缺乏，人员素质较低；物业本身设计缺陷、设施设备选型缺陷以及技术维护缺陷；人员高流动率与员工违规作业行为等劳资纠纷等导致风险发生。

（2）企业外在因素。物业管理市场不尽成熟、法律法规不够健全；建设单位地位强势，或建设质量问题；业主的物业管理消费意识不成熟、维权意识有偏差；业主大会成立难、业主委员会谋私利、乱作为；行政主管部门和相关专业部门服务不及时、不到位、过多干预；政府及大众传播媒体对物业管理市场的正向引导不足；物业管理行业自律性与诚信度不够，无序竞争的普遍存在；服务标准与物业费价格背离；自然灾害等导致风险发生。

1.3.2 物业管理风险种类与内容

1．物业管理风险的种类

（1）按风险事件划分

1）物业项目风险。物业项目风险是指因物业项目自身条件所导致的风险，如物业项目地质、水文、气象等自然条件；物业管理区域划分、物业设施设备配套情况、分期施工等客观因素导致的风险；商业综合体的不同物业类型带来的物业费标准纠纷的风险等。

2）经营管理风险。由于物业服务企业在经营过程中，因法律法规把握不到位、主观判断失误或工作疏忽等造成的风险，导致企业经济损失的发生。如挖掘施工期间虽设置了作业现场围护但却没有安装夜间警示灯，造成路人跌伤的人身伤害风险等。

3）人为责任风险。由于责任方的危害行为造成的人身伤害或财产损害，如故意破坏房屋及其设备、乱扔烟头引发火灾、疏忽或违规操作导致设备损坏等风险。

（2）按形成风险的内外因素划分

1）主观风险。主观风险是指物业服务企业因人员主观判断错误或认识局限性造成的风险。如未经业主共同决定事项的表决，擅自将绿地改为停车场导致的侵权责任风险。

2）客观风险。客观风险是指物业服务企业因外部的自然和非自然的因素造成的风险。如台风、山体滑坡等自然灾害造成的树木倒伏；无序竞争的市场环境造成投标失败；人为的建筑破坏等所导致的风险。

（3）按风险损失类型划分

1）财产风险损失。财产风险损失是指物业，即房屋、附属设施和设备、相关的场地和庭院等因风险事件而产生的损失，分为直接损失和间接损失。

2）人身风险损失。人身风险损失是指物业服务企业员工、业主和物业使用人因风险事件而产生人身伤害的赔偿损失。

3）责任风险损失。责任风险损失是指物业服务企业因法定责任、约定责任未履行、履行不到位或者越权越位造成人身伤害或财产损失。

2．物业管理风险的内容

（1）外部环境风险的内容

1）法律法规不健全的风险。主要体现在国家、各级政府在相关法规政策制定方面的不健全、不衔接，体系性、完整性不足，尤其是缺少操作性、程序性的规定。如高空抛物的安全防范，要求物业服务企业采取合理的安全防范措施，但所谓“合理”没有具体明确的要求，实践中物业服务企业不知如何具体实施，争议中就往往承担了不合乎情理的责任风险。

2）相关法律法规政策执行难的风险。主要体现在国家和各级政府在制定相关政策后不积极推行、履行或者存在着执行难的问题。如省级物业管理条例大多明确规定了供水系统、供电系统应移交给供水单位或供电单位以明晰产权，降低业主、物业服务企业的责任风险，但在实践中却因所谓“并网费”大都得不到落实，物业服务企业仍需为此承担责任风险；物业服务企业在业主拖欠物业费的诉讼审理中虽然基本上都是胜诉的，但因为执行难，只能继续承受收费难的经济风险。

3）城市综合管理体制不完善的风险。由于政府相关部门职责不明晰难以形成行政执法协同合力，行政执法效率较低，严重影响物业服务企业履行制止义务和报告义务，给物业服务企业带来不利社会影响甚至经济损失的风险。如面对业主和物业使用人的违法搭建、违章装修行为的泛滥，其他业主往往认为是物业服务企业不作为造成的，尤其在相邻人触犯自身利益时，即以拒绝支付物业费抗衡，造成物业服务企业物业费无法收取的风险。

4）业主消费观念滞后的风险。由于业主和物业使用人对物业管理缺乏正确认识，既不清楚物业管理的范围、职责，也不充分了解自己的权利与义务，因而缺乏物业管理市场消费认识，尤其是合同意识，常常将非物业管理责任强加于物业服务企业或认为物业管理质价不符，并以此为借口拒绝支付物业费。如最为典型的就是以房屋质量问题、房屋空置未住等拒付物业费，造成物业服务企业经济损失风险。

5）建设单位遗留问题造成损失的风险。建设单位遗留问题一般在业主入住后才反映出来，业主常认为是物业服务企业的责任，影响到业主对物业管理的客观评价，甚至造成双方矛盾纠纷。如地面停车位没有达到设计规划的数量要求，个别业主占用消防车通道的情形，轻则增加了消防安全管理难度，重则导致物业服务企业的消防安全法律责任风险。

6）业主委员会运作不规范的风险。业主委员会运作缺乏制度规范，业主委员会监督制度不健全，致使业主委员会权利滥用，给物业服务企业带来经营管理风险。如未经业主共同决定事项表决，业主委员会擅自解聘物业服务企业造成经济损失的风险。

（2）物业管理服务风险

1）秩序维护风险。秩序维护风险主要是指由于第三人的过错和违法行为导致物业服务企业责任风险。如物业管理区域内入室盗窃、抢劫、群殴等各类事件，给业主或物业使用人造成人身伤害、财产损害等风险。

2）车辆管理风险。车辆管理风险是指在物业管理区域内的停车管理、车辆行驶过程导致物业服务企业责任风险。如发生车身受损、车辆盗失等事件，给业主或物业使用人造成财产损害等风险。

3）消防管理风险。消防管理风险是指在物业管理区域内因消防设施的维修保养不善、无消防用水供应、消防报警系统失灵等导致人身伤害和财产损害，物业服务企业承担消防安全责任甚至承担刑事法律责任的风险。

4）房屋与设施设备管理风险。房屋与设施设备管理风险是指在物业管理区域内因养护、维修和管理不善、管理人员的工作失误以及业主的使用不当导致的人身伤害和财产损害，物业服务企业承担相应责任甚至承担刑事法律责任的风险。如外墙瓷砖脱落伤人砸车事件。

5）隐蔽工程验收及维保风险。隐蔽工程验收以及维保风险是指因物业管理区域内隐蔽工程存在无法验收难以维保的问题导致财产损失，物业服务企业承担相应责任的风险。如楼宇单元自来水管道使用不符合标准要求的管线，导致管线爆裂，造成水浸，物业服务企业承担承接查验失职、维修失职等责任风险。

（3）财务管理风险

1）空置房与收缴率风险。房地产市场较高的房屋空置现象比较严重，其业主大多拒付物业费。但在此情形下，物业服务企业仍需根据与业主约定的管理服务标准提供服务，大量的应收未收款积压，造成财务压力，形成财务风险。

2）代收代缴费用风险。由于代收代缴费用的分摊计算与收缴需要一定的周期，增加了对物业服务企业现金持有量的要求，形成了资金的压力。当业主以各种理由拒绝支付代收代缴费用时，造成物业服务企业已预先垫支有关费用，最终却不能全额收取的财务风险。

3）管理漏洞风险。由于财务管理尤其是收费票据管理不到位，极易造成财务风险。如物业项目管理处现金交易、截流、私设小金库；出纳员开具发票收取现金后暂时不入账，或据为己有，保安员收取停车费不开发票等都是财务风险。

4）物业费标准上调难的风险。物价逐年攀升、生活垃圾清运费等公共服务费用提高、五险一金收缴的日益规范、最低工资标准的提升等，需要物业费的上调。但政府指导价却少见提升，以及业主共同决定事项表决的组织难，甚至个别物业服务企业的低价竞争等因素，造成物业费标准上调难的现实情形，导致物业服务企业财务风险。

（4）企业内控风险

1）管理者素质风险。物业管理者的专业素质从知识结构、能力结构两方面看，与现代物业管理的专业性和技术性要求还存在一定的差距，导致物业管理服务还难以达到物业服务合同的约定，造成各种风险发生的可能性较高。

2）决策风险。由于物业服务企业的法律意识、风险意识的欠缺，决策往往存在法律责任风险；受上述管理者素质风险的影响，其经营管理决策往往存在着战略发展的风险；受一线操作人员的影响，往往容易造成技术决策风险。如盲目扩张带来的服务品质下降的风险；启动应急预案的迟缓，带来损失扩大的风险。

3）经营管理风险。由于缺乏培训和考核制度，导致服务意识差，职业能力低下；员工以“偷工减料”“消极怠工”等方式欺瞒业主；没有做到统筹规划、统一采购，降低财务费用；擅自利用公共部位经营等，造成经营管理不善的风险。

（5）人力资源风险

1）劳动关系风险。物业服务企业属于服务业中典型的劳动密集型行业，用工风险在人力资源风险中自然首当其冲，主要表现在必须支付的工资不能低于最低工资标准，辞退员工必须要支付赔偿金，失业赔偿、补交社会保险，以及工伤赔偿等，不但大幅度增加企业的人力成本的风险，而且也增加了劳动关系冲突的风险。

2）员工素质低下的风险。称职的职业经理人匮乏，从业人员在法律知识、职业道德、业务水平和组织协调能力等方面与承担的任务不相适应，造成服务水平不尽如人意，客户关系紧张，收费率下降，甚至引发激烈冲突和矛盾，造成降低物业服务企业公信力的风险。

3）员工流动风险。物业服务企业人员的高流动性使得物业服务企业难以维持队伍稳定，无法筹划长期人力资源规划，导致人力资源较大的失效可能，使企业面临巨大的有形损失和无形损失的风险。

（6）灾害风险

在物业管理服务过程中，自然灾害和人为失误造成的灾害，如台风、暴雨、雷击、电力故障、天然气泄露、火灾、水灾等都会给物业服务企业带来人身伤害和财产损害的风险。

3．物业管理风险的应对措施

（1）树立全员风险管理意识。物业服务企业要通过培训树立全员风险管理意识，倡导和强化"全员的风险管理意识"，并内化为员工的职业态度和工作习惯；尤其要重视预防性控制，做好内控管理，加强落实巡查制度，及时发现风险隐患并组织、落实整改。

（2）建立全面的风险管控体系。针对物业服务企业经营管理特点，以及物业项目具体情况，建立全面的风险管控体系，完善事前、事中和事后的风险管控。事前，根据物业项目情况、企业经营情况、财务数据分析，做好风险识别；事中，建立中期或者长期的风险防范计划，确保内控环境保障；事后，总结风险特点、因素，完善事前识别和应急预案。物业服务企业应建立包括服务风险、财务风险、自然灾害风险在内的应急处理程序，全员掌握应急处理预案，并能够有效地按照预案积极应对风险、控制风险。

（3）加强财务管理。健全明晰的企业财务管理制度，明确财务部门和工作人员权责，加大财务制度执行力度，推进财务管理的现代化和规范化。建立健全完善的财务控制体系主要包括建立全方位的和多元的财务控制和财务监督系统。

（4）优化人力资源。加强全员培训，建立鼓励职工进取的激励机制，优胜劣汰，提高职工素质；吸纳高校毕业生，做好人才储备；引进高级管理人才，推动内部人员提升愿望；建立全面的内部规章制度，规范员工职业行为，推动岗位能力提高；建立合法友善的劳动关系，真正关心员工的切实利益。

（5）加强信息化建设。推动内控的信息化程度，强化经营管理中的信息化技术应用程度，借助网络化管理机制，提升内部资源的共享，优化资源利用，快速及时地提升信息传递和反馈，提高应对风险的快速反应能力，实现对风险的有效控制。

思考题

1．简述物业管理外部环境风险的内容。

2．简述物业管理风险的应对措施。

实训练习题

基础理论知识

一、单项选择题

1．物业服务企业的营运管理是以物业项目为基础的，因此物业服务企业的风险管理的落脚点应该在于物业项目管理，这反映了物业管理风险的（ ）特点。

A. 项目性　B. 复杂性　C. 能动性　D. 主动性

2. 因风险管理体系缺乏系统性和可操作性，而导致物业管理风险防范管理难以奏效，这反映了物业管理风险的（ ）特点。

A. 项目性　B. 主动性　C. 能动性　D. 复杂性

3. 由于物业服务企业在经营过程中，因法律法规把握不到位、主观判断失误或工作疏忽等造成的风险属于（ ）。

A. 项目客观风险　B. 经营管理风险

C. 人为责任风险　D. 法律责任风险

4. 加强全员培训，建立鼓励职工进取的激励机制、优胜劣汰、提高职工素质，属于物业管理风险的应对措施中的（ ）。

A. 树立全员风险管理意识　B. 建立全面的风险管控体系

C. 加强信息化建设　D. 优化人力资源

5. 房屋、附属设施和设备管理风险属于（ ）。

A. 外部管理环境风险　B. 物业管理服务风险

C. 财务风险　D. 灾害风险

二、多项选择题

1. 以下属于物业管理风险管理特点的是（ ）。

A. 可预测性　B. 复杂性　C. 能动性

D. 主动性　E. 项目性

2. 物业管理风险按风险损失类型可划分为（ ）。

A. 财产风险损失　B. 人身风险损失

C. 责任风险损失　D. 项目经营损失

E. 财务管理损失

3. 物业管理风险管理就是以最少的费用支出达到最大限度地（ ）风险。

A. 克服　B. 消除　C. 分散

D. 转移　E. 抵制

4. 物业管理风险来源中属于企业内部因素的是（ ）。

A. 企业领导层不重视物业管理，只注重利润追求

B．建设单位地位强势，或建设质量问题

C．行政主管部门和相关专业部门服务不及时、不到位、过多干预

D．缺乏风险危机意识，风险识别与风险应对机制不健全

E．业主的物业管理消费意识不成熟、维权意识有偏差

5．物业管理财务管理风险的内容包括（　　）。

A．空置房与收缴率风险　　B．代收代缴费用风险

C．财务管理漏洞风险　　D．经营管理风险

E．物业费标准上调难的风险

案例分析题

1．请分析本案例物业管理风险来源，谈谈为什么是该来源？

案情：某日，某工业园物业服务企业值班安全员李某巡逻至7号员工宿舍时，突然发现5号宿舍601员工宿舍有浓烟从窗户向外冒出，李某敏感地意识到601室已发生火警，立即用对讲机通知四号巡逻岗，同时快速冲向宿舍提取灭火器赶赴事发现场。四号巡逻岗得到火警信息后，第一时间启动大门岗警铃，并用对讲通知各岗位，3分钟后，各班组人员按照管理处《消防火灾应急预案》相关流程执行，在秩序维护部主管的指挥下，全面展开灭火救援工作，在各部门通力协作下于45分钟后将火扑灭。

事后，对火灾现场进行查看，初步查明引起此次火灾事故的主要原因是员工外出时未拔掉放在床铺上的小型录音机的变压器电源，变压器工作时间过长造成线圈绝缘击穿，导致短路燃烧，继而引发床铺易燃品起火而波及周边床铺等。

2

物业管理法律风险防范管理

知识目标

1. 了解物业管理法律风险、物业管理法律关系基本知识，知晓要义；
2. 熟悉物业管理法律风险防范管理的原则、防范过程与实施内容；
3. 掌握业主的权利义务、业主大会与业主委员会的组织性质；
4. 掌握政府、街道办事处的职能职责。

能力目标

1. 具备物业管理法律风险防范工作的组织能力；
2. 具备与业主、业主大会关系法律风险识别和防范的能力；
3. 具备与政府、街道办事处关系法律风险识别和防范的能力。

思政目标

1. 培养知法守法的思想品德与职业操守；
2. 以求真务实精神，培养细致严谨的工作作风。

2.1 物业管理法律风险防范管理概述

学习目标：1. 了解物业管理法律风险、物业管理法律风险防范管理的含义与特征；

2. 熟悉形成物业管理法律风险原因与物业管理法律风险防范管理原则；

3. 掌握物业管理法律风险防范管理的过程与实施内容。

2.1.1 物业管理法律风险的基本认识

1. 物业管理法律风险的含义与特征

（1）物业管理法律风险。物业管理法律风险是指物业服务企业在物业管理过程中，由于故意或过失违反物业管理及相关法律法规、规章政策以及违反物业服务合同或相关合同约定等所导致的侵害业主权益、外部关系紧张、发生各类事故、企业信用降级等情形，致使物业服务企业经济损失、企业形象受损或其他损害且须承担法律责任或后果的风险。

构成物业管理法律风险有三个基本要素，即风险存在的前提条件是法律对其有相关的规定；引发风险的直接原因是以物业服务企业为主且包括其他物业管理法律关系主体的作为或不作为；风险发生后给物业服务企业带来负面的法律责任或后果。凡是同时具备这三个要素的风险，就可以被认定为物业管理法律风险。

（2）形成物业管理法律风险的原因。从物业管理实践看，造成物业服务企业法律责任风险的主要原因有：

1）法律意识淡薄。不重视法律责任风险防范，不熟悉物业管理相关法律法规、规章政策，缺失依法经营意识，甚至将利用法律漏洞作为决策思路与经营手段，采取违法或者违约的行为谋取经济利益。

2）内部管理制度不健全。企业内部管理和决策流程不健全不完善，内部管理混乱，决策随意性强，缺乏必要的法律专业论证环节；或虽设有制度，但个人权威至上，决策主观臆断，不愿听取法律专业意见，难以真正落实科学决策程序。

3）未签订物业服务合同或合同文本不规范。为取得物业管理项目，不签订物业服务合同就进场提供管理服务，或者物业服务合同订立管理流程不规范、审核不严格，造成合同文本内容失察、法律责任扩大等，导致合同纠纷。

4）专业法律培训不到位。内部培训偏重专业技能培训，忽视专业法律知识培训，造成管理服务一线人员履行合同或处理各项业务时，认识不到其中的法律责任风险，不愿或不屑于遵守内部管理制度，工作处置随意性大，导致法律后果发生。

5）缺少依法维权意识。企业利益受损或面对司法诉讼、仲裁以及公共关系危机时，或是由于相关法律了解掌握不足，缺失法律专业知识应对，因被动应付而承受额外损失，或是采取违法手段维权，导致企业形象受损且经济损失扩大。

6）外部法律环境因素。由于物业管理立法不尽完备，法制环境尚未健全，尤其是缺少可操作性的规章政策，加之地方保护主义等因素带来的执法不公正、司法裁判不一致，甚至政府行政主管部门对现行物业管理法律法规、规章政策解读、执行的不一致，以及物业管理地方立法的条款内容冲突等，使得物业服务企业极易发生法律责任风险。

7）外部市场环境因素。部分急功近利的物业服务企业采取各种不正当的途径或手段进行所谓市场竞争，如竞争阶段买通业主、业主委员会甚至社区居民委员会等搅乱物业项目、投标过程围标、恶意攻击竞争对手；合同履行阶段减员降标、压低对外委托事项价格或标准等手段，导致守法依规经营者吃亏、乱作为者获利的物业管理市场混乱状况，市场竞争失去基本价值判断，不当竞争的法律风险后果屡屡出现。

2．物业管理法律风险的特征

依据物业管理法律风险的定义、构成要素以及形成原因，物业管理法律风险的特征主要表现在以下几个方面：

（1）物业管理法律风险的法定性或约定性。这主要表现在物业管理法律风险的发生原因上，物业管理法律风险，无论关联性是直接的还是间接的，归根结底都是因为有相关的法律规定或合同约定的存在。直接关联性的，如物业服务企业未经业主同意利用共有部分经营的违法侵权行为；间接关联性的，如对业主或物业使用人违章装修行为，物业服务企业未履行应尽义务所导致的连带责任等。

（2）物业管理法律风险发生的结果具有强制性。物业管理活动如果违反法律法规、规章政策，或者侵害业主、物业管理市场相关主体的合法权益，势必导致物业服务企业承担相应的民事责任、行政责任甚至刑事责任等法律责任。而法律责任具有强制性，一旦发生，则必须承受其处罚结果。如物业服务企业采取停水停电手段催要物业费，就会因违反《中华人民共和国民法典》（以下简称民法典）承担民事侵权责任，接受信用等级降低等行政惩处。

（3）物业管理法律风险发生的广泛性。法律法规、规章政策是贯穿物业管理活动始终的重要基本依据，物业服务企业与物业管理相关方以及物业服务企业内部关系等，一切物业管理业务事项的处理，都需要遵守法律法规、规章政策。另外物业管理法律风险也存在于物业服务企业从设立到终止的全过程，存在于物业管理项目从取得到撤离的各个环节和各项业务活动之中。

（4）物业管理法律风险发生形式的关联性。物业管理风险体系中的许多风险存在交叉和重叠，并且可能互相转化，其中法律风险与其他各种风险的关联性最高，因为物业管理风险往往都起因于与法律风险相关的因素。物业管理财务风险往往就关联到物业管理法律风险，如业主拒付物业费，深究原因常常就与物业服务企业违规取得物业项目相关联。

（5）物业管理法律风险具有可预见性。物业管理法律风险是基于法律法规、规章政策的规定，以及物业服务合同或相关合同约定而产生的，是可以预见的。物业管理法律风险因其可预见性，是可以通过各种有效手段加以防范和控制的。如物业服务企业利用业主共有部分的任何合法经营活动，只要通过依法定表决程序得到业主的同意，就可以避免擅自利用业主共有部分经营的侵权行为。

〖相关法规制度标准〗

1．2020年5月28日第十三届全国人民代表大会第三次会议通过的《中华人民共和国民法典》；

2．2018年3月19日国务院修改的《物业管理条例》（国务院令第698号）；

3．2003年11月13日国家发展改革委、建设部发布的《物业服务收费管理办法》（发改价格〔2003〕1864号）；

4．2007年9月10日国家发展改革委、建设部发布的《物业服务定价成本监审办法（试行）》（发改价格〔2007〕2285号）；

5．2007年10月30日建设部第142次常务会议讨论通过，与财政部联合签署发布《住宅专项维修资金管理办法》（建设部、财政部第165号令）；

6．2011年12月30日国家质量监督检验检疫总局、中国国家标准化管理委员会发布的中华人民共和国国家标准《企业法律风险管理指南》GB/T 27914—2011。

2.1.2 物业管理法律风险防范管理

【案例2-1】业主表决授权有效力，公共收益归业主

2014年7月31日，T小区J物业公司以出租人身份将T小区1号楼一层大厅东北侧的160m^{2}租赁给S区邮电局。

2016年6月3日至17日，T小区以书面征求意见的形式召开首次业主大会。会议通过管理规约、业主大会议事规则，选举产生业主委员会，成立业主大会，并经所在地街道办事处备案。其中备案材料的《业主大会议事规则》第八条第八项规定，业主大会会议决定物业共用部分的经营方式、管理、使用经营收益。

2017年4月，T小区业主委员会以书面征求意见的方式组织召开T小区业主大会临时会议，经业主表决同意授权业主委员会在物业共用部分租赁合同标的25%～30%范围内向受托物业服务企业支付管理成本、企业利润、税费及其他费用。随后T小区业主委员会通知J物业公司可按当年租赁费用总额的25%取得管理成本、企业利润、税费及其他费用；已收取的前期租赁费45万元，除支付业主委员会运行费用外，余额按业主专有部分面积分配。

2017年9月8日，T小区业主委员会发出《T小区业主委员会关于分配租赁收益的通知》，告知业主房屋租赁总收入45万元在扣除25%的物业管理成本、企业利润、税费及其他费用合计11.25万元及T小区业主委员会办公支出1.5万元后，纳入分配的公共收益余额为32.234万元，各业主所得款可用于抵扣供暖、物业费及其他费用。

2018年7月1日，J物业公司张贴《租赁收支及分配表》显示其收取租金45万元，扣减业委会支出15159元、维修改造费113500元（2017年2月至12月间的设施更换改造费用）后的75%，即各业主所得款可用于抵扣供暖、物业费及其他费用为241005=（450000–15159–113500）×75%。J物业公司还提交了缴纳的物业费中已经抵扣租赁减免金额5492.34元、2276.76元、18458.04元，以及租赁减免电费18644.79元等证明。但T小区业主委员会只认可同意扣除物业公司应当取得的112500元和业主委员会支出15159元，对物业公司主张抵扣的维修改造费用113500元和物业费、电费等不同意扣除。

分析：业主对建筑物内专有部分以外的共有部分享有共有和共同管理的权利。T小区一层大厅东北侧的160m^{2}系该建筑物共有部分，其产生的租金属于公共收益。

T小区《业主大会议事规则》第八条第八项规定，业主大会会议决定物业共用部分的经营方式、管理、使用经营收益。2017年4月经T小区业主大会临时会议同意“授权业主委员会在物业共用部分租赁合同标的25%～30%范围内向受托物业服务企业支付管理成本、企业利润、税费及其他费用”的决定是合法有效的。

对于J物业公司主张的应当扣除物业公司的收入112500元、业主委员会支出15159元、维修改造费用113500元，业主抵扣的物业费、电费等5492.34元、2276.76元、18458.04元、18644.79元等，因T小区业主委员会同意扣除物业公司的收入、业主委员会支出等部分，且T小区业主委员向全体业主发出通知，纳入分配的公共收益可用于抵扣供暖、物业费和其他费用。故J物业公司要求扣除部分业主已经交纳的物业费、电费等具有事实依据，应予以认可；但对于J物业公司要求扣除维修改造费用113500元，因未得到业主共同表决同意，业主委员会不能认可。因此，J物业公司应当向T小区业主委员会返还公共收益277469.07元（450000–450000×25%–15159–5492.34–2276.76–18458.04–18644.79）。

想一想：结合本案你认为物业服务企业依照民法典与《物业管理条例》应该怎样做好利用业主共有部分的经营活动。

1．物业管理法律风险防范管理

（1）物业管理法律风险防范管理。物业管理法律风险防范管理是指物业服务企业通过对物业管理活动法律风险的认识、衡量和分析，选择最有效的方式，主动、有目的地实施计划性的风险处置，以最小成本将风险降至最低的管理过程。

（2）物业管理法律风险防范管理原则。为了有效管控物业管理法律风险，保证物业管理活动有序开展，物业管理法律风险防范管理可遵循以下原则：

1）尊重业主合法权益。物业管理源自业主的委托，物业服务企业及物业项目管理处一切涉及物业管理活动的经营管理决策，均应得到业主共同表决同意。

2）审慎管理。物业服务企业要在尊重法律、保证信用的前提下开展物业管理活动，遵守法律法规、规章政策规定的权利义务，不违反法律法规、规章政策的禁止性规定。

3）融入企业经营管理全过程。法律风险发生于企业的经营管理活动过程中，物业管理法律风险防范管理的识别、评估和应对，应当贯穿于企业尤其是物业项目经营管理的决策、执行、监督、反馈等各个环节。

4）全员参与。法律风险产生于具体业务事项的各个环节，需要企业全员参与并承担法律风险防范管理的相关责任，明确职责分工，将风险控制在源头、苗头。

5）持续改进。随着内外部环境的变化，企业面临的法律风险不断发生变化，要求企业要关注学习、积极调整，适时做出恰当反应，以形成法律风险防范管理的长效机制。

2. 物业管理法律风险防范管理的过程

物业管理法律风险防范管理的过程包括明确法律风险环境信息、法律风险评估、法律风险应对、监督与检查等环节。

（1）明确法律风险环境信息。明确法律风险环境信息是指对物业服务企业内外部环境中与物业管理法律风险及防范管理相关的信息进行收集、分析、整理、归纳的一系列过程。法律风险环境信息包括物业服务企业的内、外部法律风险环境信息。

外部法律风险环境信息是指企业外部的法律法规、部门规章、技术标准，尤其是地方政策及其地方政府行政主管部门对法律法规、规章政策的理解与执行情况，以及所在地的政治经济、社会文化等各种相关信息。对于跨区域经营的物业服务企业，要特别关注不同地区间可能存在的规章政策差异、地方政府行政主管部门对国家法律法规的理解差异。

内部法律风险环境信息是指企业内部的盈利模式和业务模式、组织机构与岗位、相关制度和资源配置、法律事务工作情况、遵从法律的激励约束方式、合同及其管理情况、以往法律风险事件的处置等各种信息。

物业管理法律风险信息的确定，受物业服务企业法律风险准则的影响最大。企业法律风险准则是衡量法律风险重要程度所依据的标准，在法律风险防范管理工作开始实施前制定且依实际情况调整，其内容包括物业管理的范围、对象，以及法律风险种类；法律风险事件发生的可能性、影响程度以及法律风险的度量方法；法律风险等级的划分标准；利益相关者可接受的法律风险或可容许的法律风险等级等。

（2）物业管理法律风险评估。物业管理法律风险评估包括法律风险识别、法律风险分析和法律风险评价等三个步骤。

1）法律风险识别。法律风险的识别是指对物业管理各业务事项、各项经营活动流程中存在的法律风险的查找，并对查找到的法律风险进行描述、分类，分析归纳其原因、影响范围、潜在后果等，最终生成包括法律风险事件、适用法律法规、法律后果、相关案例、法律分析意见、涉及部门及岗位的物业管理法律风险清单的过程。

物业管理法律风险识别可从业务事项、经营管理活动、组织机构设置、利益相关者、引发法律风险原因、法律风险事件责任、法律法规、以往发生案例等方面，采用问卷调查、访谈调研、头脑风暴法、德尔菲法、检查表法等方法查找法律风险事件，进行法律风险识别。

2）法律风险分析。法律风险分析是指对识别出的法律风险进行定性、定量的分析，为法律风险评估和应对提供支持。法律风险分析要考虑导致法律风险事件的原因、法律风险事件发生的可能性及其后果、影响后果和可能性的因素等。

法律风险可能性分析，考虑的因素主要有外部监管的完善程度和执行力度、现有法律风险管理体系的完善与执行力度、相关人员法律素质、利益相关者的综合状况、所涉及工作的频次等，并且确定各种因素对可能性影响程度的权重；法律风险影响程度分析，主要考虑后果类型、后果严重程度等因素。二者综合，可以为确定法律风险等级奠定基础。

3）法律风险评价。法律风险评价是指将法律风险分析的结果与企业的法律风险准则相比较，或在各种风险的分析结果之间进行比较，确定法律风险等级，以帮助做出法律风险应对的决策。

一般情况下，法律风险评估是在识别出法律风险基础上，首先采用定性分析，以初步评定法律风险性质，然后进行定量分析，评价物业管理法律风险等级，以明确关注程度。如利用共有部分经营，在符合民法典、物业管理条例相关规定的基础上，须识别出经营方案、利益分配、与业主委员会磋商、业主共同表决以及实施操作等环节存在的法律风险清单，这是定性分析；然后通过风险可能性、频次及后果等的分析、评价，计算风险值，确定风险等级。

（3）法律风险应对。法律风险应对是指物业服务企业针对物业管理法律风险采取相应措施将法律风险控制在企业可承受范围的实施过程。法律风险应对包括选择法律风险应对策略、评估法律风险应对现状、制定和实施法律风险应对计划三个环节。

1）选择法律风险应对策略。法律风险应对策略包括规避风险、降低风险、转移风险、接受风险和其他策略等，可将其单独或组合使用。

2）评估法律风险应对现状。对选取的规避、降低或转移等法律风险应对策略，要从资源配置、职责权限、过程监控、奖惩机制、执行者能力要求、部门内法律审查、专业法律审查、法律风险意识等方面予以评估，了解其不足和缺陷，为制定法律风险应对计划提供支撑。

3）制定和实施法律风险应对计划。法律风险应对计划包括机构设置、岗位职责、奖惩机制、实施对象、监督检查要求、资源需求和配置方案、应对优先次序和条件、实施时间表等。

物业服务企业可建立法律风险预警制度，制定相应的应急预案，明确应急处理的相关组织机构、处理流程、沟通机制、应急措施和资源的配置保障，确保对突发法律风险事件的及时反应，有效控制突发法律风险事件对企业造成的不利影响。

（4）监督和检查。监督和检查是指物业服务企业实时跟踪督促法律风险防范管理的运行状况，以确保法律风险应对计划的有效执行，并根据发现的问题对法律风险防范管理工作进行持续改进的过程。

物业管理法律风险防范管理监督和检查的内容主要包括内外部法律风险环境的变化；监测法律风险事件，分析趋势及其变化并从中吸取教训；对照法律风险应对计划检查工作进度与计划的偏差，保证风险应对措施的设计和执行有效；报告关于法律风险变化、风险应对计划的执行进度和风险管理方针的遵循情况；实施法律风险管理绩效评估。

（5）沟通和记录。沟通和记录是物业管理法律风险防范管理的主要措施，沟通和记录贯穿于各环节的具体活动之中。

1）沟通。物业管理法律风险防范管理全过程须保持内部责任部门与利益相关者、企业相关人员的有效沟通，保证他们能够充分了解面对的法律风险及其给企业带来的影响，正确理解法律风险防范管理决策，保证他们能够获取履行职责所需的相关记录或档案材料，有效执行企业法律风险管理活动；还要与政府物业管理主管部门、街道办事处、司法部门等外部利益相关者建立顺畅的沟通渠道，争取得到有力的外部支持。

2）记录。记录是对物业服务企业实施和改进物业管理法律风险防范管理全过程的书面记载。记录应满足出于管理目的而重复使用信息的需要；进一步分析法律风险和调整风险应对措施的需要；物业管理法律风险丰富管理活动的可追溯要求；沟通的需要；法律法规和操作上对记录的需要；企业本身持续学习的需要等内容。

3．物业管理法律风险防范管理的实施

物业管理风险管理流程的组织实施需要一个法律风险管理体系，包括企业法律风险管理的方针、组织职能、资源配置、信息沟通机制等。

（1）物业管理法律风险防范管理文化。物业服务企业应当注重物业管理法律风险防范管理文化建设，企业领导层应明确企业法律风险管理方针，重视培养全员对法律风险防范管理工作的责任意识，树立共同责任理念，采用多种途径加强对企业法律风险管理理念、知识、方法和流程的培训教育，提高全体员工知法、守法和用法水平；加强对内部违法违规行为的惩治力度，促进法律风险防范管理的贯彻实施，保障法律风险管理目标的实现。

（2）设立物业管理法律风险管理的组织机构，明确职能。物业服务企业应明确法律风险防范管理的责任机构或者岗位，明确其职责内容，并建立批准、授权制度；建立考核方法与奖惩制度；明确内外部法律风险防范管理资源的分工和合作方式。

（3）企业法律风险管理的制度流程。物业服务企业应根据物业管理法律风险防范管理目标，建立完善适当的配套制度和行为规范，确定法律风险管理的工作程序，同时结合内部制度建设工作，将法律风险防范管理纳入到各项工作流程，确保法律风险防范能够切实融入一切管理、经营工作，并形成对制度规范的定期更新，确保时效性。

（4）企业法律风险管理的资源配置。物业服务企业需根据法律风险防范管理计划，制定可行的方法，从人员、资金、信息及其他资源等配置方面为法律风险防范管理做好资源配置，尤其要支持法律风险环境信息的及时收集，做好动态管理。

（5）企业法律风险管理的沟通和报告机制。物业服务企业需建立内部沟通和报告机制，以保证与利益相关者、内部相关部门或岗位之间保持有效的信息互动沟通，促成物业管理法律风险处置与防范的相互理解与支持。

思考题

1．简述物业管理法律风险的形成原因。

2．简述物业管理法律风险评估的步骤与内容。

3．简述物业管理法律风险防范管理过程中的法律风险应对。

4．简述物业管理法律风险防范管理的实施。

实训练习题

基础理论知识

一、单项选择题

1．物业管理法律风险防范管理是指物业服务企业通过对物业管理活动法律风险的认识、衡量和分析，选择最有效的方式，主动有目的地实施计划性的风险处置，以（　）将风险降至最低的管理过程。

A．最小代价　　B．最小投入　　C．最小成本　　D．最小付出

2．物业管理法律风险防范管理的（　）原则告诉我们，物业服务企业要在尊重法律、保证信用的前提下开展物业管理活动，不违反法律法规、规章政策的禁止性规定。

A．慎重管理　B．审慎管理　C．严慎管理　D．谨慎管理

3．物业管理法律风险信息的确定，受物业服务企业（　）的影响最大。

A．法律准则　B．风险准则

C．法律法规规定　D．法律风险准则

4．物业服务企业针对物业管理法律风险采取相应措施将法律风险控制在企业可承受范围的实施过程是（　）。

A．法律风险控制　B．法律风险防控

C．法律风险应对　D．法律风险转移

5．物业管理法律风险防范管理过程中的（　）是对实施和改进物业管理法律风险防范管理全过程的书面记载。

A．留痕　B．笔记　C．记录　D．纪要

二、多项选择题

1．构成物业管理法律风险有三个基本要素，即（　）。

A．风险存在的前提条件是法律对其有相关的规定

B．引发风险的直接原因是以物业服务企业为主且包括其他物业管理法律关系主体的作为或不作为

C．引发风险的直接原因是以物业服务企业为主且包括其他物业管理法律关系主体的不作为

D．物业服务企业的法律责任或后果

E．风险发生后给物业服务企业带来负面的法律责任或后果

2．物业管理法律风险的特征主要包括（　）。

A．法定性或约定性　B．原因强制性　C．广泛性

D．发生形式关联性　E．可预见性

3．物业管理法律风险防范管理原则主要包括（　）。

A．尊重业主合法权益　B．审慎管理　C．融入决策过程

D．全员参与　E．持续改进

4．物业管理法律风险防范管理的识别、评估和应对，应当贯穿于物业服务企业尤其是物业项目经营管理的（　）等各个环节。

A．决策　B．执行　C．监督　D．核查　E．反馈

5．物业管理法律风险防范管理的过程包括（　　）等环节。

A．明确信息　　B．法律风险评估　　C．法律风险应对

D．监督与检查　　E．持续改进

案例分析题

1．请运用物业管理法律风险防范管理过程知识，分析本案律师建议的法律风险。

案情：自2006年11月21日S小区交付使用后，R物业公司作为小区前期物业公司，一直在小区代为收取属于公共收益部分的费用，但未向小区业主及业主委员会公布任何公共收益账目。2016年S小区成立了第二届业主委员会后，双方才签订了《物业共有部分经营收益分配协议》。协议约定R物业公司对小区公有部分的公共收益代为收取和管理；在扣除法定税费后，70%归业主委员会，30%作为R物业的服务成本和经营管理费用，且R物业应每季度公布一次公共经营收益的核算结果。但期间，R物业公司仅在2017年向S小区业主委员会分5次支付了公共收益125891.56元，其他年度均未向S小区业主委员会支付过收益或公布账目。双方为此协商无果，为此，S小区业主委员会向法院提出诉讼，请求判令R物业公司向S小区业主委员会公布并支付2016年11月至2019年3月的公共收益收支账目。

R物业公司的律师建议，本案辩护要点是S小区业主委员会并非本案适格主体。原因是R物业公司并未与S小区业主委员会签订物业服务合同，S小区业主委员会没有资格以合同当事人的身份提起诉讼；法律未规定业主委员会可以就小区共有权益提起诉讼；针对本次起诉，S小区业主委员会并未取得S小区双过半业主同意授权，并不具备起诉的资格。

2．请运用本节所学法律风险应对知识，分析本案例物业公司的法律风险，谈谈你欲拟定的法律风险应对计划的主要内容。

案情：肖某是某装饰公司法定代表人。为承揽生意，肖某联系到了某小区的物业经理何某，要求何某向其提供新业主信息，并承诺若接单成功，会给何某“提成”。于是，何某将存有小区约4700多条业主信息（包含姓名、住址、电话、门牌号、装修喜好等详细信息）的电子文档通过QQ发给被告人肖某。肖某收到该信息资料后，进入业主QQ群欲群发装修广告，却不慎将该文件上传至该QQ群。肖某发现错误后随即删除，但已被业主发现。于是业主们报案。案发后，何某到公安机关投案自首，肖某被抓获归案。

2.2 物业管理法律关系的法律风险防范管理

学习目标：1. 了解物业管理法律关系含义和种类，以及物业管理法律关系形成渊源；

2. 熟悉与业主、业主大会及业主委员会的物业管理法律关系；

3. 掌握业主、业主大会及业主委员会法律关系的风险识别与防范。

2.2.1 物业管理法律关系的基本认识

1. 物业管理法律关系的含义

（1）物业管理法律关系。物业管理法律关系是指物业管理主体在物业管理及相关活动过程中由物业管理法律法规调整所形成的相互之间的权利与义务关系。

物业管理法律关系是法律关系的一种，是在物业管理法律法规调整之下的社会关系，包括业主与其他业主、业主大会（业主委员会）、物业服务人（包括物业服务企业和其他管理人）、建设单位、政府行政主管部门或相关部门，以及业主大会（业主委员会）与物业服务人、建设单位、政府行政主管部门或相关部门等关系，也包括物业服务人与物业专营企业的关系。物业管理法律关系是以法定和约定的权利和义务为内容的社会关系，其中约定的权利和义务特指在物业服务合同、物业专项委托合同中约定的权利与义务；物业管理法律关系是物业管理法律法规调整物业管理活动的结果，其中因合同关系约定的权利和义务，任何一方不得擅自更改，一旦某方擅自更改，即视为违约，承担相应的法律责任。

物业管理法律关系具有物业管理法律关系主体的多样性、业主意志的多元化和代表性、多重法律关系交错的统一体等特征。

（2）物业管理法律关系的要素。物业管理法律关系的要素是指构成物业管理法律关系的主体、客体和内容，这三者缺一不可，故也称物业管理法律关系的三要素。

物业管理法律关系的主体是指物业管理法律关系中权利的享有者和义务的承担者。如业主、物业使用人、物业服务企业、建设单位、政府行政主管部门等。

物业管理法律关系的客体是指物业管理法律关系主体的权利义务共同指向的对象，包括物、行为和非物质财富。

物业管理法律关系的内容是指物业管理法律关系主体所享有的权利和承担的义务，主要指业主的权利义务、物业服务企业的权利义务，这是物业管理法律关系最基本的要素。

（3）物业管理法律关系的种类。由于物业管理法律关系主体的多元化，导致物业管理法律关系较为复杂。物业管理法律关系可以根据不同的标准来进行分类。

1）按照物业管理法律关系主体的相互地位，可以把物业管理法律关系分为平等主体之间在物业管理法律关系中的平权关系、不平等主体之间在物业管理法律关系中的隶属关系两大类。

平等主体之间在物业管理法律关系中的平权关系是指法律关系主体之间是平等的，相互之间可以协调和选择。如业主和物业服务企业是平等的合同关系，业主有权通过业主共同决定事项表决选聘物业服务企业；物业服务企业有权选择业主，拒绝聘用。

不平等主体之间在物业管理法律关系中的隶属关系是指法律关系主体之间是相互隶属的，法律关系主体之间在法律地位上不平等，是行政法律关系，决定了相互之间的监管和服从关系。如物业管理行政主管部门享有指导、监督的行政权，对物业服务企业、业主大会的各项管理工作实施监督管理；对物业服务企业与业主之间的纠纷作出行政裁决。

2）按照规范法律关系的法律部类不同，可以分为民事法律关系、经济法律关系、行政法律关系、刑事法律关系等类别。

物业管理民事法律关系是指根据民事法律规范所确立的以民事地位和民事权利义务为内容的物业管理法律关系。

物业管理经济法律关系是指业主、业主大会、物业服务人之间依经济法形成的经济地位和经济权利义务关系。

物业管理行政法律关系是指政府、物业管理行政主管部门或相关行政部门、街道办事处或乡镇人民政府因物业管理相关的行政法律调控，与业主、物业使用人、业主大会、物业服务人、物业管理行业协会、业主组织协会之间形成的行政管理地位和行政权利义务关系。

物业管理刑事法律关系是指国家与犯罪人之间因物业管理犯罪行为而产生的、受刑法规范调整的权利和义务关系。一般不在物业管理法律法规中直接作出规定，多在物业管理规章政策中规定物业管理犯罪行为的刑罚适用范围原则。

2．物业管理法律关系的形成渊源

业主取得物业所有权时，必然伴随着义务的产生。这一义务是本源性的，称之为“根本义务”。业主取得物权的目的，是通过对物业支配权（即占有、使用、收益和处分）的行使，实现对物业的使用、收益等。这一目的的实现，前提是物业的续存；而能够保证物业续存的基本手段或措施，就是安全使用物业，以及对物业进行的必要的科学的养护、维修。所以，“安全使用物业”“对物业的养护维修”是业主的“根本义务”。国务院办公厅转发住房城乡建设部《关于完善质量保障体系提升建筑工程品质指导意见的通知》（国办函〔2019〕92号）“二、强化各方责任”之“（三）明确房屋使用安全主体责任”明确规定“房屋所有权人应承担房屋使用安全主体责任。房屋所有权人和使用人应正确使用和维护房屋，严禁擅自变动房屋建筑主体和承重结构。加强房屋使用安全管理，房屋所有权人及其委托的管理服务单位要定期对房屋安全进行检查，有效履行房屋维修保养义务，切实保证房屋使用安全。”即明确规定了业主的安全使用物业义务、物业养护维修义务。

民法典第二百七十三条第一款规定“业主对建筑物专有部分以外的共有部分，享有权利，承担义务；不得以放弃权利为由不履行义务。”本款所规定的业主义务是指依附于业主共有部分的各项义务，包括业主的根本义务，如安全使用物业义务、物业养护维修义务；基本义务（由根本义务衍生），如支付物业费义务、使用专项维修资金义务、遵守管理规约和业主大会议事规则义务、遵守限制性和禁止性规定义务等，且均为强制性义务。因此，业主的物业养护维修义务作为强制性义务，必须无条件履行。那么，业主应如何履行养护维修义务呢？

民法典第二百八十四条规定，业主可以自行管理建筑物及其附属设施，也可以委托物业服务企业或者其他管理人管理。市场法则告诉我们，“最有效率的选择，是专业的事交给专业的人去做”，业主通常选择将本应自己履行的物业养护维修这一“根本义务”委托给物业管理市场的专业性供给主体即物业服务人且主要是物业服务企业代为履行，物业管理法律关系由此而生。

2.2.2 与业主关系的法律风险识别与防范

【案例2-2】催缴物业费出奇招　限制业主购电遭投诉

Y公馆小区物业服务处向欠付物业费业主发出催要通知：“请贵户尽快安排时间于3月16日前至物业服务中心交纳物业费，或通过电汇方式汇款。逾期仍未交纳的，物业服务中心将于3月17日采取如下措施：1. 停止售电；2. 不提供保洁绿化等物业服务；3. 将欠费业主的房号和姓名在小区大门口显眼处公布。”

业主H先生拨打了小区物业服务中心负责人电话，要求缴纳电费，却被告之：要经物管人员上门核查，确认电表上的余电快用完了，才可以买电。并表明这是公司的要求，要看到电表上的基数，如果不让看表就不能卖电。

记者来到位于小区物业服务中心，找到了前述负责人。该负责人介绍，她是公司派驻在Y公馆的现场负责人，卖电前要先核查业主家电表的做法是公司的决定，最主要的目的就是催缴物业费。“小区一共一百余套房子，卖了44户，住进来了28户，很多没入住的业主长期拖欠物业费，住进来的这些业主中也有7户没有按时缴纳。”由于疫情期间小区的各项投入加大，但是钱一直没收上来，公司的经营难以为继，才做出了这样的决定。

“我对于物业公司限制业主购电的做法无法接受。”小区业主L先生告诉记者，很多业主不愿意按时缴纳物业费，主要是对物业服务和小区配套建设不满意。小区建成以来，在安全防护方面一直存在明显缺失，盗窃事件频发。如果小区全新的安防系统上线了，他愿意交齐所有拖欠的物业费。

分析：限制购电的做法不合法。民法典第九百四十四条第三款规定，物业服务人不得采取停止供电、供水、供热、供燃气等方式催缴物业费。本案物业服务企业要求物业项目管理处限制购电的行为其实质就是变相停电。

物业服务企业采取限制购电方式迫使业主缴纳物业费的做法，既不合法也不合理，反而会加深与业主之间的矛盾；采取限制购电方式万一出现安全问题，该物业服务企业还要承担相应的侵权责任，因而这一做法是极其不明智的选择，应尽快纠正，采取合法合规的方式来催要物业费。如果本案物业服务企业拒不改正，Y公馆所在地的区政府物业管理行政主管部门可下发书面通知，告知其行为违法，并对其诚信体系考评进行扣分处理。

想一想：结合本案你认为物业服务企业应该怎样依法催要业主拖欠或拒付的物业费。

1．与业主关系的基本认识

从物业管理形成的法律渊源看，物业服务人与业主之间的关系是受托人与委托人的法律关系；物业服务人作为受托人，接受委托人业主的委托事项是业主的物业养护维修义务。根据民法典第九百二十二条“受托人应当按照委托人的指示处理委托事务”之规定，物业服务人应按业主的“指示”，即物业服务合同“约定”的物业管理事项及其标准做好物业共有部分的养护、维修，表明业主与物业服务人之间的物业管理法律关系的本质是“委托”。物业管理法律关系的本质属性是“委托”。但这里需要强调的是，义务委托不是义务转移，业主仍是物业养护维修义务的责任主体，即物业管理的责任主体。

民法典第九百二十二条“受托人应当按照委托人的指示处理委托事务”以及《物业管理条例》第二条“业主通过选聘物业服务企业”等规定，表明物业管理是以业主为主导性的，业主在物业管理法律关系中占有主导地位。在物业管理活动中，业主的主导性，不仅是物业管理的特征之一，更是明确了在物业服务企业与业主的法律关系中，业主的地位并不单纯是一般意义的市场需求方，更应该是物业管理市场的管理服务标准的提出者、要求者，业主要求物业服务企业按其“指示”做好物业共有部分的养护、维修，即按照与业主在物业服务合同中约定的物业管理事项及其标准履行物业共有部分的养护维修义务，是业主主导性的真正价值所在。

综上所述，物业管理法律关系要求物业服务人尤其物业服务企业的物业项目管理处在物业管理实践中既要了解业主的需求、围绕业主的需求，做到让业主满意；还要清楚业主的“指示”，按照业主的“指示”实施物业管理，才能真正做到让业主满意。这里最重要的是后者，因为业主的“指示”即为物业服务合同的约定，物业服务合同是物业管理法律关系最为重要的起点与基础。

2．业主的物业管理权利与义务

（1）业主的物业管理权利。业主的物业管理权利是指业主作为物业的所有权人，依据民法典、《物业管理条例》在物业管理活动中依法享有其所拥有物业的所有权及他项权利。业主的物业所有权，常常表现为业主的建筑物区分所有权，主要包括物业所有权的直接表现形式，如业主组织（业主大会）设立权、业主共同决定事项表决权、业主委员会委员或业主监事会选举权与被选举权、物业管理享有权、物业管理监督权、物业管理知情权、物业管理建议权、业主大会临时会议提议权、专有部分装修权、自身权益维护权等；法律法规规定的其他权利，如生命权、健康权、名誉权、肖像权、隐私权、监护权、所有权、用益物权、担保物权、继承权等人身、财产权益。

（2）业主的物业管理义务。业主的物业管理义务是指业主作为物业的所有权人，依据民法典、《物业管理条例》在物业管理活动中依法履行的义务。主要包括伴随业主的物业所有权取得而产生的根本义务，如安全使用物业义务、物业养护维修义务；根本义务履行而衍生的基本义务，如支付物业费义务、使用与筹集专项维修资金义务、遵守管理规约和业主大会议事规则义务、执行业主大会及业主委员会决定义务、遵守限制性和禁止性规定义务、履行物业服务合同义务、配合物业管理义务、装修告知义务、遵守物业服务人装修提示义务、物权异动告知义务以及法律法规规定的其他义务等。

3．与业主关系的法律风险识别与防范

物业管理法律风险防范管理，要求物业服务企业尤其是物业项目管理处要摆正自身在物业管理法律关系中的受托人地位，准确把握自身的权利义务。在物业管理活动过程中须尊重业主的权利，不可干扰或强制要求业主履行义务；要清醒地认识到业主所委托的是义务，不是权利，不可擅自对业主共有部分进行决策。否则，就会因为自身的行为导致侵犯业主合法权益的法律风险发生。

（1）业主的物业管理享有权的法律风险。主要表现在物业服务企业未履行或未全面履行物业服务合同。如只收费不服务，即将物业服务合同只用作收取、催缴物业费的依据，根本不按物业服务合同约定提供管理服务，只是象征性地做些保洁、门卫值守工作；不按物业服务合同约定的物业管理方案中的岗位编制安排人员，缩编减员，致使人手不足，造成物业管理质量达不到物业服务合同约定的标准；一人多岗或一人多个物业项目顶岗，不兑现物业服务合同约定的作业频次，达不到物业服务合同约定的质量标准等情形，导致损害业主物业管理享有权的法律责任风险。

规避损害业主物业管理享有权法律责任风险，首先要认识到业主的物业管理享有权是指业主有权享受物业服务合同约定的物业管理服务事项，其前提条件是物业服务企业须全面履行物业服务合同。其次要认真落实物业服务合同约定的物业管理方案，兑现承诺，尤其是按照管理质量标准科学地做好工作量标准测算。最后要加强物业项目管理处的品质管理工作。

（2）业主共同决定事项表决权的法律风险。主要表现在物业服务企业擅自决定对业主共有部分的利用、处分。如未经业主共同表决同意，利用业主共有部分经营、对外租赁业主共有部分、改建业主共有部分、抵押物业服务用房或物业用房以及自行使用或挪用住宅专项维修资金等，具体为利用小区道路、广场等经营停车位；利用电梯、外墙、屋顶做广告；对外租赁物业服务用房；绿地改建停车场等情形，导致侵犯业主共同决定事项表决权的法律责任风险。

规避侵犯业主共同决定事项表决权法律责任风险，物业服务企业应认识到凡须业主共同决定事项，未依法经业主表决同意，即为“擅自”，是物业管理活动中的禁止性行为，不可逾越。利用、处分业主共有部分为业主共同决定事项，须经全体业主依法共同表决同意，才是合法有效的；即使业主委员会或在街道办事处指导下代行业主委员会职责的社区居民委员会，以及政府物业管理行政主管部门、街道办事处等也无权力决策、决定。

利用、处分业主共有部分，物业服务企业应撰写包括合理的管理成本测算、收入分配、盈利可行性分析等内容的书面材料，与业主委员会或街道办事处协商后，通过全体业主依法共同表决同意后方可实施。

（3）业主的物业管理知情权的法律风险。主要表现在物业服务企业未按法律法规、规章政策公布应当向业主公开的情况和资料，或未提供查阅便利。如未向业主公布物业管理事项、负责人员、质量要求、物业费收取和使用情况、其他收费项目与收费标准、物业服务合同履行情况、物业使用和管理状况、住宅专项维修资金使用情况、业主共有部分的经营与收益情况等，或只在客户服务中心提供公开资料却未以合理的公布方式向业主公开，或公开的资料信息造假等情形，导致侵犯业主的物业管理知情权的法律责任风险。

规避侵犯业主的物业管理知情权法律责任风险，首先要按照地方法规、政策的要求，按期公布应当向业主公开的情况和资料，并在物业项目管理处客户服务中心提供查阅的便利条件。其次要保证公开资料的信息真实可信，能够如实反映实际情况。最后要重视合理的公布方式，面向全体业主公布资料应在物业管理区域的显著位置，如小区主出入口、客户服务中心公示栏或单元入口处；面向业主委员会的，应以书面报告的方式。

（4）业主专有部分装修权的法律风险。主要表现在物业服务企业在业主履行装修告知义务时，未尽到合理注意事项的提示义务，或是限制业主的装修选择权，或是装修检查义务履行不到位，或是巧立名目滥收费用、违规多收费等。如未告知业主装修管理方面的有关规章政策、规范标准以及装修活动的限制性或禁止性行为；强行向业主推荐装修单位、装修材料；在业主遵守装修管理相关法律法规章政策的情形下，对业主自行选择的装修单位限制装修施工人员出入园区或装修材料进入园区；或收取所谓装修管理费用、高价收取装修垃圾清运费；装修检查频次过低，甚至不进行入户现场检查等情形，导致侵犯、损害业主合法权益的法律责任风险。

规避侵犯业主、损害业主专有部分装修权法律责任风险，首先要认真把握落实民法典、《物业管理条例》有关装修管理、安全防范管理的有关规定，履行好物业服务企业的提示（告知）义务、制止义务和报告义务。其次要归纳出业主专有部分装修权的具体权益表现，尊重业主的合法权益，不可为一己私利侵害业主的合法权益。最后要加强装修管理的现场检查，及时制止业主的违规装修行为，将业主可能发生的损失控制在最低。

（5）业主的自身权益维护权的法律风险。主要表现在业主维护自身权益取证时，物业服务企业不予或消极配合。如业主主张物业质量保修权利时，物业项目管理处不予提供第三方情况证明，或业主遇有盗窃或人身伤害事件、浸水跑水等突发事件时，物业项目管理处不配合或消极配合提供监控视频或现场情况资料等，导致妨碍业主依法维权的法律责任风险。

规避妨碍业主依法维权法律责任风险，物业服务企业须将尊重业主的合法权益放在一切工作的第一位，并在实际工作中做到只要不涉及违法违规，就应为业主提供必要的有效的情况证明，帮助业主依法维权，最大限度地维护业主合法权益。

（6）法律法规规定的其他权利的法律风险。主要表现在物业安全防范管理不到位，危及业主生命权，或是环境管理不到位，影响业主健康权，或是随意处分业主共有部分，侵占所有权、用益物权、担保物权等，或是催要物业费方式不得当以及人身攻击，侵犯业主名誉权、肖像权、隐私权等。如电梯养护不到位，电梯困人事故频发，甚至坠梯等；外墙起鼓不及时处理导致外墙脱落等；饭店油烟污染、商业噪声扰民、污水外溢甚至进入供水井道、消杀不及时不到位等；擅自抵押、租赁物业服务用房、架空层、避难层以及物业用房等；催要物业费过度公示业主信息；对物业管理有意见或评价较低的业主采取造谣、谩骂等情形，导致侵害、侵犯、侵占业主合法权益的法律责任风险。

规避侵害、侵犯、侵占法律法规规定的业主其他权利法律责任风险，要加强物业服务企业的法律知识与应用能力的培训，不仅要培训物业管理法律法规、规章政策，还要培训学习与业主人权、财产权相关的法律法规，全面认识把握业主的合法权益；要加强对物业服务合同的全面履行，要做到尽职尽责地履行好物业管理义务，保证物业安全使用，保证物业管理区域的安全有序、环境安静、卫生整洁。

（7）业主履行义务的法律风险。主要表现在物业服务企业采取违法或过激方式强迫业主履行义务，维护企业利益。如通过停水停电、限水限电、短期升级电梯卡或门禁卡、半夜电话或敲门、堵锁眼等妨碍业主正常生活的方式催要物业费，或逼迫业主使用住宅专项维修资金、履行物业服务合同约定的其他义务等情形，侵犯或损害业主合法权益的法律责任风险。

规避强迫业主履行义务、侵犯或损害业主合法权益法律责任风险，首先要解决的核心问题就是物业服务企业尤其物业项目管理处的法律意识，要树立依法维权意识。其次要认识到以违法或过激方式妨碍业主正常生活，就是对业主合法权益的侵犯，不可为之。最后就是要认识到只要为业主提供符合业主需要且让业主满意的物业管理，业主就会依法依约履行义务，实现物业管理市场主体双方的和谐共处，实现物业管理市场主体双方的共赢。

2.2.3 与业主大会关系的法律风险识别与防范

1．与业主大会关系的基本认识

由于建筑结构的整体性与不可分割性，同一物业多业主并存的现实，使得各业主的物业所有权形态一般表现为建筑物区分所有权。物业管理作为基于建筑物区分所有权的义务委托行为，要求将形态多元分散、权利意志多样的建筑物区分所有权有效地集中统一行使，就需要建立权利意志决策平台，业主组织应需而生，其中最主要的组织形式就是业主大会。

业主大会由物业管理区域的全体业主组成，代表和维护物业管理区域内全体业主在物业管理活动中的合法权益。业主大会作为全体业主权利意志的代表机构，其主要职能是代表全体业主自我管理物业管理区域内业主的共同财产。

为了保证业主大会的日常运行，业主大会的组织架构设立有执行机构业主委员会、监督机构业主监事会或执行监事。其中业主委员会负责业主大会的日常运行，执行业主大会的决定，组织召集业主大会会议表决业主合同决定事项；业主监事会负责对业主委员会工作运行情况的监督。

因此，在物业管理法律关系中，业主大会及其执行机构业主委员会是代表全体业主的法律关系主体。在物业管理过程中，业主权利和义务的实现，如业主对物业管理的建议权和监督权等，需要通过设立业主大会、选举业主委员会实施自我管理的制度形式来实现。

对物业服务企业而言，物业管理法律关系主要体现在物业项目管理处与业主委员会之间依法依规依约地全面履行物业服务合同。

2．与业主大会关系的法律风险识别与防范

（1）筹备设立业主大会的法律风险。主要表现在设立业主大会筹备工作期间，物业服务企业不配合或阻挠筹备组工作。如拒绝、推诿、拖延按照地方法规要求提供筹备工作所需资料，以造成筹备工作因超期而终止；以贿赂手段操控筹备组，安插买通的业主代表与业主委员会候选人，实现后期对业主委员会的操控，或清除与自己诉求、利益不一致的业主代表、业主委员会候选人，以图实现后期对业主委员会的操控；以造谣生事、人身攻击、妨碍生活甚至涉黑涉暴等手段恐吓筹备组成员以及业主代表、业主委员会候选人，阻碍设立业主大会等情形，导致妨碍筹备组正常工作、侵犯业主合法权益甚至触犯刑法的法律责任风险。

规避妨碍筹备组正常工作、侵犯业主合法权益甚至触犯刑法等法律责任风险，首先要有强烈的法律意识，树立底线思维，要正确认识民法典第一百五十九条“附条件的民事法律行为，当事人为自己的利益不正当地阻止条件成就的，视为条件已经成就”规定，阻碍行为将导致前期物业服务合同终止，离场既成事实的不利局面，应自觉约束自我行为。其次要正确认识物权，要认识到业主是物业项目的所有权人，物业服务企业对物业管理区域不享有任何物权，应摒弃“我的地盘我做主”的强权思维，尊重业主合法权益，摆正自身的服务者地位，不随意干涉业主的自治行为。再次要正确认识理解业主大会制度，要认识到设立业主大会是大势所趋，应顺势而为，支持、配合业主大会筹备工作，为今后工作开展奠定良好基础。最后要尽心尽力地认真落实地方法规有关业主大会筹备工作期间物业服务企业职责义务的规定，树立业主可信赖的良好企业形象。

（2）与业主委员会工作关系的法律风险。主要表现在物业管理工作与物业修缮工作、处分业主共有部分等沟通不顺畅、甚至擅自决策。如未与业主委员会形成有效的协商议事机制，物业管理日常工作信息沟通不畅，不了解或不能准确了解业主的需求、评价，各自为政，难以实现积极有效的物业管理调整提升；向业主委员会提交物业管理情况报告、向业主公布公开资料，未能与业主委员会达成协调一致的行动，致使报告、公布不及时，公布方式不得当，影响信息公开效果，造成业主满意度过低，或业主不满意；物业修缮尤其是应急修缮信息沟通不畅、不及时，或是未采取书面形式履行建议权，但因业主委员会推诿、拖延造成业主财产损失且责任难以认定；钻政策漏洞，与业主委员会合谋擅自使用甚至挪用住宅专项维修资金；利用业主共有部分进行经营、租赁等，未提供书面方案与业主委员会协商即擅自实施，或只与业主委员会协商且只经业主委员会同意即组织实施等情形，导致侵犯、侵占业主合法权益的法律责任风险。

规避侵犯、侵占业主合法权益法律责任风险，首先要正确认识业主委员会在业主大会中的执行机构地位，业主委员会是业主合法权益的有限权利意志代表，对业主共有部分无任何处分权、决策权，准确把握与业主委员会的关系定位，既要尊重业主委员会，又要清楚其职责、权利所限，应以真正尊重业主、为业主服务为上。其次要全面了解并掌握民法典、《物业管理条例》以及相关司法解释有关业主共同决定事项的规定，凡是业主共同决定事项须与业主委员会积极沟通协商，经业主表决同意方可实施。最后要建立规范的与业主委员会沟通程序，应急修缮应及时向有利害关系的业主公布，做到与业主委员会的一切工作沟通须以工作函等书面形式进行，以利于后期责任认定。

思考题

1. 简述物业管理法律关系与要素。
2. 简述物业管理法律关系的形成渊源。
3. 简述业主在物业管理活动中的地位与地位意义。

实训练习题

基础理论知识

一、单项选择题

1．物业管理法律关系中因（ ）关系约定的权利和义务，任何一方不得擅自更改，否则承担相应的法律责任。

A．法律 B．协商 C．合同 D．约定

2．由于物业管理法律关系主体的（ ），导致物业管理法律关系较为复杂。

A．多样化 B．多元化 C．多主体 D．不一致

3．业主作为物业的所有权人，依据民法典、《物业管理条例》在物业管理活动中依法享有其所拥有物业的所有权及（ ）。

A．附属权利 B．附属权力 C．他项权利 D．他项权力

4．对物业服务企业而言，物业管理法律关系主要体现在物业项目管理处与（ ）之间依法依规依约地全面履行物业服务合同。

A．业主大会 B．业主委员会 C．业主监事会 D．执行监事

5．（ ）是业主合法权益的有限权利意志代表，对业主共有部分无任何处分权、决策权。

A．业主大会 B．业主委员会 C．街道办事处 D．居民委员会

二、多项选择题

1．物业管理法律关系具有（ ）等特征。

A．物业管理法律关系主体的多样性

B．业主意志的多元化和代表性

C．多重法律关系交错的统一体

D．法律责任或后果的普遍性

E．业主意志的法律责任影响

2．按照规范法律关系的法律部类不同，物业管理法律关系可以分为（ ）等类别。

A．民事法律关系 B．经济法律关系

C．行政法律关系 D．刑事法律关系

E．物业法律关系

3．（ ）业主共有部分，只有全体业主依法共同表决同意，才是合法有效的。

A. 利用　　B. 占用　　C. 占有

D. 处分　　E. 处理

4. 业主委员会的主要职能有（　　）等。

A. 负责业主大会的日常运行

B. 执行业主大会的决定

C. 组织召集业主大会会议表决业主共同决定事项

D. 续聘、选聘或解除物业服务合同

E. 使用住宅专项维修资金

5. 规避妨碍筹备组正常工作、侵犯业主合法权益甚至触犯刑法等法律责任风险，要（　　）。

A. 树立底线思维　　B. 摒弃强权思维

C. 建立顺势思维　　D. 树立信用思维

E. 树立好人思维

案例分析题

1. 请分析本案例P物业公司的法律风险，并从业主、业主大会权利角度阐明依据。

案情：2015年6月5日，H小区开发商与X物业公司签订前期物业服务合同，约定X物业公司为H小区业主提供物业服务，委托管理期限为长期。H小区现有业主2227人。

2018年4月11日，H小区业主委员会在X市C区Q街道办事处备案登记。2019年度，H小区业主委员会采用书面征求意见的形式召开业主大会，就解聘现有物业服务企业、选聘新的物业服务企业的事项向业主征求意见。H小区业主委员会提交的统计表显示，同意更换物业公司的业主为1298人，持反对意见的业主为114人。2019年9月4日，H小区业主委员会与P物业公司签订《H小区物业服务合同》。X物业公司认为H小区业主委员会解聘现有物业服务企业并选聘新的企业的行为无效。所在地街道办事处于2019年9月4日向H小区业主发布公告：H小区业主委员会提交并公布的业主表决结果真实有效。

2. 请分析案情中B物业服务企业的法律风险，并阐明理由、依据。

案情：2018年12月31日，A业主委员会与B物业公司签订《H花园过渡期临时物业服务协议》（以下简称临时协议）约定：过渡期物业管理期限为2019年1月1日零时至2019年3月31日24时止；在过渡期间，B物业公司同意A业主委员会向社会公开招标，选聘物业服务企业；B物业公司可以参与物业管理投标，与其他物业服务企业公平竞争；协议第十二条第八款约定，截止到2019年4月1日仍未选聘新的物业服务企业，则双方续签过渡期协议。协议签订后，B物业公司入驻该小区并提供物业管理服务。

2019年3月24日，A业主委员会向B物业公司发出《关于终止临时物业服务协议的函》，该函载明：经业委会研究决定，《H花园过渡临时期物业服务协议》到期不再延续。2019年3月25日，B物业公司向A业主委员会发出《关于物业交接告知函》，该函载明：根据临时协议第七条，过渡期物业管理期限为2019年1月1日零时至2019年3月31日24时，由新聘用物业服务企业与乙方协商交接日期和时间，故我方物业管理相关事务，只交接给新聘用物业服务企业；根据临时协议第十二条第八款，现未通过合法程序聘用新物业服务企业，故望贵方履行合同义务，与我公司洽谈并签订过渡协议。为保证H花园物业管理平稳过渡，避免产生不必要的麻烦，望贵方积极配合，依法选出新物业公司，协助物业交接工作。2019年3月31日24时临时物业协议届满后，B物业公司并未撤离该小区。

2.3 与政府关系的法律风险防范管理

学习目标：1. 了解与政府关系的含义；

2. 熟悉与政府、街道办事处的物业管理法律关系；

3. 掌握与政府、街道办事处法律关系的风险识别与防范。

2.3.1 与政府关系的基本认识

1. 与政府关系的含义

在物业管理法律关系中，政府主要是指各级政府物业管理行政主管部门及其他相关行政管理部门。

政府物业管理行政主管部门与物业服务企业间的物业管理法律关系为不平等的行政管理关系，政府物业管理行政主管部门为维护物业管理市场的规范有序运作，负责对物业服务企业物业管理活动的行政监督管理工作；政府物业管理相关行政管理部门，如公安、民政、财政、工商、价格、规划、自然资源、质监、环保、人民防空、城市管理执法等负责按照各自职责，依法做好物业管理的相关工作；街道办事处或者乡镇人民政府（以下简称街道办事处）按照属地管理原则履行地方法规规定的物业管理职责。

综上所述，物业服务企业与政府关系是物业管理法律关系中的行政法律关系，物业服务企业应服从于政府物业管理行政主管部门、政府物业管理相关行政管理部门、街道办事处的行政指导、行政监督。

2．政府物业管理行政主管部门的物业管理职能

政府物业管理行政主管部门负责物业管理市场的指导、监督、管理工作，既要将物业管理市场置于法规监督之下，又要为物业管理市场营造有法可依、有纪可守、有章可循的良好营商环境，使物业管理市场实现法制化、规范化。政府物业管理行政主管部门的主要职能是：

（1）对物业服务企业实施诚信管理。政府物业管理行政主管部门按照《物业管理条例》第三十二条第二款“国务院建设行政主管部门应当会同有关部门建立守信联合激励和失信联合惩戒机制，加强行业诚信管理”之规定，对物业服务企业实施信用评价管理。

（2）对物业管理招标投标实施监督管理。国家提倡建设单位或业主通过招标方式选聘具有相应资质的物业服务企业，政府物业管理行政主管部门按照《前期物业管理招标投标管理暂行办法》第二十五条、第三十八条规定，对物业服务企业招标投标活动实施监督管理。其具体监督内容主要包括，以投标人身份参与投标活动的物业服务企业，在投标过程中，不得以他人名义投标或者以其他方式弄虚作假，骗取中标；不得相互串通投标，不得排挤其他投标人的公平竞争，不得损害招标人或者其他投标人的合法权益；不得与招标人串通投标，损害国家利益、社会公共利益或者他人的合法权益；禁止采用向招标人或者评标委员会成员行贿等不正当手段谋取中标；与招标人按照招标文件和中标人的投标文件订立书面合同，不得再行订立背离合同实质性内容的其他协议等；对违反前述禁止性规定的行为进行行政处罚。

（3）对物业管理活动实施监督管理。政府物业管理行政主管部门按照《物业管理条例》第五条“国务院建设行政主管部门负责全国物业管理活动的监督管理工作”“县级以上地方人民政府房地产行政主管部门负责本行政区域内物业管理活动的监督管理工作”之规定，对物业服务企业实施监督管理，主要内容包括物业服务企业履行物业服务合同情况、物业承接查验与交接情况、物业使用与安全防范情况、物业服务用房使用管理情况、物业费标准与收取使用情况、使用专项维修资金情况、停车位使用费与其他收费的标准与收取使用情况、物业管理专项业务委托情况、利用共有部分经营与收益分配情况、改建重建业主共有部分情况、物业管理区域内安全事故报告备案情况、物业使用和管理状况的报告情况等的指导监督；处理业主、业主委员会、物业使用人对物业服务企业的投诉；调处业主、业主委员会、物业使用人与物业服务企业的矛盾纠纷；对物业服务企业违反物业管理法律法规、规章政策规定的行为进行行政处罚。

由于物业服务企业与政府关系的法律关系风险识别与防范具体体现于物业管理的各项具体的业务事项之中，本教材将在本学习单元之后的各学习单元中具体阐述，这里就不再重复赘述。

2.3.2 与街道办事处关系的风险识别与防范

【案例2-3】司法审查优于行政审查

2017年12月12日，F小区业主委员会发布《关于F小区2017年业主大会会议决议的公告》，公告业主大会投票结果为：反对续聘Y物业公司并全权授权业主委员会通过邀请招标形式选聘新物业服务企业并办理相关手续。其后，Y物业公司收到F小区业主委员会发出的《退场交接通知函》。Y物业公司认为业主委员会对其解聘程序及产生新物业公司的程序违法违规，于2018年6月19日向L街道办事处邮寄《关于物业管理交接告知函》，要求L街道办事处进行调查处理，责令停止违法行为，撤销业主委员会违法决议。2018年6月22日，L街道办事处向Y物业公司做出《关于物业管理交接告知函的回复》，回复内容为：关于F小区业主委员会终止与Y物业公司物业服务合同，Y物业公司已提起诉讼，最终结果以法院判决为准。L街道办事处已联系房管局、律师等相关单位和人员，定于2018年6月25日召开协调会，请Y物业公司参加协调会。此后，协调无果。Y物业公司认为L街道办事处未履行法定职责，向法院提起诉讼请求：1. 确认L街道办事处对F小区业主委员会及业主大会做出"关于F小区2017年业主大会会议决议"的违法行为不在法定期限内进行处理构成行政不作为。2. 责令L街道办事处在法定期限内对F小区业主委员会召开2017年业主大会及做出"关于F小区2017年业主大会会议决议"的行为进行处理，对违法的行为及决定进行撤销。3. 本案的诉讼费用由L街道办事处承担。

分析：根据《物业管理条例》第十九条第二款"业主大会、业主委员会作出的决定违反法律、法规的，物业所在地的区、县人民政府房地产行政主管部门或者街道办事处、乡镇人民政府，应当责令限期改正或者撤销其决定，并通告全体业主"之规定，L街道办事处有对业主大会、业主委员会做出的决定进行监督的法定职责。

在Y物业公司于2018年6月19日向L街道办事处要求对涉案决议进行监督、L街道办事处于2018年6月22日回复Y物业公司的过程中，法院一直有涉及该决议撤销权之诉的民事案件在审理，且目前仍有一件直接以该决议为审查标的的案件在二审审理过程中。根据《物业管理条例》第十二条第五款"业主大会或者业主委员会作出的决定侵害业主合法权益的，受侵害的业主可以请求人民法院予以撤销"之规定，以及上述第十九条第二款的规定可知，法规虽将对涉案决议的监督权交给了L街道办事处及相关单位，但针对本案业主委员会的决议，根据司法审查为最终审查的法律原则，在已有业主选择了民事诉讼行使撤销权的情形，Y物业公司无权再要求L街道办事处对该决议做出行政处理。故L街道办事处收到Y物业公司投诉件后，以相关民事案件在法院审理为由回复Y物业公司以法院裁判结果为准，符合事实和法律规定，其回复并无不妥，不构成行政不作为。

据此，依照《中华人民共和国行政诉讼法》第六十九条“行政行为证据确凿，适用法律、法规正确，符合法定程序的，或者原告申请被告履行法定职责或者给付义务理由不成立的，人民法院判决驳回原告的诉讼请求”之规定，法院可以驳回Y物业公司的诉讼请求。

想一想：结合本案你认为Y物业公司应该怎样与L街道办事处进行沟通，为什么？

1．与街道办事处关系的基本认识

2017年6月12日中共中央、国务院印发《关于加强和完善城乡社区治理的意见》，其中“四、着力补齐城乡社区治理短板”之“（五）改进社区物业服务管理”提出，加强社区党组织、社区居民委员会对业主委员会和物业服务企业的指导和监督，建立健全社区党组织、社区居民委员会、业主委员会和物业服务企业议事协调机制，将物业管理纳入社区治理体系。其后各省、直辖市和自治区在修订地方物业管理条例时，均按照党的“十九大”提出的中国特色社会主义社会治理体系精神，落实了属地管理原则，明确了街道办事处的物业管理职责，并规定社区居民委员会或者村民委员会（以下简称社区居民委员会）应当协助街道办事处做好与物业管理有关的工作。

属地管理，就是各级行政机关依照管理标准、要求和职责，负责对各自行政管辖区域进行组织、协调、领导和控制。对街道办事处而言，就是对所辖行政区域全面负责。将物业管理纳入社区治理，明确街道办事处作为区级政府派出组织对其行政辖区内物业管理市场活动的监管职责，就是要通过强化街道办事处对业主委员会、物业服务企业的指导、监督，加强物业管理市场的事中监管，从源头维护业主在物业管理活动中的合法权益，在苗头阶段抑制、调解物业管理矛盾纠纷，保证住宅小区的稳定，实现社会和谐。

物业服务企业作为物业管理市场供给主体，应充分认识到与街道办事处的行政法律关系，服从于街道办事处的行政指导、行政监督，在物业管理实践中配合街道办事处保证物业管理市场诚实守信，保证业主的财产安全。

2．街道办事处的物业管理职责

从各地物业管理条例有关属地管理的规定看，街道办事处的物业管理职责主要包括建立党建引领下的社区居民委员会、业主委员会、物业服务企业协调运行机制；组织成立首次业主大会会议筹备组；指导和协助业主大会的成立、业主委员会的选举；指导和监督业主大会、业主委员会开展日常工作；协调和指导老旧住宅区物业管理工作；调解业主、业主委员会、物业使用人、物业服务企业、建设单位之间的物业管理纠纷；负责物业管理协调会议制度，召集政府物业管理行政主管部门、公安派出所、司法所、社区居民委员会或者村民委员会、业主委员会或者业主代表、物业服务企业等协调解决物业管理难点问题。

3．与街道办事处关系的法律风险识别与防范

物业服务企业与街道办事处的法律风险，主要表现在消极或者拒绝服从街道办事处尤其是社区居民委员会对物业管理的指导、监督；消极甚至阻挠社区建设工作；贿赂街道办事处及社区居民委员会工作人员沆瀣一气，为不正当竞争、拒绝离场及交接等提供便利，或者蒙蔽业主，向业主隐瞒物业管理真实信息；设立业主大会筹备工作期间不配合或阻挠筹备组工作等。如在街道办事处及社区居民委员会指导监督时，四处散播指导、监督意见的不专业，以图隐瞒自身的违法违规行为；以须业主表决同意或保护企业利益、营商环境等为由，拒绝参与或者承担社区建设所需的硬件改造或者建设工作；以物业费收取率过低为由，消极或者拒绝组织、参与社区文化活动；培养小区黑恶势力，对街道办事处及社区居民委员会工作人员、业主实施软暴力，以图维护既得利益；挑唆小区矛盾，制造混乱局面，利用自身所谓品牌优势，撵走原物业服务企业，强行承接物业项目等情形，导致侵害街道办事处及社区居民委员会、业主、其他物业服务企业合法权益、破坏住宅小区和谐稳定等法律责任风险。

规避与街道办事处法律责任风险，首先要树立企业的社会责任意识，积极参与社区建设，配合街道办事处做好社区治理工作，为物业管理市场营造良好的营商环境。其次要强化法律意识，树立底线思维，拒绝采用违法或不道德的手段进行不正当竞争或者制造小区混乱，努力营建和谐稳定的社区环境。再次要树立社会治理理念，发挥党建引领的积极作用，促成社区居民委员会、业主委员会和物业服务企业的三方联动，动员业主广泛参与，形成物业项目的社区治理合力，建设正向价值引导的小区文化，促进各方对物业管理的理解和支持。最后要发挥企业组织的社会资源整合能力，配合街道办事处推动完整居住社区建设，为物业项目提供便利有效的社区公共服务和社区商业服务，提高业主的生活质量。

思考题

1．简述政府物业管理行政主管部门的物业管理职能与内容。

2．简述物业管理属地管理内涵。

3．简述街道办事处的物业管理职责。

实训练习题

基础理论知识

一、单项选择题

1．政府物业管理行政主管部门与物业服务企业间的物业管理法律关

系为（ ）的行政管理关系。

A. 平等　B. 不平等　C. 对等　D. 不对等

2. 物业服务企业与政府关系是物业管理法律关系中的（ ）。

A. 民事法律关系　B. 经济法律关系

C. 行政法律关系　D. 刑事法律关系

3. 政府物业管理行政主管部门按照《物业管理条例》第三十二条第二款规定，应该加强行业（ ），对物业服务企业实施信用评价管理。

A. 信用管理　B. 信誉管理　C. 守信管理　D. 诚信管理

4. 按照党的"十九大"提出的中国特色社会主义社会治理体系精神，各地落实（ ）原则，明确了街道办事处的物业管理职责。

A. 辖区管理　B. 辖级管理　C. 属地管理　D. 社区管理

5. 社区居民委员会应当（ ）街道办事处做好与物业管理有关的工作。

A. 协同　B. 协助　C. 配合　D. 帮助

二、多项选择题

1. 物业服务企业应服从于（ ）的行政指导、行政监督。

A. 政府物业管理行政主管部门

B. 政府物业管理相关行政管理部门

C. 街道办事处

D. 社区居民委员会

E. 业主委员会

2. 政府物业管理行政主管部门负责物业管理市场的指导、监督、管理工作，要为物业管理市场营造（ ）的良好营商环境，使物业管理市场实现法制化、规范化。

A. 有法可依　B. 有规可遵　C. 有纪可守

D. 有章可循　E. 有制可循

3.《关于加强和完善城乡社区治理的意见》提出，建立健全（ ）议事协调机制。

A. 街道党组织　B. 社区党组织

C. 社区居民委员会　D. 业主委员会

E. 物业服务企业

4．属地管理就是要通过强化街道办事处对业主委员会、物业服务企业的（　　），加强物业管理市场的事中监管。

A．指导　B．引导　C．监督　D．监管　E．监控

5．属地管理就是各级行政机关依照管理标准、要求和职责，负责对各自行政管辖区域进行（　　）。

A．组织　B．协调　C．领导　D．监督　E．控制

案例分析题

1．请分析本案例K物业公司的法律风险，并说明理由和依据。

案情：2010年6月1日，K物业公司与J开发公司签订前期物业服务合同，约定合同期限至小区业主大会成立并与物业服务企业依法签订的物业服务合同生效时止。2018年2月，X小区业主大会依法成立，并在P街道办事处进行了备案登记。2018年4月，X小区业主大会依法决定解聘K物业公司，并授权业主委员会采用公开招标方式选聘新的物业服务企业。

5月25日，包括K物业公司共有四家物业服务企业参加竞标。2018年5月27日至29日，业主委员会采取书面征求意见方式组织业主表决；5月30日，计票结果为同意J物业公司245票，人数（总人数428人）及面积均过半；同意K物业公司2票。X小区业主委员会将投票结果抄报P街道办事处，并抄送P街道办事处S居民委员会、所在区自然资源和房屋管理局。6月24日，X小区业主委员会代表业主大会与J物业公司签订物业服务合同。

6月24日，K物业公司向P街道办事处递交《关于要求依法纠正X小区业主委员会选聘物业服务企业中违法违规行为的报告》；6月29日，P街道办事处指示社区居民委员会进行调查；7月3日，P街道办事处召集K物业公司、X小区业主委员会、J物业公司、P派出所、P街道办事处S居民委员会参加的物业管理联席会议，形成《关于召开X小区物业联席会议的纪要》，基本结论：根据X小区业主委员会提供的相关文件资料，经P街道社区服务中心审核，X小区业主委员会重新选聘物业公司选聘物业服务企业程序合法有效。

K物业公司拒不离场，并提起行政诉讼，请求确认P街道办事处未依法履行行政监督管理职责，发现违法行为不予查处的不作为行为违法，判令P街道办事处依法履行法定职责。

2．请分析本案例H物业公司诉讼的法律风险，并说明理由和依据。

案情：2011年5月，H物业公司与S小区业主委员会签订物业服务合同，合同有效期自2011年1月25日至2021年1月28日。后S小区业主委员会

解散，L社区代行业主委员会职责。2014年8月，L社区主持召开业主大会会议，做出解聘H物业公司的决议；2014年10月，L社区主持召开第二次业主大会会议，做出以公开招标方式选聘新的物业公司的决议；后经公开招标程序，M物业公司中标为S小区提供物业服务，并与L社区签订了物业服务合同。

2018年7月13日，H物业公司向S市房产局邮寄申请书，请求S市房产局履行职责，具体事项为：1．确认2014年L社区召开的业主大会会议违法；2．确认2014年L社区不具备物业招标人的资格；3．在L省物业管理系统中取消M公司的物业管理权；4．在L省物业管理系统中恢复H物业公司对S小区项目的物业管理权。

2018年9月7日，S市房产局做出《关于H物业公司申请书的答复》：1．2014年L社区召开的业主大会未发现有违法行为；2．2014年L社区具备招标人资格；3．L省物业管理系统属L省住房和城乡建设厅负责，无管理权限，是否取消M物业公司的物业管理权应由L省住房和城乡建设厅裁定；4．L省物业管理系统属L省住房和城乡建设厅负责，是否恢复H物业公司对S小区项目的物业管理权应由L省住房和城乡建设厅裁定。

3

物业服务合同风险防范管理

知识目标

1. 了解物业服务合同基本知识，知晓要义；
2. 熟悉物业服务合同的内容；
3. 掌握订立、履行、解除物业服务合同或物业服务合同届满的法律风险识别与防范知识；
4. 掌握订立、履行、解除物业服务合同或物业服务合同届满的实施风险识别与防范知识。

能力目标

1. 具备物业服务合同法律风险防范工作的组织能力；
2. 具备订立物业服务合同实施风险识别和防范的能力；
3. 具备履行物业服务合同实施风险识别和防范的能力；
4. 具备物业服务合同届满风险识别和防范的能力；
5. 具备解除物业服务合同实施风险识别和防范的能力。

思政目标

1. 以求真务实精神，培养细致严谨的工作作风；
2. 培养知法守法、诚实守信的思想品德与职业操守。

3.1 物业服务合同概述

学习目标：1. 了解物业服务合同的含义、种类；

2. 熟悉物业服务合同的特征；

3. 掌握物业服务合同的内容。

3.1.1 物业服务合同的基本认识

1. 物业服务合同的含义

（1）物业服务合同。根据民法典第九百三十七条规定，物业服务合同是物业服务人在物业服务区域内，为业主提供建筑物及其附属设施的维修养护、环境卫生和相关秩序的管理维护等物业服务，业主支付物业费的合同。物业服务人包括物业服务企业和其他管理人。

本书对物业服务合同的定义是，建设单位或业主（业主委员会代表业主大会）与物业服务人订立的，约定物业服务人为业主提供房屋及其配套设备、设施和相关场地的专业化养护、维修、管理以及维护相关区域内环境卫生和公共秩序等管理事项与管理标准，明确双方民事权利义务并共同遵守的协议。

业主与物业服务人建立委托关系的表现形式，是双方签订物业服务合同。业主与物业服务人双方只有签订了物业服务合同，才能将各自享有的权利和承担的义务确定下来。因而，物业服务合同是确立业主与物业服务人在物业管理活动中的权利义务的法律关系依据。物业服务合同的核心内容是物业服务人通过代业主履行物业共有部分养护维修义务，以提供合同约定的物业管理事项取得经营收益；业主通过支付合同约定的物业费获得物业管理服务。

业主与物业服务人之间是民事合同的双方当事人，是平等的法律主体关系，享有相应的权利和义务，适用民事法律关系的平等、自愿、公平、诚信原则。

（2）物业服务合同的特征。物业服务合同具有以下特征：

1）物业服务合同以权利义务关系为核心。物业服务合同从内容表面看约定的是物业管理事项，但由于物业管理法律关系的委托性质，物业管理事项的履行与管理标准的实现，是以业主与物业服务人双方履行各自义务为支撑的，因而双方物业管理服务中的权利义务关系是物业服务合同约定的核心内容。

2）物业服务合同属于委托合同。作为物业服务合同标的的物业管理事项，实质上是一种受托人接受委托人的委托事项，即由受托人物业服务人为委托人业主代为履行物业养护维修义务的行为，因而，物业服务合同属于委托合同。作为具有委托合同属性的物业服务合同，其所约定的物业服务人的物业管理行为，不是一般意义上的劳务行为，而是履行委托义务的行为；委托人业主支付给受托人物业服务人的报酬不是劳务报酬，而是委托报酬。

3）物业服务合同既是诺成合同又是双务合同。只有经过要约（委托）和承诺，并在相互信任的基础上协商一致，物业服务合同才能成立。而且，物业服务合同对签约双方的权利与义务都作了明确的双向规定。

4）物业服务合同须为书面合同。民法典第九百三十八条规定，物业服务合同应当采用书面形式。《物业管理条例》第二十一条、第三十四条第一款规定，在业主、业主大会选聘物业服务企业之前，建设单位选聘物业服务企业的，应当签订书面的前期物业服务合同；业主委员会应当与业主大会选聘的物业服务企业订立书面的物业服务合同。

2．物业服务合同的种类

根据不同物业管理阶段和不同的签约主体，物业服务合同主要有两种：

（1）前期物业服务合同。前期物业服务合同是指在业主、业主大会选聘物业服务企业之前，建设单位选聘物业服务人并与之订立的书面物业服务合同。由于此阶段物业尚未出售或业主大会尚未成立，所以建设单位是以业主身份作为委托方与物业服务人订立前期物业服务合同。

（2）物业服务合同。物业服务合同是指在设立业主大会后，由业主或业主委员会代表全体业主与业主大会选聘的物业服务人订立的书面物业服务合同。业主大会授权业主委员会与物业服务人签订物业服务合同，合同方为有效。

民法典第九百三十九条明确规定，建设单位依法与物业服务人订立的前期物业服务合同，以及业主委员会与业主大会依法选聘的物业服务人订立的物业服务合同，对业主具有法律约束力。即只要前期物业服务合同或者物业服务合同是依法定程序订立的，对业主而言履行物业服务合同是强制性义务，业主须无条件执行。关于前期物业服务合同和物业服务合同的内容与订立要求，《物业管理条例》有相应规定。

另外，在物业管理活动中，还有物业管理对外委托合同，是指经业主大会同意，授权物业服务人与物业专营企业签订的专项物业管理事项的书面转委托合同。但须注意，根据民法典第九百四十一条规定，物业服务人不得将其应当提供的全部物业服务转委托给第三人，或者将全部物业服务分解后分别转委托给第三人。

〖相关法规制度标准〗

1．2020年5月28日第十三届全国人民代表大会第三次会议通过的《中华人民共和国民法典》；

2．2017年12月28日第十二届全国人民代表大会常务委员会第三十一次会议修正的《中华人民共和国招标投标法》；

3．2018年3月19日国务院修改的《物业管理条例》（国务院令第698号）；

4．2003年11月13日国家发展改革委、建设部发布的《物业服务收费管理办法》（发改价格〔2003〕1864号）；

5．2007年9月10日国家发展改革委、建设部发布的《物业服务定价成本监审办法（试行）》（发改价格〔2007〕2285号）；

6．2007年10月30日建设部第142次常务会议讨论通过，与财政部联合签署发

布的《住宅专项维修资金管理办法》(建设部、财政部第165号令);

7. 2003年06月26日建设部发布的《前期物业管理招标投标管理暂行办法》(建住房〔2003〕130号)。

3.1.2 物业服务合同的内容

【案例3-1】围墙坍塌砸车,物业公司担责

C先生购买了W公司开发的L小区24幢906室房屋,并取得房屋的所有权证。W公司与Q物业公司签订了一份L小区前期物业服务合同,其中约定Q物业公司负责对L小区物业共有部分进行维修养护。前期物业服务合同履行期间,Q物业公司与C先生签订了停车服务协议,约定C先生使用L小区地面105号车位停车。6月24日、25日大雨,6月25日上午,C先生停车位旁围墙外堆放的泥土坍塌,致围墙倒塌,压坏了C先生的车辆。C先生的车辆被压坏后,产生维修费用20654元、定损费720元。当年11月,C先生诉至法院。法院在审理过程中,经C先生申请鉴定,该车在6月25日贬值损失鉴定价格为9770元。

分析:C先生车辆受损的原因,是Q物业公司对按前期物业服务合同约定应由其管理的小区共用部分(围墙)管理不善所致。按照前期物业服务合同约定,Q物业公司对小区的共有部分,如围墙、道路、公共管道等负有保养维护的义务,小区共有部分如本案围墙倒塌致业主C先生车辆受损,Q物业公司应当承担违约责任。

对于C先生的车辆受损后的价值贬损,Q物业公司应当赔偿。因为所谓价值贬损,是指价值较大的财物在受损后,虽经修复,与原物相比,不仅客观价值有所降低,在人们心理上价值也降低。而后一种价值的降低,虽系人们主观心理上的降低,但在财物所有权人实现该财物的价值时(比如出售),仍是客观存在的。根据违约责任的理论,合同一方当事人在违约时,首先考虑应当承担的责任是恢复原状;而对于财物来说,恢复原状不仅指恢复物理形状,还包括恢复价值。故Q物业公司应当赔偿C先生车辆价值贬损的损失。

想一想:结合本案你认为物业服务企业履行物业服务合同的基本要求应该有哪些。

1. 物业服务合同内容的法律法规规定

物业服务合同的内容,主要是依据民法典、《物业管理条例》等法律法规、规章政策确定的。

民法典第四百七十条规定,“合同的内容由当事人约定,一般包括下列条款:(一)当事人的姓名或者名称和住所;(二)标的;(三)数量;(四)质量;(五)价款或者报酬;(六)履行期限、地点和方式;(七)违约责任;(八)解决争议的方法。”“当事人可以参照各类合同的示范文本订立合同。”

民法典第九百三十八条规定，“物业服务合同的内容一般包括服务事项、服务质量、服务费用的标准和收取办法、维修资金的使用、服务用房的管理和使用、服务期限、服务交接等条款。”“物业服务人公开作出的有利于业主的服务承诺，为物业服务合同的组成部分。”“物业服务合同应当采用书面形式。”

《物业管理条例》第三十四条规定，“业主委员会应当与业主大会选聘的物业服务企业订立书面的物业服务合同。”“物业服务合同应当对物业管理事项、服务质量、服务费用、双方的权利义务、专项维修资金的管理与使用、物业管理用房、合同期限、违约责任等内容进行约定。”

2. 物业服务合同的主要内容

合同内容通过合同条款的形式表现出来。合同条款是合同中经双方当事人协商一致，约定双方当事人权利义务的具体条文，即合同内容。合同当事人的权利义务，除法律规定的以外，主要由合同条款确定。合同条款是否齐备、准确，决定了合同能否成立、生效以及能否顺利地履行、实现。根据民法典规定，合同内容由当事人约定，一般应当包括以下条款：

（1）当事人的名称或者姓名和住所。当事人是指合同签订双方，是合同法律关系的主体。物业服务合同必须准确、清楚地记载甲方业主或者业主大会、乙方物业服务人的名称或者姓名，以及登记住所。

（2）服务事项。服务事项，即业主委托的物业管理事项，对应为合同的标的与数量，包括具体的物业管理事项与管理对象房屋及配套设施设备的数量。根据民法典第九百四十二条规定，服务事项概括地分为三个基本模块，即养护维修物业、维护基本秩序、物业使用安全防范，其责任范围为业主的共有部分。服务事项的约定应当清楚明白，准确无误，房屋及配套设施设备的数量必须按照国家法定计量单位计量。

（3）服务质量。服务质量是服务事项实施后物业内在技术性能和外观形态相结合的综合指标，一般以品种、型号、规格、等级和工程项目的标准等体现出来。合同中必须对服务质量明确加以规定，国家有强制性标准规定的，必须按照规定的强制性标准执行。

（4）服务费用标准和收取办法。服务费用对应为合同的价款或报酬，是委托人业主支付给受托人物业服务人的委托报酬；服务费用标准即物业费标准，由合同当事人双方按《物业管理条例》尤其是《物业服务收费管理办法》《物业服务定价成本监审办法》的有关规定，通过合理测算进行约定。

收取办法包括物业费支付形式，可选择包干制或者酬金制等；支付方式，可选择银行转账、网上支付和现金支付等；支付时限，约定支付的具体时间等。根据民法典第九百二十一条规定，委托人应当预付处理委托事务的费用，业主支付物业费应为预付。

（5）服务期限。服务期限对应为合同的履行期限，是指物业服务人接受委托代为履行业主义务的时间界限，是合同义务完成的时间期限约定，是确定合同是否按时履行的依据。民法典第九百四十条、第九百四十六条、第九百四十七条、第九百四十八条和第九百五十条均有相应规定。

（6）专项维修资金的使用。明确约定住宅专项维修资金的使用条件和公布、报告要求。民法典第二百八十一条、第九百四十三条，《物业管理条例》第五十三条及《住宅专项维修资金管理办法》均有相应规定。

（7）物业服务用房的管理和使用。明确约定物业服务用房的管理和使用要求，以及交接要求等。民法典第二百七十四条、第九百四十九条，《物业管理条例》第三十七条、第三十八条均有相应规定。

（8）对外委托。明确约定物业服务人的对外委托的条件、要求和责任义务等内容。民法典第九百二十三条、第九百四十一条，《物业管理条例》第三十九条、第五十九条均有相应规定。

（9）服务交接。明确约定物业服务合同终止时物业服务人退出物业管理区域的期限、交接的内容、交接程序和交接要求等内容。民法典第九百四十九条，《物业管理条例》第三十八条均有相应规定。

（10）双方的权利义务。明确约定合同当事人双方的各自权利和义务。

（11）违约责任。违约责任是指合同当事人一方或者双方不履行合同或者不适当履行合同时，按照法律规定或者合同的约定应当承担的法律责任。违约责任是合同具有法律约束力的重要体现，也是保证合同履行的主要条款。

（12）解决争议的方法。解决争议的方法，是指合同当事人双方约定的对合同的履行发生争议时解决的途径和方式。解决争议的方法主要有和解、调解、仲裁和诉讼。

民法典第四百七十条规定，“当事人可以参照各类合同的示范文本订立合同。”

思考题

1. 简述物业服务合同的含义与特征。
2. 概述物业服务合同内容的法律法规规定。
3. 简述物业服务合同的主要内容。

实训练习题

基础理论知识

一、单项选择题

1．物业服务合同是物业服务人在物业服务区域内，为业主提供建筑物及其附属设施的维修养护、环境卫生和相关秩序的管理维护等物业服务，业主（　）物业费的合同。

A．交纳　　B．缴纳　　C．支出　　D．支付

2．业主与物业服务人建立（　）关系的表现形式，是双方签订物业服务合同。

A．授权　　B．合同　　C．委托　　D．对等

3．物业服务合同的核心内容是物业服务人通过代业主履行物业共有部分养护维修义务，以提供（　）的物业管理事项取得经营收益。

A．法律规定　　B．政策制定　　C．合同规定　　D．合同约定

4．业主委员会应当与业主大会（　）的物业服务人订立书面的物业服务合同。

A．招标　　B．招聘　　C．选择　　D．选聘

5．违约责任是合同具有（　）的重要体现，也是保证合同履行的主要条款。

A．民事约束力　　B．行政约束力　　C．法律约束力　　D．处罚执行力

二、多项选择题

1．业主与物业服务人之间是民事合同的双方当事人，适用民事法律关系的（　　）原则。

A．平等　　B．自愿　　C．公平

D．公正　　E．诚信

2．物业服务合同的特征主要有（　　）。

A．物业服务合同以权利义务关系为核心

B．物业服务合同属于委托合同

C．物业服务合同既是诺成合同又是双务合同

D．物业服务合同须为书面合同

E．物业服务合同是无名合同

3．根据不同物业管理阶段和不同的签约主体，物业服务合同主要有（　　）。

A．前期物业服务合同　　B．物业委托合同

C．物业管理对外委托合同　　　D．物业维修合同

E．物业服务合同

4．合同条款是否（　　），决定了合同能否成立、生效以及能否顺利地履行、实现。

A．齐全　　　B．齐备　　　C．清晰

D．准确　　　E．明确

5．物业服务合同内容中的服务交接要求明确约定物业服务合同终止时物业服务人（　　）等内容。

A．退出物业管理区域的期限　　　B．交接的内容

C．交接程序　　D．交接要求　　E．交接人员

案例分析题

1．请分析本案例Y物业公司辩词的法律风险，并依合同精神说明理由和依据。

案情：2018年12月27日，F市W区住房和城乡建设局与F市W区G街道办事处联合给Y物业公司出具《限期撤离通知书》，上载："H小区于11月16日召开业主大会，大会决定解聘Y物业公司，符合《L省物业管理条例》规定。现通知你公司于12月28日前向业主委员会移交下列资料和财务，办理完交接手续。"Y物业公司于2018年12月31日撤离。但在此期间，Y物业公司却预收了业主Z先生2019年1月1日至2019年12月31日物业费1000元。Z先生多次索要，Y物业公司以种种理由要求拒绝返回。Z先生诉至法院，请求Y物业公司立即退还已预收但尚未提供物业服务期间的物业费1000元，并承担本案全部诉讼费。

Y物业公司辩称，认可收到了Z先生预交的物业费1000元，但我公司管理比较乱，搬家的时候账丢了，如果Z先生将原件拿来，就证明我公司没有给退费，如果Z先生拿复印件，存在重复要钱的情况，我公司对复印件不认可。

2．请分析本案例D物业公司如要诉讼L先生的法律责任风险，并说明理由和依据。

案情：L先生系D物业公司提供物业管理的C小区业主。C小区前期物业服务合同约定，D物业公司负责维护、修缮、管理C小区的房屋共用部分、供用水设施设备等项目，制止违反法律法规、管理规约的行为。

L先生楼上邻居W先生装修施工，改动两个卫生间下水主立管（排气管），使L先生屋内产生浓浓的异味。据此，L先生自此起以D物业

公司不作为为由拒绝支付物业费。对此，D物业公司向有关部门发出《关于业主擅改公共设施要求确认违法恢复原状的函》，并起诉W先生改动卫生间下水主立管（排气管)，要求其将改动的设施恢复原状。法院作出民事调解书，W先生同意将改动的公共设施恢复原状，并实施了恢复原状行为，且经申请执行人D物业公司验收合格，但L先生仍拒绝支付物业费。

3.2 物业服务合同风险防范管理

学习目标：1．了解物业服务合同风险；

2．熟悉物业服务合同的风险情形；

3．掌握物业服务合同的风险防范。

3.2.1 订立物业服务合同的风险防范管理

1．订立物业服务合同的法律风险识别与防范

（1）合同当事人不具备签约资格。主要表现在物业服务企业由于疏忽大意，未认真考察建设单位或业主大会身份的合法性，或物业服务企业为造成承接物业项目的既成事实，有意与不具备签约资格的组织或所谓业主代表签约等。如与因机构调整、分立等不具备签约资格的建设单位或因设立、选举、备案等不符合法定程序而不具备签约资格的业主大会签约；与业主委员会、社区居民委员会或者街道办事处、政府物业管理行政主管部门等不符合签约资格条件的社会组织或机构签约；与已经完成业主委员会换届的原业主委员会或主任签约，或与隐瞒未取得业主大会授权的业主委员会签约；不具备法人资格的物业服务企业内部机构或以物业项目管理处名义签约等情形，导致合同当事人签约资格不符合法定要求致使合同无效的法律责任风险。

规避合同当事人不具备签约资格法律责任风险，首先要掌握民法典第九百三十九条及《物业管理条例》第二十一条、第三十四条的规定，明确订立前期物业服务合同，具备签约资格的当事人是有合法身份的建设单位；订立物业服务合同，具备签约资格的当事人是依法定程序备案的业主大会的执行机构业主委员会，应要求对方当事人提供营业执照、税务登记证或备案回执等有效证件复印件且作为合同附件，并向工商、税务等行政主管部门查验证件原件是否真实并在有效期内，以及审查业主委员会是否取得业主大会的授权，确保合同当事人具有签约资格。其次要树立守法观念，克服不正当竞争意识或者侥幸心态，不与没有签约资格的任何组织或个人签约。最后要加强企业内部合同管理，认真做好签约资格的内部审核，严格执行法律法规有关合同签约的规定，杜绝随意签约行为。

（2）合同条款未满足或不符合法律法规、规章政策规定。主要表现在物业服务合同内容不完整，未满足民法典及《物业管理条例》相关规定；条款内容违反法律法规的强制性规定、违背国家利益、社会公共利益或业主合法权益。如物业服务合同中没有服务质量约定或服务质量约定不明确，或没有约定物业服务企业的违约金；约定物业服务企业可以自行根据物价上升指数上调物业费，或自行改变公共建筑和共用设施用途，或利用业主共有部分经营收益归物业服务企业，或物业服务企业负责业主共有部分经营的收益分配，或授权物业项目管理处有权对违反管理规约的业主进行经济处罚；前期物业服务合同未按地方条例规定的位置、使用条件、面积和权属要求等约定建设单位所应的提供物业管理用房等情形，导致合同条款未满足或不符合法律法规、规章政策规定致使合同条款争议或部分条款无效以及受到行政处罚或承担违约责任的法律责任风险。

规避合同条款未满足或不符合法律法规、规章政策规定法律责任风险，首先要强化合同法律风险意识，全面学习掌握民法典、《物业管理条例》有关物业服务合同的相关规定，以及与物业管理活动相关的法律法规、规章政策等，并以此指导物业服务合同的起草、核查；保证合同条款的合法性。其次要聘请专业法律人士作为法律顾问，负责合同拟定、审核工作，保证合同内容的完整性和合法性；要结合物业项目和业主需求的实际情况，选择性使用政府物业管理行政主管部门提供的合同示范文本，拟定物业服务合同；建立公司内部合同评审制度，实行各业务部门会签制度，避免出现合同内容约定不明或条款有疏漏的情况。再次要保证合同内容全面、详细，明确合同当事人各自的权利义务，避免因约定不清楚降低合同效力，尤其调整物业费的约定，要依法明确业主共同表决的条件和途径，避免对业主表决权的侵犯；还要明确催要物业费的方式和机制。最后要特别关注前期物业服务合同内容的独有要求，如有关物业承接查验的约定，须明确承接查验的内容、遗留问题的确认与解决、物业保修责任等；考虑物业项目分期交付，避免物业项目还没有完全交付则合同到期的情形，约定合同期限不能太短。

（3）违法违规调整合同实质性内容。主要表现在签订合同时建设单位或业主委员会未按照投标文件订立合同。如建设单位或业主委员会出于强势地位要求对物业服务费标准、服务范围和服务质量等合同实质性内容重新协商；要求另行再签补充合同或签订阴阳合同，以满足其组织利益甚至个人私利的情形，导致违法违规调整合同实质性内容致使合同失效、商业贿赂的法律责任风险。

规避违法违规调整合同实质性内容法律责任风险，要掌握领会《中华人民共和国招标投标法》第四十六条及《前期物业管理招标投标管理暂行办法》第三十八条按照招标文件和中标人的投标文件订立书面合同；招标人和中标人不得再行订立背离合同实质性内容的其他协议的规定内容，要慎重评估利弊，依法依规陈清利弊，不可盲从。

2. 签订物业服务合同的风险识别与防范

（1）合同文本不规范、约定不明或存有疏漏。主要表现在合同中存在不平等条款，合同条款内容空洞，不具备实用性和可操作性甚至涉嫌侵权；合同内容或条款存在疏漏。如为自身利益，合同当事人起草合同有意增加自身的权利，或为规避自身风险，减少应承担的义务；合同谈判过程中，建设单位或业主委员会出于强势制定降低建设单位空置房物业费标准、物业服务企业先行投入维修费用等条款；违约责任条款约定不明确，没有约定具体违约事项和违约金的金额及计算方法，或解除合同条款约定不明确，没有具体的合同解除情形、条件表述，或管理服务事项条款约定不明确，未考虑自身能力和数量承诺为业主保洁入户门、窗户等专有部分，或没有服务质量的明确约定，缺失设备完好率、设备技术指标、绿化成活率等量化标准条款等情形，导致合同文本不规范、约定不明或存有疏漏致使损害、侵犯业主合法权益以及物业服务企业违约的风险。

规避合同文本不规范、约定不明或存有疏漏风险，首先要树立民事关系的平等、自愿、公平和诚信精神，公平处事，兼顾双方利益。其次要作风严谨，尤其要做好自我履约能力评估，加强对物业服务合同条款内容的实质性审核，只做物业管理范围内的力所能及的合同承诺；加强对合同内容的完整性、规范性审核，避免合同主要内容的遗漏，尤其要关注建设单位、业主的特殊需求，不可有所遗漏；细化物业管理服务质量标准，应约定必要的便于业主直观考核的量化标准；要特别关注业主违约责任、合同解除条款，且做到具体明确。最后要细致认真、规范表述，尤其不可不加辨别、没有选择地使用示范合同文本，应字斟句酌地仔细研究、审核拟定合同的每一款项，做到合同条款表达清楚明白，不致出现理解歧义。

（2）签约文本关键细节失误。主要表现在签约时忽视盖章、签字、生效日期、文字修改等文本关键细节。如使用无效印章签约；使用印章与当事人名称不一致，使用业主委员会印章签约，或合同首部、落款的当事人名称为物业项目的业主委员会，且使用业主委员会印章签约，或使用社区居民委员会、街道办事处印章签约，或无任何印章只由业主委员会主任、全体业主委员会委员、业主代表签约；代理人签字未出具法定代表人授权委托书签约，或合同附件无法定代表人授权委托书；合同落款签约日期与实际签约日期不一致，或与合同条款约定的签约日期、合同期限起始日期不一致；签约合同个别文字修改无双方印章确认等情形，导致签约文本关键细节失误致使合同部分条款无效、合同无效或失去约束力的风险。

规避合同签约文本关键细节失误风险，需要签约时认真审核印章有效性、与合同当事人名称是否一致，并加盖骑缝章，保证印章清晰可辨；签约须法定代表人签字或加盖法定代表人名章，代理人或授权代表签约须法定代表人授权委托书，且加盖公章；重视合同条款中关于合同生效日期的约定，完整填写签订日期；合同文本经过修改的、应由双方在修改处盖章确认；当事人协商一致的修改、补充协议等是合同的组成部分，但不得以其替代合同；有些合同附件，其文本为复印本时须加注“与原件核对无误”字样，并由核对人签字、盖章。

（3）建设单位对房屋买受人的优惠承诺无合同约定。主要表现在建设单位为促进房屋销售向房屋买受人作出的优惠承诺，在物业服务合同中没有约定兑现方式及程序。如建设单位向业主承诺赠送或减免物业费，但未约定由谁负责、以何种方式及程序向物业服务企业支付；建设单位赠送业主的一楼花园、顶层露台等是否支付物业费，由谁负责、以何种方式及程序向物业服务企业支付等情形，导致建设单位对房屋买受人的优惠承诺无合同约定致使物业服务企业无法收取物业费的风险。

规避建设单位对房屋买受人的优惠承诺无合同约定风险，物业服务企业在订立前期物业服务合同前，应充分调查了解建设单位房屋销售过程的所有促销政策，对与后期物业管理有关联性的促销政策，要充分地进行风险评估，与建设单位沟通协商，明确建设单位的房屋促销政策属于房屋买卖合同的约定，与物业服务企业无关，不是物业服务企业的承诺，并在前期物业服务合同中约定建设单位对房屋买受人优惠承诺的解决方式，其底线原则是须由建设单位向物业服务企业履行义务，由建设单位向物业服务企业支付物业费，以及产生的其他管理服务费用。

3.2.2 履行物业服务合同的风险防范管理

【案例3–2】业主在小区内遭受他人袭击，物业公司是否担责

某物业小区的一名业主深夜回家时，在小区内遭不法分子袭击受伤，业主以物业公司未尽管理责任、保安员不合格，导致小区不安全、业主人身受到伤害为由，要求该物业公司赔偿。物业公司提供了足够的证据（录像、电子巡更记录、交接班记录等）证明自己按合同要求，安排了24小时的值班、巡逻；案发时，当班门岗和巡逻安防员也没有违反制度脱岗，不同意赔偿。业主遂将物业公司告到了法庭，要求赔偿医疗费、交通费、误工费、营养费、护理费及精神损失费共计10万多元。

分析：本案例焦点问题是涉案物业公司是否履行了物业服务合同中约定的安全防范义务。

治安管理是一种社会责任，物业服务企业的安全防范服务仅限于安全防范的性质，是协助公安管理部门对辖区提供秩序维护服务，且物业服务企业的秩序维护服务内容与要求是有合同约定的。因而，只要物业服务合同系双方自愿，合法有效，就应依据合同约定进行责任认定。只要物业服务企业提供的秩序维护服务履行了物业服务合同约定的内容与标准，且提供充足齐全的证据，就不必承担法律责任；反之，物业服务企业没有或没有全面履行物业服务合同有关秩序维护服务的约定且存在明显过错，那么就要承担相应的合同违约法律责任。本案例物业公司提供了足够的证据（录像、电子巡更记录、交接班记录等）证明自己全面履行了合同约定，那么业主要求涉案物业公司承担赔偿责任则缺乏事实和法律依据，法院不应支持业主的诉讼请求。

想一想：如果本案物业公司秩序维护存在瑕疵，所承担的责任比例怎样确定。

1．履行物业服务合同的法律风险识别与防范

（1）未订立书面合同即实施物业管理。物业服务企业为了能够取得承接物业项目的主动权，或者为赢得建设单位或业主尤其业主委员会的好感，或者自认为与建设单位或业主委员会已有较深厚的情感沟通或利益关联且已达成口头协议，在尚未订立书面物业服务合同的情况下，即协调内部资源在物业项目实施物业管理的情形，导致因事实合同争议难以保证物业服务企业合法权益的法律责任风险。

规避未订立书面合同即实施物业管理法律责任风险，必须树立法律意识，领会并把握民法典第九百三十八条第三款及《物业管理条例》第二十一条、第三十四条第一款有关“物业服务合同应当采用书面形式”的规定，为了保护企业合法利益，审慎研判风险后果，重视物业服务合同的维权作用，不做未签订物业服务合同便投资介入实施物业管理的决策选择；在不得已的情形下，应在法律专业人士指导下或聘请法律顾问协商沟通补充协议，以保护自身权益。

（2）合同当事人变动妨碍合同正常履行。主要表现在合同当事人变更、注销。如建设单位因经营、债务等，变更组织名称或法人代表，或委托第三方履行合同，或在物业保修期满后注销；业主大会届满或中途解散、业主委员会换届或解散等情形；导致合同当事人变动妨碍合同正常履行、损害物业服务企业的利益、妨碍物业服务企业的权利主张的法律责任风险。

规避合同当事人变动妨碍合同正常履行法律责任风险，首先要树立法律意识、风险意识，建立定期的稽核制度，定期对合同当事人的经营和资信等方面的信息进行跟踪核查，掌握当事人合同履行情况、已方合同履行情况，发现异常应及时按照合同约定的方式或法定方式进行沟通处理；发现合同当事人不履行合同时，应及时采用书面等能够保留证据的方式向对方提出异议，异议质询文件应由法律专业人士或法律顾问拟定或审核。

（3）应急义务履行不及时不到位。主要表现在暴雨、漏水、火灾等紧急情形出现时未能及时、全面地履行合同约定的应急义务。如事先防范通知不及时或未达到全覆盖；未及时启动应急预案或应急预案组织实施不到位，应急物资准备不充分，人员不足，以及应急手段、措施不得当等，导致应急义务履行不及时不到位致使通知义务、预防损失扩大等附随义务的法律责任风险。

规避应急义务履行不及时不到位法律责任风险，首先要树立法律意识，尤其是风险意识，应急管理要常备不懈、常抓不怠，并做好培训、演练、检查，做好应急物资准备。其次要加强安全防范宣传工作，重视业主参与应急预案的培训、演练；关注气象预报，履行相应的通知义务，做好防范准备工作。最后要在紧急情况发生时，应按合同约定第一时间启动应急预案，积极实施应急措施，采取有效的手段防止损失出现，将损失控制在最小范围内。以上各项工作，均须做好痕迹管理，保留好有效证据。

2．履行物业服务合同的风险识别与防范

（1）合同当事人违约。主要表现在合同当事人不履行或不全面履行物业服务合同。如建设单位、业主委员会不按合同约定时间交接物业项目；建设单位不按照合同约定进行承接查验，不配合移交相关资料，不按约定支付开办费等相关费用，不按约定交付物业管理用房和经营用房；建设单位不履行物业保修义务以及其他合同义务，业主以未签署前期物业服务合同或物业服务合同表决时反对或弃权为由拒付物业费等情形，导致合同当事人违约致使物业管理经营损失甚至影响到物业项目无以为继或企业破产的风险。

规避合同当事人违约风险，首先要依法依规订立书面物业服务合同，并在合同中明确合同当事人的权利义务，并按照民法典第九百三十九条规定，明确业主履行物业服务合同的义务，还要清楚、合理地界定双方违约责任及其经济惩处；按照《物业管理条例》第二十五条规定，建设单位与物业买受人签订的买卖合同应当包含前期物业服务合同约定的内容，明确业主履行前期物业服务合同的义务。其次要树立诚信观念，加强诚信宣传，通过行业协会求得司法部门、政府物业管理行政主管部门、工商部门的支持，推动建设单位讲诚信、守合同；求得司法部门、政府物业管理行政主管部门、街道办事处、社区居民委员会支持，推动社会信用建设，促进业主和物业使用人守合同、讲信用。

（2）物业服务企业违约。主要表现在物业服务企业自身不履行或不全面履行合同。如物业项目管理处为完成经营指标，进行所谓开源节流，缩减一线人员，降低物业管理标准；物业费收取率过低，资金严重不足，人员流失严重，合同难以全面履行；企业战略调整，放弃低质低端物业项目，或经营不善，员工人心涣散，无力且也不愿履行合同等情形，导致物业服务企业违约致使管理水平下降、当事人要求解除合同、要求违约金赔偿的风险。

规避物业服务企业违约风险，首先要树立诚实信用观念，拒绝为经济利益主观上不履行、不执行合同的认识与行为，为防止物业项目管理处不按照合同履约，应建立合同履行审查制度，对执行合同的情况进行定期与不定期相结合的监管，发现未履行或者履行不完全的行为应立即组织整改。其次确实不愿意或者没有能力再履行合同时，应主动与合同当事人协商解除合同；若协商不成的，应继续全面履行合同。最后因违约收到对方履行异议的，应及时答复处理意见并认真落实好整改。

3.2.3 物业服务合同届满或解除的风险防范管理

1．物业服务合同届满的风险识别与防范

物业服务合同届满的风险主要表现为法律责任风险。如同意续聘，未能在合同期限届满前完成续订物业服务合同；不同意续聘的，未按合同约定或法定通知期限书面通知合同当事人；物业服务合同届满终止后，在接管之前，拒绝提供物业管理；物业服务合同届满后，继续提供物业管理，要求执行原物业服务合同约定的合同期限；物业服务合同终止，拒绝退出物业管理区域、拒绝配合物业交接工作等情形，导致物业服务合同届满的法律责任风险。

规避物业服务合同届满法律责任风险，首先要学习领会民法典第九百四十七条、第九百四十八条、第九百四十九条、第九百五十条有关规定，并在物业服务合同届满阶段树立并践行诚实守信观念，这是重要的基础。其次要建立物业服务合同届满工作制度、查验交接制度，规范合同届满的各项工作实施操作，并加强监督检查。最后要聘请专业法律人士或法律顾问负责物业服务合同届满工作制度、查验交接制度的拟定或审核，从根本上消除法律责任风险。

2．解除物业服务合同的风险识别与防范

解除物业服务合同的风险主要表现为法律责任风险。如当合同当事人双方面临的内外部经营条件变化使得合同订立基础改变时，因长期合同缺乏法定的变更或解除规定，合同难以实现变更或解除；合同当事人一方根据合同约定解除条件或者法定解除条件解除合同时，没有按照合同约定或法律规定履行通知义务，或履行通知义务不符合通知时限要求；合同解除后遗留问题的处理约定不明，或没有书面约定等情形，导致解除物业服务合同致使当事人利益受到损害、承担经济赔偿甚至面临恶意维权的法律责任风险。

规避解除物业服务合同法律责任风险，首先要认识到合同解除过程中的法律风险专业性比较强，需要对民法典有关合同尤其是物业服务合同有关条款的深入认识，做到在订立合同时应依法明确约定变更或解除合同的条款，尤其在解除合同操作阶段要按专业要求细致保留证据。其次要严格按照合同约定、民法典第九百四十六条规定的法定方式履行合同解除的通知义务，应当采用书面通知方式，并取得对方的签收。再次要认识到，合同解除后，双方应就合同尚未履行完的权利义务及履行期限遗留问题以及保密条款等进行约定，并须签订书面协议。如果有合同解除约定，应积极对后续事项进行协商，达成解决方案；如果是事后协商解除合同，须将有关条件谈妥后再签署解除合同协议。最后合同解除过程有很强的法律专业性，而且操作不当会引发更多的法律责任，应聘请专业法律顾问承担合同解除的操作。

思考题

1．简述规避合同当事人不具备签约资格法律责任风险的法律法规依据以及要点。

2．如何规避物业服务企业违约风险？

3．简述规避解除物业服务合同法律责任风险的要点。

实训练习题

基础理论知识

一、单项选择题

1．订立物业服务合同，具备签约资格的当事人是依法定程序（　）的业主大会的执行机构业主委员会。

A．选举　B．表决　C．登记　D．备案

2．招标人和中标人不得再行订立背离合同（　）内容的其他协议。

A．确定性　B．约定性　C．实质性　D．规定性

3．物业服务企业应加强对物业服务合同条款内容的实质性审核，只做物业管理范围内的力所能及的（　）。

A．合同约定　B．合同承诺　C．合同规定　D．合同商定

4．前期物业服务合同中应约定建设单位对房屋买受人优惠承诺的解决方式，其（　）是须由建设单位向物业服务企业履行义务，向物业服务企业支付物业费。

A．基本原则　B．基础原则　C．底线原则　D．谈判原则

5．规避解除物业服务合同法律责任风险要严格按照合同约定、民法典规定的法定方式履行合同解除的通知义务，应当采用书面通知方式，并取得对方的（　）。

A．答复　B．同意　C．签字　D．签收

二、多项选择题

1．订立物业服务合同，物业服务企业应要求对方当事人提供（　　）等有效证件复印件且作为合同附件。

A．营业执照　B．税务登记证　C．社会保险交纳证明

D．备案回执　　E．登记回执

2．前期物业服务合同有关物业承接查验的约定，须明确（　　）等内容。

A．承接查验主体　　B．承接查验的内容

C．遗留问题的确认与解决　　D．物业保修责任

E．物业赔付责任

3．规避合同签约文本关键细节失误风险，需要签约时（　　）。

A．认真审核印章有效性

B．审核印章与合同当事人名称是否一致

C．加盖骑缝章

D．保证印章清晰可辨

E．保证印章不得上下颠倒或倾斜

4．规避应急义务履行不及时不到位法律责任风险，应急管理要常备不懈、常抓不怠，并做好（　　）。

A．培训　　B．演练　　C．检查

D．反馈　　E．处罚

5．规避物业服务合同届满法律责任风险，要（　　）。

A．树立并践行诚实守信观念　　B．建立物业服务合同届满工作制度

C．建立查验交接制度　　D．聘请专业法律人士或法律顾问

E．书面通知对方解除合同

案例分析题

1．请分析本案例C物业服务企业上诉的法律风险，并说明理由和依据。

案情：C物业服务企业为T先生所在小区提供物业服务，前期物业服务合同约定物业费标准为1.5元/（月·m^2）。2021年1月30日C物业服务企业与建设单位签订补充协议，约定物业服务费为2.5元/（月·m^2）。C物业服务企业要求T先生按照提高后的标准交费，遭到拒绝。C物业服务企业向法院起诉T先生，要求T先生支付物业费及滞纳金。

T先生以C物业服务企业违规收费为由进行抗辩，法院经审理判决T先生按照前期物业服务合同约定的1.5元/（月·m^2）标准支付物业费。C物业服务企业经研究决定申请上诉。

2．请分析本案例M物业服务企业诉讼的法律风险，并说明理由和依据。

案情：M物业服务企业与K先生所在D小区业主委员会签订物业服务合同，合同期限自2016年1月1日起至2020年12月31日止。D小区业

主大会在2020年10月依法表决通过终止与M物业服务合同关系，D小区业主委员会在2020年10月公布与M物业服务企业终止物业服务合同表决公告，并在2020年10月末前向M物业服务企业发出书面通知，要求M物业服务企业在2020年12月31日办理移交手续并撤离D小区。直至2021年6月末，M物业服务企业才与D小区业主委员会进行移交，并全面撤出D小区。现M物业服务企业向人民法院提起诉讼要求业主K先生交纳2021年1月至6月的物业费及违约金。

4

前期物业管理风险防范管理

知识目标

1. 了解早期介入、招标投标、承接查验和入住基本知识，知晓要义；
2. 熟悉早期介入各阶段、招标投标、承接查验和入住的内容；
3. 掌握早期介入、招标投标、承接查验和入住的法律风险识别与防范知识；
4. 掌握早期介入、招标投标、承接查验和入住等实施过程的风险识别与防范知识。

能力目标

1. 具备前期物业管理各专项业务法律风险防范工作的组织能力；
2. 具备早期介入各阶段实施过程风险识别和防范的能力；
3. 具备招标投标实施过程风险识别和防范的能力；
4. 具备承接查验实施过程风险识别和防范的能力；
5. 具备入住实施过程风险识别和防范的能力。

思政目标

1. 培养知法守法、诚实守信的思想品德与职业操守；
2. 培养肯于吃苦、敢于坚持事实的工作态度；
3. 培养细致严谨、善于沟通交流的工作作风。

4.1 物业管理早期介入风险防范管理

学习目标：1. 了解早期介入的基本知识、相关法规政策，以及物业服务企业在早期介入不同阶段的准确定位；
2. 熟悉物业服务企业的早期介入的工作内容、要点、方式和方法等；
3. 掌握早期介入各阶段风险识别、风险规避与处置的思路与方法。

4.1.1 物业管理早期介入的基本认识与相关法律政策规定

1. 早期介入的基本认识

物业管理早期介入，是指物业服务企业接受建设单位或投资单位邀请，参与房地产项目的投资立项、规划设计、施工建设、销售租赁、竣工验收等过程的顾问咨询、施工现场巡查等工作，建设单位或投资单位承担相应费用的活动。

在物业管理早期介入阶段，物业服务企业主要是从物业管理的角度为建设单位或投资单位提出从项目规划、产品定位、楼宇设计、功能确定、施工工艺、设备选用、材料选择、营销案场，尤其是物业管理理念、物业管理方案等多方面的建设性意见和建议，以达到满足建设单位或投资单位投资回报需要、业主和物业使用人使用需求，并适应物业管理要求的目的。

对于物业管理早期介入，国家至今尚无明确的法律法规、部门规章，只是在国家住房和城乡建设部制定的《物业承接查验办法》第四条有所提及，即“鼓励物业服务企业通过参与建设工程的设计、施工、分户验收和竣工验收等活动，向建设单位提供有关物业管理的建议，为实施物业承接查验创造有利条件”。其中，“参与建设工程的设计、施工、分户验收和竣工验收等活动”，即为物业管理早期介入的内容。部分省市的物业管理条例有关于物业管理早期介入的引导性规定。

从物业管理的实践来看，规划设计、建筑施工、竣工验收是物业项目形成完整、舒适、便利等功能的先天制约阶段。但由于建设单位或投资单位以及施工单位关注的是成本控制，设计定位只考虑国家现行的建筑规范和技术标准，均很少从日后使用和物业管理的角度进行综合考虑，因而建造完成后的物业在使用和管理上往往差强人意，却因是先天不足难以甚至无法弥补。如果建设单位或投资单位邀请经验丰富且专业精湛的物业服务企业实施物业管理早期介入，从利于业主、物业使用人使用，符合物业管理要求的角度在开发建设的各个环节提出合理的建议和意见，不仅可以完善物业的使用功能，避免出现先天性缺陷，充分满足业主和物业使用人对工作或居住功能、环境的需求，帮助建设单位或投资单位提高其产品竞争力；而且可以通过施工过程的监督巡查，强化物业的建设质量，全面掌握物业的基本情况，为今后的物业管理工作奠定良好的基础。

2. 物业管理早期介入的阶段划分

物业管理早期介入一般包括立项决策、规划设计、建设施工、销售租赁和竣工验收五个阶段。

（1）立项决策阶段的早期介入。立项决策阶段的早期介入是指物业服务企业在建设单位或投资单位开发项目可行性研究阶段介入。物业服务企业的主要工作，一是基于市场的调查分析，从物业管理视角为建设单位或投资单位提出是否开发项目、项目定位及开发周期等建议；二是对开发项目提出物业管理的专业建议，并就今后的物业管理方案提出书面咨询报告，以便建设单位或投资单位决策时能够综合考虑物业管理目标和模式定位，更好地满足业主需要。在这一阶段，物业服务企业咨询建议的重点是物业管理的专业建议。

物业服务企业在立项决策阶段早期介入的内容包括项目的市场定位，如明确用途功能、确立消费档次、筛选目标客户、推出主打房型、选择入市时机等；潜在客户的构成，如目标客户定性调查、目标客户定量调查；消费水平与需求，如项目所在地的经济状况、产业发展状况、居民收入状况、市场需求状况及目标客户对项目的基本需求和特殊需求等；项目周边情况，如项目周边人文风俗、区域配套设施、公共设施等；周边物业管理概况，如周边项目物业管理模式的定位、物业管理的内容、管理服务的标准等；日后的物业管理内容，如确定物业管理的模式、管理服务基本内容、总体服务质量标准、物业费标准等。

立项决策阶段物业服务企业早期介入的形式主要是充当顾问角色，通过交流会、建议书等方式，在建设单位或投资单位决策过程中，主要从项目的物业管理档次定位、管理模式以及物业管理服务要求的角度，提出建设性的咨询建议。

立项决策阶段物业服务企业早期介入的方法和要点主要是：向建设单位或投资单位提供物业管理的专业咨询意见，同时对未来的物业管理进行总体策划；对物业项目进行档次定位，包括物业项目的销售定位和物业管理定位，侧重在物业管理定位；根据物业项目的档次定位，科学地测算物业的使用、管理成本；选用知识面广、综合素质高、策划能力强的专业人员组建队伍，开展顾问工作。

（2）规划设计阶段的早期介入。规划设计阶段的早期介入是指物业服务企业在建设单位或投资单位已确立的项目设计规划阶段介入。物业服务企业的主要工作，一是从物业管理视角协助建设单位完善物业项目整体规划设计、单体建筑设计及户型功能、外部环境，智能化、管理功能等各项工作；二是从业主和物业使用人的角度，针对以往物业管理实践中发现的规划设计上的种种问题或缺陷提出修改方案，优化、完善设计规划中的细节，尽量避免或减少日后使用中难以解决的问题。

物业服务企业在规划设计阶段早期介入的内容包括整体环境设计、小区的合理布局、房屋或楼宇的使用功能、建筑材料的选择、居住的安全舒适、硬件设施、设备配备和服务配套等实际问题，主要围绕物业的结构布局、使用功能；物业环境及配套设施的合理性、适应性；设备、设施的设置、选型及服务功能；物业管理用房、社区活动场所等公共配套建筑、设施、场地的设置、要求等方面进行。

规划设计阶段物业服务企业早期介入的形式主要是充当顾问角色，通过参加设计图纸会审，提出会审意见；参加有建设单位、规划部门、工程建设主管部门、设计单位参加的意见交流会；撰写楼盘规划设计建议书等方式，主要从规划设计应满足房屋合理、实用的使用功能；居住的安全与舒适；有利于物业管理服务的实施等方面，对规划设计方案提出建设性的咨询建议。

规划设计阶段物业服务企业早期介入的方法和要点主要是：参与有关规划设计的讨论会，并从物业使用、养护、管理、经营的安全性、功能性、实用性、耐用性和节能性等角度，对设计方案提出意见或建议，协助建设单位、设计单位优化设计或从利于使用维护等角度调整设计方案，使物业项目在总体上更能满足客户需求，减少后续的更改和调整，降低开发风险。

（3）建设施工阶段的早期介入。建设施工阶段的早期介入是指物业服务企业在建设单位已确立的项目建设施工阶段介入。物业服务企业的主要工作是参与工程现场巡查，一是建设施工现场的跟踪勘察；二是全面了解项目，尤其是对基础隐蔽工程、机电设备安装调试、管道线路铺设和走向等的了解，是后续接管验收和管理服务的保证。建设施工阶段是物业项目质量保证的一个关键阶段，这个阶段施工质量的控制对物业项目质量有直接的影响。

物业服务企业在建设施工阶段早期介入的内容包括设备购置安装、建筑材料选择的建议、跟进现场施工、记录现场施工、跟进安装调试等。

建设施工阶段物业服务企业早期介入的形式主要是充当准监理的角色，通过施工现场巡查，就施工进程、施工质量等问题与建设单位或通过建设单位与监理单位、施工单位进行沟通交流，提出整改意见与咨询建议，让问题及时得到整改。

建设施工阶段物业服务企业早期介入的方法和要点主要是：安排工程技术人员进驻现场，按照施工安装进度进行现场跟进，对建设工程的机电设施设备配置与安装调试、各类管线的分布走向、隐蔽工程、房屋结构等进行观察、了解和记录；加强常见工程质量通病及隐蔽工程等特殊过程的巡查，指出设计中缺陷、遗漏的工程项目；从业主使用功能角度，注意完善相关设计规划缺陷；从物业管理的角度，仔细做好现场记录，加强对容易出现问题部位、工艺的巡查、观察。建立介入情况周报制度、报表体系以规范各项工作，参加建设单位组织的项目现场工作协调会，及时沟通相关问题和进度；对重要问题提出整改方案，并以书面报告的形式报送建设单位，落实并跟进问题整改情况。

（4）销售租赁阶段的早期介入。销售租赁阶段的早期介入是指物业服务企业参与建设单位的物业销售与租赁以及宣传推广工作，配合建设单位根据物业项目的销售定位，制定物业管理整体策划、物业管理区域公共管理制度，以良好的物业服务形象及物业服务品牌吸引潜在购房者，帮助建设单位树立物业项目品牌形象，进而实现促进物业销售租赁的目的。

物业服务企业在销售租赁阶段早期介入的内容包括参与营销策划，提供咨询建议；策划物业管理方案，包含管理模式、服务创新、内部管理机制、管理服务标准、品质控制方法、物业费测算等内容；准备营销资料，提供售楼宣传所需要的物业管理服务的推介资料；培训售楼人员，统一并规范有关物业管理服务方面的承诺，提高售楼人员的物业管理专业素质；现场咨询服务，解答购房者对物业管理服务方面的咨询；提供销售案场物业管理，负责销售案场、样板房的全面物业管理，展示入住后物业管理品质与特色。

销售租赁阶段物业服务企业早期介入的形式主要是充当顾问的角色，协助建设单位加强楼盘宣传，挖掘潜在客户群，开展购房者联谊活动，协调建设单位与购房者的沟通。

销售租赁阶段物业服务企业早期介入的方法和要点主要是：提供物业管理方案策划，以及销售推介资料的物业管理内容；拟定物业管理的公共管理制度，尤其是临时管理规约；对销售人员提供必要的物业管理基本知识培训；派出现场咨询人员，在售楼现场为客户提供物业管理咨询服务，征询购房者对物业管理服务的需求。

（5）竣工验收阶段的早期介入。竣工验收阶段的早期介入是指物业服务企业在建设单位开发项目已建成，组织开发项目竣工验收阶段介入。物业服务企业的主要工作，一是参与开发项目工程的竣工验收，二是与建设单位商定前期物业管理的委托事宜。

物业服务企业在竣工验收阶段早期介入的内容包括提供法律政策支持，为建设单位提供竣工验收相关的法律法规和标准规范，以及所在地规章政策；验收的准备，协助建设单位编制竣工验收方案、准备竣工验收的表格资料；验收的实施，参与竣工验收过程，并对工程设计、施工和设备质量等方面的问题结合各类统计表汇总后提交建设单位；协助善后事宜，协助建设单位跟进竣工验收遗留问题整改，协助建设单位收集、整理竣工验收资料，建档存留。

竣工验收阶段物业服务企业早期介入的形式主要是参与，目的是为了掌握竣工验收情况，收集工程质量、功能配套以及其他方面的技术信息、遗留问题，为物业项目承接查验做准备。

竣工验收阶段物业服务企业早期介入的方法和要点主要是：参加人员要尽可能事先熟悉有关的施工验收规范，了解设计要求，抓住要点。竣工验收前，参与制订物业验收流程；在随同相关验收小组观看验收过程中，认真记录验收人员、专家给施工单位或建设单位的意见、建议和验收结论；发现可能存在的施工隐患，并列出遗漏的工程项目；参与重大设备的调试和验收；指出工程缺陷，提出整改方案建议；填写参与竣工验收的相关表格，并建立竣工验收档案。

3．物业管理早期介入方式

（1）市场调研。市场调研是指物业服务企业通过对同类物业项目、物业项目所在市及物业项目周边房地产市场情况尤其周边物业项目定位情况进行调研，了解市场需求、走向，形成市场调研报告，提出有针对性的建议，交予建设单位。

（2）图纸会审。图纸会审是指物业服务企业参与建设单位会同设计单位、施工单位、监理单位等对图纸分析、论证的研讨会议，从物业使用、物业管理的角度提出建设性建议。

（3）对标管理。对标管理是指物业服务企业通过对同类物业项目的客户定位、服务定位、物业管理方案、物业管理服务标准等的收集、分析，并作为基准进行比较的方法，就本物业项目的服务定位、管理服务模式等向建设单位提供建议。

（4）过程巡查。过程巡查是指物业服务企业通过对建设施工现场的跟踪勘察，针对建设施工过程中出现的各种问题，向建设单位报告情况，提交改善建议等。

4．物业管理早期介入实施形式

物业服务企业通过巡查、参加由建设单位组织的项目沟通会，了解开发项目情况，以书面函件方式提交报告、建议书等，并就相关问题交换意见。物业管理早期介入的具体实施形式主要有：

（1）建设单位提供资料。建设单位应及时提供各阶段基础资料，如项目运营计划、施工计划、方案图、施工图、施工图变更单、项目经济技术指标、建造标准等。

（2）物业服务企业参加会议。建设单位应通知物业服务企业参加方案设计、施工图设计、建造标准、工程例会、监理例会等会议，把握相关各方的态度与意见。

（3）物业服务企业组织会议。建设单位应组织设计单位、施工单位、监理单位参加物业服务企业组织的各阶段交底会议、设计及施工质量专题讨论会、竣工验收问题分析会。

〖相关法规制度标准〗

1．2020年5月28日第十三届全国人民代表大会第三次会议通过的《中华人民共和国民法典》；

2．2019年8月26日第十三届全国人民代表大会常务委员会第十二次会议修正的《中华人民共和国土地管理法》；

3．2019年8月26日第十三届全国人民代表大会常务委员会第十二次会议修正的《中华人民共和国城市房地产管理法》；

4．2019年4月23日第十三届全国人民代表大会常务委员会第十次会议修正的《中华人民共和国城乡规划法》；

5．2019年4月23日第十三届全国人民代表大会常务委员会第十次会议修正的《中华人民共和国建筑法》；

6．2000年1月10日国务院第25次常务会议通过的《建设工程质量管理条例》（国务院令第279号）；

7．2000年4月4日建设部第二十二次部常务会议通过的《房屋建筑工程和市政基础设施工程竣工验收备案管理暂行办法》；

8．各类工程建设国家标准。

4.1.2 物业管理早期介入风险识别与防范

【案例4-1】早期介入案例分析

某建设单位在某滨海城市取得沿海浴场附近住宅建设用地，规划设计时园区路灯选择一体成型铸铁底座、铁制灯杆太阳能路灯。在建设单位召集的设计规划协调会上，物业服务企业早期介入工作小组提出，一是因该项目地距海边较近，空气中盐分较大，易造成铸铁底座、铁制灯杆腐蚀，加速路灯老化；二是因该项目所处地理位置为显著性海洋气候，夏季台风及大风情形较多，太阳能板设置在路灯顶端，强风甚至大风极易将路灯刮倒或刮断，不利于今后的物业管理，故建议重新选择其他耐腐蚀材质，且太阳能板未在顶端的路灯。但早期介入工作小组的建议在会上并没有得到建设单位、设计单位的响应。

分析：该早期介入工作小组所提建议及理由，应该说是十分充裕且合理的，但为什么没有得到设计单位尤其是建设单位的响应呢？原因就在于该早期介入工作小组没有做好早期介入的自我准确定位。物业服务企业的早期介入活动，是受建设单位聘请，为建设单位提供咨询顾问服务的，因此，早期介入工作小组在工作实践中考虑未来物业管理的同时，还要兼顾业主使用、建设单位的利益，要善于将三者的利益融为一体。

会后，该早期介入工作小组在公司领导引导下，将上述意见整理为工作意见函，其陈述理由的重点落在建设单位的质量保修责任上，很快就得到了建设单位的积极响应，要求设计单位重新进行路灯选型。

想一想：物业服务企业在早期介入中的角色定位，处理好与建设单位、业主之间关系的基本原则或要求。

1. 物业管理早期介入法律风险的识别与防范

对于物业管理早期介入，虽无明确的法律法规、部门规章规定，但由于物业服务企业是受建设单位邀请为其提供咨询顾问服务的，双方签有书面合同，因此，双方形成合同法律关系，一切行为应受该民事法律关系约束。物业服务企业在物业管理早期介入工作中，可能由于合同中双方责任义务约定不清晰、专业能力不足、施工现场职业安全、信息管理失职以及无法实现可持续经营等原因，出现导致建设单位经济利益受损、商业信息外泄以及物业服务企业蒙受经济损失、企业名誉受损等情形，物业服务企业因此承担一定的法律风险责任。

物业服务企业早期介入的法律风险主要有：

（1）立项决策阶段早期介入的法律风险。主要出现在物业服务企业为建设单位针对开发项目提出的物业管理专业建议时，就今后的物业管理方案提出书面咨询报告中有关物业管理模式、物业费测算、经营思路与经营项目设计以及物业服务合同内容约定等方面，违反法律法规以及部门规章、地方政策的规定，或是超越建设单位委托的权限范围造成越权越位等侵权情形。

1）物业管理模式方面。物业服务企业为保证自身能够承接开发项目，或是保证建设单位旗下或意中的物业服务企业承接开发项目，建议建设单位采取邀请招标或围标等方式，违反前期物业管理招标投标相关规定的法律责任风险。

2）物业费测算方面。物业服务企业为规避提高物业费难点，建议建设单位规避政府指导价，确定物业费测算高标准策略；将物业服务企业高管人员甚至建设单位工程保修人员薪资计入物业费成本测算等，违反物业费相关规定的法律责任风险。

3）经营思路与经营项目设计方面。物业服务企业建议建设单位将属于业主共有的物业服务用房用于会所经营或对外租赁，将对外服务的餐饮、酒店、民宿等项目安排在开发项目内部等，侵占业主权益、违反环境保护、治安安全相关规定的法律责任。

4）物业服务合同内容约定方面。物业服务企业为自身物业管理利益，在合同内容中约定有权按每年物价上升幅度上调物业费标准；以物业服务合同所附终止条件作为合同期限约定以造成无期限合同事实等，侵害业主权益、违反民法典相关规定的法律责任风险。

规避立项决策阶段早期介入法律责任风险，首要解决的是观念认识问题。要摆脱自我利益至上、经济利益至上的错误观念，以公平地维护建设单位、业主双方的合法权益作为咨询顾问的工作原则，摆正物业服务企业在立项决策阶段早期介入的角色定位，依法合规、公平合理地提供咨询建议，从观念上认识到法律责任风险的存在，并努力防范。

立项决策阶段早期介入法律责任风险的防范措施，主要是加强对早期介入工作小组相关法律法规、部门规章、地方规定的学习要求，强化人员的法律意识和应用能力；起草制作物业管理咨询报告时，须将内容的合法性放在第一位，认真核实条款内容是否与相关规定保持一致，并提交企业法务部门或法律顾问审核后，经企业主管领导审批，才能递送建设单位；要求企业法务部门或企业法律顾问须严格审核物业管理咨询报告内容的合法性，并将其确定为第一责任人，以杜绝发生法律责任风险。

（2）规划设计阶段的早期介入的法律风险。主要出现在物业服务企业为建设单位提出规划设计建议时，为保证建设单位利益，除部分物业服务企业使用的办公服务用房外，将物业服务用房分散设置、设置于地下负层，或是将物业用房（设备房、电梯间）等计入物业服务用房；混淆物业服务用房与业主会所概念，通过强调功能，以会所替代物业服务用房；将社区服务用房分散设置、设置于地下负层；将共用屋面设计成顶层专属露台，将一楼共用绿地设计成一楼专属花园，以促进销售；降低国家标准或设计规范要求等，侵犯业主利益、违反规划设计相关规定的法律责任风险。

规避规划设计阶段早期介入法律责任风险，首要解决的问题仍是观念认识问题，要强调业主合法权益的维护，摆正物业服务企业与建设单位以及未来业主之间的关系；要树立标准规范即是“法”的观念，守法合规地提出合理建议，强化法律责任风险意识，重视规划设计阶段早期介入法律责任风险的规避。

规划设计阶段早期介入法律责任风险的防范措施，主要是早期介入工作小组应全面收集规划设计中涉及业主权益的地方法规、地方政策规定，并认真学习领会，将其作为不可触犯的底线全面落实，不寻找政策漏洞、不打擦边球；早期介入工作小组制作的咨询建议书内容须保证其合法性，并提交企业法务部门或法律顾问审核后，经企业主管领导审批，才能递送建设单位；要求企业法务部门或企业法律顾问须严格审核物业管理咨询报告内容的合法性，并将其确定为第一责任人，以杜绝发生法律责任风险。

（3）建设施工阶段的早期介入的法律风险。主要出现在物业服务企业与建设单位、监理单位、施工单位之间的法律关系混淆，早期介入工作小组自身或者是在建设单位因认识模糊授权的前提下，直接介入监理工作或是将施工现场所发现问题直接反馈给监理单位、施工单位，直接指导监督施工单位；对施工过程中偷工减料、降低施工作业标准或规范，以及隐蔽工程未经监理单位签证进入下一工序，未及时报告建设单位等，权责混淆、不履行职责、违反建设施工相关规定的法律责任风险。

规避建设施工阶段早期介入法律责任风险，首要解决的是法律关系认识问题。物业服务企业须明确其与建设单位之间的法律关系是以咨询顾问为主要内容的，不承担对建设工程的监理义务、对施工作业的指导监督义务，但须承担施工现场巡查并将所发现问题及时报告反馈给建设单位的义务；物业服务企业与监理单位、施工单位没有任何法律关系，所谓协助工程监理加强工程质量保证，是通过建设单位与监理单位的工作沟通实现的，而不是由早期介入工作小组直接与监理单位沟通，或直接对施工单位的指导监督来实现。

建设施工阶段早期介入法律责任风险的防范措施，主要是理顺工作沟通程序，对施工现场巡查所发现的问题制作书面文件，指出问题、提出整改建议，递送建设单位，由建设单位与监理单位、施工单位沟通处理；如建设单位提出早期介入工作小组可直接与监理单位、施工单位沟通协调，早期介入工作小组也应形成书面文件，注明主送单位为建设单位、抄送单位为监理单位或施工单位，同时递交或通过电子邮箱传送文件给各方，以此规避因法律关系不清导致的物业服务企业与建设单位双方的权利义务约定、责任划分不清，建设单位向物业服务企业追责，物业服务企业承担了不该承担责任的法律责任风险。

（4）销售租赁阶段的早期介入的法律风险。主要出现在为建设单位制作物业管理方案、临时管理规约。物业管理方案、临时管理规约按照商品房销售相关规定，须在商品房销售前制作完成，在销售租赁阶段作为商品房销售合同的附件使用，所以其法律责任风险大多发生在本阶段。销售租赁阶段较为普遍发生的物业管理方案法律责任风险与前述的立项决策阶段的物业管理方案基本一致，主要表现在物业费标准、经营思路与经营项目设计以及物业服务合同内容约定等方面；临时管理规约的法律责任风险主要表现在对业主权益的侵犯，如对业主违反临时管理规约、拖欠或拒交物业费行为的限制表决权、选举权和被选举权的规定，以及采用罚款的经济处罚规定，对业主使用物业作出的违反民法原则的规定等。

规避销售租赁阶段早期介入法律责任风险，除了要摆正物业服务企业与建设单位、业主之间的法律关系外，重要的是对物业管理的正确认识，要明确物业管理活动是为业主服务，对物业实施管理的基本特征，树立为业主服务的意识，而不是强化对业主的“管理”，唯此，才能从观念认识上彻底根除上述销售租赁阶段早期介入的法律责任风险。

销售租赁阶段早期介入法律责任风险的防范措施，主要是早期介入工作小组须全面认真掌握物业管理相关法律法规、部门规章、地方政策规定等，在制作物业管理方案、拟定临时管理规约过程中，应仔细进行法律责任风险审核，并提交企业法务部门或法律顾问审核后，经企业主管领导审批，才能递送建设单位；要求企业法务部门或企业法律顾问须严格审核物业管理咨询报告内容的合法性，并将其确定为第一责任人，以杜绝发生法律责任风险。

（5）竣工验收阶段的早期介入的法律风险。主要出现在物业服务企业为建设单位提供竣工验收相关的法律法规和标准规范，以及所在地规章政策等法律政策支持方面，由于专业知识不足或工作疏漏、更新不及时等造成文件不足、不准确，导致建设单位利益受到损害等法律责任风险。

规避竣工验收阶段早期介入法律责任风险，主要是在工作责任心和专业知识的强化上，当然也包括早期介入工作小组人员组成时专业结构的合理搭配。还有就是要规范资料的收集、更新分类、排序以及目录编排等文案工作，以便于早期介入工作小组的自我核查，做到资料准备完整全面，以杜绝发生相关的法律责任风险。

2．物业管理早期介入实施风险的识别与防范

（1）立项决策阶段早期介入实施的风险与防范。早期介入工作小组市场调研不充分、对调查资料分析研究不到位、缺少对市场的前瞻性认识，或是工作定位错位等，易导致立项决策阶段早期介入实施时产生风险。

如因潜在客户定位失当，导致项目市场定位失策，带来建筑类型搭配与布局、主打户型、配套选择、物业管理档次定位等一系列建议与建设单位思路相悖或者存有差距，造成建设单位认为物业服务企业不够甚至不专业的评价，引发终止现时早期介入乃至后续各方面合作的风险。早期介入工作小组投入大量人力、精力在开发项目定位、可行性研究、开发周期、开发规模等方面进行研究，并提出详尽建议，忽略了有关物业管理的专业建议，导致主要工作拖延、工作质量不佳的风险。

立项决策阶段早期介入风险的防范，重点是工作定位的观念认识，物业服务企业的早期介入专长是在物业管理，工作中心是在物业管理的咨询顾问，关键是在早期介入工作小组的队伍建设，在选用知识面广、综合素质高、策划能力强的专业人员前提下，要注重人员专业搭配，应侧重在物业管理专业知识、专业能力强、管理经验丰富的人员选配。工作要有详尽的计划安排，且要突出物业管理的咨询顾问要求。

（2）规划设计阶段早期介入实施的风险与防范。早期介入工作小组将图纸会审的注意力集中在建筑结构、建筑功能、装饰装修以及各个配套系统是否满足国家或地方有关标准、规范方面，忽视了业主使用习惯、使用便利性以及物业管理要求，给后续入住使用物业、管理物业带来极大不便，甚至功能无法正常发挥，易导致规划设计阶段早期介入实施时发生风险。

如某大厦规划32层，占地面积2000m^2，大厦只设计了4部客梯；楼体设计结构为钢架结构、玻璃幕外墙，为了外观美观，将平台屋面的排雨水管线设计为经过户内排放至地下排水管线排出。此电梯配置可能会导致入住使用时早中晚人流高峰期使用电梯拥堵现象、非高峰期电梯使用不便；物业服务企业须入户养护、维修排雨水管线，且如因排水管线漏水导致用户损失，易产生责任确认纠纷，给物业管理带来极大麻烦。还有某住宅项目地处闹市，行人通行门禁选用防复制智能门禁系统，但未设置防尾随装置，入住使用后可能导致陌生人尾随业主进入穿行小区，造成小区公共秩序混乱，盗窃案件多发；地下车库进入单元电梯间选择了双开门方案，后期使用时因防火门口空间尺寸有限，单扇门尺寸过小带来携带物品出入不便，甚至老人或孩子独自情形下难以完成开门出入，给业主使用带来极大不便利，一旦发生险情，逃生也会受到威胁。以上情形在图纸会审时，早期介入工作小组若没有及时发现指出，一旦建设单位发现，会给物业服务企业带来早期介入不专业的评价风险；售楼期间，看房业主意见如影响到房屋销售，会给物业服务企业带来建设单位索赔风险；入住使用后业主投诉率较高，建设单位的企业形象受到负面影响，也会给物业服务企业带来管理服务风险、建设单位索赔风险。

规划设计阶段早期介入风险的防范，要求早期介入工作小组首先应清楚地认识自身工作定位，即对早期介入工作小组而言，首要工作是以业主使用、物业管理的视角审核规划设计的建筑功能、设备选型、材料选择能否满足业主生活的舒适性、便利性，能否适应未来物业管理要求，然后才是应用国家建筑设计方面的相关标准规范进行专业审核。其次，早期介入工作小组在规划方案、设计图纸会审前，应在本企业各项目管理处征集项目使用、管理的各类问题，进行梳理归类，按建造工程、配套系统进行分类，形成“规划设计常见问题与改善优化清单”，指导规划设计阶段早期介入实施工作。最后，就是在工作策略上，书面咨询意见报告要不吝笔墨，在体现专业性要求的前提下，问题、建议要多提，是否采纳由建设单位选择决定。

（3）建设施工阶段的早期介入实施的风险与防范。早期介入工作小组施工现场巡查频次不够，巡查走过场，无明确巡查内容，记录不全面不详尽；现场巡查没有依据国家施工、安装标准规范对施工工艺、隐蔽工程、建筑材料、设备安装调试等进行必要的施工对标，查找问题；施工现场巡查忽略专业现场作业安全防护，自我安全防护不到位；与建设单位或通过建设单位与监理单位、施工单位沟通不畅或存在矛盾等，易导致规划设计阶段早期介入实施时发生风险。

如某开发项目施工期间，施工单位安装门禁装置内侧开关距门不足30cm，门禁旁没有安置摄像头，也未留监控布线接口；外墙施工将通透式金属围栏原设计高度3m改为2.2m，且立杆之间增加了横向连接装饰；户内墙体砌筑时，将相邻房屋的开关、插座安装孔预留为对口联通；将雨水排水管线与污水排水管线混合排放至同一排水系统，且管线敷设施工时，管道直接置于沟底，然后用建筑垃圾回填；地下室电缆钢套管道从地面至地下与下水管线并排，出现多个焊接弯口，且接口未做完全封口焊接；生活水泵房设备安装，将水泵控制柜直接落地安装在水泵房内，且水泵变频器为多个品牌；电梯基坑取消了排水设施，未预留双电源供电空间等，早期介入工作小组现场巡查均未有发现指出，导致建设单位极为不满，要求追责。以上这些问题现象，在日后入住使用时，依次将会带来外来人员随意进入物业项目，为不法人员翻越护栏提供便利，导致物业项目秩序维护混乱，案件频发；后续安装或维修开关、插座混线，导致安全事故；暴雨带来污水管回水，造成一楼户内被淹；下水管线非均匀下沉，回填土虚空，导致管线错位、断开造成下水不畅直至堵塞；地下电缆漏电，导致地面、墙体带电；水泵房溢水，导致控制柜失灵，变频器维修配件预存增加成本；电梯基坑被淹，影响电梯断电时的切换线路使用等。这些问题，轻则给业主生活带来不便，重则就会造成业主损失，给建设单位带来赔偿风险；由于这些问题均为建筑质量问题，一方面增加了建设单位的维保成本，造成一定经济损失的风险，另一方面造成企业负面形象，带来社会损失的风险，还会带来建设单位向物业服务企业的索赔风险。这些问题，给物业服务企业的后续物业管理增加了工作难度，且因难以从根本解决，带来物业服务企业管理品质难以提升的风险、与业主关系紧张造成各种矛盾频出的风险，以及物业费收取难影响经济收益的风险。

建设施工阶段早期介入风险的防范，首先，早期介入工作小组尽管工作定位是施工现场巡查，但若要及时发现问题必须具备专业的监理能力，要求物业服务企业必须配置具有扎实的专业知识与丰富的实践经验，并具备较强的施工现场掌控能力的人员；其次，要建立规范的现场巡查作业程序，规范作业行为，重点做好隐蔽工程现场观察，尤其是规范现场记录与作业过程记录，建立日报制度、周报制度，规范报表体系；最后，参加建设单位组织的项目现场工作协调会，及时沟通相关问题和进度，对重要问题提出整改方案，并以书面报告形式报送建设单位，落实并跟进问题整改情况。

（4）销售租赁阶段的早期介入实施的风险与防范。早期介入工作小组未能组织起及时有效的培训，现场咨询服务、物业管理推介资料与销售人员未达成一致的物业管理承诺，销售案场、样板房物业管理不到位，易导致销售租赁阶段早期介入实施时发生风险。

如物业服务企业在现场咨询服务、物业管理推介资料重点宣传的是物业服务品牌、物业管理品质，但销售人员却在以减免物业费、提供超值服务承诺作为吸引购买的噱头；销售案场客服跟进不及时，缺乏引导衔接，或是客户等待期间服务态度、行为不到位，潜在客户遭遇晾场，导致服务不满；样板房迎候迟到、保洁不到位、有闲杂人等甚至物品损坏修复、更换不及时，以及物业管理服务人员行为展示不到位等，导致潜在客户对未来物业管理的质疑，带来影响建设单位销售的风险，以及物业服务企业形象受损的风险，还有建设单位向物业服务企业索赔的风险。

销售租赁阶段早期介入风险的防范，首先，要在观念认识上注重优质物业管理形象对引导、激励销售的正向作用，要与建设单位积极沟通，注重销售案场的物业管理服务形象的打造。要在建设单位的有力支持下，让销售单位尊重物业服务企业，在物业管理品牌宣传上与已确立的物业管理宣传亮点保持一致，与物业服务企业相互配合开展销售。其次，制定销售案场、样板房高品质的物业管理标准，建立规范的管理制度、作业程序，并加强日常工作监管，展示入住后的物业管理品质与特色，为建设单位树立物业项目品牌形象奠定扎实基础。最后，加强对售楼人员物业管理基础知识、销售亮点的持续培训与考核，统一并规范物业管理承诺；强化售楼现场业管理咨询服务，原则上有关物业管理的咨询由物业管理专业人员负责提供咨询服务。

（5）竣工验收阶段的早期介入实施的风险与防范。早期介入工作小组在竣工验收过程中发表有关物业质量的定性意见；为建设单位提供的竣工验收作业表格专业规范性不够，资料汇总跟进不及时、工作滞后；资料管理不到位，造成竣工验收资料尤其是定性评价意见外泄等，易导致竣工验收阶段早期介入实施时发生风险，给建设单位造成损失，或造成建设单位放弃与该物业服务企业的前期物业管理委托事宜。

竣工验收阶段早期介入风险的防范，首先，早期介入工作小组要做好自身定位，明确竣工验收期间的“参与者”定位，摆正自身位置，弄清参与竣工验收的目的是掌握竣工验收情况与物业项目总体状况，为物业项目承接查验做准备。其次，规范竣工验收工作制度、作业程序、作业表格，并征得建设单位同意，在竣工验收实施过程中认真贯彻落实。最后，认真做好现场记录，详细列出各类问题、隐患，尤其是对其后的承接查验与未来物业管理有关联影响的问题隐患要形成整改意见方案，与建设单位及时沟通，明确责任主体，确定整改方案。

思考题

1. 简述物业服务企业在物业管理各阶段早期介入的角色。
2. 简述物业管理早期介入中物业服务企业和建设单位的法律关系及法律风险。
3. 简述建设施工阶段的早期介入实施的风险及其防范措施。

实训练习题

基础理论知识

一、单项选择题

1. 物业管理早期介入是指物业服务企业接受（　）邀请，参与房地产项目的投资立项、规划设计、施工建设、销售租赁、竣工验收等过程的顾问咨询、施工现场巡查等工作。

A. 建设单位或施工单位　　B. 建设单位和施工单位

C. 建设单位或投资单位　　D. 建设单位和投资单位

2.《物业承接查验办法》鼓励物业服务企业通过参与建设工程的设计、施工、分户验收和竣工验收等活动，向建设单位提供有关（　）的建议，为实施物业承接查验创造有利条件。

A. 设计规范　B. 物业管理　C. 施工监理　D. 销售价格

3. 早期介入工作小组现场巡查频次不够，巡查走过场，记录不全面不详尽；忽略专业现场作业安全防护，自我安全防护不到位等产生的风险属于早期介入（　）的风险。

A. 施工作业阶段　　B. 建筑施工阶段

C. 建设施工阶段　　D. 竣工验收阶段

4. 立项决策阶段早期介入起草制作物业管理咨询报告时，须将内容的（　）放在第一位。

A. 合理性　B. 合法性　C. 适用性　D. 先进性

5. 物业服务企业参与建设单位会同设计单位、施工单位、监理单位等对图纸进行分析、论证的研讨会议，从物业使用、物业管理的角度提出建设性建议是指（　）。

A．市场调研　　B．对标管理　　C．过程巡查　　D．图纸会审

二、多项选择题

1．物业管理早期介入一般包括（　　）阶段。

A．立项设计　　B．规划决策　　C．建设施工

D．销售租赁　　E．竣工验收

2．物业管理早期介入方式有（　　）。

A．市场调研　　B．图纸会审　　C．审阅资料

D．对标管理　　E．过程巡查

3．物业服务企业在早期介入销售租赁阶段的为建设单位制定的文件中，主要在（　　）可能存在法律风险。

A．物业管理方案　　B．管理规约

C．临时管理规约　　D．销售方案

E．销售价格

4．物业服务企业在早期介入的竣工验收阶段实施中的风险主要表现在（　　）。

A．在竣工验收过程中发表有关物业质量的定性意见

B．为建设单位提供的竣工验收作业表格专业规范性不够，资料汇总跟进不及时、工作滞后

C．未能组织起及时有效的培训，现场咨询服务、物业管理推介资料与销售人员未达成一致的物业管理承诺，销售案场、样板房物业管理不到位

D．资料管理不到位，造成竣工验收资料尤其是定性评价意见外泄

E．忽略专业现场作业安全防护，自我安全防护不到位

5．物业服务企业在早期介入的规划设计阶段，规避法律风险措施有（　　）。

A．应全面收集规划设计中涉及业主权益的地方法规、地方政策规定，并认真学习领会，将其作为不可触犯的底线全面落实

B．制作的咨询建议书内容须保证其合法性，并提交企业法务部门或法律顾问审核后，经企业主管领导审批，才能递送建设单位

C．理顺工作沟通程序，对施工现场巡查所发现的问题制作书面文件，指出问题、提出整改建议，递送建设单位，由建设单位与监理单位、施工单位沟通处理

D．依法依规制作物业管理方案、拟定临时管理规约

E．参加建设单位组织的项目现场工作协调会，及时沟通相关问题和进度，对重要问题提出整改方案，并以书面报告形式报送建设单位，落实并跟进问题整改情况

案例分析题

1．从秩序维护风险防范角度，请结合案例内容提出你的整改建议。

案情：某大厦为一座以写字楼为主的综合楼。开发商在设计和施工阶段聘请某知名物业管理公司作为前期物业管理顾问，物业管理公司在设计规划审图阶段发现以下问题：

①原设计大厦客梯只有3部；②原设计大厦只有地下停车场停放小型车辆，大厦四周为车辆通道，不能停放车辆；③原设计大厦停车场为二级计次停车场；④原设计未考虑自行车停放处；⑤大厦为中央空调系统，原先考虑将空调能源总消耗按面积分摊收取空调使用费；⑥原设计每层楼为一个用电单元，安装一个电表，将电费按整层面积进行分摊；⑦原设计未考虑设门禁系统。

2．根据案情，你认为物业公司应该怎样规避其中的风险。

案情：物业公司在承担早期介入的物业项目的施工阶段，在建设单位召开的联席会议上，提出了在施工现场发现的问题：有4个单元的电梯机房没有开窗，其他单元的电梯机房不开对口窗；楼梯过道高于电梯厅通道5～25cm不等，这样在大风雨天气和室内管道爆裂时很容易出现进水到电梯等问题。对此，物业公司提出了具体的整改建议。

建设单位工程部回答：电梯机房没有开窗和不开对口窗，电梯安装公司没有提出来，等提出来后再处理；楼梯过道高于电梯厅通道原来设计的就是那样。

设计院回答：施工单位没有按设计施工，改变了我们的设计方案，都没有向我们报告。

监理单位则说：这边是施工单位，那边是合同甲方，哪一方我们都不能得罪，只能睁只眼闭只眼，干脆不去现场，一旦发现问题还真不知道怎么处理。

施工单位则表示：承包的价格本来就不高，照目前的施工情况，我们已经亏本了。现在连工人都招不上来，能做成这样就不错了。

4.2 物业管理招标投标风险防范

学习目标：1. 了解物业管理招标条件、招标项目类型、招标方式及原则；
2. 熟悉物业管理招标投标的各项准备工作，掌握物业管理招标投标的基本流程及具体操作程序；
3. 掌握招标投标各个阶段的风险及防范策略，能够在物业管理实践中运用。

4.2.1 物业管理招标投标的基本认识与相关法律政策规定

1. 物业管理招标投标的基本认识

（1）物业管理招标。物业管理招标是指招标人（包括业主、业主委员会代表业主大会或建设单位），在为其物业选择物业服务人时，通过向社会公开其所制定的管理服务要求和标准的招标文件，由多家物业服务人竞投，从中选择最佳物业服务人，并与之订立物业服务合同的过程。

物业管理实践中，物业服务人针对某一项或多项专业管理服务项目，如公共秩序维护、保洁、绿化等，在征得业主同意的前提下，公开选聘物业专营企业的过程，也属于物业管理招标，业内称之为物业管理服务项目分包或外委。

1）物业管理招标方式。物业管理招标方式按照《中华人民共和国招标投标法》及《前期物业管理招标投标管理暂行办法》相关规定，可分为公开招标和邀请招标。

公开招标是指招标人以招标公告的方式邀请不特定的法人或者其他组织投标。采取公开招标方式的，应当在公共媒介上发布招标公告。

邀请招标是指招标人以投标邀请书的方式邀请特定的法人或者其他组织投标。招标人采取邀请招标方式的，应当向3个以上物业服务人发出投标邀请书。

2）招标人应具备的条件。招标人可以自行组织实施招标活动；也可以委托招标代理机构办理招标事宜。

自行组织实施招标活动的招标人，应当具备与招标项目相适应的工程技术、经济、管理人员，有编制招标文件的能力，有组织开标、评标、定标的能力。招标人为业主委员会的，须依法定程序经业主大会会议或业主共同决定事项表决同意授权，且将招标投标过程与评标结果及时向业主公开；招标人为建设单位的，须为前期物业管理阶段，且符合相应法律法规规定的条件；招标项目为政府办公物业、社会公共服务物业或重点基础设施等，招标人为政府采购中心，且须经相关产权部门的批准、授权。

委托招标代理机构进行招标的，招标代理机构应具备从事招标代理业务的营业场所和相应资金；有能够编制招标文件和组织评标的相应专业力量；有能够参加评标的技术、经济等方面的专家人才等条件。

（2）物业管理投标。物业管理投标是指符合招标文件要求的投标人，根据招标文件确定的各项管理服务要求与标准，以及国家有关法律法规与本企业的实力，编制投标文件，参与投标的活动。

物业管理投标应遵守真实性原则与正当竞争原则。所谓真实性，即投标文件内容要真实，不能弄虚作假。所谓正当竞争，一是投标人要约束自己守法竞争；二是投标人要反对其他参与竞投的投标人的不正当竞争行为，倡导投标人遵守商业道德。

（3）物业管理招标投标原则。物业管理的招标投标行为是通过市场化方式实现的双向选择。根据《中华人民共和国招标投标法》及《前期物业管理招标投标管理暂行办法》的规定，招标投标活动必须遵循“公开、公平、公正和诚实信用”的原则。

2．物业管理招标程序

（1）成立招标机构。招标人在政府物业管理行政主管部门备案后，自行组织实施招标活动的招标人可推选业主代表在政府物业管理行政主管部门建立的物业管理专家库中抽选评标专家，组建招标机构，组织招标；委托招标代理机构进行招标的，招标代理机构即为招标机构，负责招标。委托招标代理机构招标，应根据招标主体的自身情况和标的规模选择合适的招标代理机构。

（2）编制招标文件。招标文件是招标人向投标人提供的介绍招标项目基本情况、招标人要求以及投标人参与竞标所必须填写、编制的文件规范等组成的文件包。

（3）制定标底。标底是招标人为标的计算出的一个合理的基本价格，是招标人审核报价、评标和确定中标人的重要依据。制定标底，一是取决于招标文件中工作量说明，二是取决于投标人的物业管理方案。

（4）发布招标信息。发布招标信息有发布招标公告和送达投标邀请书两种形式。

发布招标公告，即通过社会媒体对外公开发布招标公告信息，其关键在媒体渠道选择与发布时间安排。招标公告发布渠道主要有物业项目所在地政府物业管理行政主管部门或物业管理行业协会网站、官方指定网站、房地产或物业管理专业期刊、报纸等。发布时间安排，根据《前期物业管理招标投标管理暂行办法》“公开招标的物业管理项目，自招标文件发出之日起至投标人提交投标文件截止之日止，最短不得少于20日”的规定，一是须考虑潜在投标人编制投标文件所需要的合理时间，二是媒体信息发布周期。

送达投标邀请书一般是通过快递或专人送达的方式送至受邀单位，也需考虑时间安排。

（5）组织资格预审。资格预审分为早期预审和后期预审。

所谓的早期预审是指在开标前对投标人进行资格审核，剔除经营条件、管理能力、以往业绩较差的投标人，重点选择5～7家投标人参与投标；所谓的后期预审是指若投标人较少，在投标人递送标书且开标之后进行资格审核。

资格预审的程序，一是发出资格预审通告（或资格预审邀请书）；二是出售资格预审文件；三是评审。资格预审的内容重点是投标人的人员与设备能力、财务状况、以往类似项目经验等。评审方法主要是“定项评分法”，对资格预审文件（早期预审）或投标文件（后期预审）按内容分项计分，达到或超过最低分数线视为合格，可以参加投标；未达到视为不合格，不能参加投标。

（6）召开标前会议。投标人按时到指定地点购买招标文件后，招标人安排标前会议。标前会议的主要目的是澄清投标人提出的各类问题，通常是在招标人组织投标人进行现场踏勘后，在招标人所在地或招标物业项目所在地召开。投标人在标前会议上应注意仅可对招标文件中有关工程内容、技术规范、图纸、合同规定中范围不清、定义模糊或前后矛盾的地方，请求招标人澄清、解释或说明。

招标人也可无须组织标前会议，要求投标人在规定日期内将需要澄清的问题以书面形式寄送给招标人，招标人汇集研究后统一进行书面解答。

（7）开标。开标是由招标人主持，邀请所有投标人参加，由投标人或者其推选的代表检查投标文件的密封情况，或由招标人委托的公证机构进行检查并公证，经确认无误后，由工作人员当众拆封并宣读投标人名称、投标报价的法定流程方式。

通常情况下，开标时间在招标文件中一般会安排在递交投标书的截止日。如有特殊情况需要推迟的，必须事先以书面形式通知各投标人。

开标时出现招标人认为投标人投标价过高和无法达到招标文件所规定的服务要求；合格投标文件过少，不能保证一定的竞争性等情况，可宣布投标作废。宣布投标作废后，招标人应组织重新招标。

（8）评标。评标是指开标之后评标委员会按照招标文件确定的评标标准和方法，对投标文件进行评审和比较，并由评标委员会向招标人推荐中标候选人的过程。

物业管理评标常用的方法有两种：一是最低价评标法，二是综合评分法。无论采取哪种方法，招标文件设有标底的，都应参考标底进行评定。

（9）定标。定标是指招标人根据评标委员会对所有标书的筛选评定结果最终确定中标人的过程。

评标委员会完成评标后，应向招标人提供书面评标报告推荐合格的中标候选人。招标人根据评标委员会提出的书面评标报告和推荐的中标候选人，针对投标人情况及投标书包括报价予以综合评议，确定中标人。招标人也可以授权评标委员会直接确定中标人。

3．物业管理投标程序

（1）收集招标物业相关资料。招标物业的相关资料是投标人进行投标可行性研究必不可少的重要信息，因此，在投标初期乃至日常工作中，应多渠道全方位收集招标物业的全面资料，既包括招标人和招标物业的具体情况，还应包括投标竞争对手的情况。收集资料的渠道来源主要是市场调查、报刊、网络信息和行业内交流等。

（2）进行投标可行性分析。投标可行性分析的内容，一是招标物业条件分析，即物业性质、招标背景、特殊服务要求、建设单位状况等；二是投标人自身投标条件分析，即以往类似的物业管理经验，人力资源、技术、财务管理的优势、劣势分析等；三是竞争者分析，即潜在竞争者的组织规模及其现有接管物业的数量与质量、当地竞争者地域优势、经营方式差异等；四是风险分析，即通货膨胀风险、经营风险、自然条件、其他风险等。

（3）购买并阅读招标文件。按照招标公告或投标邀请书说明的时间、地点购买招标文件。取得招标文件后应认真阅读，要对招标文件中的各项规定，如开标时间、文本内容格式与物业管理方案的要求等予以足够重视，仔细研究；尽可能全面地找出疑点，在现场踏勘时核实确认，在标前会议提出或以书面质询。

（4）现场踏勘。招标人按照招标程序，组织投标人现场踏勘。在踏勘过程中，投标人须对物业基本情况、配套情况、质量状态以及业主主要情况与当地的气候、地质、地理等，还有接管后的物业管理条件仔细观察、了解。踏勘过程中，招标人对投标人提出问题的口头回答，不具备法律效力。

（5）参加标前会议。投标人应在规定日期内将阅读招标文件中的疑点问题用书面形式或在标前会议上向招标人提出质询，招标人现场予以答复。招标人提供的标前会议记录或书面解释、答复，应视为招标文件的组成部分；当标前会议形成的书面文件与原招标文件不一致时，应以标前会议文件为准。

（6）制定管理服务方案及工作量。投标人根据招标文件中的物业情况和管理服务范围、要求，详细列出须完成的管理服务事项的内容、方法及工作量，为制定相应的管理方案打下基础。制定方案应将招标项目的房屋、设备设施等数量参数详细列出，全方位考虑；分析物业项目管理的重点，确定难点；合理地配置人力，做好成本测算，确定分阶段达到的目标；确定需要招标人提供的帮助、条件等，应整体安排，列出专章。

（7）制定资金计划。在确定管理服务内容及测算工作量的基础上制定资金计划。制定资金计划的目的，一是复核投标可行性研究结果，二是做好答辩准备。资金计划应以资金流量为依据进行测算，资金流入应当大于流出。

（8）标价试算。资金计划制定完成后，便可进行标价试算。试算前应确保领会招标人各项服务要求、经济条件；计算或复核服务工作量；掌握物业项目现场基础信息；掌握标价计算所需的各种单价、费率、费用；拥有分析所需的、适合当地条件的经验数据。

（9）标价评估与调整。由于标价试算所用的基础数据可能部分是预测性的，部分为经验性的，不够精确可靠，应当对试算结果进一步评估、调整，才能最后确定标价。

（10）办理投标保函。在报送投标书时，招标人通常要求投标人出具一定金额和期限的保证文件，以确保在投标人中标后不能履约时，招标人可通过出具保函的银行，用保证金的全部或部分赔偿经济损失。

投标保函的期限、索赔及返还条件在投标人须知中规定。投标人应于投标截止之日前将保证金交至招标机构指定处。未按规定或未足额提交投标保证金的，将被视为无效投标。

（11）封送标书、保函。投标文件全部编制好后，投标人可派专人或通过邮寄将投标文件送达给招标人。投标人应将所有投标文件按照招标文件的要求进行封包，在投标截止时间之前送至招标人。

〖相关法律法规制度标准〗

1. 2017年12月27日第十二届全国人民代表大会常务委员会第三十一次会议修正的《中华人民共和国招标投标法》；

2. 2019年4月23日第十三届全国人民代表大会常务委员会第十次会议修订的《中华人民共和国反不正当竞争法》；

3. 2014年8月31日第十二届全国人民代表大会常务委员会第十次会议修正的《中华人民共和国政府采购法》；

4. 2018年3月19日国务院修改的《物业管理条例》（国务院令第698号）；

5. 2019年3月2日国务院修订的《中华人民共和国招标投标法实施条例》（国务院令第709号）；

6. 2015年1月30日国务院发布的《中华人民共和国政府采购法实施条例》；

7. 2004年7月12日国务院办公厅发布的《国务院办公厅关于进一步规范招投标活动的若干意见》；

8. 2003年6月26日建设部发布的《前期物业管理招标投标管理暂行办法》（建住房〔2003〕130号）；

9. 2008年6月18日国家发展改革委印发的《招标投标违法行为记录公告暂行办法》（发改法规〔2008〕1531号）；

10. 2015年5月8日最高人民检察院、国家发展改革委发布的《关于在招标投标活动中全面开展行贿犯罪档案查询的通知》（高检会〔2015〕3号）；

11. 2013年3月11日国家发展计划委员会、国家经济贸易委员会、建设部、铁道部、交通部、信息产业部、水利部修正的《评标委员会和评标方法暂行规定》。

4.2.2 物业管理招标投标风险识别与防范

【案例4-2】未经招标投标程序签订前期物业服务合同，业主拒交物业费

2017年12月，建设单位与B物业公司签订花园小区前期物业服务合同，委托

B物业公司提供花园小区前期物业管理服务，并约定住宅物业管理费每月2元/m^2。该合同已交市住建局备案。马某为花园小区的业主，其向B物业公司支付了2018年1月1日至2019年5月31日的物业管理费及公摊水电费。此后，马某认为，B物业公司并非建设单位通过招标投标方式或经相关主管部门批准选聘的物业服务企业，而是建设单位私下以协议方式确定的，故拒绝支付物业费。

分析：花园小区属于住宅项目，依照《物业管理条例》第二十四条第二款规定，“住宅物业的建设单位，应当通过招标投标的方式选聘物业服务企业；投标人少于3个或者住宅规模较小的，经物业所在地的区、县人民政府房地产行政主管部门批准，可以采用协议方式选聘物业服务企业。”建设单位应当通过招标投标方式选聘物业服务企业，建设单位未依法进行招标投标，而是私下与B物业公司协议签订前期物业服务合同，已违反了行政法规的强制性规定，建设单位与B物业公司签订的前期物业服务合同无效。

关于物业服务收费问题，虽然建设单位与B物业公司签订的前期物业服务合同无效，但B物业公司自签订合同之日起对花园小区提供了物业服务，马某也接受了物业服务，因此，马某应当支付物业服务费。

另外，根据《物业管理条例》第五十六条规定：“违反本条例的规定，住宅物业的建设单位未通过招标投标的方式选聘物业服务企业或者未经批准，擅自采用协议方式选聘物业服务企业的，县级以上地方人民政府房地产行政主管部门责令限期改正，给予警告，可以并处10万元以下的罚款。”因此，物业服务企业不通过招标投标等方式取得物业项目面临极大风险。

想一想：如果让你是该物业服务企业市场开发负责人，你该如何规避此风险？

1．物业管理招标法律风险与防范

（1）不通过法定程序选聘物业服务企业的法律责任风险与防范。由于物业服务企业法律意识淡薄、不熟悉相关法律法规，对于前期物业管理阶段建设单位不通过招标投标方式选聘物业服务企业的风险认识不足，私下与建设单位签订前期物业服务合同，导致物业服务企业在服务过程中面临业主投诉、业主拒绝支付物业费、行政主管部门罚款等法律责任风险。

规避不通过法定程序选聘物业服务企业的法律责任风险，首先物业服务企业要学法懂法用法，善于运用法律保护自身合法权益，须通过公开招标程序取得前期物业管理项目；其次，采用协议方式选聘物业服务企业，要获得物业所在地的区、县人民政府房地产行政主管部门批准；最后，有条件的物业服务企业应该建立法律顾问制度，通过聘请法律顾问，参与各种服务管理工作和物业服务企业的各项决策，针对法律风险问题提供防范建议，规避招标投标法律风险。

（2）业主委员会未经业主授权擅自招标的法律风险与防范。由于物业服务企业在招标投标和签订合同过程中疏忽大意，没有审查业主委员会是否取得业主大会的授权，会让物业服务企业蒙受损失，存在极大风险。如业主委员会在招标以及在与物业服务企业签订合同过程中，隐瞒未取得业主大会授权的事实，擅自进行招标选聘物业服务企业，并与物业服务企业订立物业服务合同，业主基于业主委员会侵害自身的知情权和合法权益，可以向人民法院请求予以撤销，最终导致合同无效的法律责任风险。

规避业主委员会未经业主授权擅自招标的法律风险，物业服务企业要加强风险防范意识，为保证招标项目真实有效以及物业服务合同的订立和履行，在参与投标和订立合同之前审查业主委员会是否取得业主大会的授权。在中标后发现业主委员会未经业主授权擅自招标时，物业服务企业可以按照民法典第五百条第二款“故意隐瞒与订立合同有关的重要事实或者提供虚假情况”的规定，以缔约过失责任向业主委员会主张损害赔偿。

（3）招标代理机构的法律风险与防范。主要表现在招标代理机构与投标人串通投标，或招标代理人排斥或限制潜在投标人。如招标代理机构允许投标者以多个投标者的名义提交多份报价；协助其拉拢其他投标者组建围标联盟；指使多个投标者共同抬高或压低投标报价或默许围标联盟围标串标；招标代理机构拉拢评标专家，帮助特定投标者中标；招标代理机构在拟定招标文件时制定一些不平等的条款，以排斥其他竞争性投标者；招标代理机构在招标投标条款设置时，针对“意中人”的实际情况制定极具针对性、帮助性的文件；招标代理机构不根据招标项目的具体特点和实际需要设定资格、技术、商务条件；招标代理机构在拟定招标文件时以获得特定区域、行业或者部门奖项为加分条件或者中标条件等情形，导致物业服务企业遭受不公平的对待，在不公平的竞争中利益受损的风险。

规避招标代理机构的法律风险，物业服务企业对不符合法律、行政法规规定的招标投标活动，可以自知道或者应当知道之日起10日内持必要的证明材料向有关行政监督部门投诉；属于政府采购物业服务项目的，物业服务企业对采购文件、采购过程、中标和成交结果使自己的合法权益受到损害的情形，可以依法向采购代理机构提出质疑。对采购代理机构的质疑答复不满意，或者采购代理机构未在规定期限内作出答复的，物业服务企业可以在答复期满后15个工作日内向同级财政部门提起投诉。

2．物业管理投标准备阶段风险与防范

（1）物业管理投标可行性研究的风险与防范。物业管理投标的可行性分析，应考虑物业管理投标的主要风险来自于招标人和招标物业、投标人自身、竞争对手三个方面：

来自于招标人和招标物业的风险，如招标人提出有失公平的特殊条件或特殊服务要求；招标人未告知可能会直接影响投标结果的信息；建设单位可能出现资金等方面的困难而造成项目无法正常交付；因物业延迟交付使用而造成早期介入期限延长；招标人与其他投标人存在关联交易等。

来自于投标人自身的风险，如未对项目实施必要的可行性分析与风险预测，盲目作出超出企业能力范围的服务承诺；价格测算失误造成未中标或中标后经营亏损；项目负责人现场答辩出现失误；投标人采取不正当的手段参与竞争，被招标人或评标委员会取消投标资格；未按要求制作投标文件造成废标等。

来自竞争对手的风险，如采用低于成本竞争、欺诈、行贿、关联交易等不正当的竞争手段；具备相关背景或综合竞争的绝对优势；窃取他人的投标资料和商业秘密等。

规避物业管理投标可行性研究的风险，首先要认真研究招标文件，慎重对待合同的附加条款和招标人的特殊要求，对项目可能遇到的风险因素有全面深入的了解，加强风险管理意识，严格控制风险。其次要严格遵守相关法律法规参与投标，对项目进行科学严密的风险分析，对市场进行认真的调查研究，科学合理地制定投标价格。再次要建立风险预控机制，从项目信息收集风险预控机制到项目跟踪风险预控机制以及贯穿始终的公共关系风险预控机制，对于每一个环节的风险易发点都要做到事前控制。次之要尽量选择信誉良好的招标人和利润空间较高的物业项目，不断优化完善企业自身的管理，充分考虑企业的承受能力，制订可行的物业管理方案，选择经验丰富的项目负责人。最后在做投标决策之前要完整收集招标物业的全部资料，这些资料包括招标物业基本情况、采购人意向、代理机构的资料和竞争对手的资料；还要对市场竞争、企业目标、企业实力、经济效益等因素进行综合分析，最后得出是否投标的结论，并以此来指导投标。

（2）申请资格预审的风险与防范。由于对投标资格审查资料的不重视，提交的资格预审资料不全面，不规范，接受资格审查时出现不可预见或可预见但未做相应防范补救措施的失误，导致物业服务企业在投标资格审查阶段被淘汰的风险。

规避申请资格预审风险，首先要注意平时对资格预审的有关资料的积累和存储，针对某个物业项目填写资格预审调查表时，可将有关资料调出来并按要求汇集整理装订成册，同时根据本物业服务项目的具体情况进一步补充完善。其次要针对评审标准报送资格预审文件，除了按照招标单位的要求填写资料外，物业服务企业应当根据该物业的特点，对可能占评分比例较高的重点内容，有针对性地多报送资料，并在报送资料的致函中，用恰当的材料来突出本公司的优势，以获得资格预审评审工作小组对本公司的良好印象。最后要做到资格预审材料必须在招标人规定的截止时间以前递交到招标人指定的地点，所有表格均由申请资格预审的物业服务企业的法定代表人签字，也可经其授权的委托代理人签字，但同时要附正式的书面授权书。

3．物业管理投标实施阶段的风险与防范

（1）组建物业管理投标工作小组的风险与防范。由于投标工作小组成员选择不当，会造成物业服务企业投标机密泄露的风险。如投标小组成员故意向竞争对手泄露投标报价、管理方案编制、信誉业绩材料等投标机密，给物业服务企业造成损失的风险。

规避组建物业管理投标工作小组风险，首先物业服务企业应与投标工作人员签订投标工作保密协议，通过保密协议约束小组成员的行为，一旦投标小组成员中有泄露投标机密等触犯保密协议规定的情形，物业服务企业可根据保密协议的规定，追究投标小组成员个人的法律责任。其次可以设立中标奖励，通过激励措施引导投标工作小组成员认真工作，关注结果，通过投标业绩获得额外奖励。

（2）编制物业管理投标书的风险与防范。主要表现在对招标文件研究不透彻或者编制投标文件能力不足，投标书存在不实质响应招标文件内容、管理方案不合理、没有针对性等。如招标文件中要求“投标人提供连续三个月为在职在册员工依法缴纳社保费凭证的复印件”，即为实质性响应内容，但物业服务企业仅仅提供企业连续三个月依法缴纳社保费的凭证复印件，而没有提供在职在册员工名单，即为不实质响应招标文件；编制管理方案过于简单，没有根据投标项目的情况制定详细计划和管理方案，甚至照搬照抄其他项目的投标书，招标物业项目中根本没有员工餐厅，投标书中偏偏出现员工餐厅的保洁方案等情形，导致废标，或者评标专家认为管理方案不合理、没有针对性的风险。

规避编制物业管理投标书风险，首先要认真阅读招标文件要求，特别是对招标文件中要求实质响应的内容要深刻领会，做到实质性响应。其次要在编制管理方案时，按照招标文件中的评分细则，重点安排标书内容；无论技术文件还是商务文件，在目录的编排上要尽可能做到细化，让评委能够通过目录找到评分表中的得分点。最后要针对服务对象，有针对性制定服务方案和管理目标，千万不能照搬照抄、无中生有。

（3）投标报价的风险与防范。主要表现在投标小组费用测算不准确，如报价过低，或报价过高等情形，导致评标专家质疑其可行性、认定为无效投标的风险。

投标报价风险防范，其措施：一是要对招标文件进行全面研究，认真分析投标人须知，积极到招标项目现场踏勘。二是组织财务、会计、技术方面的专家，以成本为报价的杠杆，进行各项开支的综合测算，综合研究并进行科学合理的报价，既不盲目追求最低报价，又不超过采购预算报价。

（4）递交投标文件的风险与防范。主要表现在投标人不谨慎，不细致，在递交投标文件时，投标文件没有密封，或投标文件延迟送达，或投标文件重要页项未签字盖章等情形。导致无效投标、招标人拒收等风险。

递交投标文件的风险防范，其措施：一是要在投标文件印刷及装订后进行密封，在运送投标文件过程中做好相应的防护措施，防止文件破损，保证投标文件的完整性和密封性。二是投标人员应在开标前一天安排好开标当天前往投标地点的车辆和出发时间，充分预计堵车等因素耽误的时间，提前出发前往投标地点，按时递交投标文件。三是在投标小组中指定认真负责的成员对投标文件进行全面检查与核对，查漏补缺，并指定投标小组专门人员进行校对，确保万无一失。

（5）物业管理开标中废标的风险与防范。主要表现在投标文件不规范，或投标保证金失误，或投标文件内容不一致。如投标书未按规定格式填写，内容不全或关键字迹模糊辨认不清，无法评估；开标前没有递交投标保证金，或投标保证金的金额不足、投标有效期少于招标文件规定的时间；投标人递交两份或多份内容不同的投标文件或在一份投标文件中对同一招标项目报两个或多个报价，且未声明哪一个有效；投标人名称或组织机构与资格预审时不一致、投标企业法人代表或者委托代理人未按时参加开标会议等情形，导致废标的风险。

物业管理开标中废标的风险防范，其措施：一是投标文件需多人审核、把关。编制投标文件是一项比较复杂的工作，投标文件编制完成后，必须有人统稿，有人审核把关。将其中自相矛盾、前后不一致、内容重复、错误、张冠李戴的部分进行修改，严格按照招标文件对废标的认定，逐一排除废标的情形；二是建立必要的奖惩制度，每次投标结束后要认真总结经验教训，既要“论功行赏”，又要对那些不负责的部门和个人进行经济处罚；三是重视按时足额交纳投标保证金。投标人必须按照招标文件的要求提交投标保证金，财务人员在填写支票、汇票时认真谨慎，不得有任何瑕疵。四是做好投标预案。投标活动是一项要求比较严格的活动，要做到万无一失，就必须做好投标预案，明确相应部门和人员的职责分工，充分预计可能发生的情况，做好投标预案，才能避免废标的发生。

（6）物业管理中标合同订立的风险与防范。主要表现在订立合同时，招标人会将不利于中标企业履行合同的风险条款写入物业服务合同。如政府采购物业服务项目合同中经常出现这样的表述：“本项目无预付款，全年分4期付款，乙方（中标人）每季度向甲方（采购人）提交物业服务完成情况报告书，经甲方（采购人)验收合格后，支付当季度物业服务费。”即招标人每3个月支付一次物业费的情形，导致物业服务企业需提前垫支各项费用，增加了经营压力和履行合同的风险。

物业管理中标合同订立的风险防范，其措施：一是物业服务企业中标以后，应积极争取成为合同的起草方。在制定合同过程中要字斟句酌，对写入合同的每一个条款都要认真考虑，谨慎措辞保护己方的利益。二是重视律师对合同签订的参与程度。在合同条款的谈判环节，安排律师在场参与谈判，将谈判内容写入合同文本。让律师对履行合同可能存在的风险进行评估，并给出应对处理的法律意见，避免履行合同的风险、预防合同纠纷。

（7）中标通知书发出后改变中标结果的风险与防范。主要表现在中标通知书与中标结果不一致。如招标人根据自我意愿改变中标人，或工作不谨慎，错误填制中标通知书等情形，导致招标人不与原中标物业服务企业签订合同的风险。

中标通知书发出后改变中标结果的风险防范，其措施：一是中标物业服务企业中标后要加强与招标人的主动沟通，增强招标人对自身的认可度，按招标文件要求及时签署物业服务合同；二是中标结果改变后，应积极沟通，了解原因，争取有利结果；若沟通无效可根据《中华人民共和国招标投标法》第五十九条、

《中华人民共和国招标投标法实施条例》第七十三条的规定，追究招标人的责任，要求招标人依法赔偿造成的损失。

4.2.3 物业管理对外委托招标的风险识别与防范

1．物业服务企业对外委托的风险与防范

主要表现在物业服务企业擅自对外委托，或对外委托不符合相关法律规定。如物业服务合同中没有对外委托的相关约定，未经业主同意或只经业主委员会同意，物业服务企业实施对外委托；对外委托事项未在物业服务合同有关对外委托约定范围内；物业服务企业将其物业管理事项全部转委托给第三人，或将全部物业服务分解后分别转委托给第三人等情形，导致物业服务企业面临业主追究的法律责任风险。

物业项目中标后对外委托的风险防范，其措施：一是物业服务企业要认真研究招标文件、物业服务合同和民法典等相关法律法规中对外委托的规定和违约责任。按照招标文件、物业服务合同和相关法律法规的要求谨慎处理对外委托。二是对外委托需要业主同意，并且在物业服务合同中有明确的约定。三是物业服务企业不得将全部服务事项转委托给第三人，物业服务企业至少保留一项服务事项。

2．来自对外委托受托方的风险与防范

主要表现在接受对外委托的物业专营企业资质不符合要求，或经营能力不足。如因审查不严，没有资质或资质不符合要求以及资质等级不符合要求的物业专营企业中标；中标物业专营企业不具备经营能力，擅自进行转委托等情形，导致物业服务企业不能完全履行物业服务合同的风险。

来自对外委托受托方的风险防范，其措施：一是在选择物业专营企业时加强资质审核，要注意选择具有相应资质的公司；二是加强对物业专营企业以往管理经验的考核，包括委托服务单位的服务态度、效率、质量等方面的考核，对每一个大项进行具体划分，建立起专项评价指标；三是加强合同管理，在合同中对相关事项及服务内容作出明确规定，明确双方的权利和义务，确保各项事宜受到法律保护，在合同中约定违约情形和承担方式。物业服务企业可以利用合同中有关条款去制约委托单位，督促其履行相关职责和义务。

思考题

1．简述物业管理投标程序。

2．物业项目投标可行性研究的风险有哪些？

3．简述开标中废标的风险防范措施。

实训练习题

基础理论知识

一、单项选择题

1. 招标人采取邀请招标方式的，应当向（ ）个以上物业服务人发出投标邀请书。

A. 2　　B. 3　　C. 4　　D. 5

2. 招标人为业主委员会的，（ ）或业主共同决定事项表决同意授权，且将招标投标过程与评标结果及时向业主公开。

A. 须经房地产主管部门授权　　B. 须经居委会授权

C. 须经街道办授权　　D. 须依法定程序经业主大会会议

3. 编制投标书要严格按照招标文件的要求进行，要对招标文件提出的（ ）和条件做出积极响应。

A. 实质性要求　　B. 合理要求

C. 内容　　D. 标准

4. 根据《前期物业管理招标投标管理暂行办法》规定公开招标的物业管理项目，自招标文件发出之日起至投标人提交投标文件截止之日止，最短不得少于（ ）日。

A. 10　　B. 15　　C. 20　　D. 25

5. 在踏勘过程中，招标人将就投标单位代表所提出的有关投标的各种疑问作出口头回答，这种口头答疑（ ）。

A. 具备法律效力　　B. 不具备法律效力

C. 具备参考价值　　D. 不具备参考价值

二、多项选择题

1. 物业管理招标人不包括（ ）。

A. 业主委员会代表业主大会　　B. 业主　　C. 建设单位

D. 招标代理机构　　E. 物业使用人

2. 投标人在标前会议上应注意仅对招标文件中有关（ ）范围不清、定义模糊或前后矛盾的地方，请求招标人澄清、解释或说明。

A. 工程内容　　B. 技术规范　　C. 图纸

D. 合同规定　　E. 参与投标的投标人情况

3．根据《中华人民共和国招标投标法》及《前期物业管理招标投标管理暂行办法》的规定，招标投标活动必须遵循（　　）原则。

A．透明　　B．公开　　C．公平

D．公正　　E．诚实信用

4．开标中为废标的情形有（　　）。

A．投标书未按规定格式填写，内容不全或关键字迹模糊辨认不清，无法评估

B．投标书在招标文件规定的截止时间后送达

C．招标文件要求提交投标保证金，但在开标前没有递交或投标保证金的金额不足

D．投标人递交两份或多份内容不同的投标文件或在一份投标文件中对同一招标项目报两个或多个报价，且未声明哪一个有效

E．投标人名称或组织机构与资格预审时不一致

5．招标代理机构与投标人串通投标的风险主要表现为（　　）。

A．招标代理机构允许投标者以多个投标者的名义提交多份报价

B．协助其拉拢其他投标者组建围标联盟或默许围标联盟围标串标

C．指使多个投标者共同抬高或压低投标报价

D．招标代理机构根据招标项目的具体特点和实际需要设定资格、技术、商务条件

E．招标代理机构拉拢评标专家，帮助特定投标者中标

案例分析题

1．请分析本案例招标人是否可以收下要求“通融”的投标文件，作为投标人应该如何规避提交招标文件风险。

案情：某招标人以公开招标方式采购物业管理项目。符合投标资格条件前来投标的供应商共有7家。其中有一家供应商在提交投标文件的截止时间之后1分钟，才将投标文件密封送达投标地点，并要求招标人“通融”一下，收下投标文件。

2．请结合案情分析本案例招标代理机构的法律风险，B物业公司与其他投标人的法律风险；A物业公司应该如何维权以规避法律风险。

案情：某大楼物业管理项目招标，业主委托了一家招标代理机构进行公开招标。A物业公司做了充分的投标准备，力争在投标中脱颖而出。

招标代理机构与B物业公司关系较好，极力鼓动B物业公司参与投标，在B物业公司的要求下招标代理机构向B物业公司透露了参加此次投标的公司名称，B物业公司联合其他投标人参与围标。在招标代理机构与B物业公司的串通下，B物业公司中标了某大楼物业管理项目，A物业公司没有中标。针对此次不公平招标，A物业公司决定维权。

4.3 物业承接查验风险防范管理

学习目标：1. 了解物业承接查验的基本知识、相关法律法规以及物业服务人在承接查验活动中的角色定位；

2. 熟悉物业承接查验的条件、移交的资料及法律风险的识别；

3. 掌握物业承接查验各阶段的风险识别、风险防范的方法。

4.3.1 物业承接查验的基本认识与相关法规政策规定

1. 物业承接查验的基本认识

物业承接查验，是指物业服务人根据国家有关规定和前期物业服务合同或物业服务合同的约定，在承接物业项目前，与建设单位或业主委员会（业主）共同对物业共用部位、共用设施设备进行查验和交接的活动。

根据物业项目交验主体的不同，将物业的承接查验分为新建物业的承接查验和物业管理机构更迭时的承接查验两类。新建物业的承接查验由建设单位与物业服务人，依照《物业承接查验办法》及前期物业服务合同的约定开展与实施；物业管理机构更迭时的承接查验由原物业服务人与业主委员会（业主）、业主委员会（业主）与新物业服务人，参照《物业承接查验办法》和物业服务合同的约定结合实际状况开展与实施。

物业承接查验，即对物业项目共用部位、共用设施设备以及档案资料认真清点查验，各方共同确认交接内容和交接结果，有利于明确物业管理各方的责、权、利，对维护建设单位、业主和物业服务人的合法权益，避免矛盾纠纷，具有重要的保障作用。尤其是对接管方物业服务人来说，依法依规进行物业承接查验，可以规避承接查验带来的后期物业管理风险。

2. 承接查验中物业服务人的角色定位

新建物业共用部位、共用设施设备承接查验的主体是：移交方为物业的建设单位，接管方是物业服务人。按照民法典第二编第六章业主的建筑物区分所有权和《物业管理条例》的相关规定，物业的共用部位、共用设施设备及其资料、物业服务用房等属于全体业主所有。建设单位本将应新建物业共用部位、共用设施设备等移交给全体业主，但是此阶段业主尚未办理入住手续，因此按照《物业管理条例》第二十八条、第二十九条的规定，建设单位应将物业共用部位、共用设施设备与必要的资料移交给选聘的物业服务人，由物业服务人代表业主承接。显然，物业服务人是作为全体业主的代理人，履行全体业主对物业共有部位、共有设施设备查验承接的职责。

物业管理机构更迭时物业承接查验的主体应从两个环节分析，一是前期物业服务合同或原物业服务合同终止，依照民法典第九百四十九条、《物业管理条例》第二十九条、第三十六条、第三十八条的规定，原物业服务人与业主、业主委员会或其指定的人之间依法实施承接查验，移交方为原物业服务人，接管方为业主、业主委员会或其指定的人，双方要签订承接查验协议；二是新物业服务合同生效，业主委员、业主与新物业服务人之间的交接工作，移交方为业主、业主委员会，接管方为新物业服务人，双方也要签订物业承接查验协议。在物业管理实践中，由于业主委员会或业主缺乏承接查验的专业能力，一般情况下都是由新的物业服务人协助业主、业主委员会与原物业服务人进行查验交接，或者在业主委员会或业主的监督下新、原物业服务人完成查验交接。但须注意，新、原物业服务人查验交接的，因其相互之间没有法律关系，应分别与业主委员会或业主签订承接查验协议。随着我国物业管理市场第三方制度的完善与推进，业主或业主委员会也可以委托第三方专业机构代其行使承接查验职能。

物业服务人作为承接查验的主体之一，无论是作为移交方还是接管方，都是在履行法定或合同义务。如承接查验过程中没有履行或不完全履行，就要承担相应的法律风险。

3．物业承接查验的范围

（1）共用部位。一般包括建筑物的基础、承重墙体、柱、梁、楼板、屋顶以及外墙、门厅、楼梯间、走廊、楼道、扶手、护栏、电梯井道、架空层及设备间等。

（2）共用设备。一般包括电梯、水泵、水箱、避雷设施、照明设备、消防设备、楼道灯、电视天线、发电机、变配电设备、给水排水管线、电线、供暖及空调设备等。

（3）共用设施。一般包括道路、绿地、人造景观、围墙、大门、信报箱、宣传栏、路灯、排水沟、渠、池、污水井、化粪池、垃圾容器、污水处理设施、机动车（非机动车）停车设施、休闲娱乐设施、消防设施、安防监控设施、人防设施、垃圾转运设施以及物业服务用房等。

建设单位应当依法移交有关单位的供水、供电、供气、供热、通信和有线电视等共用设施设备，不作为物业服务人现场检查和验收的内容。

4．物业承接查验的条件

（1）新建物业承接查验的条件。按照《物业承接查验办法》的规定，新建物业应当具备以下条件，才能实施承接查验。

1）建设工程竣工验收合格，取得规划、消防、环保等主管部门出具的认可或者准许使用文件，并经建设行政主管部门备案。

2）供水、排水、供电、供气、供热、通信、公共照明、有线电视等市政公用设施设备按规划设计要求建成，供水、供电、供气、供热等已安装独立计量表具。

3）教育、邮政、医疗卫生、文化体育、环卫、社区服务等公共服务设施已按规划设计要求建成。

4）道路、绿地和物业服务用房等公共配套设施按规划设计要求建成，并满足使用功能要求。

5）电梯、二次供水、高压供电、消防设施、压力容器、电子监控系统等共用设施设备取得使用合格证书。

6）物业使用、维护和管理的相关技术资料完整齐全。

7）法律、法规规定的其他条件。

（2）物业管理机构更迭时物业承接查验的条件。按照民法典第九百四十九条、《物业管理条例》第三十六条、第三十八条规定，在物业管理机构发生更迭时，新物业服务人应该在满足前期物业服务合同或原物业服务合同依法解除或终止、依法签订的新物业服务合同生效的条件下才能实施物业承接查验。

5．物业承接查验需移交的资料

（1）新建物业承接查验需移交的资料。根据《物业管理条例》第二十九条、《物业承接查验办法》相关条款规定，建设单位应当将以下资料移交给物业服务人；未能全部移交资料的，建设单位应当列出未移交资料的详细清单并书面承诺补交的具体时限。

1）竣工总平面图，单体建筑、结构、设备竣工图，配套设施、地下管网工程竣工图等竣工验收资料。

2）共用设施设备清单及其安装、使用和维护保养等技术资料。

3）供水、供电、供气、供热、通信、有线电视等准许使用文件。

4）物业质量保修文件和物业使用说明文件。

5）物业管理所必需的其他资料。

6）承接查验所必需的其他资料。

（2）物业管理机构更迭时承接查验需移交的资料。物业管理机构更迭时，除新建物业承接查验资料外，还需移交以下资料：

1）物业原始资料。包括物业竣工图纸资料，竣工验收资料，设备的使用、维护技术资料，物业产权资料，物业清单等。这些资料主要是物业交付使用初期物业服务人从建设单位承接来的物业原始资料。

2）物业共用部位、共用设施设备维修、养护和管理以及大中修、更新改造及专业检验的资料。包括物业设施设备清单、台账，使用、修理、改造报告，重大事故报告、专业检测报告、完好率评定报告等。

3）业主资料。包括业主身份、产权证明，物业查验、问题解决记录，物业使用、装修、维修资料，有关服务、投诉、回访记录和纠纷处理报告等。

4）财务管理资料。属于全体业主所有的物业管理固定资产清单、收支账目表、债权债务移交清单，水电等抄表记录及费用代收代缴明细表，物业服务费收缴明细、维修资金使用审批资料和清单，其他需移交的各类凭证、表格、清单等，业主的各类押金、停车费、欠收欠付款项等。

5）合同协议书。对内、对外签订的合同、协议原件。

6）人事档案资料。指双方同意移交留用的在职人员的人事档案、培训、考试记录等。

7）其他需移交的资料。

资料移交应按资料分类列出目录，根据目录名称、数量逐一清点相符完好，移交后相关当事人在目录清单上签名、盖章。

〖相关法规制度标准〗

1．2020年5月28日第十三届全国人民代表大会第三次会议通过的《中华人民共和国民法典》；

2．2018年3月19日国务院修改的《物业管理条例》（国务院令第698号）；

3．2010年10月14日住房和城乡建设部发布的《物业承接查验办法》。

4.3.2 物业承接查验的风险识别与防范

【案例4-3】未依法承接查验和撤管交接，物业公司承担责任

B房地产开发公司委托A物业公司为其开发的住宅小区提供前期物业管理，双方签订了《前期物业服务合同》。但A物业公司在没有与开发商办理完全的承接查验和交接手续的情况下就入驻住宅小区实施物业管理服务。后小区依法成立业主大会并选聘了新的物业服务企业，A物业公司未办理任何交接手续，仅以张贴公告的形式向小区业主及业主委员会发出了撤出通知，就撤离了该小区。小区业主委员会在对小区公共设施设备进行检查时发现，消防器材严重损坏、缺失，整个消防系统不能正常使用。经专业机构鉴定，完善消防设施及恢复消防系统正常使用所需费用为180万元。为维护业主合法权益，小区业主委员会起诉至法院，要求B房地产公司及A物业公司完善小区消防设施、恢复消防系统正常使用，并验收合格。诉讼中，A物业公司没有提供有效的与B房地产开发公司的承接查验和与小区主委员会的交接手续等证据，B房地产开发公司出具消防设施交付明细表一份，证明其在项目交付时，向A物业公司交付了部分消防器材与设施。

分析：这是一起发生在物业服务项目接收与撤出时的典型纠纷，纠纷的根源发生在项目接收之初，A物业公司没有依照《物业承接查验办法》履行承接查验手续，只是走过场。在没有要求建设单位对不齐全的消防器材和设施进行补齐的情况下，就接收了消防设施明细表，为后续责任认定，埋下了隐患；在撤出项目之际，A物业公司没有弄清撤出项目时的交接主体和交接方式，未依法与小区业主委员会办理交接，导致在交接后责任纠纷风险的发生。依据民法典第九百四十九条“物业服务合同终止的，原物业服务人应当在约定期限或者合理期限内退出物业服务区域，将物业服务用房、相关设施、物业服务所必需的相关资料等交还给业主委员会、决定自行管理的业主或者其指定的人，配合新物业服务人做好交接工作，并如实告知物业的使用和管理状况”以及《物业管理条例》第三十八条第二款“物业服务合同终止时，业主大会选聘了新的物业服务企业的，物业服务企业之间应当做好交接工作”的规定，A物业公司须承担相应的责任，应负责完善小区的消防设施，恢复消防系统正常使用，并达到消防部门验收合格。

想一想：物业服务企业应如何规避此类责任？

1．物业承接查验法律风险的识别与防范

（1）新建物业承接查验的法律风险。主要表现在物业服务企业承接不符合承接查验条件的物业项目的法律风险；或物业承接查验协议内容不完整、订立不规范。如物业服务企业为求生存，在明知物业项目不具备承接查验条件的情形下，仍抱有后期可以得到解决的侥幸心理，承接物业项目，业主入住后，诸如管网设施、隐蔽工程等问题频频出现，造成业主财产损失；物业服务企业在承接查验过程中，忽视承接查验发现问题的书面记录，或在物业承接查验协议中没有明确遗留问题处理的约定、没有建设单位签字确认等情形，导致物业服务企业后期管理中对遗留问题的责任认定没有证据可循，致使承担经济赔偿、接受行政处罚甚至作为不良经营行为记入企业信用档案等法律责任风险。

规避新建物业承接查验法律风险，首先物业服务企业应认真学习领会《物业承接查验办法》，要重点把握物业服务企业的义务规定，清醒地认识到物业承接查验的重要性，按照合同约定和《物业承接查验办法》履行承接查验义务，尤其要认真落实《物业承接查验办法》第十九条、第二十条、第二十一条和第二十二条有关遗留问题的相关规定。其次物业服务企业必须认识到物业共用部位、共用设施设备存在的质量缺陷、功能缺陷对物业服务企业的不利后果，拒绝接收不符合交付条件的物业项目，或未经查验去承接物业项目。最后应要求建设单位参与现场查验，共同确认现场查验的结果，做好承接查验记录，签订物业承接查验协议；物业承接查验协议应对物业承接查验的基本情况、存在的问题、解决办法及其时限、双方的权利义务、违约责任等事项作出明确约定；承接查验记录作为承接查验协议的附件，要妥当保存备查，以备不测时作为维权证据。

（2）物业管理机构更迭承接查验的法律风险。主要表现在拒不履行移交义务；交接前或交接期间减少服务内容、降低服务标准；未依法或未按约定提前解除物业服务合同以外的其他合同；人员安置问题处理不妥的劳动纠纷等。如物业服务企业在合同届满或者提前终止时，提前撤离或拒绝退出管理区域并拒不履行移交义务，甚至恶意制造交接障碍，阻碍交接工作；交接前或交接期间，提前调离人员，不再提供约定的某些服务内容，降低各项服务标准，给业主的工作生活带来严重的不便；电梯维保、消防维保、秩序维护、绿化以及业主共用部位经营等对外委托协议在物业服务合同届满或终止前，未能依法定或合同约定方式协商解除合同；对物业项目撤出的富余员工，未能依法解除劳动关系等情形，导致业主财产损失、发生安全事故、合同违约、企业品牌形象受损和劳动纠纷等致使承担经济赔偿、接受行政处罚甚至作为不良经营行为记入企业信用档案等法律责任风险。

规避物业管理机构更迭法律风险，首先物业服务合同终止后，物业服务企业应在约定的期限或合理期限内退出物业服务区域，履行交接资料、配合交接、如实告知物业的使用和管理等义务。其次是在物业正式交接前，物业服务企业应继续按照物业服务合同的服务内容和服务标准提供服务，完全履行物业服务合同，站好最后一班岗，坚守契约精神。再次物业服务合同终止前，物业服务企业应依法与其他合同主体协商好合同的解除事宜，或在签订其他合同时，对提前解除或不能继续履行时的处理办法等，做好约定。最后物业服务企业要与员工做好沟通，对于他们的去留做妥善安置，依法解除劳动合同，避免发生劳动纠纷。

2．物业承接查验准备阶段的风险识别与防范

（1）人员、设备准备的风险与防范。主要表现在缺乏专业的承接查验人员，没有配备必要的专业查验工具和设备。如承接查验人员数量不足，身兼数职、专业能力差、工作态度敷衍了事，造成承接查验工作走过场、实施不全面、记录不准确；不能使用专业的工具和设备及时发现设施设备的各种缺陷和隐患等情形，导致不能及时发现并妥善解决不合格项带来安全隐患、增加经营负担以及引发矛盾纠纷的风险。

人员、设备准备风险防范措施：一是物业服务企业应该选派素质好、业务精、对工作认真负责的管理人员和技术人员参与验收工作，并根据物业项目的情况配备需要的承接查验设备工具等；二是在设施设备交接过程中，还要注意技术人员与设备安装调试单位人员的衔接和培训，多向设备安装调试人员学习，以保证设施设备的正式运行和后期的维护保养；三是需要时可邀请第三方专业机构协助验收，必要时还可委托公证机构，对查验过程和结果进行公证。

（2）资料准备的风险与防范。主要表现在承接查验前对所需的各专业的技术规范、法规和文件等准备不足，致使查验工作人员在查验中无依可循、对存在问题各方无法统一意见的局面，导致整个承接查验工作流于形式，给后期管理和安全使用留下安全隐患的风险。

资料准备风险防范措施：一是在承接查验小组中做好专业分工，安排专人对所需资料进行收集与验收；二是依法依约明确承接查验各环节所需的文件资料，尤其注意新建物业和物业机构更迭时物业资料的区别；三是对技术规范、法规、物业资料等进行学习和培训，保证在承接查验中熟练正确运用。

（3）计划准备的风险与防范。主要表现在没有制定周密、可行的承接查验计划及工作流程。如没有与建设单位协商承接查验的时间、步骤；对承接查验的工作分工、工作程序和工作计划安排不周全，使查验现场工作秩序混乱等情形，导致承接查验工作步骤不统一、查验工作无序和查验工作质量下降，带来后期运营的风险。

计划准备风险防范措施：一是制定周密细致、严格规范的承接查验工作计划，并与对方协商确定；二是加强双方沟通，使承接查验双方在人员、验收时间、注意事项等方面统一思想、统一验收标准、明确验收程序、明确权责；三是事先制定好承接查验中所需的各种通用表格和整改记录表等，做好使用培训。

3. 物业承接查验实施阶段的风险识别与防范

（1）物业资料移交的风险与防范。物业资料移交的风险与防范包括新建物业与物业管理机构更迭两种不同情形物业资料移交的风险与防范。

1）新建物业资料移交的风险与防范。新建物业资料移交的风险主要表现在建设单位未能按照有关规定移交物业资料或者移交的资料不齐全；物业服务企业对移交的资料未安排专人清点核查，也未按规定列出未移交资料明细和补交时间，导致后期养护、维修和管理工作难以有效实施带来财产损失的风险。

新建物业资料移交风险防范措施：一是严格对照法律法规、规章政策要求进行资料核对与移交，建设单位未能移交所有资料的，物业服务企业应列出未移交资料的详细清单并且要求建设单位书面承诺补交的具体时限；二是加强资料接收人员的培训，提高资料接收人员专业能力，严格执行资料移交的操作流程，规范进行物业资料的清点核查和汇总，规范遗留问题的处理方式。

2）物业管理机构更迭物业资料移交的风险与防范。物业管理机构更迭物业资料移交的风险主要表现在原物业服务企业不移交资料或移交资料不齐全；混淆移交资料的合法主体；交接记录不够真实。如原物业服务企业在经营管理过程中因管理不当，出现物业管理资料遗失、损坏等情况，造成不能移交全部物业资料，或者为隐瞒某些事实，根本就不移交资料；新旧物业服务企业在没有业主委员会参与下，擅自进行资料的移交；资料交接时双方没有认真进行清点、核对，记录不认真、不全面等情形，导致移交合法性受到质疑，发生问题因难以确定责任主体而产生纠纷甚至错担责任，新物业服务企业接管后因缺少有效依据难以开展正常物业管理活动的风险。

物业管理机构更迭物业资料移交的风险防范措施：一是原物业服务企业应建立物业档案管理制度，对属于业主的物业原始资料，要整理、归档、保存，保持物业档案的完整性和连续性；撤管时依法移交给业主委员会或决定自行管理的业主或者其指定的人。二是原物业服务企业应做好日常管理的工作记录，应在合同履行期间，严格履行合同约定，做好维修、保养和管理工作记录并存档，撤管时依法移交物业管理资料。三是新物业服务企业要做好移交资料的清单，并派专人核对，为现场查验打下良好基础。四是做好物业资料的交接记录，无论是原物业服务企业还是新物业服务企业，都应该与合法交接的对象做好物业资料的交接记录，查遗补漏，明确各方的责任并签字确认。

（2）物业现场查验的风险与防范。物业现场查验的风险与防范包括新建物业与物业管理机构更迭两种不同情形现场查验的风险与防范。

1）新建物业现场查验的风险与防范。新建物业现场查验的风险主要表现在参与主体不全；现场查验工作不规范；部分配套设施产权不清；现场安全问题等。如现场查验参加单位不全，发现问题不能及时进行责任确认；现场查验工作不规范、走形式、没有记录尤其是遗留问题没有书面确认；对于产权不清的配套设施，物业服务企业没有提出明确的确权主张；验收过程中验收人员因操作不当、缺乏安全意识，或者缺乏必要的劳动防护措施而发生安全事故等情形，导致后期物业管理责任边界不清带来的物业服务企业责任扩大、增加业主投诉、员工工伤赔偿等风险。

新建物业现场查验风险防范措施：一是物业服务企业应该要求建设单位协调相关方参与现场查验，共同确认现场查验的结果，签订物业承接查验协议并建档立案妥善保管，做到有据可查；二是明确责任界限及解决措施，对承接查验中发现的问题及其解决方式等进行确认，形成备忘录备案；三是明晰共有部分的产权，对于地下车位、会所等产权不清晰的部位，督促建设单位提供相关的产权证明；四是加强验收人员安全操作培训，发放必要的劳动防护装备，采取严格措施防止安全事故发生，必要时可为验收人员购买商业保险；在风险发生时降低企业损失并为验收人员争取到最大利益。

2）物业管理机构更迭时现场查验的风险与防范。物业管理机构更迭时现场查验的风险主要表现在承接查验相关主体认识不到位，查验人员专业能力不足。如承接查验相关主体认识不到承接查验对各自责任确认重要性，不重视现场查验工作；现场查验人员专业能力不足，不能对现场查验工作进行有效的管控，现场查验只是关注数量、有无设备设施或资料的简单核对，没有对物业性能状态的基本评价；业主委员会缺少专业查验能力，不能发现实质问题；对现场查验中发现的问题和整改意见，未做详细记录和签字确认等情形，导致责任界定不清、追究责任没有依据等风险。

物业管理机构更迭时现场查验风险防范措施：一是认真履行承接查验义务，原物业服务企业应配合做好现场查验和交接工作，并如实告知物业的使用情况，新物业服务企业应依法依规对移交资料清单逐一核查。二是选调专业技术人员组建专业的承接查验小组，加强专业培训，做好各项工作计划与预案。三是承接查验须对共用部位、设施设备的数量、功能、使用状态和完损程度等作出客观评价；现场查验过程和结果须做好现场书面记录，对发现的问题确定各方认可的解决措施，经相关方确认形成备忘录，存档备查。四是现场查验须明确各方的权责，签订承接查验协议。五是业主委员会可考虑聘请第三方进行承接查验。

（3）物业交接的风险与防范。物业交接的风险与防范包括新建物业与物业管理机构更迭两种不同情形物业交接的风险与防范。

1）新建物业交接的风险与防范。新建物业交接的风险主要表现在违规交接，操作不规范，或纠纷未解决。如建设单位要求物业服务企业承接不具备查验条件的物业，或不按规定和约定、实际交接的物业与合同约定不符，或不解决遗留问题、不明确物业保修责任，或将供水、供电、供热等共用设施设备交接给物业服务企业等情形，导致建设单位责任转嫁物业服务企业、增加物业服务企业额外工作尤其是责任的风险。

新建物业交接的风险防范措施：一是拒绝接收不符合交付条件的物业，遗留问题须约定具体的解决方式、期限，并经双方签字确认；对遗留问题的处理及时复检，直至验收合格。二是在承接查验协议中明确因交付标准不符合承诺等原因造成损失的责任主体认定的约定，明确物业质保期内的保修责任的条款，约定建设单位承担问题整改的方式、期限及费用，物业服务企业应该尽量避免遗留问题或物业质量问题的扩大或损害。三是严格按照法律法规、规章政策，在供水、供电、供热等共用设施设备规定的内容和范围进行接管，明确双方职责。四是全面了解建设单位以及业主之间存在的尚未解决的各类问题，以便提前制定应对措施，防止矛盾转移到物业服务企业。

2）物业管理机构更迭时物业交接的风险与防范。物业管理机构更迭时物业交接的风险主要表现在未与业主委员会交接或不配合交接，移交人不履行移交义务，财务纠纷没有解决。如作为移交方的原物业服务企业没有与业主委员会进行交接，而是直接与新物业服务企业进行交接；交接时态度消极，不主动甚至阻挠交接工作；物业费、停车费、共有部分经营收入、代收代缴费用、公共能耗费用、其他经营费用清算不彻底等情形，导致矛盾激化、财务损失的风险。

如作为接管方的新物业服务企业没有与业主委员会交接，而是与原物业服务企业交接；原物业服务企业拒不退出物业管理区域，或不按照规定履行物业管理资料和物业共用部位、共用设施设备的交接义务，或财务清算资料移交不清等情形，导致卷入原物业服务企业与业主、其他合作单位等之间的纠纷，不掌握物业共用部位、共用设施设备使用情况带来安全隐患，不能正常接管项目并履行合同的风险。

物业管理机构更迭时物业交接的风险防范措施：一是应与业主委员会、业主或业主大会授权的其他人进行交接。二是交接双方按照移交的明细接收物业管理资料和物业共用部位、共用设施设备，移交过程必须留存书面记录备查，有遗留问题的，要求移交方出具书面的问题清单及解决方案和时限的备忘录。三是交接双方应签订交接协议。原物业服务企业在交接前要对项目的账目、资产、物品、资金等进行整理造册，明确权属，及时清退、清欠；交接时要根据类目列出清单，交与业主委员会。新物业服务企业要认真核对、查证财务清单，对账目有异议的，可以要求业主委员会聘请专业审计机构进行审查。四是原物业服务企业拒不退出物业管理区域时，新物业服务企业要本着保护业主利益的原则，尽可能协商解决，不可暴力介入管理，避免产生直接冲突或给业主的正常生活带来影响。

思考题

1．简述物业的承接查验可以依据的法律法规。

2．简述物业服务企业在新建物业承接查验中的法律风险识别和防范。

3．简述物业服务企业在物业管理机构更迭承接查验中，作为接管方应识别的交接风险和防范措施。

实训练习题

基础理论知识

一、单项选择题

1．在新建物业的承接查验中，共用部位、共用设施设备承接查验的接管方是（　）。

A．业主大会　　B．建设单位

C．业主委员会　　D．物业服务人

2．物业服务企业擅自承接未经查验的物业，因物业共用部位、共用设施设备缺陷给业主造成损害的，物业服务企业应当承担相应（　）。

A．民事责任　　B．赔偿责任　　C．行政责任　　D．法律责任

3．（　）作为承接查验协议的附件，要妥当保存备查，以备不测时作为维权证据。

A．物业服务合同　　B．承接查验记录

C．临时管理规约　　D．前期物业服务合同

4．在承接查验前对所需的各专业的技术规范、法规和文件等准备不足，导致整个承接查验工作流于形式，给后期管理和安全使用留下安全隐患的风险属于（　）风险。

A．人员准备风险　　B．设备准备风险

C．资料准备　　D．计划准备

5．前期物业服务合同终止时，物业服务企业撤管时应当将图纸、档案资料交给（　）。

A．业主大会　　B．建设单位

C．业主委员会　　D．居民委员会

二、多项选择题

1．物业的承接查验可以分为（　　）类型。

A．新建物业的承接查验　　B．新建物业的竣工验收

C．物业管理机构更迭的承接查验　　D．原有物业的接管验收

E．新建物业的接管验收

2．物业承接查验的范围包括（　　）。

A．专有部位　　B．共用部位　　C．共用设施

D．共用设备　　E．专有部分

3．新建物业承接查验需移交的资料有（　　）。

A．竣工验收资料　　B．财务管理资料

C．技术资料　　D．准许使用文件

E．保修文件和说明文件

4．物业管理机构更迭时现场查验风险防范措施（　　）。

A．认真行使承接查验权利　　B．组建专业承接查验小组

C．做好现场查验记录　　D．签订承接查验协议

E．聘请第三方

5．新建物业现场查验的风险主要表现在（　　）等。

A．参与主体不全　　B．违规交接

C．现场查验工作不规范　　D．部分配套设施产权不清

E．现场安全问题

案例分析题

1．请分析下面案例在甲物业服务企业拒绝移交物业管理资料和不配合物业交接查验的情况下，乙物业服务企业应如何规避可能的风险。

案情：某房地产开发公司开发的某住宅小区，由甲物业服务企业承担前期物业管理。业主于2013年8月开始入住，2015年5月该小区召开首次业主大会会议，选举产生了业主委员会，并按照业主大会决议选聘了乙物业服务企业。业主委员会与乙物业服务企业签订了物业服务合同，合同于2015年8月1日零时生效。业主委员会以书面形式通知甲物业服务企业应于2015年8月1日前办理完成物业交接验收手续。甲物业服务企业收到业主委员会书面通知后，安排了该小区管理服务人员退场，但以部分业主欠缴物业服务费为由，拒绝移交相应的物业管理资料，拒不配合物业

交接查验。

2016年8月15日，顶层的20户业主发现房间在雨天渗水，于是联名要求乙物业服务企业无偿修复。乙物业服务企业称这是因甲物业服务企业管理不善所致，应由甲物业服务企业负责修缮。之后，乙物业服务企业不再受理业主有关该问题的投诉。

2. 请分析本案例新老物业交接时应如何规避预收物业费等带来的风险。

案情：B物业管理公司受开发商委托对A小区实施前期物业管理。2016年12月23日，C物业管理公司与A小区业主大会签订物业服务合同，合同有效期自2016年12月24日起至2019年12月25日止。合同签订后，C物业公司于2017年1月1日进驻该小区实施物业服务。2017年4月3日，C公司、B公司、A小区业主委员会、小区房地产开发公司经协商就A小区物业移交达成一致意见。四方在A小区物业移交备忘录中对B公司预收业主的费用总额及移交方法作了详细规定。主要内容如下：①B公司在2016年12月底前在管理A小区中预收业主的物业管理费、停车费，经C公司确认，总额为50662.65元。C公司承担8800元，B公司应移交费用41862.65元。②B公司于2017年4月14日前移交给房地产公司21000元；4月20日前移交20862.65元，逾期每日加收0.5%的违约金。③费用由B公司转交房地产公司后，经业主委员会同意转给其聘请的物业公司，业主委员会监督使用。2017年4月6日，上述四方在小区张贴联合通知，告知业主对预收费用进行确认及处理方法。而后，21000元按约移交给C公司。

2007年5月20日、7月10日，A小区业主委员会以C公司管理服务过程中存在严重的违约行为为由，两次通知B公司暂缓20862.65元预收物业费的移交。9月10日，C公司因故撤离A小区，引起纠纷。C公司向法院提起诉讼，请求判决B公司支付20862.65元，判决A小区业主委员会承担民事责任。

4.4 入住服务的风险防范管理

学习目标：1. 了解入住的基本知识、相关法规政策，以及物业服务人在入住服务过程中的准确定位；

2. 熟悉入住服务流程，以及各流程节点的工作要点；

3. 掌握入住风险识别的一般性规律，以及入住风险识别、风险规避与处置的思路与方法。

4.4.1 入住的基本认识与相关法规政策规定

1．入住的基本认识

入住，是建设单位将已具备使用条件的物业交付给业主并办理相关手续，同时物业服务人为业主办理物业管理相关手续的过程。通常，我们将入住看作是房屋买受人收到书面入住通知书后来至现场，在工作人员全程服务下进行房屋查验、办理接房手续的过程。

从合同关系看，由于“商品房买卖合同”中对交房的内容、范围、质量标准以及具体期限有明确约定，入住是建设单位与房屋买受人之间履行商品房买卖合同的行为，双方都必须遵守不得违约。当新建的房屋符合交付使用的条件，通过竣工验收合格后，建设单位应适时向房屋买受人发出入住通知书，邀请其前来办理接房手续。入住对建设单位而言，是建设单位按照“商品房买卖合同”的约定，将建好且经过竣工验收合格的房屋交予房屋买受人的过程；对房屋买受人而言，房屋买受人自办理完接房手续之时起，方实现对房屋的实际占有，成为真正意义的业主。最高人民法院《关于审理商品房买卖合同纠纷案件适用法律若干问题的解释》第八条第二款规定“房屋毁损、灭失的风险，在交付使用前由出卖人承担，交付使用后由买受人承担；买受人接到出卖人的书面交房通知，无正当理由拒绝接收的，房屋毁损、灭失的风险自书面交房通知确定的交付使用之日起由买受人承担，但法律另有规定或者当事人另有约定的除外”，这实质就是要求房屋买受人应当在约定的时间期限内办妥房屋验收手续，如因特殊原因无法及时接房，须征得建设单位同意，否则就视为房屋买受人已经具备业主身份。因而，由合同关系决定，入住是建设单位与房屋买受人之间的房屋交接。

从法律权属关系看，入住实质是房屋所有权由建设单位转移至房屋买受人，是建设单位与房屋买受人之间房屋及房屋所有权的交接。入住的权属标志是业主签署验房文件、办理入住手续、领取房屋钥匙，从而实现实质性的拥有房屋所有权。所以，尽管有些业主入住办理完毕并不使用其享有所有权的房屋，没有真正居住而任凭空置，亦视为法律意义上的“入住”，享有业主的权利且须承担相应的义务，不得以没有或不打算实际居住为理由拒不履行业主所应承担的一切义务。因而，由权属关系决定，入住是建设单位与房屋买受人之间的房屋与房屋所有权的交接。

可见，入住是建设单位履行交付“商品房买卖合同”标的物义务的过程，是房屋买受人实现向业主身份转换的过程，因此，办理入住的主体双方是建设单位与房屋买受人。

2．入住服务中物业服务人的角色定位

从入住办理实践看，入住操作的模式主要有以建设单位为主体，由物业服务人相配合的作业模式；建设单位授权委托物业服务人全面承担作业模式等。

以建设单位为主体，由物业服务人相配合的作业模式，其核心内容是建设单位具体负责向业主移交房屋并办理相关手续，物业服务人再继续办理物业管理相关手续的过程。其业务分工是建设单位负责确认房屋买受人身份及相关购房手续、验收物业，提交并办理产权证资料，核算购房款项并开具正式发票；物业服务人负责代表建设单位陪同房屋买受人逐项验收其所购房屋、签署业主房屋验收记录单、发放文件资料、交付房屋钥匙，发放物业管理、收取物业费及其他费用等。

建设单位授权委托物业服务人全面承担作业模式，即由物业服务人接受建设单位委托，代表建设单位独自全权负责办理一切入住业务。

实践中最为常见的是采取前一种作业模式。无论采取何种入住作业模式，入住服务的准备工作、内容服务、作业程序等都是一致的，但物业服务人提供的入住服务内容都需要在得到建设单位的委托授权前提下方可提供。因此，物业服务人在入住服务中的定位是接受建设单位委托代其办理入住服务，物业服务人不是入住服务的责任主体，只是实施主体。

3．入住服务的准备工作

入住服务的工作特点是办理时期较短且工作量集中、涉及内容繁杂要求细致，办理时限快捷高效。因此，若要顺利完成工作，事先充分、扎实的准备工作就尤为重要。通常，入住服务的准备工作内容主要包括人员准备、资料准备、物资准备、环境准备等。

（1）人员准备。入住服务的人员配置要结合未来物业项目管理处的人员编制统筹考虑，并根据入住服务办理期人员数量要求较大、涉及部门与岗位多且专业性要求强，但工作期较短且多为暂时性的工作特点，调动临时人员应是解决入住服务人员不足的主要措施，因此，一般根据工作进程需要，安排人员分步到位。考虑入住服务工作的稳定性、连续性以及与未来管理服务工作的衔接性，须组建由客户服务人员、管理人员、财务人员、工程技术人员等组成人员稳定的入住服务小组负责入住服务的业务指导与监督，下设由物业项目管理处与借调人员联合组成的资料组、财务组、验房组、环境组等。

人员陆续到岗后，工作重点是指导人员熟悉物业项目的项目布局和基本情况，熟悉业主的基本信息，熟悉各自业务范围内的管理服务规范及操作规程；开展以入住服务为核心内容的业务培训。

（2）入住资料的准备。入住资料包括入住工作方案，办理入住手续所需填写的文件、表格，发放给业主的文件，物业管理相关法律法规政策汇编等。入住资料的内容应以国家、省、市的入住服务与物业管理相关法律法规、规章政策为依据，适应所承接物业管理区域的基本情况与管理服务定位。入住资料涉及的收费内容一般较为敏感，须符合政府有关收费项目、收费标准的规定，并按规定办理经营服务单位收费许可证。

资料准备须由专人负责，并将资料、文件的印刷成品进行分类装袋，以保证使用便捷、准确。

（3）物资准备。为保证入住服务工作顺利完成，物业服务人应在入住前做好公共设施设备、服务办公用具和标识的准备。

公共设施设备须通过设施设备模拟运行的方式，进行观察，如发现问题，须在办理入住服务前彻底解决。服务办公用具要考虑周详、细致，准备充分，以满足工作需要，并在入住服务前完成购置与验收。根据物业项目的规模、档次确定标识种类和数量，设计做到文字简捷，图示易懂，完整清晰。安排人员对移交的各类钥匙进行开锁核实校对，并编号保管。

（4）环境准备。营造物业管理区域热烈欢快的气氛。入住服务的场所选择，要保证空间宽敞通风、照度良好，最好为建筑物一层，易于突发事件发生时的人员疏散。总体布局，除服务区外，还须设置调节客流的休息接待区，放置足够的座椅，提供茶饮等服务。现场环境要整洁卫生，流程引导图及标识醒目，服务区位标识清楚，服务台位置有员工及职位卡签，办公用品摆放整齐有序；保持物业管理区域内外道路畅通、车辆停放有序；遇有二期工程或临时施工情况，要协调相关方予以必要隔离，防止安全事故发生。

（5）应急预案。入住时由于现场人员混杂、场面较大，随时可能发生如扰乱秩序、交通堵塞、突发急病、人员冲突等突发事件，入住服务工作小组应预先制定各类紧急事件的应急预案，并组织人员演练，防患于未然。

4．通知入住

建设单位，或建设单位委托物业服务人应提前一个月通过媒体或邮寄方式，向业主发出办理入住通知。邮寄给业主的资料应包括入住通知书、收楼须知、入住手续书、交款通知书等。

5．入住服务程序

（1）验证登记。验证即通过业主提供的文件资料核实确认业主身份，并核清购房款；登记即填写业主信息登记表。

验证须要求业主提供并核查商品房买卖合同、入住通知书、身份证与户口本、贷款证明、专项维修资金发票和购房发票等，以此确认业主身份无误。业主是非自然人的，还应提交办理人身份证、营业执照（副本）、法人委托书。业主委托他人办理入住事宜的，应要求受托人提供其身份证及其复印件、业主委托书以及业主本人办理入住应提供的文件资料。

登记是在确认业主身份后，指导并协助业主准确填写业主信息登记表，并认真询问核对；应将业主、受托人身份证和业主委托书以及办理人身份证和营业执照（副本）、法人委托书等复印并存档。

（2）房屋验收。房屋验收是业主对其所购置房屋的专有部分的质量验收，由房屋验收小组成员陪同进行。房屋验收内容主要包括门窗系列，地面、顶棚、墙面系列，给水排水系列，电气系列，房屋设施系列等。服务验收陪同人员应指导业主逐项验收，并逐项填写业主（租户）房屋验收记录单。无质量问题验收合格的，提请业主在业主（租户）房屋验收记录单签字确认；对发现的质量问题或瑕疵，现场拍照存档，并指导业主填写整改通知书，提请业主签字确认。

（3）签署文件。签署文件即入住服务工作人员向业主逐个介绍须签署文件的主要内容及用途，指导业主进行签署。须签署的文件通常主要有商品房购销合同补充合同、车位管理协议、消防责任书、房屋装修指导书等。凡签署的文件均须留存建档。

（4）收取费用。收取费用主要是指业主按照前期物业服务合同约定应交纳的当期物业费、车位管理协议约定的停车位使用费，以及由物业服务人代收代付的水费、电费和供暖费等各项费用。入住服务工作人员收取费用后，均须开具相应票据给业主。

（5）发放文件。发放文件是将需业主清楚自己权利、责任和义务以及物业管理区域基本情况、服务功能，还有房屋功能及正确使用要求的相关文件资料发放给业主，并请业主在业主入住物品资料领取确认表上签字。

（6）发放钥匙。业主房屋验收没有任何异议后，入住服务工作人员认真审核业主（租户）房屋验收记录单、已签署文件及各项收费票据无误后，将业主房屋钥匙、物业管理区域门禁卡、电梯卡等发放给业主，并请业主在钥匙发放登记表上签字。

（7）资料归档。业主入住手续办理完结之后，物业服务人应将业主签署的文件及其他相关资料整理归档，按业主的栋号和房号进行建档编号，妥善保管，不得将信息泄露给无关人员。

（8）相关事宜。对因故未能按时办理入住手续的业主，应在集中办理入住期间即进行统计，按照入住通知书中规定的办法，通知建设单位，并另行安排入住办理时间，由建设单位负责通知相关业主。

〖**相关法规制度标准**〗

1．1998年5月20建设部发布的《商品住宅实行住宅质量保证书和住宅使用说明书制度的规定》；

2．2000年6月26日建设部通过的《房屋建筑工程质量保修办法》；

3．2001年3月14日建设部通过的《商品房销售管理办法》；

4．2004年7月20日建设部修正的《城市商品房预售管理办法》；

5．2009年9月19日住房和城乡建设部通过的《房屋建筑和市政基础设施工程竣工验收备案管理办法》；

6．2020年12月23日最高人民法院审判委员会第1823次会议修正的《最高人民法院关于审理商品房买卖合同纠纷案件适用法律若干问题的解释》。

4.4.2 入住服务的风险识别与防范

【案例4-4】物业管理公司不给业主房屋钥匙合法吗

小王购买了一套期房。住房建成后，在办理入住手续时，物业管理公司要求其在临时管理规约上签字。小王发现该临时管理规约中有些条款与建设单位的承诺不一样，所以他拒绝了物业管理公司的要求，结果该物业管理公司以此为由拒不给他发放房屋钥匙。

分析：该物业管理公司在为业主办理入住手续时，由于业主不在临时管理规约上签名而拒绝交付房屋钥匙的做法明显欠妥，也是不合法的。这是因为业主在购买房屋时，已与建设单位签订了房屋买卖合同。作为建设单位，按照合同约定收取业主的购房款，就应该履行向业主交付房屋的义务，与物业管理公司是没有法律任何关系的。如果建设单位或是物业管理公司因为业主没有签订临时管理规约拒绝给业主办理入住手续、不给业主发放钥匙等，这种行为构成建设单位对业主的违约、物业服务企业对业主房屋所有权的侵害。

想一想：如果你在该物业管理公司，会怎样处理此事？

1．入住服务法律风险的识别与防范

物业服务企业提供入住服务，由于法律意识淡薄、入住相关法律法规以及部门规章、地方政策等掌握不足或者理解把握不正确、不到位；经济利益至上的逐利思想意识的影响；对入住服务的本质以及胜任工作所需专业知识认识、理解和掌握不到位；对自身与房屋买受人（业主）、建设单位之间的关系缺少正确认识等，就会导致在入住服务工作过程中，出现侵害业主、建设单位合法权益的情形或事件，物业服务企业就要承担一定的法律责任风险。

物业服务企业入住服务的法律风险主要有：

（1）文件资料准备的法律风险。主要出现在起草制定文件时，入住服务小组起草制定的具体条款所规定的内容违反法律法规以及部门规章、地方政策的规定，或是超越建设单位委托的权限范围造成越权越位等侵权情形。

1）为建设单位代行起草撰写文件的条款内容违反法律法规以及部门规章、地方政策规定，导致侵害业主合法权益的法律责任风险。如入住交费通知书中要求业主办理入住时交纳装修垃圾清运费、装修押金、天然气安装费、门禁磁卡与电梯卡押金等，交纳一年以上的物业费等涉及乱收费、超出当期收费期限收费的法律责任风险；入住通知书中要求业主向物业服务企业提供收入证明、贷款文件、结婚证书等侵犯业主隐私权的法律责任风险；前期物业服务合同不约定合同明确期限，而是将有效期约定至业主大会成立选聘新的物业服务企业合同生效；约定物业服务企业可自行依照每年物价水平调整物业费标准，或者约定三年以上的合同期限等超出合同期限相关规定的法律风险责任；临时管理规约或物业管理区域各项管理规定对业主行为限制的规定违反相关法律规定的法律风险责任。

2）为建设单位代行起草撰写文件的条款内容违反法律法规以及部门规章、地方政策规定，导致越权越位侵害建设单位合法权益的法律责任风险。如入住交费通知书中要求业主办理入住时交纳天然气安装费、房屋产权登记手续费等造成建设单位乱收费的法律责任风险；入住手续书要求业主身份确认、核清房款等环节也须物业项目管理处经理或入住服务小组负责人签字等越位侵权的法律责任风险。

3）起草制定自用文件的条款内容违反法律法规以及部门规章、地方政策规定的法律责任风险。如业主信息登记表中要求业主填写工资与其他收入；物业管理相关法律法规政策汇编收录已废止或未更新的旧版本法律法规以及部门规章、地方政策，导致答疑解读错误的法律责任风险。

以上这些情形都可能导致业主在签署、领取文件以及支付或交纳费用时，或是因为未认真阅读、急于完成而配合办理，致使其合法权益受到侵害；或是因对条款内容质疑或不满，与入住服务工作人员产生争执，甚至发生冲突。这都将导致物业服务企业形象受到损害，并为日后管理留下隐患。

规避入住服务文件资料准备阶段法律责任风险，首先要解决的是观念认识问题。要将维护业主合法权益放在第一位，作为入住服务的总原则，摆正物业服务企业在入住服务中的角色定位，摆脱经济利益至上的错误观念，依法合规、合情合理地看待入住服务中的每项具体业务，要将规避各类法律责任风险作为文件资料准备工作的要义，时时事事都要高度重视。

其次要用制度规范行为，从工作源头杜绝风险。对入住服务准备工作期间起草的所有文件，建立并实施“规避文件法律责任风险三级审核制度”，入住服务工作小组负责一级审核，审核重点是业务有无遗漏，项目是否符合工作需要，内容及文字表述是否与部门规章、行业标准、技术规范以及所在地政策的规定相符；法律顾问负责二级审查，审查重点是内容及文字表述是否符合相关法律法规规定，有无侵权或违法之嫌；公司法务部门负责三级审批，综合二级审查意见，督促入住服务工作小组完成整改，待法律顾问再审查无误后，批准执行。为保证该制度真正落实，需明确入住服务工作小组承担业务风险责任；法律顾问承担法律风险责任，公司法务部门为最终责任人。

最后入住服务培训要有针对性，强化入住服务相关法律法规、部门规章和地方政策的内容，要加强法律意识和法律应用能力的培养，牢固树立合法性是文件内容的第一要素，从文件起草就要有强烈的法律责任风险防范意识，从源头做好风险规避。

（2）入住服务办理过程中的法律风险。入住服务办理过程中的法律风险，大多是因认识观念、工作定位、业务能力不足等原因造成的，主要有：

1）超越建设单位委托范围擅作决定或承诺的法律风险。未经建设单位许可，擅自以建设单位名义巧立名目收取业主房屋验收服务费，侵犯了建设单位的名誉权；以建设单位设计规划的技术选择为由，限定业主只能选择物业服务企业指定的网络供应商，侵犯了业主消费权；承诺只要注册建设单位与物业服务企业联合推荐的网商购物账号，就会在物业管理区域内享受免费无线信号；陪同业主验收房屋时，没有告知业主物业服务企业是代理建设单位的身份，造成业主误解，认为是物业服务企业负责质量保修，造成责任边界模糊承担不必要的法律责任等。

2）偏袒建设单位或者与建设单位合谋，隐瞒质量问题或瑕疵，巧立名目乱收费，致使业主合法权益受到损害的法律风险。陪同业主验收房屋时，以各种方式转移业主注意力，引导业主草率验收，隐瞒甚至掩饰质量问题或瑕疵，抓住业主急于用房的心理，拖延整改或简化整改技术规范，致使业主的物业产权受到损害；与建设单位合作，以各种理由收取所谓房屋登记代理费、住宅专项维修资金开户费等乱收费行为。

3）为企业自身利益侵犯业主合法权益的法律风险。由于签署文件、交纳费用方面的异议，业主不配合完整填写或拒签业主信息登记表、业主入住物品资料领取确认表以及委托银行代收款协议书等文件，或者拒付物业费等各项或单项费用时，入住服务工作人员采取不给业主发放房屋钥匙、门禁卡以及电梯卡的方式作为施压手段等，混淆了物业管理与商品房买卖两个不同的法律关系，侵犯了业主的房屋所有权、园区通行权和电梯使用权，物业服务企业必然要承担侵权的法律责任。

规避入住服务办理过程中的法律责任风险，首先要摆正与业主、建设单位之间的关系，尤其要从企业发展的长远利益出发，将业主的合法权益放在第一位，做好入住服务角色定位；其次按照相关法律法规、规章政策要求，公开收费项目、收费标准，实现自我主动监督；再次规范入住服务各项业务作业程序，细化流程、明确要求，用制度约束、规范员工行为，减少、杜绝风险的出现；最后有针对性地加强法律意识和法律应用能力培训，能够准确判断各种行为的法律责任风险。

2．入住服务准备阶段风险的识别与防范

（1）人员准备的风险与防范。入住服务办理期间对人员需求数量多，涉及部门及岗位多，且有很强的专业要求。因此，由于人手短缺、专业服务能力差，极易造成入住服务水平较差，无法如期完成入住办理，致使业主投诉率较高，建设单位的企业形象受到负面影响，甚至影响到房屋销售，进而给物业服务企业带来严重不利影响的风险发生。

入住人员准备的风险防范，由于入住服务工作的暂时性特点，任何一个物业项目管理处考虑运营的经济成本，不会单为入住服务需要储备大量人员。因而，物业项目管理处无力依靠自身资源独自解决这一问题，防范风险的发生。所以，防范人员准备风险，须由公司层面协调企业内部人力资源，统筹抽调安排不同岗位的人员，解决人手不足、专业能力差的问题。这就需要企业建立人力资源统筹协调制度，建立专能人才库，根据业务专长实施人员业务档案分类管理，以适用人员应急需要。

（2）入住资料准备的风险与防范。入住资料准备的风险一般有内容、项目设计与规范要求不一致；表述不准确且有歧义，是编制文件、表格的风险；文件资料未能如期完成印制，或印制种类不齐全、数量不足，或者不能按期装袋，造成入住时间延后的风险；袋装资料不一致、不齐全，用袋品质、款式低劣，造成企业形象负面影响的风险。

入住资料准备风险的防范措施，一是组织经验丰富的专业人员负责文件编制、表格设计，做到文件资料种类齐全、内容合法规范、涉及项目完整、使用易懂便利；二是制定好文件资料准备工作计划，其主要内容包括根据入住准备工作进程，安排好编制文件资料、审核文件资料、印制文件资料的工作步骤和完成时间，并经常性地督促、检查，以保证按期完成；三是根据入住业主人数，在略有余量的前提下，预算好印制的数量；四是制定文件装袋专业流程，从使用对象、用途（发放、签署还是记录）、用袋选择（业主提用袋须考虑其纪念价值）、分类装袋以及袋签制作等方面进行具体规范。

（3）入住物资准备的风险与防范。入住服务工作的顺利完成，离不开必要的充分的物资准备。公共设施设备养护、维修不到位，甚至是存在质量隐患带来的故障，轻则会给业主、工作人员带来身体不适、精神不悦或者行动不便，重则就会带来现场恐慌，给入住服务带来极大的负面风险；服务办公用具的质量不合格带来的易损易坏，数量不足带来的妨碍工作，不仅造成工作效率低下的风险，还会带来物业服务企业形象受损的风险；标识设计表达用意生涩难懂、内容不准确、形象不美观、质量不合格、数量不充足，不仅带来标识使用效果不佳的风险，物业服务企业形象受损的风险，甚至会因错误引导导致人身财产损害的风险。

入住物资准备风险的防范措施，一是建立规范的工作指导与作业流程，落实好责任人，严格查验公共设施设备，认真做好公共设施设备模拟运行，及时协调解决运行隐患和安全隐患，并制定好应急预案，准备好应急设备；二是认真测算入住服务工作量，准备种类齐全、数量充裕的服务办公用具，购置服务办公用具既要关注款式、形象，更要重视内在质量，哪怕是曲别针的选择；三是根据入住服务工作要求，合理地做好标识分类，直观准确地做好图案、文字设计，重视质量的美观尤其是牢固，留有余量以便及时补缺补损；四是重视钥匙管理，做好分类编号、入柜保管，事先核对无误。

（4）环境准备的风险与防范。没有制定物业管理区域与办理入住现场营造方案，或是方案没有经过认真研究、准备不足，就会带来环境营造布置工作混乱无序、效率低下，甚至到期无法完成的风险；未与建设单位、施工单位主动沟通协调，带来工作难以或无法落实的风险，如未解决好入口区电源接口，致使充气拱门充气泵不能使用，或临时接电线路绊人的安全隐患；未与施工单位协调物业管理区域内以及出入口外部的在建工程或临时施工的安全防护、警示围合，可能带来安全事故的风险。

环境准备风险的防范措施，一是要高度重视，提前落实好方案，安排好人员分工和工作进程，并时时督促检查；二是与建设单位、施工单位积极沟通，解决好设备设施、线路配置等技术配合工作，保证方案的切实落实；三是规划好人流、车流动线、静线，并设置醒目的引导标识，保持物业管理区域内外道路畅通、车辆停放有序；四是做好在建工程或临时施工现场的分区围合，设置专人负责警示，防止发生安全事故。

（5）应急预案。由于入住现场人员数量多且混杂，可能发生扰乱秩序、交通堵塞、突发急病、人员冲突、盗窃等突发事件的风险。对这些可能发生的突发事件，入住服务工作小组须结合以往经验或他人经历，充分研判，并结合物业管理区域内部与周边环境，制定切实可行的各类突发事件应急预案，予以防范。

3．入住服务实施阶段风险的识别与防范

（1）通知入住的风险与防范。入住服务工作小组受建设单位委托负责通知房屋买受人办理入住，但由于工作计划性不强，或与建设单位沟通入住计划安排不到位，发生寄送滞后，带来入住通知文件送达迟误甚至在通知入住时间之后送达的风险；因房屋买受人总体信息交接不完整，统计有疏漏，导致未给个别甚至部分房屋买受人寄送入住通知文件的风险；因房屋买受人信息不准确、更新不及时，造成入住通知文件无法送达的风险；因与建设单位分工不明确，入住通知文件未能如期完成编制、印刷等准备工作，致使寄送工作不能按期启动并完成的风险；因入住通知文件装袋疏漏，出现送达文件不全、甚至空袋的风险。

通知入住风险的防范措施，应建立文件邮寄作业流程，并抓好落实实施：一是与建设单位保持有效沟通，反复核查房屋买受人总体信息的完整性、个体信息的准确性，并保证及时更新；二是与建设单位确定入住工作计划安排，明确分工及责任，反复督查工作进程；三是文件装袋、填写邮寄信息须认真核查，并须将其中一联留存建档，保存至入住服务结束；四是在预计邮件送达的日期2～3天内与房屋买受人通话沟通，核实情况，并进行必要的答疑。

（2）验证登记的风险与防范。非房屋买受人前来办理入住，未索要房屋买受人委托书等审核文件，造成因身份确认错误房屋被冒领的风险；未认真审核所持身份证与商品房买卖合同身份证号码的一致性，造成同姓名者身份确认错误，房屋被错领的风险；票据审核不细致，造成尾款虽未结清但已启动办理入住的风险；指导填写业主信息登记表不到位、不细致，复核不仔细，带来信息填写不完整、不准确影响后期正常使用的风险；工作过程未将资料复印、工作结束时未归集存档，造成日后索要难的风险。

验证登记风险的防范措施，一是培训阶段要强化作业程序的重点、要点，并固化掌握；二是工作过程中须认真负责，仔细审核，并建立复核制度，设置复核岗位，强化身份确认工作的准确性；三是归纳作业要点，制作提示卡签，置于工作台面，起到提示作用。

（3）房屋验收的风险与防范。房屋验收是入住服务的重中之重，也是入住服务风险多发的作业环节。除前述的法律责任风险以外，较为常见的还有有意偏袒建设单位；或者为减少自身工作量，贪图省事；或者因为自身专业知识、专业经验不足，不提供房屋验收的专业指导，故意引导业主草草验收，隐瞒甚至掩饰质量问题或瑕疵，致使业主合法权益受到损害，最终由物业服务企业承担相应的法律责任。对发现的质量问题，不仅不指导业主填写整改通知书，而且随意作出与建设单位事先沟通不一致的整改承诺，或是对业主既不专业且不合理合法的整改要求不予专业指导，导致业主与建设单位之间产生利益冲突，致使双方或某一方合法权益受到侵害，最终由物业服务企业承担相应的法律责任。指导填写业主（租户）房屋验收记录单不认真、不细致，造成填写项目不完整、填写信息不准确，没有签字确认，难以确定其真实性、可信性的风险；对发现的质量问题或瑕疵，指导业主填写整改通知书不规范，描述不准确，整改要求不明确，没有签字确认等，带来后期认定纠葛的风险。未提醒业主关注并准确登记水、电、气表的起始数据，后期，业主与建设单位，或施工单位因收费额度过高产生纠纷，一致提出物业服务企业入住工作失职是主因的追责要求。房屋验收结束离场时未提醒业主关闭供水阀门，后因漏水造成楼下损失，物业服务企业承担连带赔偿的法律责任。

房屋验收风险的防范措施，一是解决观念认识问题，明确告知业主在房屋验收中物业服务企业作为建设单位代理人的身份，不具备质量保修责任主体身份，只负责协助业主做好与建设单位的质量保修的协调工作；不可偏袒建设单位，而应将业主的利益始终放在第一位，在验收现场明确告知业主验收范围与内容，并逐项介绍使用功能、使用方法、验收要点和技巧；明确告知业主每个验收项目的保修范围、保修期限以及保修责任人；提醒业主抄录并核对水、电、气表起始数；提醒业主逐个测试钥匙。二是重视入住流程文本填写，具体指导时要重点关注填写项目的完整性，避免遗漏，问题描述要专业准确；指导业主根据验收情况逐项填写业主（租户）房屋验收记录单，并在无质量问题前提下，提请其签字确认；对发现的质量问题或瑕疵，指导业主填写整改通知书，详细写明问题部位、程度、数量，引导业主提出合法合理、切实可行的整改方法、期限等要求，提示业主现场拍照存档，然后提请业主签字确认。三是制定切实可行且有很强规范性的房屋验收作业流程，如离开房屋验收现场时，要提醒业主闭合水阀门、电闸开关；验房后，告知业主，房屋专有部分已归其所有，须爱护并正确使用房屋及相关设施。

（4）签署文件的风险与防范。由于指导提醒不到位、不及时，业主签署姓名与身份证不一致、漏签姓名或时间，漏签文件等情形，带来利益相关人难以或无法确认，起始时间难以或无法确定导致责任期限难以计算、责任人难以确定的风险。

签署文件风险的防范，原则要求是工作需集中精力、态度认真，操作细致；在具体操作上要做到，凡签署的文件均须留存建档；签署文件须关注的要点是签名应与身份证保持一致，防止漏签，准确的时间落款等。

（5）收取费用的风险与防范。收取费用的风险除前述法律责任的以外，较为常见的是解答咨询与入住文件、相关规定不一致，违规收费等，带来争议甚至冲突的风险；不设置收费公示板，解答咨询过多导致态度不友善不热情，带来现场冲突的风险；不提供票据，引发质疑甚至冲突的风险；因工作不认真、不细致漏收款项、错收款项、金额出错等带来争议、后续索要的风险等。

收取费用风险的防范措施，一是加强培训，全面掌握相关法律法规、规章政策，并认真核对相关入住文件，以及统一现场说辞；二是现场须明示收费项目，依法依规收费，减轻工作人员压力；三是票据、用品用具准备充分，工作台面设置必要的业务提醒立卡。除此之外，就是要建立规范的规章制度、作业程序，尤其是要建立财务收费符合制度。

（6）发放文件的风险与防范。因准备工作不到位，文件没有实现袋装，带来少发、重发甚至漏发文件的风险；文件发放后，未请业主在业主入住物品资料领取确认表上签字，带来物业服务企业告知义务履行难以确认的风险。

发放文件风险的防范措施，一是准备充分到位，文件须装袋发放，且装袋后要认真核查；二是要从法律责任意识高度重视领取签字，并认真核对业主入住物品资料领取确认表填写无误，签名与身份证一致，没有漏签，时间落款准确等。

（7）发放钥匙的风险与防范。因准备工作不到位，钥匙门禁卡、电梯卡等随意放置，引发业主不满，甚至钥匙缺失的风险；发放核对不认真，所发钥匙与业主房号不一致、电梯卡与单元不一致的风险；未请业主在钥匙发放登记表上签字，导致后续争议的风险；最为严重的是未经仔细审核入住手续书、认真确认业主身份，将钥匙发放给未办理前序入住手续的业主，或错发给非业主本人的风险。

发放钥匙风险的防范措施，一是钥匙、门禁卡、电梯卡分类编号、入柜保管；二是必须仔细核查业主入住手续书及相关文件、谨慎确认业主身份、认真核对业主房号与钥匙、电梯卡与单元的一致性后，方可发放；三是要求业主填写钥匙发放登记表并签字，核对业主签名与身份证的一致与否，以及时间落款。

（8）资料归档的风险与防范。因文件资料随意放置，分类归纳不及时，造成文件资料缺失，难以或无法建档的风险。

资料归档风险的防范，就是要每天入住办理完结，各岗位须将相关文件，尤其是业主签署的文件当日整理归集，并交给档案负责人员。

（9）人员冲突的风险与防范。因服务态度、业务不熟练、回答咨询不及时不准确到位等，带来业主或陪同亲朋不满，导致争执甚至冲突的风险；因为接待、保洁、秩序维护、车辆管理等作业过程不周全、不谨慎，妨碍或影响业主及陪同亲朋，带来的争执甚至冲突的风险；业主之间因排序、肢体碰撞、言语不慎等导致矛盾冲突的风险。

人员冲突风险的防范措施，一是加强人员服务意识、岗位能力的培养，重视入住期间各部门、各岗位之间的协同配合，要求保洁员、秩序维护员要熟知入住现场布局，能正确引导指示方位；二是休息区要有足够的接待空间和能力，降低人员接触密度，接待服务热情周到；三是员工作业须礼让在先，文明作业，严格执行作业流程的规范要求。

（10）现场环境的风险与防范。因入住服务空间、休息空间狭小，带来拥挤无序、气氛紧张的风险；因管理不善，带来标识缺失、损坏，展板脱落，影响美观甚至造成不愉快乃至人员伤害的风险。

现场环境风险的防范措施，一是环境准备到位，制定有应急预案；二是安排专人加强日常巡查，及时发现问题，并第一时间落实解决；三是备品准备充裕，保证及时补缺、补失。

思考题

1. 简述入住服务中物业服务企业的角色。
2. 简述物业服务企业在入住服务办理中的法律风险。
3. 简述入住服务实施阶段存在的风险。

实训练习题

基础理论知识

一、单项选择题

1. 建设单位将已具备使用条件的物业交付给业主并办理相关手续，同时物业服务企业为业主办理物业管理相关手续的过程是（　）。

   A. 验收　　B. 入住　　C. 交接　　D. 撤管

2. 从合同关系看，入住是建设单位与房屋买受人之间履行（　）的行为，双方都必须遵守不得违约。

   A. 房屋买卖合同　　B. 房屋租赁合同

   C. 物业服务合同　　D. 房屋交接协议

3. 入住是建设单位履行交付“商品房买卖合同”标的物义务的过程，是房屋买受人实现向业主身份转换的过程，因此，办理入住的主体双方是（　）。

   A. 建设单位与物业服务企业　　B. 物业服务企业与房屋买受人

   C. 建设单位与房屋买受人　　D. 房屋租赁人与房屋承租人

4．在入住服务工作过程中，出现侵害业主、建设单位合法权益的情形或事件，物业服务企业就要承担一定的（　）。

A．行政责任　　B．刑事责任

C．法律责任　　D．服务责任

5．（　）须请业主在“业主入住物品资料领取确认表”上签字。

A．发放文件　　B．领取文件

C．签署文件　　D．发放钥匙

二、多项选择题

1．入住服务的准备工作内容主要包括（　　）等。

A．人员准备　B．资料准备　C．物资准备

D．服务准备　E．环境准备

2．入住服务中物业服务企业规避资料准备法律风险的措施有（　　）。

A．解决观念认识问题

B．要用制度规范行为，从工作源头杜绝风险

C．要摆正与业主、建设单位之间的关系

D．重视档案管理，分类编号、入柜管理

E．培训要有针对性，强化法律意识和法律应用能力的培养

3．入住服务中房屋验收环节存在的风险，物业服务企业应从（　　）予以防范。

A．解决观念认识问题，明确告知业主物业服务企业是建设单位代理人

B．重视钥匙管理，分类编号、入柜管理，事先核对无误

C．重视入住流程文本填写

D．制定切实可行且有很强规范性的房屋验收作业流程

E．要摆正与业主、建设单位、施工单位、监理单位之间的关系

4．规避入住服务文件资料准备阶段法律责任风险，应建立并实施“规避文件法律责任风险三级审核制度”，三级主体分别是（　　）。

A．建设单位　　B．入住服务工作小组

C．物业项目管理处　　D．法律顾问

E．公司法务部门

5．物业服务企业应采取（　　）措施，防范入住服务中的现场环境风险。

A．环境准备到位，制定有应急预案

B．要求业主填写钥匙发放登记表并签字

C．准备充分到位，文件须装袋发放

D．备品准备充裕，保证及时补缺、补失

E．安排专人加强日常巡查，及时发现问题，并第一时间落实解决

案例分析题

1．结合案情，你认为应怎样做好寄送入住通知文件对方地址不详的风险防范。

案情：李先生工作单位在深圳，在B城购买了住宅一套。李先生通过B城的朋友了解到该住宅项目将于6月8日办理入伙手续，但其却没有收到入住通知书。

6月5日李先生打电话联系该住宅项目物业服务中心，客服人员回复其入住资料地址不详细，无具体门牌号码，且联系资料中登记的电话也错了一个号码，并解释说这是从地产接收的资料。

为此，李先生向上级主管部门投诉：认为该住宅项目客服人员对工作非常不负责任，对其服务非常不满，希望该公司能够加强员工培训，并对自己能否在正常时间内入住非常关注。

后调查了解到李先生的入住通知已于6月1日寄出，邮件于6月3日到达深圳，由于手机未打通，邮件滞留已经两天。客服人员事后将李先生入住时间进行了调整，将李先生的正确联系方式通报给快递公司，并与快递公司确认已经联系上李先生。

2．请从入住法律关系角度分析案情中物业公司是否担责，应该如何做好风险防范。

案情：孙某在某开发商处购买了一处179.64m^2门市房，开发商委托物业公司交房。孙某拿到钥匙后，将房屋出租给了李某。李某租房后紧锣密鼓地装修，很快开张营业了。可李某经营一段时间后，王某找上门来，说房子不是孙某的，孙某无权出租。

原来是物业公司工作人员工作失职，误将与孙某所购买房屋面积和格局基本一致的隔壁网点房交付给孙某。孙某只好和王某协商，将首年租金7万元给付王某，并与李某结束租赁协议，转由王某和李某签约。孙某给别人做了嫁衣，影响了自己租房收益，于是他将开发商和物业公

司告上法庭，要求赔偿租房损失。

庭审中，物业公司辩称，其按开发公司开具的入住通知单为业主办理入住，交房时钥匙没有打开房门，但经孙某和售楼员确认，才用别的钥匙打开房门；在装修房屋时，孙某曾找开发商就需要对出租房屋结构进行部分改动的问题征求过开发商意见，开发商同意装修改动，亦未发现房屋被错误交付。孙某、开发商均认同此辩辞所陈述的事实。

5

物业管理活动风险防范管理

知识目标

1. 了解装修管理、房屋修缮管理、物业设施设备管理、物业环境管理、物业安全防范管理、公共关系管理基本知识，知晓要义；
2. 熟悉装修管理、房屋修缮管理、物业设施设备管理、物业环境管理、物业安全防范管理、公共关系管理的内容；
3. 掌握装修管理、房屋修缮管理、物业设施设备管理、物业环境管理、物业安全防范管理、公共关系管理的法律风险识别与防范知识；
4. 掌握装修管理、房屋修缮管理、物业设施设备管理、物业环境管理、物业安全防范管理、公共关系管理实施过程风险识别与防范知识。

能力目标

1. 具备物业管理活动法律风险防范工作的组织能力；
2. 具备物业管理活动实施过程风险识别和防范的能力。

思政目标

1. 培养知法守法、诚实守信的思想品德与职业操守；
2. 培养遵守制度、规范行为的工作态度；
3. 培养重视能力，求真务实、细致严谨的工作作风。

5.1 装修管理的风险防范管理

学习目标：1．了解装修管理的基本知识、相关法规政策，以及物业服务人在装修管理过程中的准确定位；

2．熟悉装修管理流程以及各流程节点的工作要点；

3．掌握装修管理的风险识别以及装修管理的风险规避。

5.1.1 装修管理的基本认识与相关法律政策规定

1．装饰装修、装修管理与装修管理风险的基本认识

（1）装饰装修。装饰装修是根据房屋室内功能空间的使用性质、所处环境，运用物质技术手段，并结合视觉艺术，达到安全卫生、功能合理、舒适美观、满足人们物质和精神生活需要的空间效果的过程。

装饰装修是业主和物业使用人（统称为装修人）根据自己生活或工作的要求，以提高使用质量为目的，对所购置或租赁的物业进行重新设计、分隔、装饰、布置的活动。这里所说的装饰装修主要是指装修人对自己的专有部分所进行的装饰装修的活动。

（2）装修管理。装修管理是物业服务人通过对装修人装饰装修过程的服务、管理和控制，规范装修人的装饰装修行为，保证物业使用安全的管理活动。

装修管理是物业服务人对装修人的装修方案、装修材料、装修人员、装修行为等方面的综合管理。根据《住宅室内装饰装修管理办法》的相关规定，装修管理的范围包括室内装修、外观装修、施工管理和装修责任四部分，其具体要求在该办法与相关装饰装修标准中有明确规定。

业主或业主允许物业使用人对自己或所购置物业进行装修的行为，限定于业主的专有部分，是行使其物业支配权的体现，任何人或组织都无权禁止；但依据民法典第二百七十二条规定，业主行使专有部分的权利，不得危及建筑物安全，不得损害其他业主合法权益。因而，为保证物业使用安全、全体业主合法权益，根据民法典第九百四十五条以及《物业管理条例》第五十二条第二款、第四十五条第一款规定，以及物业服务合同的约定，物业服务人须依法依规依约实施装修管理，认真履行法定的提示（告知）义务、制止义务与报告义务，落实安全防范职责。对装修人的违章违规装修行为，物业服务人履行制止义务时，所应采取的措施只能是劝阻；在劝阻无效时，不得采取任何经济或行政的处罚手段以及任何妨碍业主正常工作、生活的行为，应立即报告政府有关行政管理部门。只有政府有关行政管理部门才有权利依法对装修人的违章违规装修行为采取强制制止措施，或者依法实施行政处罚。因此，物业服务人装修管理的角色定位是协助政府有关行政管理部门加强对装修人的装饰装修活动的监督，以确保物业的安全运行使用、维护全体业主合法权益。

由于物业使用人并非物业所有权人，不享有对其租赁、使用物业的支配权，其对租赁、使用物业的装修行为，须得到出租人业主的同意。

2．装修管理程序

（1）文件准备。为保证装修管理工作的顺利进行，物业服务人应做好装修管理与服务文件的准备工作，这是履行告知义务的要求。装修管理与服务必备文件主要有：装饰装修管理服务协议、装修申报表、装修管理办法、施工人员登记表、临时出入证、安全责任书、装修施工许可证、动用明火许可证等。

（2）审核登记。根据民法典第九百四十五条、《物业管理条例》第五十二条规定，装修人应在开工前到物业项目管理处提交必要的装修申报材料，申报登记；物业项目管理处依据相关法律法规、规章政策、规范标准以及物业项目临时管理规约、装修管理要求等对装修人的装修申报材料尤其装修方案进行审核。审核登记结果，物业项目管理处应及时书面通知业主。

对有违反法律法规规定、不符合规范标准的违规申报登记项目，需告知装修人调整材料并重新申报；不配合整改的不予登记。审核通过，则通知装修人办理装修管理相关装修施工手续，如发放装修施工许可证、装修人员出入证等。

（3）现场管理。现场管理的主要内容是施工时间、装修材料、施工要求、垃圾清运时间、公共环境保洁、施工人员管理和出入口跟踪管理。装饰装修施工期间，装修人和装修单位应严格按照装修申报登记的内容组织施工，严格遵守相关装饰装修规定；物业服务人应按照“装饰装修管理服务协议”做好管理和服务工作，加强现场检查，发现装修人或者装饰装修施工单位有违反有关规定的行为，应当及时劝阻和制止，发出整改通知；已造成事实后果或拒不改正的，应及时报告政府有关行政管理部门依法处理。对装修人或者装修单位违反“装饰装修管理服务协议”的，应追究违约责任。

（4）装修查验。装修人和装修单位完成装修施工，应通知物业服务人到装修现场查验。装修现场查验，主要是由工程技术人员对照装修申报方案核验装修实际结果有无超出、更改申报内容的情形，检查装修对共用部位共用设施设备有无损坏情况等，不做质量评价；装修现场查验，须做好现场查验记录。对查验不合格的，应提出书面整改意见要求装修人或装修单位限期整改；查验合格的，物业项目管理处签署书面意见。

（5）装修资料归档。物业服务人应建立和完善装修人的装修管理档案，并指定专人保管、专柜存放，以备查验。装修管理档案资料归档内容主要有：装修申请表、装修施工方案图、给水排水与电气管线改造施工图；装饰装修管理服务协议装修施工许可证；装修承诺书；防火责任书；装修施工人员登记表；装修施工人员留宿担保书；装修施工人员身份证复印件粘贴单；装修巡查登记表；装修违规整改通知书；装修施工人员出入证等以及其他需归档的相关装修资料。

〖相关法规制度标准〗

1．2020年5月28日第十三届全国人民代表大会第三次会议通过的《中华人民共和国民法典》；

2．2018年3月19日国务院修改的《物业管理条例》（国务院令第698号）；

3．2002年2月26日经第53次部常务会议讨论通过《住宅室内装饰装修管理办法》（建设部令第110号）；

4．2015年6月3日住房和城乡建设部发布《住宅室内装饰装修设计规范》JGJ 367—2015；

5．2001年12月9日建设部发布《住宅装饰装修工程施工规范》GB 50327—2001；

6．2013年6月9日住房和城乡建设部发布《住宅室内装饰装修工程质量验收规范》JGJ/T 304—2013；

7．2018年2月8日住房和城乡建设部发布《建筑装饰装修工程质量验收标准》GB 50210—2018。

5.1.2 装修管理的风险识别与防范

【案例5-1】违规装修被判恢复原状

Y先生与B置业有限公司签订商品房买卖合同，购买D小区商品房一套。Y先生办理入住手续时，在房屋装饰装修施工申请表上明确表示接受前期物业服务合同、业主临时管理规约、房屋装饰装修管理协议、房屋装饰装修管理协议细则、装饰装修管理责任书、防火防盗安全责任书、告业主书等文件有关装修管理的规定。Y先生装修过程中，拆除南阳台护栏、北窗户与连接墙体；拆除并改变了阳台共用部分的排水管；拆除室外空调机位百叶窗片；在南阳台外安装（润成装饰公司）经营性LED电子广告屏，在南阳台外墙处打洞布电源线，A物业管理公司对Y先生的上述行为多次劝阻、制止，并向所在市住建局发送了《关于D小区×幢××室业主违法拆除南阳台护栏等行为进行执法纠正的报告》，但Y先生拒不改正。

分析：Y先生的上述装修行为显然造成建筑物安全隐患，严重危及了相邻业主居住安全，损害了该幢楼全体业主合法权益。

Y先生购买房屋后，其有权对其购买的房屋进行装饰装修，但其对房屋进行装饰装修过程中，应按其所接受的前期物业服务合同、业主临时管理规约、房屋装饰装修管理协议、房屋装饰装修管理协议细则、装饰装修管理责任书、防火防盗安全责任书、告业主书等约定进行装饰装修，遵守法律法规的相关规定。民法典第二百七十二条规定，业主对其建筑物专有部分享有占有、使用、收益和处分的权利，但业主行使权利不得危及建筑物的安全，不得损害其他业主的合法权益。从本案例情形看，Y先生拆除南阳台护栏、北窗户与连接墙体，在南阳台外墙处打洞布电源线等行为会危及建筑物安全；拆除并改变阳台共用部分排水管，在南阳台外安装经营性LED电子广告屏影响了相邻业主的生活，是装修违法行为。A物业管理公司有义务按照《物业管理条例》第四十五条第一款规定，对Y先生的装修行为进行制止，并报告政府有关行政主管部门。

在本案情Y先生拒不改正的情形下，A物业管理公司还可依据最高人民法院《关于审理物业服务纠纷案件适用法律若干问题的解释》第一条“业主违反物业服务合同或者法律、法规、管理规约，实施妨碍物业服务与管理的行为，物业服务人请求业主承担停止侵害、排除妨碍、恢复原状等相应民事责任的，人民法院应予支持”的规定，向人民法院提起诉讼，也应取得胜诉。

另外，Y先生办理入住手续时，在房屋装饰装修施工申请表上明确表示接受前期物业服务合同等文件有关装修管理的约定，即为物业服务企业履行了《物业管理条例》第五十三条第二款规定的告知义务。

想一想：如果你是一名物业管理人员，你会怎样处理此事？

1．装修管理法律风险的识别与规避

物业服务企业实施装修管理，由于对装修管理相关法律法规以及部门规章、地方政策等掌握不足或者理解把握不正确、不到位，以及经济逐利思想意识的影响，忽视装修管理中法定义务的履行，或者采取强制手段牟取经济利益，导致损害业主和物业使用人合法权益、危及建筑物安全的情形或事件发生，承担相应的法律责任风险。

物业服务企业装修管理的法律风险主要有：

（1）装修管理文件的法律风险。主要表现在装修管理文件内容不合法、文件发放、递送措施不严谨等。如装修文件规定对装修人违规装修行为可采取停水停电的惩处、实行经济罚款；人为设定门槛，诱导装修人选择装修材料供应商、装修单位或者指定装修材料供应商、装修单位；巧立名目收取不应收取或禁止收取的款项；没有向装修人发放告知装修相关的法律法规、规章政策以及注意事项的装修管理文件，或虽发放了装修管理文件，但未签署或未留存“领取文件登记表”；对装修人违法违规装修行为虽采取制止措施但未留存书面文件；对装修人违法违规装修行为虽向政府有关部门报告，但未有递送回执或未建档留存等情形，导致物业服务企业侵犯业主或物业使用人市场选择权、破坏市场竞争环境、妨碍业主生活、损害业主权益以及无法举证已履行义务承担法定义务未履行、履行不及时等法律责任风险。

规避装修管理文件法律风险的措施，首先要全面掌握装修管理相关法律法规、规章政策，制定装修管理文件须严格审核内容的合法性，语言表述要严谨准确，不可产生歧义；要加强法律顾问、公司法务部门对装修管理文件的法律专业审核，明确公司法务部门为第一责任人。其次在办理装修许可手续阶段，物业服务企业须将住宅室内装饰装修工程的禁止行为和注意事项告知业主或物业使用人、装修单位，履行好告知义务，并规范装修管理文件发放作业流程，严格把好业主领取文件签字关，履行必要的书面手续并留存。再次要加强现场检查，按照“装饰装修管理服务协议”进行现场检查，对违反法律、法规和装饰装修管理服务协议的，应当递送装修违规整改通知书要求装修人、装修单位纠正，并得到书面送达回执存档；对已造成事实后果或者拒不改正的，应当及时报告有关部门，要求依法行政处理，并追究违约责任；要注重装修管理期间法定义务履行的书面材料的归纳立案，要保存好业主资料领取登记表、装修整改通知书、向政府有关部门递送的装修违规报告等资料，以及必要的现场图片资料等，作为今后责任认定的书面证据。最后要加强内部培训，从法律知识到专业技能，全面提高装修管理人员的素质与能力，通过严格的制度、规范的程序，规避装修管理法律责任风险。

（2）装修管理过程中的法律风险。主要表现在对装修人、装修单位违规装修行为，物业服务企业制止义务、报告义务履行不到位、不规范。如对装修人、装修单位装饰装修活动造成相邻住宅管道堵塞、渗漏水、停水停电、物品毁坏等；擅自拆改供暖、燃气管道和设施造成损失；侵占公共空间，对公共部位和设施造成损害等，没有及时采取甚至没有采取任何形式的制止行为，或只以口头劝阻方式履行制止义务，或递送装修违规整改通知书没有得到书面送达回执以及其他任何形式的送达证据；电话或口头向政府有关行政主管部门报告业主违规装修行为，或递送书面报告没有得到书面送达回执以及其他任何形式的送达证据等情形，导致物业服务企业承担未履行法定制止义务、报告义务的法律责任风险。

规避装修人装修管理过程中法律风险，首先要建立违规装修处理制度、作业程序，制作违规装修处理文书，并通过培训，规范、强化装修管理人员的处理能力；物业服务企业要履行好法定的提示（告知）义务，让装修人知晓装修过程的限制行为和禁止行为，减少装修过程中的违法违规行为。其次要加强装修现场巡查，要及早发现业主和物业使用人的装修违法违规行为，在违规装修初始阶段就能发现违规装修行为，争取在业主利益损失最小的情况下及时制止，利于取得较好的效果。对违规装修行为及时实施违规装修处理程序，第一时间以口头方式进行劝阻，并配合采取临时封存工具、驱离装修人员等合法措施控制现场。对不配合停止违规装修行为的装修人、装修单位，制作并递送书面的装修违规整改通知书，同时启动报告程序，向政府相关行政主管部门递送书面的违规装修报告。对造成损失的，应当要求装修人、装修单位赔偿损失；对不配合赔偿建议的，可报告政府有关部门处理；若仍不能得到解决，可通过司法诉讼方式解决。再次要规范递送装修违规整改通知书和违规装修报告过程，并留有合法的证据。递送装修违规整改通知书或违规装修报告须要求收件人业主或物业使用人以及政府相关行政主管部门填写规范制作的收件回执；若对方不配合提供回执，可以快递方式将装修违规整改通知书或违规装修报告寄送给收件人，但须在三联快递单上注明寄送文件名称与编号；装修违规整改通知书还可粘贴在违规业主或物业使用人入户门外侧与装修施工许可证并列处，并拍照留存。最后要加强装修管理宣传教育工作，加强装修管理人员的法律、专业培训，提高业主和物业使用人守法自觉性，提高装修管理人员的管理能力，促成良好的装修管理环境。

2．装修管理准备阶段风险的识别与规避

（1）准备装修管理文件的风险。主要表现在装修管理文件准备不齐全、格式不规范。如没有规范格式的装修文件或装修管理文件种类准备不齐全；装修文件表格内容不完整，缺少必要的信息项目，或表格设计不合理，填写空格不足以填写必要的内容等，导致物业服务企业因留存资料信息不完整、不全面而产生责任纠纷、承担不应承担责任的风险。

规避装修管理文件风险，首先要全面掌握装修管理相关法律法规、规章政策，保证装修管理文件全面、完整；表格设计规范、适用，无填写信息遗漏。其次要结合物业项目的实际情况，制定具有针对性的装修管理文件，内容应包括装饰装修工程的禁止行为和注意事项，以及结合物业项目量身定做的空调室外机位，阳台、防盗网封闭式样、材质、安装位置要求，公共设施设备成品保护要求等，使其具有可操作性，能够解决现场的实际问题。最后要全面认真、反复核实装修管理文件内容、格式，对各类表格要进行实际操作演练，使其满足装修管理实践需要。

（2）人员准备的风险。主要表现在装修管理人员数量不足、专业素质低、专业技能差。如装修管理人员人手短缺，造成装修申报积压，或巡查频次过低，未能及时发现装修隐患；专业知识、专业能力不到位，装修审核易出现错漏，或装修巡查不能发现安全隐患；服务意识差，装修管理服务不到位，矛盾纠纷率过高等情形，导致物业服务企业责任风险、企业形象风险等。

规避人员准备风险，首先要要树立全局意识，建立企业人力资源统筹协调制度，由公司层面协调企业内部人力资源，统筹抽调安排不同岗位的人员，解决人手不足、专业能力差的问题；建立专能人才库，根据业务专长实施人员业务档案分类管理，以适应人员应急需要。最后要通过装修管理培训，强化装修管理法律法规、房屋识图与构造知识、突发事件应急等专业知识，尤其住宅室内装饰装修设计、施工、查验等专业标准的学习，提升装修管理人员的专业管理水平。

（3）建筑垃圾堆放点的风险。通常物业管理区域的设计规划不会考虑业主装修期间建筑垃圾的堆放地点和清运路线，但由于装修期间建筑垃圾的产生量极大，建筑垃圾堆放点设置不合理，就会出现装修期间物业管理区域清洁环境恶化、交通出行受阻等情形，导致物业管理区域秩序混乱、物业管理服务品质下降、业主满意度下降的风险。

规避建筑垃圾堆放点风险，首先要在装修阶段之前与建设单位进行沟通，选定合适建筑垃圾的堆放地点，并在装修期过后进行二次功能改造。其次要考虑垃圾堆放点合理的覆盖半径，且不得处于或靠近主要出入口或主干道，不可影响物业管理区域美观，应选择倒放、清运方便的相对隐秘的位置。最后建筑垃圾堆放点要封闭或半封闭。如果设在垃圾中转站，要敷设给水管线和排水管道，保证环境清洁，保护好现有成品；如果是临时建筑垃圾堆放点，要考虑用后方便拆除，易于恢复现场原状，节约物业服务企业的运营成本。

3．装修管理实施阶段风险的识别与规避

（1）业主申报的风险。主要表现在装修期间业主提交申报材料数量较为集中，接受申报材料审验过程疏漏出现文件遗漏或丢失，导致装修审核延期、与业主和物业使用人纠纷的风险。

规避业主申报风险，首先要做好装修管理的前期培训，规范接受审验业主装修申报文件的作业程序，制定规范的审验表格，并双方签字确认。其次要规范业主装修申报文件的文档管理，借鉴档案管理制度，明确领取、归还、保管、存档的作业程序。最后可以采取电子申报、电子审核方式，从技术上规范提交文件的种类、杜绝漏报；规范审核进程，杜绝漏审。

（2）审核登记的风险。主要表现在审核不严格、错审漏审等。如审核业主装修申报文件走过场，或轻信业主口头整改承诺，违规装修方案得以通过；审核疏忽或受能力水平限制，违法违规装修方案得以通过；工作程序出现疏漏，个别业主装修申报文件迟迟未得到审核等情形，导致装修现场管理冲突、相邻人投诉、业主和物业使用人不满的风险。

规避审核登记风险，首先要建立规范的审核登记制度、审核作业程序，装修管理文员要做好业主申报文件的登记、分发、回收、归档和统计工作，保质保量地保证审核工作的实施。其次要认真做好整改协商沟通，不可轻信业主和物业使用人的口头承诺，一切整改内容最终都要落于书面文件；整改应向业主和物业使用人提出专业且合法的建议。最后对搭建建筑物、构筑物，改变住宅外立面等须经政府相关主管部门、专业经营部门批准后装修内容，要持续关注，手续完备后报物业服务中心备案；涉及相邻部位的装修，须取得相邻业主的书面同意方可审核通过装修方案，并保存相关书面证明资料。

（3）装修手续办理的风险。主要表现在装饰装修管理服务协议、装修施工许可证、装修人员出入证等文件的内容缺失合法性基础、证件内容与格式制作、填写不规范。如装饰装修管理服务协议内容中有关罚款协议的约定、砸承重墙等破坏承重结构的责任错位给装修单位的约定；装修施工许可证缺少装修人完整信息，不能体现物业使用人装修的情况，或装修期限有起始无截止，填写不完整，或无装修单位联系人；装修人员出入证中装修单位、装修人员信息不完整、没有装修单位联系人信息，或没有照片，或照片没有压角印鉴等情形，导致装修违规责任争议、处罚争议、人员管理失控、出入证随意使用的管理风险。

规避装修手续办理风险，要重视装修管理文件的依法、规范制定与制作，尤其是要严格审核装饰装修管理服务协议，保证其内容合法性；装修施工许可证、装修人员出入证的内容信息要求要能够满足装修管理的需要。要建立装修手续办理作业程序，规范作业过程，严格审核办理所需的照片、个人或单位信息，注重填写、用印等细节管理。

（4）装修施工管理的风险。主要表现在装修作业时间过长，装修噪声、粉尘扰民，装修人员、装修材料、装修垃圾管理失控，装修管理人员失职。如夏季装修人员为避暑热，过早过晚施工，或装修期过长；装修人员随意出入物业管理区域，着装不整、四处游逛；装修材料运送车辆没有统一的路线及装卸点，装修材料占用共用部位随意摆放；装修垃圾随意堆放，与装修材料混放；装修作业随意动火、私搭乱接电源；装修管理人员巡查频次低，发现问题视而不见，或向业主推销装饰装修材料甚至索要好处等情形。导致物业管理区域噪声或粉尘污染、公共秩序混乱、妨碍他人通行、重大安全隐患、企业形象受损的风险。

规避装修施工管理风险，首先要明确限制作业时间，不得影响其他业主的正常生活、工作，装修期一般不允许超过三个月。其次要加强装修人员出入管理，严格审核出入证，无证者一律禁止进入；确定装修人员进出专用通道及洗手间；未经申请获得许可，装修人员不得留宿。再次要确定装修车辆进出路线及装卸点，对于运送装修材料车辆，须仔细核实，属于违建材料、易燃易爆物品一律禁止进入小区；电焊机、大力锤、墙体打孔机等工具需经批准方可进入小区；装修材料不得占用共用部位堆放，且须做好防火检查。又次装修垃圾必须袋装封包，按指定位置、时间、方式进行堆放和清运，及时清理，保持环境整洁。次之动火作业须填写《动火作业申请表》，经物业项目管理处批准后方可进行；动火前应配备相应的灭火器材及采取有效的防火措施，经装修管理人员检查现场确认安全后实施；必须使用易燃易爆材料的，应落实好一切安全措施，装修管理人员在现场监督才可实施。最后要加强对装修管理人员的培训，尤其是廉洁教育，增强责任意识，强化沟通能力，减少矛盾纠纷；制定装修巡查管理制度，巡查人员严格落实检查要点，发现违规情况后，及时进行记录、上报，下发《装修整改通知书》，并进行跟踪，直至解决；装修管理人员要廉洁自律，严禁收受业主和物业使用人以及装修单位的任何好处，严禁任何形式的推销。

（5）装修查验的风险。主要表现在忽视与其他业主相邻部位或关联设备的查验；装修查验侧重于质量评价，进行质量合格认定。如装修查验没有比照审核通过的装修方案，没有查验装修是否对共用部位、共用设备造成损害；没有查验厨房、卫生间地漏、排水口、马桶排水是否通畅，是否封包厨房、卫生间共用下水管线检查口，卫生间防水是否渗漏，阳台（露台）是否渗漏等；查验结果侧重于质量评价，作出了装修质量是否合格认定的表述等情形，导致相邻关系纠纷波及物业服务企业、装修质量问题关乎物业服务企业，致使承担连带责任的风险。

规避装修查验风险，须准确认识装修查验的本质是核验装修结果是否与审核通过的装修方案一致，是否对共用部位、共用设施设备造成损害，是否对相邻人产生不利影响。装修查验不是对装修质量的评价与认定。要建立装修查验作业程序，规范装修查验行为，认真做好查验记录，对封包厨房、卫生间共用下水管线检查口，以及厨房、卫生间渗水或排水不畅的情况，须确定整改期限与再查验期限，直至问题解决。

（6）成品保护的风险。主要表现在缺乏成品保护制度及应急预案，以及成品盗失、成品损坏或损毁等。如没有对成品行之有效的保护措施，成品损坏得不到有效的补救措施；工艺品、装饰品、画幅画卷以及容易拆卸的零部件、容易搬动的小型设施等盗失；装修施工作业或搬运装修材料不慎损坏或损毁成品，或故意破坏成品等情形，导致物业服务企业维修成本升高、经济赔偿的风险。

规避成品保护风险，首先要建立成品保护制度、巡查制度、消防安全制度与应急预案等，并通过培训得以贯彻落实；加强巡查，加强保洁员、秩序维护员的成品保护意识与职责，及时发现隐患，并制止危及成品的行为；准备必要的运输工具（四边有橡胶保护的塑胶轮小车、塑料搬运箱等）及保护用品（阻水沙袋、旧地毯、塑料保护膜、垃圾袋、鞋套等）。其次要对容易拆卸的设施零部件、容易搬动的小型设施等，在不影响正常使用的前提下，装修期间暂时拆除集中保管，待集中装修结束后再行安装；对一些重要的设备或设施，加强人防、物防、技防相结合；加强门岗、夜间巡逻岗，监控室的管理；设置周界报警系统、各电梯等死角部位安装摄像头；加强宣传教育，提高业主成品保护意识。最后对一些较关键的设备设施，如无人值守的设备房（间）、电梯机房、强弱电井等，必须上锁进行保护，防止在入住装修阶段被人为损坏；在人员进出频繁、货物上下频繁的共用部位（如大门、大堂、电梯间等），应对较为昂贵的建材（如大理石）或贵重设备（如电梯等）采取针对性的措施进行保护；对容易被人为损坏的部位或设施，如单元门上空的玻璃雨棚等、标准层内的墙壁拐角处、消防栓等，应设置保护措施。

思考题

1. 简述物业服务企业在装修管理准备阶段要识别哪些风险，如何规避。
2. 简述物业服务企业违规装修处理的风险规避。

实训练习题

基础理论知识

一、单项选择题

1. 施工时间、装修材料、施工要求、垃圾清运时间、公共环境保洁、施工人员管理和出入口跟踪管理等属于装修管理中（　）。

   A. 文件准备　B. 审核登记　C. 现场管理　D. 装修查验

2. 规避装修施工管理风险，首先要明确限制作业时间，不得影响其他业主的正常生活、工作，装修期一般不允许超过（　）。

A. 一年　B. 半年　C. 三个月　D. 四个月

3. 业主装修主要是指业主和物业使用人对（　）所进行的装饰装修的建筑活动。

A. 专有部位　B. 公共部位　C. 公共设备　D. 公共设施

4. 物业项目管理处应指导业主及装修单位根据《装修须知》提供装修相关资料，报物业管理处进行验证，这属于装修管理的（　）阶段。

A. 审核登记　B. 文件准备　C. 现场管理　D. 装修查验

5. 装修管理的范围包括室内装修、外观装修、施工管理和装修责任四部分，该规定出自（　）。

A.《中华人民共和国物权法》　B.《物业管理条例》

C.《中华人民共和国民法典》　D.《住宅室内装饰装修管理办法》

二、多项选择题

1. 装修管理的内容包括（　）。

A. 文件准备　B. 审核登记　C. 现场管理

D. 装修验收　E. 装修资料归档

2. 以下属于物业服务企业装修管理过程中法律风险的是（　）。

A. 对装修人、装修单位违规装修行为，物业服务企业制止义务、报告义务履行不到位、不规范

B. 擅自拆改供暖、燃气管道和设施造成损失

C. 装修管理文件准备不齐全、内容不合法、格式不规范

D. 对侵占公共空间，对公共部位和设施造成损害等，没有及时采取甚至没有采取任何形式的制止行为

E. 没有进行装修审核登记

3. 装修管理档案资料归档内容主要有（　）。

A. 装修申请表　B. 装修费用表

C. 装修施工方案图　D. 装修施工许可证

E. 装修押金收据

4. 规避业主装修申报风险包括（　）。

A. 减化必要的申报流程、手续

B. 做好装修管理的前期培训

C. 规范业主装修申报文件的文档管理

D. 避免电子申报应采用纸版申报

E. 采取电子申报、电子审核方式

5. 物业服务企业在装修管理中须履行法定的（　　）义务。

A. 提示　　B. 制止　　C. 报告

D. 处罚　　E. 验收

案例分析题

1. 请分析本案例物业管理公司的在诉讼中的风险隐患，并说明理由和依据。

案情：蔡某于2010年1月19日因房屋装修与该小区物业管理公司签订了《住宅装修管理协议》，并取得装修许可证。住宅装修管理协议中约定：维护房屋外观统一，不得擅自封闭阳台和随意安装空调室外机等。在装修中，蔡某将一个空调外机装在2号楼大堂门厅顶棚上，另有两个空调外机装在外墙上，该物业服务企业及业主委员会多次进行劝阻、制止，并告知其管理规约也有相应规定。但蔡某拒不改正。该物业服务企业将蔡某诉至法院，要求判令被告拆除三个空调外机，包括排水管，拆移至原规定安装的位置。

在法院审理中，蔡某辩称，其在购买该小区房屋时就发现该小区在外墙上安装空调外机、卫星电视接收器的现象很多，在自己装修时物业管理公司也未告知不能将空调外机装在外墙上，直至自己安装完毕才上门阻止，由于自己不知道该小区有相关的规定，物业管理公司在具体管理中也不应对其他业主的行为坐视不理，而单单要求自己拆除。希望能维持目前在外墙上安装空调外机的现状，但同意拆除安装在2号楼大堂门厅顶棚上的空调外机。

2. 结合本案例，谈谈装修管理成品保护的风险识别。

案情：某物业服务企业在业主装修阶段，为了保护电梯在装修期间不受到损坏，聘请A成品保护公司对园区内的电梯进行成品保护工作。A公司根据园区内的电梯情况特制定以下电梯成品保护方案：

客梯成品保护：在一楼电梯入口处要用塑料板或木板对层门门框进行保护；轿厢内壁用大芯板或塑料板进行防护，板子上面挂上壁画；轿厢地面也要铺设大芯板，木板的大小要与轿厢的面积适当，不能影响电梯门的正常运行；装设木板或塑料板时在轿厢内选层面板处要让所有按钮露在外面，面板下方的操纵箱门要锁好；在轿厢的右上角装摄像头，在轿厢的内壁主面要贴有电梯检验合格证、乘梯须知、紧急联系电话；轿厢内主照明用至少3个32W的环形日光灯，天花板的四角挖空装设25W的色灯，天花板的透明度要好。

货梯成品保护：货梯比客梯更容易被损坏，在货梯的每层入口处都应该装1cm的木板防护层门门框，轿厢内壁及地面也要用同样的木板做防护；运送装修材料必须要用货梯，使用小推车时要在层门与轿门之间放一块与层门全开时宽度相同的木板；运送较长物品时长度不能超过电梯内的有效高度，不要长时间挡着轿门；不能运送较大体积的物品尤其不能使物品依靠在电梯内壁上；运送砂子和石子时要用袋子或小推车。

装修期过后，由于对电梯进行了成品保护工作，园区内的电梯没有出现任何损坏现象。

5.2 房屋修缮管理的风险防范管理

学习目标：1. 了解房屋修缮管理的基本知识、相关法规政策，以及物业服务人在房屋修缮管理过程中的准确定位；

2. 熟悉房屋修缮管理流程，以及各流程节点的工作要点；

3. 掌握房屋修缮管理的风险识别以及房屋修缮管理的风险规避。

5.2.1 房屋修缮管理的基本认识与相关法律政策规定

1. 房屋修缮管理的基本认识

房屋修缮管理也称房屋养护维修管理，是指物业服务人对已建成房屋的完损等级评定，根据房屋生命周期不同阶段实施的日常养护，依据房屋完损情况组织实施小修、中修、大修、翻修或综合维修等，以及对房屋、不同等级房屋功能的改善与更新改造的活动。

房屋修缮管理具有维修的限制性、独特的技术性和维修量大面广且零星分散等特点。

房屋修缮管理是为做好房屋养护维修工作而进行的计划、组织、控制、协调等管理过程，房屋修缮管理的范围主要是业主共有部分，其目的是为了保持、恢复或提高房屋的安全性，延长房屋的使用寿命，改善或改变房屋的使用功能。

房屋修缮管理应做到零星养护、计划养护和季节养护，防止事故发生，延长维修周期，并为大、中修提供查勘、施工的可靠资料，最大限度地延长房屋的使用年限。房屋修缮管理应做到经济、合理、安全、实用，修缮质量方面应遵守《民用建筑修缮工程施工标准》JGJ/T 112—2019的相应要求，加强房屋修缮工程质量检查和验收，完善修缮工程质量保修制度，从而保障建筑物的安全性、耐久性。

业主共有部分，在使用用途上包括住宅共用部位。住宅共用部位，《住宅专项维修资金管理办法》第三条规定为根据法律、法规和房屋买卖合同，由单幢住宅内业主或者单幢住宅内业主及与之结构相连的非住宅业主共有的部位，一般包括住宅的基础、承重墙体、柱、梁、楼板、屋顶以及户外的墙面、门厅、楼梯间、走廊通道等。

2．房屋修缮管理中物业服务人角色定位

根据民法典第二百八十四条规定，以及《国务院办公厅转发住房城乡建设部〈关于完善质量保障体系提升建筑工程品质指导意见〉的通知》（国办函〔2019〕92号）第二部分“强化各方责任”中规定，房屋所有权人应承担房屋使用安全主体责任，加强房屋使用安全管理，房屋所有权人及其委托的管理服务单位要定期对房屋安全进行检查，有效履行房屋维修保养义务，切实保证房屋使用安全。由此可见，业主是房屋修缮管理的责任主体，物业服务人是受业主委托，代业主履行房屋修缮义务的实施主体。因此，一切房屋修缮活动应得到业主共同表决同意，这体现在物业服务合同的约定或依法定程序经过业主共同决定事项的表决通过。

3．房屋修缮管理的具体内容

（1）房屋维修计划管理。房屋维修计划管理是指物业服务人根据房屋完损情况以及各类房屋建筑的保养、维修、更新周期等制订切实可行的房屋维修工作排期，拟订维修方案；有计划地组织房屋按年轮修；审核维修方案和工程预决算、分配年度维修资金等工作。

房屋维修计划管理内容主要包括在一定时期内有关房屋修缮的计划目标、实施方案和相应的保证性措施。房屋修缮计划内容包括房屋结构类型、修缮面积、修缮分类、修缮费用和计划期内房屋完好率、危房率等，由房屋修缮施工计划和房屋修缮辅助计划组成。其中房屋修缮施工计划是物业服务人房屋修缮计划的主导和核心，是编制其他计划的依据。

（2）房屋维修施工管理。房屋维修施工管理是指物业服务人按照一定施工程序、施工质量标准和技术经济要求，运用科学的方法对房屋维修施工过程中的各项工作进行有效的、科学的管理工作。

物业服务人的房屋维修施工工程，可以由自己组织的维修施工队伍来完成；也可以通过招标，将房屋维修工程承包给专业维修施工企业来完成。自行组织施工的维修施工管理，应编制好施工工程计划，更新维修技术，控制工程质量、工程进度、工程成本，进行工料消耗、工程质量的检查鉴定，建立健全房屋的维修档案，并进行科学管理等。专业承包的维修施工管理应做好维修工程招标工作、维修工程设计、技术交底工作、维修施工合同管理、施工质量控制管理、维修工程的竣工验收、价款结算工作管理和维修技术档案资料管理。

通常，物业服务人会根据自身技术力量条件，按照修缮工程的分类，小修工程由自己负责，中修工程、大修工程、翻修工程和综合维修工程通过招标承包给专业维修施工企业。

（3）房屋维修质量管理。房屋维修质量管理是指物业服务人根据《房屋修缮工程技术规程》DG/TJ 08—207—2008、《民用建筑修缮工程施工标准》JGJ/T 112—2019、《房屋建筑和市政基础设施工程质量监督管理规定》（2010年第5号令）以及专项修缮的《房屋渗漏修缮技术规程》JGJ/T 53—2011、《建筑外墙外保温系统修缮标准》JGJ 376—2015等，强化维修工程的质量监督、检查，验收与评定，完善维修工程的质量保修制度等工作。

（4）房屋维修资料管理。房屋维修资料管理是指物业服务人对房屋维修过程中产生的档案资料所进行的收集、整理等管理工作。

房屋维修资料管理是保证制定房屋维修计划，确定房屋维修、改建等方案，实施房屋维修工程时的重要基础。

4．房屋修缮管理要点

（1）维修工程人员需接受岗前职业资格培训，具备专业技术资格，符合相应的职业资格等级要求。

（2）维修工程人员须每日巡查，完成计划养护项目，及时维修可即时处理项目。

（3）维修工程人员对不能即时维修项目应填写巡查记录表，及时上报，跟进处理。

（4）工程主管负责制定房屋养护维修计划，根据计划组织房屋养护维修。

（5）房屋修缮现场应设置警示牌并采取围护措施；高空作业应符合安全防范要求。

（6）房屋修缮项目结束后，应认真做好现场检查验收，不符合要求的应尽快返工。

（7）结束后应统计完成情况及材料消耗情况，核算修缮费用。

〖相关法规制度标准〗

1．1984年11月8日城乡建设环境保护部发布的《房屋完损等级评定标准》；

2．1984年11月8日城乡建设环境保护部发布的《房屋修缮工程施工管理规定（试行）》；

3．1984年11月8日城乡建设环境保护部发布的《房屋修缮技术管理规定》；

4．1998年5月12日建设部发布的《商品住宅实行住宅质量保证书和住宅使用说明书制度的规定》（建房〔1998〕102号）；

5．2019年4月23日国务院修改的《建设工程质量管理条例》（国务院令第714号）；

6．2007年10月30日建设部第142次常务会议通过，与财政部联合签署发布的《住宅专项维修资金管理办法》（建设部、财政部令第165号）；

7．2018年8月28日住房和城乡建设部发布的《房屋修缮工程消耗量定额》TY 01—41—2018；

8．2019年9月24日住房和城乡建设部发布的《国务院办公厅转发住房城乡

建设部〈关于完善质量保障体系提升建筑工程品质指导意见〉的通知》(国办函〔2019〕92号);

9．2019年11月29日住房和城乡建设部发布的《民用建筑修缮工程施工标准》JGJ/T 112—2019。

5.2.2 房屋修缮管理的风险识别与防范

【案例5-2】屋面漏水的维修

某小区2014年10月办理入伙，2017年6月正值雨季，顶楼多户业主投诉自家屋面漏雨要求物业服务企业维修。物业服务企业通过巡查后，以屋面防水处于保修期5年以内由建设单位来负责维修，多次拒绝与建设单位的沟通协调，导致业主对物业服务企业服务质量不满意。2020年7月，当地气象部门报道该地区有强降雨，要持续三天。期间，多家业主反映雨水管出现反水现象，造成多业主家中物品被淹且损失严重，业主一致要求物业服务企业赔偿。经过调查是雨水管中由于杂物堵塞导致反水现象，后期物业服务企业进行疏通，发现堵塞物大部分是落叶、塑料袋等陈旧杂物。同时在降雨过程中，一部分业主投诉自家山墙渗水要求物业服务企业修复，但由于物业服务企业缺乏专业的吊装工具、安全保障设施及外墙防水的维修人员，因此外墙渗水问题迟迟未予以解决。

分析：本案例中物业服务企业在房屋修缮中出现了诸多问题。第一，防水工程在保修期以内，虽然责任主体是建设单位，但物业服务企业没有起到与建设单位沟通协调的作用，造成业主对服务的不满意。第二，雨水管由于杂物堵塞，出现反水现象造成业主重大损失，并且杂物为落叶、塑料袋等陈旧杂物，说明物业服务企业没有对屋面防水进行季节性的养护；在有强降雨预告时也没有采取屋面排水的应急预案，这些均造成顶楼业主的重大损失。第三，面对业主投诉自家山墙渗水时，物业服务企业的修缮人员准备不足，主要体现在专业技能差且物料储备不足、维修设备及工具缺乏，从而造成维修拖沓、投诉率高、满意率低的问题。

想一想：物业服务企业应如何规避以上问题?

1．房屋修缮管理法律风险的识别与规避

(1)法规政策、标准规范的法律风险。主要表现在有关房屋修缮工程的管理办法等大多制定于20世纪80年代，已与目前实际情况不符，尤其房屋维修工程的类型等级划分滞后情况更为突出；房屋养护、维修忽视定额标准、质量标准，随意性强；住宅专项维修资金启动的房屋维修工程等级条件没有法规政策、标准规范的明确规定等情形，导致物业服务企业因责任认定依据模糊承担无限责任的法律责任风险。

规避法规政策、标准规范法律风险，首先要重视物业服务合同约定，尤其要重视作为物业服务合同附件的物业管理方案，在物业管理方案中须明确物业费在房屋修缮管理的适用范围、质量标准的依据、责任认定的依据等内容。其次要在物业服务合同中，依据商品房买卖合同，明确房屋质量保修责任主体及保修范围、保修期限、保修责任等约定，明确物业服务企业的保修责任定位；明确使用住宅专项维修资金的房屋维修工程等级条件。最后要建立完善的房屋修缮工程作业程序，建立房屋维修回访制度，做好房屋修缮过程的各项记录并留存。

（2）房屋修缮管理的法律风险。主要表现在没有定期实施房屋完损等级评定，房屋修缮管理无计划无依据；主观故意拖延维修等。如物业服务企业只是通过巡查或业主报修的方式对公共部位进行小修，对于潜在的房屋病害并未及时查找并采取早期处理措施，诸如屋面防水、排水缺乏季节性的养护，导致防水材料提前老化、雨水管堵塞造成排水不畅，造成顶楼渗漏；房屋修缮管理不到位，维修方法及维修标准不明确，甚至主观故意以拖延养护、维修的方式，造成小修升级成大修，以使用住宅专项维修资金节约经营成本，激化物业服务企业与业主之间的矛盾等情形，导致承担经济赔偿、侵占业主权益、接受行政处罚甚至作为不良经营行为记入企业信用档案等法律责任风险。

规避房屋修缮管理法律风险，首先要建立健全日常巡查查勘、房屋完损等级评定、房屋维修计划管理、房屋维修施工管理、房屋维修质量管理、房屋维修资料管理等基本制度，形成完整的房屋修缮管理制度体系，确定修缮标准与质量管理，并加强培训，将责任落实到岗，为房屋修缮管理奠定扎实的基础。其次要加强日常巡查查勘、房屋完损等级评定制度的落实，杜绝只巡查不查勘的房屋病害检查方式，定期对所管区域的房屋进行房屋完损等级的鉴定，为后续养护维修提供依据。再次要落实好房屋养护维修标准，推行“小修不过夜，大修月计划”，力求使房屋维修服务更加快捷、方便，进一步提升维修及时率，杜绝小修变大修以使用住宅专项维修资金侵占业主利益。最后要加强工程部门负责人对房屋病害现场查勘、养护维修过程的现场监督，做好维修查验记录；维修查验记录要妥当保存备查，以备不测时作为维权证据。

（3）房屋质量问题的法律风险。主要表现在物业服务企业未依合同约定履行所应承担的义务。如对质保期内的屋面渗漏水、单元门对讲系统失灵等业主共有部分的质量问题，物业服务企业拒不与建设单位沟通解决，要求业主自行与建设单位协调；建设单位将服务质量问题的小修委托物业服务企业，但物业服务企业拖延维修等情形，导致财产损失赔偿、合同违约、行政处罚等法律责任风险。

规避房屋质量问题法律风险，首先要依法依规地在物业服务合同中明确约定质量保修责任主体及保修范围、保修期限、保修责任等内容，建立质量保修沟通制度，主动与建设单位做好业主共有部分质量问题保修的沟通协调与保修落实。其次接受建设单位质量问题小修项目保修委托的物业服务企业，应要求物业项目管理处主动向业主公示质量保修的范围、标准等信息，以明晰责任。最后要建立质量保修作业程序，做好各环节工作记录并留存。

2．房屋修缮准备阶段风险的识别与规避

（1）人员准备的风险。主要表现在房屋修缮专业技术人员的服务意识、责任意识、专业技能与实际要求的差距等。如工作拖沓，主动性差，几乎没有日常巡查或日常养护，维修项目依靠业主报修，实施滞后；维修技能低，根除不了问题的重复性维修近乎常态；专业服务能力差，修缮过程中与业主沟通困难甚至冲突，维修质量低等情形，导致投诉率高、维修成本高、满意率低的风险。

规避人员准备的风险，首先要加强专业素质的培训，制定切实可行的房屋修缮岗位职责、作业程序，要求人员应熟悉物业管理区域各类房屋的分布状况、房屋内外结构、设备设施的性能和使用状况。其次要加强业务知识培训，具备基本的识图用图能力，能清楚正确地在图纸上标注出发生故障或病害的位置，并注明性质、原因；维修人员须具备熟练的房屋修缮施工技能，能够一次性地解决问题。最后要加强制定并落实巡查勘察制度，做好房屋养护，并在养护过程中主动发现维修项目，及时组织行之有效的维修作业，在房屋故障、病害的苗头阶段就使其得到整治、恢复，保证房屋的使用安全。

（2）物料储备的风险。主要表现在维修材料储备的种类缺少针对性，数量不足、质量不合格，管理有漏洞。如维修材料采购缺少以往使用数据统计分析，采购种类与维修计划安排脱节，急修常因断料无法实施；进货验收走过场，库存管理日常统计、定期盘点不及时、不准确，数量不足致使维修拖延或延期，质量问题致使重复维修；物料库没有专人管理，私拿私取自用材料，浪费严重，且到用时往往断供等情形，导致维修拖沓、维修质量低、维修成本高、投诉率高、满意率低的风险。

规避物料储备的风险，首先要完善维修材料计划申报程序，材料员每月根据本项目实际情况编制维修材料计划，经审批后实施采购，严格落实到货验收制度，不合格材料坚决落实好退换制度。其次要完善维修材料领取制度，领取维修材料必须严格按所报材料计划领取，对领用材料的规格质量要进行检查鉴别，并正确处置维修材料，剩余的维修材料要交回统一保管。最后加强维修材料的保管，建立明细台账，做好日常库存统计，定期做好盘点，定期将维修材料台账上报审阅。

（3）应急准备的风险。主要表现在应急物资准备不足、缺少有针对性的应急预案。如应急物资种类未能与应急预案的需求一致，数量未能满足应急预案的需要，影响应急预案的有效实施；风险评估不到位，制定应急预案的种类不足，应急预案的针对性、应对性不够，尤其是业主和物业使用人引发的突发事件考虑不全等情形，导致紧急事件尤其突发事件失控、人身伤害、损失扩大的风险。

规避应急准备的风险，首先要建立房屋维修应急预案，尤其是对灾害性天气所可能引起的房屋及附属设施、设备构件大面积渗漏、积水或者房屋垮塌等人身伤害财产损失，要加强专项查险力度。其次要建立查险制度，配备专业查险人员，加强业务培训，提高专业水平，每年结合所在地自然条件至少组织两次普查，及时发现安全隐患，及时排查处置。最后要加强检查，要坚持“六个不放过”原则。一是没检查过的地方不放过，二是检查中发现有隐患和薄弱环节不放过，三是造成隐患和薄弱环节的原因未查清不放过，四是整改措施未落实不放过，五是责任人不明确不放过，六是发生人为责任事故的责任部门和责任人未处理不放过。

3．房屋修缮管理实施阶段的风险识别与规避

（1）房屋日常巡查的风险。主要表现在日常巡查不尽职、不认真、不到位。如日常巡查没有作业程序要求，过于随意，不能反映实际问题；不能及时记录，甚至记录缺失或不做记录；不能及时发现房屋装修安全隐患以及使用过程中对房屋造成的损坏等情形，导致房屋使用安全的风险。

规避房屋日常巡查风险，要建立并规范日常巡查制度、作业程序，认真做好巡查记录、巡查内容统计工作，及时上报巡查中发现的使用安全隐患，并督促整改，做好巡查闭环。

（2）房屋修缮的风险。主要表现在房屋修缮计划性不够，尤其是应季性养护得不到有效开展；房屋维修人员技能低，修缮中维修成本高。如雨季前没有组织有效的屋面清理性养护、雨水管和下水管线的疏通性养护，造成屋面排水檐沟区域性渗漏水；单元门闭合器缺少必要的注油、清理养护，造成闭合器失效，开启门吃力或不能关闭；屋面防水重铺，由于维修人员铺设防水材料专业性差，局部渗漏普遍存在，还须组织局部维修等情形，导致房屋安全性降低、房屋修缮成本增高的风险。

规避房屋修缮风险，首先要根据房屋生命周期阶段，编制房屋养护计划和维修计划，按照计划组织实施计划养护和计划维修。其次要规范计划养护、计划维修的考核指标，包括定额指标、经费指标、服务指标和安全指标，重点要控制好定额指标，严格控制材料消耗，降低房屋修缮成本。再次要确定养护、维修作业时限要求，零星养护应力争做到“水电急修不过夜，小修项目不过三天，一般项目不过五天”，保证养护、维修作业完成。最后要规范养护维修作业程序，规范作业过程，做好养护维修记录，保证检修记录和养护记录齐全并留存。

（3）房屋修缮作业的风险。主要表现在忽视劳动保护、作业现场安全防护，未按养护维修作业程序组织施工。如维修人员作业过程没有配备工具袋、手套、安全帽等必要的劳动防护用品；作业前没有组织实施必要的现场安全检查，动火作业没有配备必要的消防器材，或窨井作业没有检测地下空间空气质量，或登高、高空作业没有检查登高设施、工具的安全性以及观察气候条件；作业现场没有进行必要的安全围合、警示；未按施工作业流程要求组织施工，像水管爆裂，未对周边电气设施进行必要的防护就组织抢修，造成电气设施受损等情形，导致人员伤害、财产损害、损失扩大的风险。

规避房屋修缮作业风险，首先要建立作业安全防护制度，结合养护维修项目，编制有针对性的作业安全手册、维修施工安全措施，并认真落实作业安全防护制度，严格执行作业安全手册。其次加强安全施工培训，考核合格后方可从事作业；加强作业现场安全检查，没有配备、穿戴齐全劳动保护用品不允许实施作业；按照规范要求设置作业现场安全围合，并安排专人现场值守，非作业人员禁止入内。再次要防止房屋应急抢修时的次生损失，抢修前要采取必要的防护措施，设立安全禁入区，设置警示标识，安排人员值守。最后要按照一定施工程序、施工质量标准和技术经济要求，运用科学的方法对房屋维修施工过程中的各项工作进行有效的、科学的管理工作；做好维修过程监督和维修验收工作，强化修缮工程质量监督。

（4）不同责任主体修缮义务的风险。主要表现在建设单位作为房屋质量问题保修责任主体修缮义务履行不到位，业主和物业使用人使用不当或故意破坏等。如已经入住使用一定年限但仍在保修期内的屋面渗漏水、外墙渗水、窗台渗水是否属于质量问题，在建设单位与业主之间酿成争议；设计、施工中电梯前室地面没有做找坡处理，楼道水管爆裂造成电梯水淹，建设单位与物业服务企业之间的损失责任主体确认的争议，建设单位借机推脱或拒绝履行维修、改建或重建义务；业主随意在外墙体钻孔、打眼安装室外设施造成外墙开裂渗水；业主在屋面构架太阳房或安装太阳能热水器等室外设施，导致屋面防水开裂造成顶楼业主家渗水；冬季由于使用疏忽导致水管冻死出现跑水现象导致公共区域装饰工程受损严重；为个人便利或泄愤故意破坏单元门、消防门、扶手等却拒绝维修复原等情形，致使维修项目无从落实，甚至致使人身伤害、财产损失，导致物业服务企业经济损失、企业形象受损的风险。

规避不同责任主体修缮义务风险，首先要依法依规明确责任主体以及责任、义务，根据《物业管理条例》第三十一条规定，按照《商品住宅实行住宅质量保证书和住宅使用说明书制度的规定》规定的保修期限和保修范围确定责任主体，应由建设单位承担保修责任，建设单位须负责维修；属于业主责任的，由损害责任人负责维修复原；属于物业管理责任范围的，物业服务企业应立即组织维修复原。其次要注重承接查验，明确建设单位房屋质量问题的责任边界，在承接查验阶段对服务质量问题、质量遗留问题等与建设单位建立整改备忘录，并督促实施；对未能按时完成整改或无法完成整改的遗留问题，须要求建设单位出具书面文件确定其为责任人。最后要加强正确使用房屋的宣传教育，引导业主形成良好的使用习惯，保证房屋的使用安全。

（5）房屋生命周期阶段性的风险。房屋建筑有其生命周期，在其生命周期的不同阶段由于材料的老化，构件强度的降低，结构安全储备的减少，不同的建筑结构、建筑部位会在不同阶段必然性地产生由完好到损坏，由小损到大损，由大损到危险的变化过程。物业服务企业如果未能按照房屋建筑生命周期制定房屋养护、维修的阶段性计划，就会导致房屋建筑损害甚至连带人身伤害的风险。

规避房屋生命周期阶段性风险，首先要确立房屋养护维修的责任范围制度，做到责任落实到人，削减制度风险带来的损失。其次要做好房屋养护维修的计划管理，有目的有计划地编制零星养护、计划养护、季节养护和阶段性养护的养护维修方案。最后要规范房屋养护维修的一般程序，做好日常养护工程项目的收集、编制养护计划、落实养护任务、监督验收养护任务等。

思考题

1. 简述房屋修缮管理中物业服务企业角色定位。
2. 简述物业服务企业在房屋修缮准备阶段要识别哪些风险？如何进行规避？

实训练习题

基础理论知识

一、单项选择题

1. 房屋修缮管理的范围主要是建筑物的（　）。

A. 共有部分　　B. 专有部分

C. 共有建筑部位　　D. 共有设备设施

2. 物业服务企业强化维修工程的质量监督、检查，验收与评定，完善维修工程的质量保修制度，这属于房屋修缮管理内容的（　）。

A. 房屋维修资料管理　　B. 房屋维修施工管理

C. 房屋维修质量管理　　D. 房屋维修计划管理

3. 规避修缮作业风险，要防止房屋应急抢修时的（　），抢修前要采取必要的防护措施，设立安全禁入区，设置警示标识，安排人员值守。

A. 引生损失　　B. 再生损失　　C. 次生损失　　D. 衍生损失

4. 应对灾害性天气所可能引起的房屋及附属设施、设备构件大面积渗漏、积水或者房屋垮塌等人身伤害财产损失，属于（　）。

A. 人员准备的风险　　B. 物料储备的风险

C. 环境准备风险　　D. 应急准备的风险

5. 忽视劳动保护、作业现场安全防护，未按养护维修作业程序组织施工，属于（　）。

A. 房屋修缮的风险　　B. 房屋修缮作业的风险

C. 不同责任主体修缮义务的风险　　D. 房屋生命周期阶段性的风险

二、多项选择题

1．房屋修缮管理的具体内容包括（　　）。

A．房屋维修计划管理　　B．房屋维修施工管理

C．房屋维修质量管理　　D．房屋维修监督管理

E．房屋维修资料管理

2．房屋修缮管理具有（　　）特点。

A．维修的规律性　　B．维修独特的技术性

C．维修量大面广　　D．维修零星分散

E．维修的限制性

3．以下哪项是房屋修缮实施阶段风险（　　）。

A．房屋日常巡查的风险　　B．房屋修缮的风险

C．物料储备的风险　　D．人员准备的风险

E．房屋生命周期阶段性的风险

4．在不同责任主体修缮义务的风险中，常见的修缮责任主体为（　　）。

A．建设单位　B．个别业主　C．物业服务企业

D．施工单位　E．设计单位

5．物料储备的风险主要表现在维修材料储备的（　　）。

A．缺少针对性的种类　　B．数量不足

C．储备环境优良　　D．质量不合格

E．管理有漏洞

案例分析题

1．请分析如何应对本案例已经造成的多项风险损失。

案情：某住宅小区2010年4月交付使用，物业服务企业已对该小区投保公众责任险。2012年夏季，该小区1号楼业主张某向物业服务企业报修自家山墙渗水，经鉴定是山墙外侧防水出现问题导致山墙渗水。2018年4月，由于当地出现大风极端天气，一阵疾风之后，原本附着在外墙上的外墙保温板被撕开了一个口子，随之保温板大面积脱落，保温板碎片散落在地，造成园区少量物业设施损坏。

突发事件发后，物业服务企业赶到现场采取紧急措施，并协同业主委员会对于外墙保温层的修缮工作做了初步的预算，共需5万元。

2．请分析本案例，你认为应该怎样防范该房屋维修争议风险。

案情：王小姐年初购得一套商品房，因黄梅季节连日阴雨，该商

品房部分墙面开始渗水，损坏了王小姐室内的部分装修。王小姐为此多次向物业公司反映，物业服务企业也两次派人前来维修。虽经维修，该房墙面仍有渗水问题存在。物业服务企业表示，其已尽了维修义务，王小姐应向建设单位进行交涉。王小姐对此甚为不解。

5.3 物业设施设备管理的风险防范管理

学习目标：1. 了解物业设施设备管理的基本知识、相关法规政策，以及物业服务人在物业设施设备管理过程中的准确定位；

2. 熟悉物业设施设备管理流程，以及各流程节点的工作要点；

3. 掌握物业设施设备管理的风险识别以及物业设施设备管理的风险防范。

5.3.1 物业设施设备管理的基本认识与相关法律政策规定

1. 物业设施设备管理的基本认识

物业设施设备，是对附属于房屋建筑的各类设备的总称。物业设施设备属于业主共有部分，是构成房屋建筑实体的不可分割的有机组成部分，是实现物业功能和物业价值的物质基础与必要条件。

物业设施设备管理是指物业服务人的通过工程管理人员熟悉和掌握设施设备的原理性能，对其进行科学必要的日常保养、计划维修或故障排除，使之能够保持最佳运行状态，有效发挥效用，保证物业使用安全的管理活动。

物业设施设备管理工作是物业管理的核心与基础，是物业服务人最经常、最持久、最基本的工作内容之一。一般情况下，物业项目都拥有如电梯、中央空调、发电机组、消防系统、通风、照明和监控系统等设施设备，这些设施设备能否正常运行，直接决定了物业使用功能的正常发挥和物业使用安全。因此，物业工程管理人员必须熟悉和掌握物业项目的设施设备的基本情况，通过保养和维修，保持所有的物业设施设备处于良好的技术状态，并尽可能地做到节能减排，科学有效地发挥其使用功能，延长其使用寿命，以达到物业使用安全的目的。

物业设施设备主要分为给排水系统、强电系统、弱电系统、防雷系统、电梯系统、空调系统、供暖系统、消防系统、燃气系统等。

根据民法典第二百八十四条规定，物业服务人在物业设施设备管理中的角色定位是受业主委托，代业主履行物业设施设备养护、维修义务，因而，业主是物业设施设备管理的责任主体，物业服务人只是物业设施设备管理实施者。物业服务人对物业共用设施设备的日常养护，根据《物业服务收费管理办法》第十一条规定，其费用由物业费承担。如要对物业设施设备进行中修、大修、更新和改造等，按照民法典第二百八十一条规定及《住宅专项维修资金管理办法》相关规定，应通过业主共同决定事项表决使用专项维修资金予以承担。但需要注意的是，在实践操作中，对于维修工程等级种类的划分并无明确的规定，有鉴于此，须在物业服务合同中明确约定维修工程等级种类以及费用承担，以避免产生纠纷。

2. 物业设施设备维修养护工程的分类

（1）物业设施设备保养的分类。物业设施设备的保养是指物业服务人和供电、供水、供气等单位对设施设备所进行的常规性检查、养护、维修等工作。通常采用三级保养制（即日常维护保养、一级保养和二级保养）。

1）日常维护保养。日常维护保养是指设备操作人员所进行的经常性的保养工作。主要包括定期检查、清洁保养，发现小故障及时排除，及时做好维护工作并进行必要记录等。

2）一级保养。一级保养是指设备操作人员与维修人员按计划进行保养维修工作，主要包括对设备的某些局部进行解体清洗，按照设备磨损规律进行定期保养。

3）二级保养。二级保养是指设备维修人员对设备进行全面清洗、部分解体检查和局部修理、更换或修复磨损零件，使设备达到完好状态。

物业设施设备保养的基础技术手段之一，是设备点检。所谓设备点检，是指为了提高、维持生产设备的原有性能，通过人的五感（视、听、嗅、味、触）或者借助工具、仪器，按照预先设定的周期和方法，对设备上的规定部位（点）进行有无异常的预防性周密检查的过程。其目的是使设备的隐患和缺陷能够得到早期发现、早期预防、早期处理。设备点检工作的标准要求是“五定”，即定点，设定检查部位、项目和内容；定法，设定检查方法；定标，制定检查标准；定期，设定检查周期；定人，确定点检项目由谁实施。

（2）物业设施设备维修的分类。物业设施设备维修是指通过修复或更换零件、排除故障、恢复设施设备原有功能所进行的技术活动。房屋设施设备维修根据设备破损程度可分为：

1）零星维修工程。零星维修工程是指对设备进行日常的保养、检修及为排除运行故障而进行局部修理。

2）中修工程。中修工程是指对设备进行正常的和定期全面检修、对设备部分解体修理和更换少量磨损零部件，保证能恢复和达到应有的标准和技术要求，使设备正常运转，更换率为10%～30%。

3）大修工程。大修工程是指对房屋设备定期进行全面检修，对设备要进行全部解体，更换主要部件或修理不合格零部件，使设备基本恢复原有性能，更换率一般不超过30%。

4）设备更新和技术改造。设备更新和技术改造是指设备使用一定年限后，技术性能落后，效率低、耗能大或污染日益严重，需要更新设备，改善与提高技术性能。

5）故障维修。故障维修通常是指设施设备在使用过程中发生突发性故障而停止，检修人员采取紧急修理措施，排除故障，使设备恢复功能。

3．物业设施设备管理的具体内容

（1）物业设施设备运行管理。设施设备运行管理主要是通过建立健全安全管理制度，完善各类设施设备的安全操作规程和突发事件应急处理预案，强化专业技术人员运行操作的专业知识和技能培训，有效控制和减少设施设备故障，避免各类事故的发生，确保物业使用安全的管理活动。主要制度包括设施设备运行值班制度、交接班制度，以及设施设备操作使用人员岗位责任制等。

（2）物业设施设备保养与维修管理。设施设备维修管理的内容包括建立设施设备档案登记卡，按照说明书中规定的保养项目编制维护保养计划，制定年度设施设备维护保养一览表并组织实施，实施过程建立维护保养记录，跟踪检查维护保养效果等。主要制度包括设施设备的定期检查及维修制度，维修质量标准、维修人员管理制度等。

（3）物业设施设备安全管理。设施设备安全管理的内容包括组织专业技术人员参加学习培训考核后取得国家专业技能证书，实施持证上岗制度；对专业技术人员进行安全作业的培训教育，参加学习培训考核后持证上岗，实施安全作业培训教育；对业主和物业使用人进行安全使用设施设备宣传教育，为安全管理建立广泛的群众基础；建立安全运行制度和安全操作规程，建立定期检查运行情况和规范服务制度，建立安全责任制等。

（4）物业设施设备技术档案资料管理。设施设备技术档案资料管理的内容包括建立设备的登记卡片、技术档案、工作档案、维修档案等。物业设施设备档案主要包括设施设备原始档案、设施设备技术资料，以及设施设备运行、维修养护、修理改造的使用管理档案。其目的在于实现规范管理，便于事后追溯，还可以作为管理的证据。

〖相关法规制度标准〗

1．2013年6月29日第十二届全国人民代表大会常务委员会第三次会议通过的《中华人民共和国特种设备安全法》；

2．2021年4月29日第十三届全国人民代表大会常务委员会第二十八次会议修改的《中华人民共和国消防法》；

3．2007年10月30日建设部第142次常务会议讨论通过，与财政部联合签署发布《住宅专项维修资金管理办法》（建设部、财政部第165号令）；

4．2003年11月13日国家发展改革委、建设部发布的《物业服务收费管理办法》（发改价格〔2003〕1864号）；

5. 2007年9月10日国家发展改革委、建设部发布的《物业服务定价成本监审办法（试行）》（发改价格〔2007〕2285号）；

6. 2009年1月24日国务院第46次常务会议通过修改的《特种设备安全监察条例》；

7. 2018年2月9日国务院办公发布的《关于加强电梯质量安全工作的意见》（国办发〔2018〕8号）。

5.3.2 物业设施设备管理的风险识别与防范

【案例5-3】下水管倒灌，物业公司是否担责

2019年3月15日10时左右，二楼王某发现厨房有倒灌的污水，物业项目管理处工程部在接到王某电话后到场进行处置。处置后王某自行清扫污水，并于当日下午离开房屋。

次日早晨，王某回到房屋内，发现房屋内有大面积倒灌的污水，管道疏通人员进行疏通后确认房屋内发生污水倒灌是由于204号房屋至1504号房屋共用的污水排水管道被抹布、钢丝球堵塞。王某因此将二楼以上的十三位业主和物业管理公司起诉至法院，要求被告业主和物业管理公司对其各项损失16177元承担连带赔偿责任并承担案件受理费。

经现场查勘发现：王某与物业管理公司在双方签订的《前期物业管理服务合同》中约定“共用设施设备指共用的上下水管道、落水管、电梯、消防设施、化粪池、排水沟、供电设备、道路及庭院的照明、道路等的日常维修、保养工作。共用雨、污水管道每年疏通一次，化粪池每年清掏一次”。污水倒灌发生时，804号房屋未装修使用，其余共用污水排水管道的房屋均装修使用。

分析：204号房屋至1504号房屋共用污水排水管道，共用管道发生堵塞，各房屋分别排水的行为属于共同危险行为，除行为人能够证实共用污水排水管道堵塞的后果不是其排水行为所造成的，均应当认定为存在过错。本案804号房屋未装修使用，共用污水排水管道堵塞与其无关，其余共用污水排水管道使用人均未提交充分有效证据证实与己无关，均应当认定存在过错；原告作为共用污水排水管道的使用人之一，在厨房发生污水倒灌后未及时联系管道疏通人员查明原因，且也未举证自己没有过错，因此，原告对损害发生也存在过错。物业项目管理处按照与业主签订的《前期物业管理服务合同》的约定，有义务对共用雨、污水管道每年组织保养性疏通，如未按约定履行义务，应认定其在共用污水排水管道堵塞发生污水倒灌事件上有一定过错。

想一想：物业服务企业应如何规避此类责任？

1．物业设施设备管理法律风险的识别与规避

物业设施设备管理的法律风险主要表现在物业设施设备管理的法律法规、标准规范落实不到位；事故责任主体确认争议等。如没有向政府特种设备监管部门依法办理使用登记手续，自行运行使用特种设备；没有聘用具备特种设备管理资质的物业专营企业承担电梯、消防系统、锅炉等特种设备的保养维护；消防监控、电工、电梯管理员等岗位没有依法落实持证上岗规定，聘用无证人员；未按相关法律法规、规章政策、标准规范要求建立物业设施设备安全管理制度，没有物业设施设备运行管理台账，没有定期组织安全检查，没有编制有针对性的应急预案；未按标准规范要求实施保养，物业设施设备故障频现、带病运行；未经承接查验或承接查验不规范、不到位，或没有保养维护记录，事故责任难以确认等情形，导致人身伤害、财产损失、行政处罚甚至刑事责任的法律责任风险。

规避物业设施设备管理法律风险，首先要学习掌握相关法律法规、规章政策、标准规范，并依据其具体规定建立合法规范的管理制度、作业程序，并通过培训、考核、监督真正贯彻落实；尤其电梯、消防系统、锅炉等特种设备需依法聘用符合相应资质要求的物业专营企业承担保养维护；特种设备管理上岗人员需经过专业培训，取得作业人员岗位资格，持证上岗。其次要严格执行安全技术规范，保养维护过程须认真落实现场防护措施，保证作业安全；对设备安全运行情况定期开展安全检查，做好经常性保养维护，发现设备故障隐患或出现故障，应当立即停止运行，进行全面检查消除事故隐患。最后要认真做好物业设施设备承接查验，做好遗留问题备忘录，明确遗留问题责任主体；建立完整的物业设施设备技术档案，物业设施设备从安装、运行、保养维护、技术革新直至报废的整个生命周期有完整的信息记录，明确物业专营企业的保养维护事项、范围和责任，确保事故发生能迅速查清责任环节、明确责任主体，增强物业设施设备管理的安全责任意识和行为，杜绝安全隐患。

2．物业设施设备管理前期的风险识别与规避

（1）物业设施设备配置早期介入风险。主要表现在物业设施设备的配置选型不符合物业项目定位要求，不适于后期物业管理要求。如电梯选型落后，与物业项目形象定位不符，或配置数量不足，使用频率过高，电梯故障频发；中央空调系统定型功率不足，长期高负荷工作，设备提前老化、安全隐患多；物业设施设备选型忽视后期运行条件要求、保养维护要求、人员资格要求，后期运行技术要求苛刻，运行维护成本高，易引发故障等情形，导致运营管理困难、人身伤害、财产损失、服务满意率低的风险。

规避物业设施设备配置早期介入风险，物业服务企业应在规划设计阶段，根据以往管理经验，编制物业设施设备选型要点，主动提供给建设单位、设计单位，并通过积极沟通，强化自身影响力；主动争取参加物业设施设备定型讨论会，对选型方案要做好事先评估，提出物业管理的专业性意见，尤其要提出建设性的调整建议，争取话语权，发挥物业管理专业咨询作用。

（2）物业设施设备施工阶段早期介入的风险。主要表现在物业服务企业的咨询者而非监理者角色，对物业设施设备安装施工质量控制的有限性等。如对发现的安装流程、安装工艺、安装质量问题的协调程序，整改意见从提出到反馈的滞后，错失整改时机，或因滞后增高的整改成本无法实现整改；隐蔽工程跟进不到位，或未进行详细记录，尤其对变更内容没有及时记录，或未取得物业设施设备安装的完整资料；与安装单位协调沟通不畅，未能适时安排后期专业技术人员现场观摩学习或组织后期保养维护培训等情形，致使后期养护维修因安装隐患多，难以达到设施设备性能指标要求；因缺少资料支撑，养护维修计划、方案针对性差；因专业技术人员的实际操作能力不足，养护维修结果没有达到技术要求，导致管理成本高、安全隐患多、事故频发的风险。

规避物业设施设备施工阶段早期介入风险，首先要建立明确的规章制度、规范的作业程序，做好施工期早期介入每个环节的工作，并留存详尽的记录，尤其是隐蔽工程、工程变更更要留存记录，还要重视资料的收集与获取。其次要通过建设单位协调，与安装单位达成一致，在做好施工现场监督的基础上，做好后期专业技术人员的现场培训，提高专业技术能力。最后要重视工作过程的痕迹管理，一切工作沟通尤其是有关物业设施设备安装问题、隐蔽工程、工程变更的沟通意见等，均须书面形式且要得到对方签收回执，以明确相关责任。

（3）物业设施设备承接查验的风险。主要表现在未经竣工验收即行承接查验；承接查验走过场，遗留问题未能得到妥善解决且责任主体未明确等。如物业项目未经竣工验收，建设单位为按期办理入住，强令物业服务企业承接查验；在建设单位强势下，未按承接查验内容、流程要求实施查验，未组织现场查验，只是流于书面文件且未明晰责任；查验时承接双方未对物业设施设备运行现状进行交底记录，未形成查验第一手资料等情形，导致责任主体不明确、经济损失、行政处罚的风险。

规避物业设施设备承接查验风险，首先要树立法律意识，明确承接查验的法律责任，对未经竣工验收的物业项目应拒绝承接，以放弃承接来规避风险；不得已的情况下，不应履行承接查验手续、签署承接查验协议，而应明确只是配合建设单位为业主提供入住服务，以明确责任、规避风险。其次要建立明确的规章制度、规范的作业程序，尤其要重视查验记录、遗留问题备忘录和承接查验协议等书面文件的规范性管理，发挥好书面文件明晰责任、规避风险的重要作用。

3．物业设施设备管理实施的风险识别与规避

（1）物业设施设备运行管理的风险。主要表现在物业设施设备超负荷运行、使用操作不当、没有或缺失养护计划等。如物业设施设备长期满荷或超负荷运行与消耗会减短其使用寿命；专业技术人员的使用操作不当影响功能及性能的发挥，给业主和物业使用人带来使用不便甚至构成安全隐患；运行环境不符合技术指标要求，造成故障易发频发；物业设施设备得不到计划性维护保养，年久失修等情形，导致物业设施设备运行的服务满意率下降、财产损失、人身伤害的风险。

规避物业设施设备运行管理风险，首先要建立健全规章制度，加强人员持证上岗管理，重视设施设备运行环境的温度、照明、通风、湿度要求，并采取必要措施以保证运行的环境标准要求。其次要安排、落实物业设施设备合理的运行计划，运行计划要详尽明确，包括物业设施设备轮机运行、保养维护的具体养护计划安排；要根据设备的维修周期进行设备维修，以降低设备维修的成本，减少人力、物力的消耗。最后要加强巡检，完善交接班制度以及值班巡视制度，对设施设备运行情况进行检查，包括对设备运行状态的监测和对设施设备进行定期的检测来检验其是否运行正常。

（2）物业设施设备保养维修安全的风险。主要表现在作业安全防护不到位，作业现场防护不到位。如不按规定穿戴劳保用品，劳保用品损坏不及时更换；登高作业未佩戴安全带或安全带磨损，作业工具、工件脱落，以及铁屑飞溅；工件随意堆放、超高堆放；动火作业未进行现场防火准备与防火检查；特种作业人员未经专业培训，无证上岗；作业前未检查电、液、气动力源是否断开，未在开关处挂“正在检修禁止开动”警示牌；作业现场未进行必要围护，未设立规范的警示标识等情形，导致人身伤害、财产损失、生产事故的风险。

规避物业设施设备保养维修安全风险，首先要建立健全安全生产制度、作业程序，加强专业技术人员的安全培训，强化安全意识，固化安全生产行为习惯。其次要加强设施设备保养维修作业过程管理，严格按相关规定进行施工，采取有效措施，确保安全；作业区域必须封闭隔离，文明施工，尽力避免干扰；定期或随时进行作业监管，发现问题及时处理。工程结束立即清理现场，恢复原状；作业过程、管理过程要全面记录，归档留存。最后要建立物业设施设备保养维修应急预案，通过强化日常演练，在突发意外事件发生时，能够在第一时间正确应对处置，发挥风险止损作用，将损失控制在最小范围。

（3）物业设施设备档案管理的风险。主要表现在没有规范的物业设施设备档案建立制度，档案管理混乱、使用效率低下等。如没有设施设备原始档案、承接查验双方交接清单；缺乏设备运行日志、故障处理记录、巡检记录等过程维护档案；档案资料随意堆放、无归类编排，没有借用使用手续规定，缺失严重等情形，导致运行维护成本提高、安全隐患增加、事故责任难确认等风险。

规避物业设施设备档案管理风险，首先要重视并做好设施设备原始技术档案的建立，承接方即物业服务企业应安排专人按有关规范和制度的规定进行分类整理建档，永久保存；按借阅制度供查阅使用。其次要重视建立完整齐全的设施设备管理档案，包括设备运行日志、故障处理记录、巡检记录、事故处理报告、维修保养计划、维修保养报告、设备完好率检查评定、设备系统状态参数测定记录、设备系统的专业安全检验报告，以及设施设备的报废申请、评估、报废记录等。最后要做好设施设备档案保管工作，对原始档案资料应按每台单机统一编号，规范管理、分录类归档；规范借阅、利用要求，定期进行登记和资料归档、更新，达到物业管理档案管理标准要求。

思考题

1. 简述物业设备设施管理的具体内容。
2. 简述物业设施设备承接查验的风险及规避。

实训练习题

基础理论知识

一、单项选择题

1. 对设备的某些局部进行解体清洗，按照设备磨损规律进行定期保养，属于（　）。

   A. 日常维修养护　　B. 一级保养

   C. 二级保养　　D. 三级保养

2. 设施设备维修中，更换率为10% ~30%属于（　）。

   A. 小修工程　B. 中修工程　C. 大修工程　D. 翻修工程

3. 保修期以外，物业服务企业负责设施设备的（　）。

   A. 小修及养护　B. 中修　C. 大修　D. 翻修

4. 组织专业技术人员参加学习培训考核后取得国家专业技能证书，实施持证上岗制度是（　）的具体内容。

   A. 物业设施设备运行管理

   B. 物业设施设备保养与维修管理

   C. 物业设施设备技术档案资料管理

   D. 物业设施设备安全管理

5. 物业服务企业对发现的安装流程、安装工艺、安装质量问题的协调流程，整改意见从提出到反馈的滞后，是（　）。

   A. 物业设施设备配置早期介入风险

   B. 物业设施设备施工阶段早期介入的风险

   C. 物业设施设备承接查验的风险

   D. 物业设施设备养护风险

二、多项选择题

1. 以下属于物业设施设备系统的是（　　）。

   A. 排水系统　　B. 强电系统

C．电梯系统　　D．房屋公共部位

E．供电系统

2．物业设施设备保养的分类正确的是（　　）。

A．日常维护保养　　B．一级保养

C．二级保养　　D．三级保养

E．综合保养

3．物业设施设备维修可以分为（　　）。

A．零星维修工程　　B．中修工程

C．大修工程　　D．设备更新和技术改造

E．故障维修

4．下面属于物业设施设备管理前期的风险的是（　　）。

A．物业设施设备运行管理的风险

B．物业设施设备档案管理的风险

C．物业设施设备配置早期介入风险

D．物业设施设备施工阶段早期介入的风险

E．物业设施设备承接查验的风险

5．以下属于物业设施设备运行管理的风险的是（　　）。

A．物业设施设备超负荷运行

B．物业设施设备使用操作不当

C．作业现场防护不到位

D．没有规范的物业设施设备档案建立制度

E．没有或缺失维修保养计划

案例分析题

1．你认为该物业服务企业应从哪些方面考虑本案例损失的风险应对。

案情：某住宅小区年交付使用后，物业服务企业购置了公众责任险。2019年，该小区1号楼部分自来水主管道开始出现漏水，物业服务企业采取抱箍堵漏措施维修。2020年4月起，漏水大范围爆发。经鉴定，简单封堵已不能解决问题，应逐步更换主管道。由于维修改造方案未确定，更换工作被搁置。2020年10月某日，该楼业主张某家发现天花板被泡。物业服务企业紧急抢修，发现楼上自来水主管道漏水，需凿开楼上业主李某家厨房墙壁更换该段主管，经协商业主李某同意。

2．你认为本案例物业公司是否承担责任，应如何防范此类风险发生。

案情：某住宅小区第25栋楼的公用水箱出现渗透现象，该栋楼的业主们向物业管理公司反映了情况，要求其及时予以修缮，但物业管理公司一直未采取措施。有一天，住在该栋楼的业主王某回家经过楼前通道时，因地面积水滑溜而不幸摔倒，导致右腿骨折，被送往医院治疗。王某要求物业公司赔偿其医药费、营养费及误工补贴等相关费用未果，并在法院起诉了物业管理公司。

5.4 物业环境管理的风险防范

学习目标：1．了解物业环境管理的主要内容、相关法规政策；
2．在熟悉物业环境管理的基础上，能够识别物业环境管理的各项风险；
3．在识别物业环境管理风险基础上，能够规避风险，达到环境管理风险防范的目的。

5.4.1 物业环境管理的基本认识与相关法律政策规定

1．物业环境管理的基本认识

物业环境管理是指物业服务企业通过履约监督、制度建设和宣传教育等工作，进行物业环境维护及综合整治工作的总称。

2．物业环境管理的基本内容

（1）保洁管理。保洁管理内容主要包括建筑本体的清洁和保养、建筑本体外的清扫与维护、生活垃圾的收集与清运、装修建筑垃圾的收集与清运、垃圾收集设施的维护和保养以及保洁宣传教育与监督治理等工作。

保洁服务提供方式一般有物业服务企业自行作业或外包管理两种。自行作业是指物业服务企业在物业管理区域内，依据物业服务合同约定自行实施清洁的方式；外包管理是物业服务企业在征得业主同意后，依据物业服务合同约定，将保洁服务转委托给专业保洁企业，物业服务企业负责依据保洁外委合同对专业保洁企业指导监督的方式。

（2）绿化管理。绿化管理内容主要包括绿化设计、绿化施工、绿植选择、绿化养护、节假日绿化装饰、绿化档案管理以及绿化宣传教育等工作。对物业服务人而言，绿化管理的工作重心是绿化养护、节假日绿化装饰、绿化档案管理等。

物业服务人提供绿化管理的方式一般有自行作业或外包管理两种。自行作业是指物业服务人在物业管理区域内，依照物业服务合同的约定自行实施绿化管理的方式；外包管理是物业服务人征得业主同意后，依据物业服务合同约定，将绿化管理转委托给绿化专营企业，物业服务人依据绿化管理对外委托合同负责对绿化管理进行指导监督的方式。

（3）卫生消杀。卫生消杀是指物业服务人针对物业管理区域内的老鼠、蟑螂、蚊子、苍蝇等有害生物根据季节时令有计划地安排的生物消杀或公共卫生应急防疫消杀，维护物业管理区域内环境卫生的活动。

物业服务人提供卫生消杀的方式一般有自行作业或外包管理两种。自行作业是指物业服务人在物业管理区域内，按照物业服务合同约定，自己组织人员实施卫生消杀作业、应急防疫消杀的方式；外包管理是物业服务人征得业主同意后，依据物业服务合同约定，将绿化管理转委托给消杀专营企业，物业服务人依据卫生消杀对外委托合同负责对卫生消杀进行指导监督的方式。

（4）物业环境维护。物业环境维护是指物业服务人针对物业管理区域内噪声污染、油烟污染、生活污水等现象的控制整治，以及垃圾分类与处理等工作。

〖相关法律法规制度标准〗

1. 2020年5月28日第十三届全国人民代表大会第三次会议通过的《中华人民共和国民法典》；

2. 2014年4月24日第十二届全国人民代表大会常务委员会第八次会议修订通过的《中华人民共和国环境保护法》；

3. 2020年4月29日第十三届全国人民代表大会常务委员会第十七次会议修订通过的《中华人民共和国固体废物污染环境防治法》；

4. 2018年12月29日第十三届全国人民代表大会常务委员会第七次会议修改的《中华人民共和国环境噪声污染防治法》；

5. 2017年6月27日第十二届全国人民代表大会常务委员会第二十八次会议修正通过的《中华人民共和国水污染防治法》；

6. 2012年10月26日十一届全国人大常委会第二十九次会议修改通过的《中华人民共和国治安管理处罚法》；

7. 2017年3月1日国务院修正的《城市市容和环境卫生管理条例》；

8. 2017年3月30日国务院办公厅下发的《生活垃圾分类制度实施方案》。

5.4.2 保洁管理的风险识别与防范

【案例5-4】外墙清洗致业主车辆损坏

某物业公司与一家清洁公司签订外墙清洗合同，于是清洁公司开始对商住楼的外墙进行清洗。清洗的第三天，由于清洗人员操作不当导致4楼的一块玻璃幕墙坠落，造成停靠在该楼西侧停车场上的两辆轿车不同程度的损坏。轿车受损的业主周某、王某向该物业公司提出赔偿车辆损失的要求，物业公司以玻璃幕墙坠落不是物业公司的责任为由拒绝赔偿。业主周某、王某向法院起诉，要求物业公司赔偿车辆损害的各项损失29930元。

分析：虽然本案例物业公司与清洁公司是转委托关系，但本案情形并不适合《中华人民共和国民法典》第九百四十一条第一款规定“物业服务人将物业服务区域内的部分专项服务事项委托给专业性服务组织或者其他第三人的，应当就该部分专项服务事项向业主负责”的情形。因为从本案例案情看，造成4楼的玻璃幕墙坠落的原因，是外墙清洗工作人员操作不当所致，根据《中华人民共和国民法典》第一千二百四十条规定，“从事高空、高压、地下挖掘活动或者使用高速轨道运输工具造成他人损害的，经营者应当承担侵权责任；但是，能够证明损害是因受害人故意或者不可抗力造成的，不承担责任。被侵权人对损害的发生有重大过失的，可以减轻经营者的责任”。本案例清洁公司是商住楼外墙的经营者，应当承担业主周某、王某车辆损坏的赔偿责任。

可是，从本案例物业公司作为商住楼的物业管理人的定位看，该物业公司应尽到提示业主或物业使用人安全注意义务，所以周某、王某可以诉告该物业公司主张索赔。如该物业公司完全履行了提示安全注意义务，则不应当承担赔偿责任；反之，如该物业公司没有履行或只是部分履行了提示安全注意义务，则需要承担相应的赔偿责任。但是，在法院裁判后，根据《中华人民共和国民法典》第一千二百五十三条“建筑物、构筑物或者其他设施及其搁置物、悬挂物发生脱落、坠落造成他人损害，所有人、管理人或者使用人不能证明自己没有过错的，应当承担侵权责任。所有人、管理人或者使用人赔偿后，有其他责任人的，有权向其他责任人追偿”。该物业公司可以向造成本案例事件发生的责任人清洁公司追偿责任，由该清洁公司补偿物业公司应诉失利的损失。

想一想：如果让你负责组织外墙清洗工作，你如何规避风险呢？

1. 保洁管理法律风险识别与防范

保洁管理法律风险，主要表现在物业服务企业不履行或不完全履行物业服务合同约定的保洁义务，或保洁作业违反法律法规、规章政策的规定等。如不按照合同约定的保洁工作内容、工作范围、工作标准实施保洁作业，只对业主看得到的地方如小区内的公共道路、入户大堂、电梯轿厢、公共走廊、小区公共绿化及小品、水景等实施保洁，而对业主看不到的地方如楼顶天台、二次加压水箱以及地下停车场等隐蔽角落却经常不进行保洁甚至从不进行保洁；焚烧落叶枯枝等垃圾；随意倾倒含有有害物质的污水污物；使用明令禁止的化学试剂进行污物清除处理等情形，导致保洁服务违约、污染环境的法律责任风险。

规避保洁管理法律风险，物业服务企业要认真按照物业服务合同约定做好保洁服务工作，落实保洁岗位作业“五定”、标准“六净六无”、垃圾处理“日日清”，加强对保洁工作的监督，严格执行保洁工作标准，通过定时检查、随时抽查等措施，及时发现问题，并组织整改。物业服务企业还应严格落实公司规章制度，对不按照保洁工作标准作业或工作懈怠的保洁员进行再培训教育，加强后期的跟踪监督检查，对破坏环境的行为进行严厉处罚。

2. 保洁准备阶段风险识别与防范

保洁准备阶段的风险，主要表现在保洁工具准备不到位、不匹配，耽误保洁工作进度或者导致保洁工作达不到规定的标准。如擦拭路灯时只准备抹布，不准备梯子，高空路灯无法擦拭；进行地面清洁时只带扫帚和拖把，没有带铲刀，无法去除口香糖等污垢的情形，导致合同违约责任的风险。

保洁劳动工具准备的风险防范措施：一是在保洁工作开展之前列出保洁作业所需要的工具，备齐保洁工具；保洁工具损坏或者缺失要及时修理或补充发放。二是正确使用清洁工具和用品，并对其进行保养和保管，在使用各种工具前后仔细检查，如发现故障及损坏，要及时报告维修；保洁员应对保洁机器设备的使用性能有所了解，爱护机器设备，学会保养及简单修理。

3. 保洁实施阶段风险识别与防范

（1）保洁劳动防护的风险，主要表现在实施保洁作业时没有劳动防护，或劳动防护不到位，如未戴手套处理垃圾，被瓶、罐的破片、刀片划伤；未戴口罩使用喷雾状清洁剂、洁亮剂时吸入有害物质等情形，导致作业人员人身伤害的风险。

保洁劳动防护的风险防范措施：一是充分认识到保洁劳动安全防护的必要性和劳动作业可能存在的风险，做好充分的防护；二是要根据不同的保洁作业内容，准备足够的防护物资，以备所需；三是做好劳动防护的安全教育，提高作业人员的安全意识。

（2）保洁作业高空抛物的风险。个别保洁员在楼道保洁作业时，将业主丢弃在楼道内的垃圾或作业收集的垃圾、杂物等直接从高楼窗户抛下，致使伤人损物导致物业服务企业承担经济赔偿的风险。

保洁作业高空抛物风险防范措施：一是要加强对保洁员的保洁操作规程、保洁安全防护、保洁工作纪律、保洁物品管理、保洁应急措施等专业知识和技能的培训，尤其要加强安全作业、风险防范意识的培养；二是规范细化保洁高空作业指导文件，科学指导保洁作业，用严格的操作指引、作业制度来杜绝安全隐患。

（3）保洁高处（高空）作业的风险。由于保洁员身体原因或不具备高处作业条件，作业人员从高处坠落；高处（高空）保洁作业没有设立安全警示或安全警示不到位，行人误入作业现场受伤等，导致物业服务企业承担经济赔偿的风险。

保洁高处作业风险防范措施，一是必须了解保洁员身体情况，凡患有高血压、心脏病、癫痫病及其他不适宜高处（高空）作业疾病的人，一律不准从事高处（高空）作业；凡从事高处（高空）作业人员须做好安全防护准备。二是重视并严格落实高处（高空）作业限制性条件，凡雷雨、闪电、大风等天气应停止保洁高处（高空）作业。三是保洁高处（高空）作业现场，应划定危险禁区，设置明显警示标志，严禁无关人员进入。四是进行保洁高处（高空）作业，严禁作业人员从高处（高空）向地面抛掷物件，也不准从地面向高处（高空）抛掷物件。

（4）保洁试剂使用的风险。主要表现在保洁试剂保管、使用不善造成人员伤害。如没有安排专人负责保洁试剂保管，随意取用增加公司的物料成本，或造成库房环境污染；使用时剂量配比不当无法发挥保洁效果，造成浪费，或安全防护不到位容易造成使用人员伤害；使用后任意丢弃保洁试剂或容器，致使环境污染或者人员伤害等，导致环境污染、人员伤害的风险。

保洁试剂使用风险防范措施：一是保洁试剂根据不同的清洁对象做好分类存放，并且每类药品上必须有清晰的名称、使用方法、适用对象、稀释倍数等说明；强腐蚀性、强挥发性、易燃易爆类、剧毒性等危险试剂必须单独存放于危险品仓库，并由专人进行保管确保安全。二是必须建立完善的保洁试剂进、出、存、销的登记制度，防止他人随意取用。三是保洁试剂在不同的清洁对象上使用必须严格按说明浓度做好配比，对新清洁对象使用药物，须先进行局部试验，没问题后方可大面积使用；使用保洁试剂时，须做好安全防护，避免对人员造成伤害，使用完的保洁试剂及容器须按环保要求回收，并进行处理，不可随便丢弃。

5.4.3 绿化管理的风险识别与防范

【案例5-5】大风刮倒危树，砸坏业主玻璃

一场大风刮倒了小区内一棵倾斜的老杨树，砸在了二层业主的玻璃窗上，砸碎了窗户玻璃，幸而未伤及人。业主向物业公司提出索赔，原因是物业公司对树木养护不当，应赔偿一切损失。而物业公司认为树木的折断是外力的作用，不可预见，因而不应赔偿。

分析：该物业公司作为小区的物业管理单位，对物业管理区域内的草地、绿篱、树木等负有养护、管理的责任。根据《中华人民共和国民法典》第一千二百五十七条规定："因林木折断、倾倒或者果实坠落等造成他人损害，林木的所有人或者管理人不能证明自己没有过错的，应当承担侵权责任。"现因老杨树倾倒砸坏业主玻璃，物业公司作为管理人应承担赔偿责任。

在本案例中，该物业公司应当预见到倾斜的老杨树在风力作用下有可能倾倒或折断致人伤害或致物损坏，应当定期对树木进行安全检查、加固倾斜的老杨树并对可能造成危险的树枝及时进行处理，但该物业公司疏于此项注意义务，致使损害的发生，所以物业公司应当承担赔偿责任。

想一想：如果让你负责绿化管理，应该如何做好此项工作的风险防范呢？

1．绿化管理法律风险识别与防范

绿化管理的法律风险，主要表现在物业服务企业不履行或不完全履行物业服务合同约定的绿化管理义务，或擅自改变绿地用途，或绿化作业违反法律法规、规章政策的规定等。如不按照合同约定的绿化工作内容、工作范围、工作标准实施绿化作业，造成绿植死亡；未经业主同意，将草坪改为停车场；随意砍伐树木，或擅自改变原绿地规划更换树木种类；使用明令禁止的药剂灭杀虫害；对业主侵占绿地制止、报告不力，造成绿地秩序混乱等情形，导致绿化管理违约、侵害业主权益、污染环境甚至人身伤害、行政处罚的法律责任风险。

规避绿化管理法律风险，物业服务企业首先要强化合同意识，通过制度建设，规范绿化作业，保证合同履约；其次要尊重业主合法权益，对公共绿地的任何处分、改造行为，都须得到业主共同决定事项的表决通过，方可实施；再次要加强培训，做好专业知识更新，及时了解掌握国家有关绿化养护的政策、标准，提高绿化管理能力；最后要履行好制止义务、报告义务，在政府相关部门支持下，力控侵占绿地行为，维护好业主的合法权益。

2．绿化管理准备阶段风险识别与防范

绿化管理准备阶段的风险，主要表现在物品储备不足，或培训不到位。如台风季节支撑杆储备数量不够，造成树木倒伏；因保温物资不足，绿植冻伤冻死；无安全防护装备，造成绿化工施药作业中毒或皮肤损伤等情形，导致财产损失、人员伤害的风险。

绿化管理准备阶段风险防范措施：一是加强对员工的专业知识和技能的培训，重点强化绿化工具使用、施药作业、安全防护等专业技能培训。二是重视绿化备品储备、安全防护用品储备，保证满足绿化作业的物资需要。

3．绿化管理实施阶段的风险识别与防范

（1）绿化器械使用风险。主要表现在绿化器械使用不当造成设备损坏，或人员伤害等。如操作人员对绿化器械性能不熟悉、未掌握正确操作技巧或者麻痹大意，造成自身或他人伤害等；绿化器械缺乏保养或者检修不及时，造成设备故障影响正常使用甚至报废等情形，导致人员伤害、设备损失等风险。

绿化器械使用风险防范措施：一是加强绿化机械安全操作规程、科学保养等技能培训，定期检查绿化机械安全性能或安全装置，做好器械定期保养，及时排查故障，实施专业维修，保证绿化器械的正常使用；二是加强操作前绿化器械安全检查，紧固器械可更换部件，确保机械处于安全状态；认真做好作业现场检查，清除场地内可能飞溅的任何杂物；三是加强作业人员安全教育，严格要求作业人员按安全防护要求着装，穿戴保护用品用具，做好个人安全防护。

（2）绿化施工作业风险。主要表现在绿化工作业受伤，或造成他人受伤等。如绿化工搬运绿化器械或其他物品时被砸伤、刮伤；高温气候作业中暑；行人被修剪遗撒枝木绊伤、刮伤；绿化药品使用或配比不当，出现绿植药害；在上风口或者人员密集场所施药作业造成他人中毒等，导致人员伤害、财产损失等经济赔偿的风险。

绿化施工作业风险防范措施：一是提高安全防范意识，作业时必须按照要求穿戴好劳保防护用品；常备防暑等常用药物，尤其是调整夏季作息时间，规避高温作业。二是做好作业现场围护、警示，加强绿化施工现场的安全巡视，及时清理残枝、杂物。

（3）绿化转委托的风险。主要表现在绿化专营企业选择不当，或合同约定不严密。如没有全面考察绿化专营企业，签约后发现其不具备相应资质和履约能力；因合同约定疏漏，绿化管理外包标准低于物业服务合同约定；绿化专营企业绿化作业致人伤害、致物损害等情形，导致物业服务企业合同违约、人员伤害、财产损失等经济赔偿、责任连带的风险。

绿化转委托风险防范措施：一是转委托招标中须全面深入考察投标人的履约能力，包括其专业资质、管理经验、以往经营信誉、设备与人员配置、客户评价等。二是重视外包合同的签订及履行工作，通过合同约定转嫁风险；日常管理应加强沟通、指导和监督，尽量避免直接管理外包单位员工，以防在产生纠纷时被判定为“名为外包、实为派遣”。

5.4.4 卫生消杀的风险识别与防范

1．卫生消杀法律风险识别与防范

卫生消杀的法律风险，主要表现在物业服务企业不履行或不完全履行物业服务合同约定的卫生消杀义务，或安全防范不到位造成人员、宠物伤害等。如不按照合同约定的卫生消杀工作内容、工作范围、工作标准实施消杀作业，造成物业项目卫生环境恶劣；使用明令禁止的药剂实施消杀作业，或未做好警示标志和安全提示，造成人员、宠物接触、误食受到伤害；不主动配合政府依法实施公共卫生防疫消杀、应急消杀或消杀工作不到位、有漏洞等情形，导致合同违约、人员伤害以及履行配合政府应急义务瑕疵的法律责任风险。

规避卫生消杀法律风险，一是要认真履行合同，保证公共卫生安全；二是在保证安全的前提下进行消杀，做好警示标志和安全提醒，施药尽量放在隐蔽处或设置安全防范器具，让孩童、宠物接触不到的地方；三是在发生公共卫生事件或自然灾害事件时，应主动联系街道办事处承担物业项目的卫生消杀工作，配合政府部门做好消杀、封园等工作，严格执行政府消杀要求，落实好公共卫生消杀工作。

2．卫生消杀准备阶段风险识别与防范

卫生消杀准备阶段的风险，主要表现在药物准备不当、不足造成无效消杀，喷洒器具不足造成消杀工作拖延。如消杀药物准备不当或数量不足，消杀作业未能按照要求的剂量和频次进行消杀施药，未达到消杀效果；喷洒器具数量不足，错过最佳消杀时机，未达到消杀效果等情形，导致合同违约的法律责任风险。

卫生消杀准备阶段风险防范措施：一是事先制定卫生消杀工作计划，工作计划应包括消杀对象、消杀区域、消杀药剂选择、消杀方式选择与消杀费用预算、人员配置等；二是做好充足的消杀药剂、物料和工具的储备，且留有适当的余量。

3．卫生消杀实施阶段风险识别与防范

卫生消杀实施阶段的风险，主要表现在消杀人员操作不当，造成人员伤害；消杀工具和药物处理不当造成污染等。如在上风口或者人员密集场所、人员密集时间消杀作业造成他人中毒；消杀药品喷洒在扶手或者食品上造成人员中毒；在公共水域清洗消杀工具，造成水域污染等，导致人员伤害的风险。

卫生消杀实施阶段风险防范措施：一是做好培训，培训内容包括卫生消杀操作标准、作业指导书、消杀药品的使用与安全、个人防护、中毒和损伤的预防和急救方法等，让消杀人员提高认识，熟悉操作规程，做好防护，降低风险。二是消杀作业应安排在人员休息、非办公或经营时间进行，并事先做好通知，现场设立警示标志，减少与人员的直接接触。三是作业完毕，应将器具、药具统一清洗保管并及时清理药物空瓶、过期消杀饵料；清洗器具，不得在天然水域内进行，清洗污水要安全处理；及时且安全清除被消杀的虫害尸体，防止二次危害传播。

5.4.5 环境维护的风险识别与防范

【案例5-6】小区业主噪声扰民引投诉

一天晚上，物业公司接到小区业主吴先生的投诉电话。吴先生称他家楼上业主喝酒聚餐，晚上11点多了，喝酒划拳声仍不绝于耳、大功率音响放出的音乐此起彼伏。巨大的噪声让吴先生和他的家人无法入睡，吴先生曾尝试与楼上业主沟通，但是楼上业主仍不收敛。于是吴先生向物业公司投诉，请求物业公司帮忙解决此事。

分析：住宅小区内的噪声扰民，从物业服务企业物业环境管理的责任定位看，应该予以协调或制止。

根据民法典第二百八十六条规定，“业主应当遵守法律、法规以及管理规约，相关行为应当符合节约资源、保护生态环境的要求；业主大会或者业主委员会，对任意弃置垃圾、排放污染物或者噪声、违反规定饲养动物、违章搭建、侵占通道、拒付物业费等损害他人合法权益的行为，有权依照法律、法规以及管理规约，请求行为人停止侵害、排除妨碍、消除危险、恢复原状、赔偿损失；业主或者其他行为人拒不履行相关义务的，有关当事人可以向有关行政主管部门报告或者投诉，有关行政主管部门应当依法处理”。

据此，物业服务企业可以根据物业服务合同约定，对制造生活噪声的业主进行劝阻，也可以请求业主委员会出面，要求制造噪声的行为人停止侵害；如果业主委员会请求无效的话，可以向有关行政主管部门报告或者投诉。

根据民法典第二百八十七条规定，“业主对建设单位、物业服务企业或者其他管理人以及其他业主侵害自己合法权益的行为，有权请求其承担民事责任”。受损害的业主吴先生也可以向人民法院提起诉讼，向楼上业主维权。

想一想：你作为物业管理员，应该如何防范物业管理区域的噪声污染呢？

1．环境维护法律风险识别与防范

环境维护的法律风险，主要表现在物业服务企业面对噪声、油烟、污水排放、垃圾分类等违反环保相关法律法规的行为，不能采取有效措施履行制止义务、报告义务等。如未能及时采取合理措施制止前述违反环保相关法律法规的行为，且没有留存制止义务履行的书面证据；制止无效，未能及时向有关行政主管部门进行书面报告，且没有留存报告义务履行的书面证据，或根本没有报告等情形，导致承担连带责任的法律责任风险。

规避环境维护的法律风险，首先要全面领会并掌握民法典第九百四十二条、物业管理条例第四十五条赋予的物业服务企业对物业服务区域内违反有关治安、环保、消防等法律法规的行为，应当及时采取合理措施制止、向有关行政主管部门报告并协助处理的规定，应认识到物业服务企业对违反环保法律法规的行为，须依法履行制止义务、报告义务。其次要建立规范的制止义务、报告义务履行程序，要注重义务履行的书面形式，及时制作并送达书面的整改通知书与书面报告，在必要情况下以快递方式实现送达，并留存好必要的书面证据，归档保存。最后要依据民法典第二百八十六条第二款规定，建议业主委员会履行其要求行为人停止侵害的义务，并可告知受侵害业主可依据民法典第二百八十七条通过司法诉讼维护自身权益。

2．环境维护风险识别与防范

（1）噪声污染的风险。主要表现在物业服务区域内的过大音量、各类噪声等。如高音喇叭播放广场舞音乐；家庭深夜娱乐、聚会使用音响器材；家庭纠纷、邻里纠纷的吵骂声；商业经营的广告播放与招揽顾客的音乐播放；装饰装修施工的设备声；机动车鸣笛；物业管理区域内施工机械的设备声等情形，导致业主投诉、满意率降低等风险。

噪声污染风险防范措施：一是加强精神文明教育，并通过管理规约约束业主噪声扰民行为；制定必要的管理办法，对家庭娱乐活动、商业经营活动、装修活动、施工活动、车辆鸣笛等通过限定时间、地点，并要求采用消声、隔声等措施来加以控制。二是物业服务企业及时履行制止义务和报告义务，要求业主委员会发挥自治管理主体作用，协调好相关部门及时实施行政执法。三是加强绿化，通过增加树木种植达到消声防噪、美化环境的目的。

（2）油烟污染的风险。主要表现在商业油烟随意排放，或邻里油烟窜通等。如居住用房改为饭店或早餐店不按规定设置户外排油烟道，随意排放油烟，或将排油烟道连入厨房排烟道或卫生间排气道；装修期间擅自更改厨房排烟道，或将厨房排烟道连通卫生间排气道，或在阳台引出排油烟孔等情形，导致业主投诉、满意降低等风险。

油烟污染风险防范措施：一是加强装修管理，在装修方案审核阶段就杜绝随意连通、变更厨房排烟道、卫生间排气道，或在阳台设置排油烟孔；尤其加强对住改商进行餐饮经营的装修管理，应严格要求其按所在地规定制作户外排油烟道。二是加强巡查管理，对发现的违法违规行为，及时履行制止义务和报告义务，要求业主委员会发挥自治管理主体作用，协调好相关部门及时实施行政执法。

（3）污水排放污染的风险。主要表现在商业经营污水随意排放，业主或物业使用人私改排水管线等。如餐饮经营不设立隔油池，废弃的食用油、剩菜油汤等直接排入排水管线；一楼业主或物业使用人私自堵塞户内排水管线检修口，自己独设排水管；楼上业主或物业使用人向排水管内投放固体物等情形，导致下水管线堵塞致使相邻业主财产损失，物业服务企业承担连带责任的风险。

污水排放污染风险防范措施：一是加强装修管理，防止业主和物业使用人私改下水管线的行为；加强餐饮经营的装修管理，应严格要求其按所在地规定设立隔油池，餐饮污水经沉淀、过滤才可排放。二是加强巡查管理，对发现的违法违规行为，及时履行制止义务和报告义务，要求业主委员会发挥自治管理主体作用，协调好相关部门及时实施行政执法。

（4）垃圾分类与处理的风险。主要表现在业主和物业使用人对垃圾分类不了解、不配合、不支持垃圾分类行为；垃圾分类操作不当、未按照规定进行清运等。如有些业主将玻璃碎片投放在厨余垃圾里，保洁员在处理垃圾时手部划伤；垃圾没有实行袋装化和密闭化收集，垃圾运送到附近的垃圾转运站后，没有按规定的作业程序投放到垃圾压缩箱；垃圾收集容器有残缺、破损，封闭性不好导致垃圾洒落，垃圾收集搬运过程有遗漏、拖挂、渗滤液滴漏，垃圾没有日产日清等情形，导致物业服务企业工伤责任、垃圾处理违约等风险。

垃圾分类与处理风险防范措施：一是加强垃圾分类的宣传，普及垃圾分类知识。可以利用小区内广播、微信公众号、业主微信群、宣传栏等各种方式进行宣传，让业主和物业使用人能够准确进行垃圾分类。二是加强保洁员培训，掌握垃圾分类知识、垃圾回收、垃圾清运以及固体废弃物的处理等；加强个人安全意识，做好自我防护。三是增设合理的分类垃圾桶，按照垃圾清运的操作规程，做好垃圾清运工作，加强袋装化、密闭化管理，做到垃圾收集搬运过程无遗漏、无撒落、无拖挂、无渗滤液滴漏；每天至少清运垃圾一次以上，确保垃圾日产日清，并要做好垃圾清运记录。

思考题

1．物业环境管理可以依据的法律法规有哪些？

2．绿化管理转委托的风险主要表现在哪些方面？如何防范这些风险？

3．污水排放污染风险主要表现在哪些方面？如何防范？

实训练习题

基础理论知识

一、单项选择题

1．保洁试剂在不同的清洁对象上使用必须严格按说明浓度做好配比，对新清洁对象使用药物，须先进行（　），没问题后方可大面积使用。

A．擦拭　B．涂抹　C．局部试验　D．整体试验

2．加强油烟污染巡查管理，对发现的违法违规行为，及时（　），要求业主委员会发挥自治管理主体作用，协调好相关部门及时实施行政执法。

A．向物业公司领导反馈　B．对其进行罚款

C．履行制止义务和报告义务　D．要求其整改

3．要在保证安全的前提下进行卫生消杀，做好警示标志和安全提醒，施药尽量放在（　）或设置安全防范器具，让孩童、宠物接触不到的地方。

A．露天醒目位置　B．隐蔽处

C．行人必经之地　D．广场或大堂

4．保洁高处（高空）作业必须了解保洁员身体情况，凡患有高血压、心脏病、癫痫病及其他不适宜高处（高空）作业疾病的人（　）。

A．可以从事高处（高空）作业

B．视情况安排高处（高空）作业

C．只要作业前没有疾病症状就可以进行高处（高空）作业

D．一律不准从事高处（高空）作业

5．加强绿化机械安全操作规程、科学保养技能培训，（　）绿化机械安全性能或安全装置，做好器械定期保养，及时排查故障。

A．每天检查　B．每年检查

C．发现故障时检查　D．定期检查

二、多项选择题

1．保洁管理内容主要包括（　）。

A．物业擦拭清扫

B．日常垃圾收集清运

C．装修建筑垃圾收集清运和垃圾收集设施保养维护

D．清洁保持巡查以及保洁宣传教育

E．业主专有部分保洁

2．对卫生消杀人员进行培训，培训内容有（　　）。

A．消杀操作标准　　B．消杀药品的使用与安全

C．卫生消杀服务礼仪　　D．作业指导书

E．个人防护、中毒和损伤的预防和急救方法

3．绿化管理的法律风险，主要表现在（　　）。

A．物业服务企业不履行或不完全履行物业服务合同约定的绿化管理义务

B．物业服务企业擅自改变绿地用途

C．绿化作业违反法律法规、规章政策的规定

D．业主在绿地上晾晒

E．业主在绿地上烧烤

4．噪声污染的风险主要表现在物业服务区域内的过大音量、各类噪声，如（　　）。

A．夜间的雷雨声

B．高音喇叭播放广场舞音乐以及家庭深夜娱乐、聚会使用音响器材

C．家庭纠纷、邻里纠纷的吵骂声

D．商业经营的广告播放与招揽顾客的音乐播放

E．装饰装修施工的设备声、机动车鸣笛及物业管理区域内施工的机械设备声

5．以下哪些不是规避垃圾分类与处理风险的措施（　　）。

A．加强垃圾分类的宣传，普及垃圾分类知识

B．加强保洁员培训

C．增设合理的分类垃圾桶

D．清运垃圾时在道路人流高峰期

E．清运垃圾使用客梯

案例分析题

1．结合本案例，你认为保洁作业应如何规避此类风险。

案情：某日，业主罗某在小区道路上骑自行车，当经过横在道路中间的胶水管时，不慎绊倒。当时保洁员正在清洗小区道路，并未设置任何警示标志。业主罗某车倒人翻，手掌划破，裤脚撕裂。事后，罗某到物业项目管理处投诉，要求赔偿医药费600元，自行车维修费100元。

2．结合本案例，你认为物业公司应该如何规避绿化管理的法律风险。

案情：某住宅区里的“圈地运动”越演越烈。两块公共绿地被一些业主分成了自己的“私家花园”，其他业主对此颇有不满。物业管理处在初始阶段就进行过劝阻但收效甚微。后来看到已经失控，才发出通知限10日之内自行清除私自种植的果木和蔬菜，逾期将强行解决，重新统一规划建设绿地。规定时限到了，仍有部分业主无动于衷，物业管理处只好亲自动手，开始对杂树林、菜园子进行彻底清理。清理刚刚开始，一个业主把举报电话打到了市园林绿化监察部门，投诉物业管理处私自砍伐树木。园林绿化监管执法人员来到现场，没收了物业管理工作人员的工具，并下发了违章通知书。

3．结合本案例，你认为应该如何做好卫生消杀的安全防范，该物业公司应该怎样做好本案例的风险应对。

案情：按照消杀工作安排，物业项目管理处在楼道中投放了鼠药，其作业过程是拿纸垫在地上，纸上放置红色粉末的鼠药，没有任何的遮挡和防护。晚上，小区业主张女士牵着泰迪宠物狗散步回家后半小时左右，宠物狗突然出现了尖叫、呕吐等疑似中毒症状。经鉴定，张女士的宠物狗误食了物业公司投放在楼道内的鼠药导致以上情形发生。这只泰迪宠物狗，张女士和家人养了两年，感情非常深厚，她认为毫无遮挡的鼠药，确实存在安全隐患。接到情况反映后，小区物业项目管理处负责人表示，鼠药是自行在市场购置，现在已派人全部清理。张女士主张自己的宠物狗中毒是因误食了投放在楼道内的鼠药，要求物业公司赔偿损失。

5.5 物业安全防范管理的风险防范管理

学习目标：1．了解物业安全防范管理各内容的基本知识、相关法规政策，以及物业服务人在物业安全管理服务中的定位；

2．熟悉物业安全防范的基本要求；

3．掌握识别物业安全防范管理中存在的风险，以及依法依约规避相关风险，能够对可能发生或已经发生的风险进行有效处置。

5.5.1 物业安全防范管理的基本认识与相关法规政策规定

1．物业安全防范管理的基本认识

物业安全防范管理是物业服务人在物业管理区域内进行的公共秩序维护、施工现场管理、突发事件应急处理等一系列防范性、应急性管理服务活动。

物业安全防范包括“防”与“保”两个方面，“防”是预防灾害性、伤害性事故发生；“保”是通过各种措施对发生的事件进行妥善处理。“防”是防灾，“保”是减灾。两者相辅相成，缺一不可。物业安全防范的目的是通过保证物业安全使用，保障物业管理区域内的人身安全和财产安全，维护物业管理区域内的工作和生活的基本秩序，保证业主和使用人有一个安全舒适的工作、生活环境。

物业服务人的安全防范义务主要包括法定义务和约定义务。法定安全防范义务主要是在法律法规、规章政策中有关物业服务人安全防范职责、要求的规定，如民法典第九百四十二条、《物业管理条例》第四十五条、第四十六条、第五十二条的相关规定；约定安全防范义务，主要体现在物业服务合同中关于物业服务人安全防范义务的约定。如果物业服务人违反了法定或者约定的安全防范义务，就应承担相应的责任。

2. 物业安全防范管理中物业服务企业的角色定位

在物业安全防范管理中，物业服务人承担的角色是在物业管理区域内协助公安、消防、执法等有关部门进行安全防范和基本秩序维护等管理活动，执行“谁主管、谁负责”和“群防群治”的原则，主要任务是落实物业使用安全、消防安全、基本秩序维护等各项制度，及时发现、劝阻、制止和报告危及安全防范要求的违法违规活动，保护物业管理区域内全体业主和物业使用人的人身安全、财产安全。

3. 物业服务人的安全保护义务

物业服务人的安全保护义务是指法律法规所赋予物业服务人在物业管理活动中承担的对物业管理区域内业主和物业使用人的人身、财产的安全保护义务。物业服务人的安全保护义务的内容、要求等，应在物业服务合同中作出明确约定。

物业服务人安全保护义务是由民法典第九百四十二条、《物业管理条例》第四十五条第一款、第四十六条第一款规定的，物业服务人若未能履行物业服务合同有关安全保护义务的约定，导致业主人身、财产安全受到损害，则应依据《物业管理条例》第三十五条第二款规定，承担相应的法律责任。

安全保护义务的主体是物业服务人，安全保护义务的客体是人身安全和财产安全。物业服务人安全保护义务，从空间上仅限于物业管理区域，从责任确定上仅限于物业管理活动范围。

物业安全保护义务的内容主要是对物的安全保护义务和对人的安全保护义务。在物业管理活动中，具体表现为物业养护维修义务、安全警示义务、告知义务、制止义务、报告义务、救助义务和协助义务等。

司法实践中，判断物业服务人是否已尽到合理的物业安全保护义务，以及物业管理提供过程中是否存在过错，一般认定依据是有约定的，从约定；无约定的，依法定；是否采取合理措施等三个方面，物业服务人在物业管理活动中应留存好相应的证据。

〖相关法规制度标准〗

1．2020年5月28日第十三届全国人民代表大会第三次会议通过的《中华人民共和国民法典》；

2．2018年3月19日国务院修改的《物业管理条例》（国务院令第698号）；

3．2020年12月23日最高人民法院审判委员会第1823次会议通过的《最高人民法院关于审理人身损害赔偿案件适用法律若干问题的解释》。

5.5.2 公共秩序维护管理的风险识别与防范

1．公共秩序维护的基本认识

公共秩序维护管理是指物业服务人（或由其委托的保安专营企业）通过严密的制度、措施所进行的物业管理区域出入管控、巡逻防范、监控服务等活动。其具体内容包括劝阻、制止扰乱公共秩序的行为；对出入人员、车辆、物资的严格检查、验证和登记；在物业管理区域内有计划地巡查警戒；使用并保养维护电子监控系统。

公共秩序维护风险主要是指物业服务人在履行物业服务合同约定的公共秩序维护管理职责时，因违反法定权限、法定义务或者合同约定，以及因第三人的过错和违法行为，给物业管理区域内的业主、物业使用人造成人身伤害和财产损失，导致物业服务人承担相应责任的风险。

因此，物业服务人在物业管理区域的出入管控上要严格把守，对进出的车辆、人员、物品等进行检查、验证和登记，维护好物业管理区域内的基本秩序、保障业主及其财产安全；通过有计划的巡逻观察，及时发现并消除各种安全隐患，及时处理各种危及安全防范的行为，确保物业管理区域的安全；监控服务中，监控人员应按照规定要求做好监控防范工作，对意外情况、突发事件在第一时间做出反应，做好监控设施设备的养护、维修和管理，确保物业管理区域始终处于安全状态中。

〖相关法规制度标准〗

1．2020年5月28日第十三届全国人民代表大会第三次会议通过的《中华人民共和国民法典》；

2．2012年10月26日第十一届全国人民代表大会常务委员会第二十九次会议修正的《中华人民共和国治安管理处罚法》；

3．2018年3月19日国务院修改的《物业管理条例》（国务院令第698号）；

4．2009年9月28日国务院第82次常务会议通过《保安服务管理条例》。

【案例5-7】业主家中被盗，物业公司担责

某小区业主张某家中大量财物夜间被盗。张某认为物业公司未尽到安全保障职责，应当赔偿业主的损失。物业公司认为该盗窃属于刑事案件，应由犯罪分子承担责任，故拒绝按照张某的要求进行赔偿。于是，张某向人民法院提起诉讼，要求物业公司赔偿因盗窃而遭受的经济损失。法院审理后认为，物业公司与业主签订的《物业服务合同》中约定了“夜间对服务范围内重点部位、道路进行防范检查和巡逻，做好记录”，但物业公司未能提供证据证实其已履行了防范检查和巡逻义务，因此，物业公司应当承担举证不能的法律后果，即认定其未尽到应有的安全防范义务，应对业主张某的损失承担相应的义务。

分析：《物业管理条例》第三十五条第二款规定，物业服务企业未能履行物业服务合同的约定，导致业主人身、财产安全受到损害的，应当依法承担相应的法律责任。本案例物业公司未能举证证明自己履行了合同中“夜间对服务范围内重点部位、道路进行防范检查和巡逻，做好记录”的约定，至少表明其没有“做好记录”，也无法证明其履行了防范检查和巡逻的义务，因而应当承担业主张某的损失赔偿。但这一赔偿额度的确认应以物业服务合同为依据进行衡量，不能承担刑事赔偿责任。业主张某也应为自己的损失主张举证，未能举证的，同样也不应认定为损失。

想一想：物业服务企业应如何规避秩序维护中的法律风险？

2. 公共秩序维护法律风险的识别与防范

（1）履行公共秩序维护职责的法律风险。主要表现在秩序维护人员履行岗位职责时的违法违规行为。如门岗出入登记检查，扣留访客身份证件，或与不配合人员发生肢体冲突；制止物业管理区域内违反公共秩序行为时，扣押当事人私人财物，或发生肢体冲突甚至强制拘押；对群体事件采取殴打手段进行驱散等情形，导致侵犯人权、人身伤害、财产损失等法律责任风险。

规避履行公共秩序维护职责法律风险，首先要强化秩序维护人员的法律意识，使其明确知晓在公共秩序维护方面，物业服务企业没有任何行政执法权，只有依法依约进行劝阻、制止、报告和协助的义务，不可采取任何强制性手段。其次是建立健全秩序维护规范与标准，通过严格的制度，规范秩序维护人员的履职行为，提高秩序维护人员依法履行工作职责的能力。最后是保存好秩序维护工作形成的监控录像、工作记录等凭证资料，以备不时之需。

（2）物业管理区域内发生治安案件的法律风险。主要表现在因管理疏漏给不法分子可乘之机等。如围墙、通道防护不到位，有随意出入缺陷；关键或重要岗位无人值守；对外来人员、车辆检查不严格；巡逻线路、频次安排不合理，或巡视不仔细；安防监控设施设备不能正常工作等情形，导致在物业管理区域内发生盗窃、抢劫、故意伤害、故意杀人等治安案件时承担赔偿责任的法律责任风险。

规避物业管理区域内发生治安案件法律风险，首先要强化秩序维护意识，重视安全防范工作，通过建立严谨周全的秩序维护管理制度，规范秩序维护人员的工作行为，提高安全防范工作质量。其次要熟悉物业项目情况，排除安全防范隐患，制定全面合理的秩序维护方案，并通过培训和演练，使员工熟练掌握突发治安事件的处理技巧和流程，具备妥善处理能力。再次要合理布置和定期升级安防监控系统和安全防范设施设备，适时做好维修和改造，保障其正常运行，并使秩序维护人员熟练掌握操作技能，实现人防、技防相结合。最后要完善相关的监督检查制度，加强对制度执行情况的监管力度，并督促做好日常工作纪律和突发治安事件处理记录，妥善保存，以备不时之需。

3．公共秩序维护实施的风险识别与防范

（1）出入管控的风险与防范。出入管控的风险主要表现在秩序维护人员缺乏服务意识和管理方法；工作态度消极、不认真履行职责；不当或错误使用工作权利等。如出入管理岗位人员服务礼仪不规范，着装不端、语言不文明，与业主、外来人员发生争吵、纠纷；人员脱岗、睡岗，对外来人员、车辆、物品等不按规程进行检查、验证、登记即放行等情形，导致服务恶劣、秩序混乱、人员混杂、企业形象受损的风险。

出入管控风险防范措施：一是严格执行出入管理制度，坚持原则、办事公道、不因人而异，并采取适当的方式进行宣传和解释，取得业主的理解和支持。二是尊重业主，使用礼貌用语文明执勤，不与业主对抗。三是认真查验出入证件，并核对进出车辆、物品和人员，不要忽视任何细节，要善于观察人和物，时刻保持安全防范意识。四是灵活处理问题，对原则性问题必须严格把关；非原则性问题能够随机应变，灵活处理。五是做好交接班，换岗时要交接清楚执勤情况、注意问题和待办事项等，保持工作连续性。

（2）巡逻服务的风险与防范。巡逻服务的风险主要表现在巡逻制度得不到严格执行。如监管不到位，巡逻不按规定路线和频次执行；巡逻漏检，不能及时发现、消除各种安全隐患；缺乏处理突发事件的能力，不能及时处理各种违法犯罪事件等情形，导致发生安全防范事件、事件损失扩大、人身财产损失的风险。

巡逻服务风险防范措施：一是严格执行巡逻工作规程，制定完备的巡逻方案，科学合理地制定巡逻路线和频次，保证巡逻工作的顺利、有效执行。二是增强巡逻人员的安全防范意识，加强业务训练，提高巡逻方法技能，并配备必要的巡逻装备和通信器材，提高应急处置能力。三是加强巡逻工作监管制度与情况报告制度的落实，提高对巡逻数据信息进行储存、检查、记录的手段和方法，便于问题的解决和处理，总结经验改进巡逻工作。

（3）监控服务的风险与防范。监控服务的风险主要表现在监控工作程序落实不到位。如不按岗位标准和要求工作，工作中注意力不集中、懈怠，不能第一时间对意外情况或突发事件作出反应；监控专业技能差，操作不熟练，错过对可疑信息的复查或重点观察；监控设施布置不合理，监控设施设备发生故障维修不及时等情形，导致意外情况继续发生或损害扩大，监控数据存储的数据丢失、不全甚至没有实现存储，不能为业主或相关部门查询提供有效帮助，承担意外事件直接责任或连带责任的风险。

监控服务风险防范措施：一是加强制度落实，强化岗位培训，监控人员须掌握独立操作技能，工作时要集中精力，不得擅自离岗或做与工作无关的事，密切注意监视屏幕的动态画面，迅速判断异常，做出妥善处理。二是提高监控人员对监控资料的保管、保密意识，未经授权或同意，不可擅自修改、替换、设置监控系统内原有的数据和程序，不可向外泄露相关情况，不得擅自关闭运行正常的监控设备；制定监控资料的查询、利用规章，防止监控信息的恶意泄露与传播。三是建立安全防范系统设施设备台账和保养维修制度，全面、完整地反映安防系统设施设备的原始情况和动态变化过程，对保养、维修做好完整记录。

5.5.3 消防管理的风险识别与防范

1．消防管理的基本认识

物业消防管理，是指物业服务人按照国家消防安全有关规定，通过建设义务消防队伍，制定完善消防安全制度，加强消防安全巡查与宣传，落实消防设备器材配备与保养等措施，实现预防火灾发生及在火灾发生时采取有效应急措施，最大限度减少火灾损失为目的的安全管理活动。

消防管理包括消防知识宣传、消防安全检查、监控值守、标志管理、应急处置、志愿消防队伍建立、消防管理制度完善以及对消防设备设施的维修保养等工作。

物业服务人应当在物业管理区域内履行制定消防安全制度，落实消防安全责任，开展消防安全宣传教育；落实物业服务合同约定的消防安全防范事项；开展防火检查巡查，及时消除火灾隐患；保障疏散通道、安全出口、消防车通道畅通；确保公共消防设施、器材以及消防安全标志完好有效；建立消防应急预案，并组织消防应急演练等消防安全职责，坚持“预防为主，防消结合”原则，落实消防安全防范职责。对物业管理区域内违反有关消防法律法规的行为，根据民法典九百四十二条第二款、《物业管理条例》第四十五条第一款和第四十六条规定，履行制止义务、报告义务和应急义务、协助义务，最大限度地防止和减少火灾所造成的人身伤亡和财产损失。

在物业管理实践中，消防安全管理工作的原则是“谁主管，谁负责”，层层落实防火责任制。物业服务人的法定代表人为物业管理区域内的消防安全责任人，消防安全重点单位可以委托物业项目经理为消防安全管理人；各部门主管领导为本部门第一防火负责人，各部门、各岗位对各自分管工作中的消防安全负责。

〖相关法规制度标准〗

1．2021年4月29日第十三届全国人民代表大会常务委员会第二十八次会议修

改的《中华人民共和国消防法》;

2．2001年11月14日公安部公布的《机关、团体、企业、事业单位消防安全管理规定》(公安部第61号令);

3．2012年7月17日公安部修订的《消防监督检查规定》(公安部第120号令);

4．2017年11月9日国务院办公厅发布的《消防安全责任制实施办法》(国办发〔2017〕87号);

5．2019年12月12日应急管理部消防救援局办公室印发的《消防救援局关于进一步明确消防车通道管理若干措施的通知》(应急消〔2019〕334号)。

【案例5-8】业主家中起火，物业服务企业担责

侯某所在房屋发生火灾，火灾波及杨某等邻居。该火灾造成侯某及杨某等其他业主直接经济损失316666元。市消防大队出具的《火灾事故认定书》认定起火点系侯某住宅客厅沙发前电烤箱处，起火原因为取暖电烤箱长时间处于通电状态，烤燃电烤箱附近的可燃物后扩大火灾。消防大队在处置火灾中发现，该小区室内消火栓无水。火灾扑灭后，消防大队经调查发现，Y物业公司擅自停用消防设施、器材，将室内消防栓阀门关闭，消防大队对Y物业公司给予了5万元行政处罚。受害人杨某将侯某诉至市人民法院，要求侯某赔偿经济损失19620元。法院受理后，依法追加Y物业公司为第三人。市人民法院经审理判令侯某承担70%的民事责任，Y物业公司承担30%的民事责任。

分析：该起火灾起火部位属于被告侯某的专有部分，是其直接管理、占有、使用的范围，起火原因为户主侯某住宅内取暖用电烤箱长时间处于通电状态，烤燃电烤箱附近的可燃物后扩大火灾，被告侯某未尽谨慎管理义务，致使发生火灾造成原告遭受财产损失，其行为是造成本案损害结果发生的直接和主要原因，应对原告遭受的财产损失承担主要的赔偿责任。

火灾发生的直接原因虽与Y物业公司并无因果关系，但Y物业公司在履行物业管理职责时确实存在擅自停用消防设施、器材即室内消火栓阀门被关闭的管理缺陷，对延误火灾扑救存在逻辑上一定因果关系，但Y物业公司对此未提供充分证据否定这一种因果关系，故Y物业公司应对原告遭受的财产损失承担相应的赔偿责任。

想一想：1. 在本案中，Y物业公司承担了哪些法律责任?

2. 通过本案的判决，物业服务企业应吸取哪些经验教训?

2．消防管理法律风险的识别与防范

(1)消防安全管理制度的法律风险。主要表现在制定消防安全管理制度不合乎法律法规、规章政策要求，执行不到位等。如没有依法依规进行消防安全单位尤其是消防安全重点单位的类别判断，制定制度与现实不符合；没有制定完善的消防安全管理制度，消防管理中无据可依；没有切实可行的消防预案、消防操作规范，或有消防预案、消防操作规范，但未组织培训、员工不会操作、错误操作或对消防设施设备操作不熟练；未对消防管理工作做必要的记录并保存等情形，导致火灾损失扩大、事后无法举证、承担相应责任、连带责任的法律责任风险。

规避消防安全管理制度法律风险，首先要加强有关消防法律法规、规章政策的学习，依法明确物业服务企业消防安全管理职责，制定系统的物业服务企业消防管理规定、消防设备设施管理制度及消防检查方案和应急预案等规章制度。其次是落实和执行各项消防管理制度，认真执行各项消防安全的操作规程，依法依规履行消防安全管理职责，定期组织消防演练。最后做好消防安全管理记录并妥善保管，以备不时之需。

（2）行使消防安全防范职责的法律风险。主要表现在没有行使或行使消防安全防范职责不到位。如消防安全防范制度不完善、消防应急机制不健全、消防安全专业技能差；对圈占、破坏、封堵消防设施设备或占用消防车通道的违法违规行为，没有履行制止义务、报告义务，或履行义务未保留必要的证据；行使制止义务时，与当事人发生矛盾冲突，侵害其人身、财产权利；消防监控人员未持证上岗；火灾发生时，未能及时启动灭火应急预案，或消防设施设备未能有效使用等情形，导致行政处罚、民事赔偿、连带责任的法律责任风险。

规避行使消防安全防范职责法律风险，首先要按照消防法规的要求，建立完善的消防安全管理制度，明确物业服务企业消防安全防范职责，尤其是明确行使职责所应履行的义务及义务范围和要求，依法依约及时履行消防安全防范职责，并做好记录。其次要加强消防检查巡查与监督整改，明确消防设施设备的巡查内容及频次，确定消防设施设备安全检查的责任人及要求，做好消防检查、巡查、整改、复查记录；消防档案是物业服务企业规避消防安全管理责任的主要佐证材料，要做好消防档案的管理，消防档案包括消防设施基本情况和消防设施动态管理情况。再次要加强法律知识、操作规程和灭火技能的培训和演练，让员工明确在灭火应急中自身的职责，提高员工灭火技能、消防应急能力。最后是保证关键岗位人员按照规定持证上岗，加强对消防设施设备的检查巡查，发现问题及时组织维修或更新，保证消防设施设备随时能正常启动，发挥消防功能。

3．消防管理实施的风险识别与防范

（1）他人过失引发火灾的风险与防范。他人过失引发火灾的风险主要表现在安全意识淡薄，不重视消防安全。如乱接电线、盲目增大电气功率，用火用气不慎引发火灾；装修时改造防火设施设备而使其丧失灭火功能；施工人员不按规定使用电气设备、擅自动用明火引发火灾；楼道堆积杂物、占用通道、封堵安全出口，妨碍灭火、逃生；火灾发生时，不会使用消防器材，缺乏火灾自救和逃生技能等情形，导致行政处罚甚至刑事责任、赔偿损失、承担连带责任的法律责任风险。

他人过失引发火灾风险的防范措施：一是加大消防安全知识宣传力度，提高广大业主对消防安全工作的认识；加强消防安全培训，组织必要的消防演练，提高业主和物业使用人对消防器材的使用能力，掌握自救逃生技能。二是加强装修管理的消防审查和现场巡查，防止损坏消防设施设备；加强动火安全管理，严格动火前的要求与审批，加强对动火过程的全程现场监督。三是设置消防标识及其妥善管理，发挥消防标识的警示作用；及时制止损坏公共消防设施和器械，占用、堵塞消防通道、安全出口的行为，并及时向消防主管部门报告。四是建立火灾事件应急预案，组建灭火志愿队伍，定期组织消防知识与实操技能培训、演练，提高应急实战能力，确保及时有效地处置火灾，并做好记录。

（2）消防设施设备不能正常使用的风险与防范。消防设施设备不能正常使用的风险主要表现在火灾发生时消防设施设备处于关闭状态或无法启用等。如消防设施设备承接查验不规范，未做启动查验，或移交资料不全、记录信息不全面不真实；未严格执行消防设施设备维修保养要求，消防设施设备缺乏必要的养护维修，消防设施设备不能正常使用；业主和物业使用人随意使用消防用水致使物业项目管理处不得已关闭消防供水系统，或人为破坏消防设施设备；消防控制室人员不符合岗位要求，专业技能欠缺，不能及时正确使用或误操作消防设施设备，或不会处理紧急事故贻误报警和灭火时机等情形，致使早期报警、初期灭火等功能失效，导致行政处罚甚至刑事责任、赔偿损失、承担连带责任的法律责任风险。

消防设施设备不能正常使用风险的防范措施：一是做好消防设施设备的承接查验，对于查验不合格的设施设备，应书面通知建设单位限期整改，经整改合格后再办理相关的移交手续，并将相关资料整理存档。二是按照有关消防岗位的规定要求，严格人员选聘，落实人员持证上岗；加强消防法律知识学习，操作规范与技能培训，提高人员专业技能和火灾应急处置能力。三是定期开展消防演习，以此检验人员组织能力、防火灭火能力、消防设施设备运行情况，增强员工、业主和物业使用人的消防安全意识，提高自救逃生能力。四是定期对消防设施设备进行预检预修，明确消防设施设备的维修类型，确定维修资金的来源，保证消防设施设备的正常使用。

5.5.4 车辆管理的风险识别与防范

1．车辆管理的基本认识

车辆管理是指物业服务企业为维护物业管理区域内行车、停车秩序和停车场（库）设施设备及相关场地而提供的综合管理活动。

车辆管理的内容主要包括车位规划与分配、车辆出入管理、车辆停放管理、停车收费管理、应急处置和标志管理等工作。

为提供优质的车辆管理服务，必须制定和执行相应的管理制度，注重管理人员培训和考核。一般情况下，车辆管理制度包括公共制度和内部制度两部分。公共制度是指政府公布的交通法规、停车收费管理办法等；内部制度是指物业服务企业内部制定的管理制度，包括《停车场管理规定》《车辆出入管理规定》《交接班管理规定》《工作考核管理规定》《突发事件处理办法》等。这些规章制度的执行与记录与否，是规避车辆管理责任的关键证据之一。

停车场地须按照国家标准《道路交通标志和标线》GB 5768.2—2009设置交通标志，施划交通标线。停车收费，其价格应当获得物价部门允许，并在停车场显著位置公示收费标准。

〖相关法规制度标准〗

1. 2020年5月28日第十三届全国人民代表大会第三次会议通过的《中华人民共和国民法典》；

2. 2021年4月29日第十三届全国人民代表大会常务委员会第二十八次会议修改的《中华人民共和国道路交通安全法》；

3. 2012年10月26日十一届全国人大常委会第29次会议修改的《中华人民共和国治安管理处罚法》；

4. 2009年5月25日国家标准局发布《道路交通标志和标线》GB 5768.1～5768.3—2009；

5. 地方法律法规。

【案例5-9】小区内车辆丢失案

王某的轿车停放在其居住小区内，物业公司按每次每辆车4元钱的标准收取露天停车费。某日夜晚该车被盗，经小区监控录像显示，事发当天晚上有人将此车开走，公安部门对车辆被盗一直未破案。为此，王某状告物业公司疏于管理，导致车辆被盗，要求法院判令物业公司赔偿其经济损失7万元。

分析：从本案案情看，王某交纳的露天停车费，仅能证明物业公司对小区公共场地进行管理和定额收费，并不能证明双方之间形成车辆保管关系，且王某也未能提供证据证明物业公司存在过错，因此，王某的诉讼请求不能成立，物业公司不应该承担该车辆被盗的经济损失赔偿。

小区内丢车的案件时有发生，一旦物业服务企业存在过错就要承担赔偿责任，赔偿责任是物业服务企业停车管理较大的经营风险。所以，在小区的车辆管理过程中，物业服务企业要完善法务操作，做好各项工作记录，并作为相关证据保存，避免在可能的诉讼中败诉。当然，物业服务企业更要提高管理水平，完善相关设施设备和操作步骤，避免丢车事件因履行义务存在过错瑕疵而承担赔偿责任。

想一想：物业服务企业在车辆管理中还会有哪些法律风险要防范？

2. 车辆管理法律风险的识别与防范

（1）车辆管理文件制定的法律风险。主要表现在起草制定具有法律效力的文件时，忽略合法规避相关法律风险的条款内容等。如制定物业服务合同或车位使用（租赁）协议时，对停车管理是车辆保管关系还是车位租用关系表达不清或用词不当；没有按照地方法规政策关于停车场和停车收费的相关规定，制定管理内容、确定收费标准、履行报批批准手续等情形，导致车主质疑收费标准甚至经营行为、产生赔偿纠纷、承担车辆丢失赔偿责任、行政处罚等法律责任风险。

规避车辆管理文件制定法律风险，首先要依法依规制定车辆管理制度、签订车位使用（租赁）协议；认真研读车辆管理纠纷案件判决，从中学习规避法律风险的思路与办法。其次是车位使用（租赁）协议的相关条款须明确双方建立的是车位使用关系，而不是保管关系，并形成相关证据保留，以备将来诉讼时作为证据；内部规章制度及营业执照、收费许可证或其他文件上避免使用“保存、保管、看管”等字样。最后应依法依规办理停车场的报批手续和停车收费的批复手续，并在明显位置公示告知。

（2）车辆管理过程中的法律风险。主要表现在物业管理区域内车辆出入管理、道路安全管理和车辆停放管理等方面的车辆损害。如车辆管理工作人员不履行工作职责，或工作方法、处理措施不当致使业主的人身或财产受到损害的，或车辆管理设施设备出现故障、误操作等致车辆损伤；建筑物、广告牌或绿植等遮挡物影响驾驶人视线造成观察盲区，或道路通行指示、警示标志不清或错误；地下停车库排水系统损坏，发生雨水淹车；消防报警系统、灭火系统出现故障、灭火器配置不完善，不能及时扑救车辆火灾；未能及时制止车辆停放消防车通道，或者占用消防车通道施划车位等情形，导致承担经济赔偿、连带责任或行政处罚的法律责任风险。

规避车辆管理过程法律风险，首先要制定和严格执行相应的车辆管理制度，注重对车辆管理人员培训和考核，提高操作技能；车辆管理人员要严格执行各项管理制度，做好规章制度的执行记录。其次是完善车辆管理的交通标识，确保车辆交通有序通行；加强停车现场巡查，及时清理行车观察妨碍物；免责告示应充足明显，可利用车辆停放票据、卡、证及收费牌提示安全防范、相关免责信息。最后要加强对车辆管理设施设备养护维修，保证这些设施设备的完备和正常使用。

3．车辆管理实施的风险识别与防范

（1）车辆出入管理的风险与防范。车辆出入管理中的风险主要表现在车辆出入秩序混乱甚至拥堵等。如工作人员办理效率低，或不遵守制度，业主不配合工作；车辆出入控制技术手段落后或故障维修不及时，造成车辆进出卡失效、不能识别等情形，导致人员冲突、车辆通行慢甚至拥堵的风险。

车辆出入管理风险防范措施：一是加强门岗员工操作程序培训，熟练掌握操作技能，规范服务礼仪，提高工作效率和效果。二是强化车辆出入设施设备管理，加大检查频次，及时维修或更新，保持其正常使用。三是对可能发生或经常发生的各种车辆出入突发状况或突发事件，制定应急处置方案，并组织演练，保证及时有效地处理各种车辆出入管理突发事件。四是对故意堵塞出入口的行为，主动与当事人沟通、劝阻，如不奏效则及时报警处置，切不可采取过激甚至违法的处理方式。五是加强车辆出入管理记录并建档保存。

（2）小区道路安全管理的风险与防范。小区道路安全管理的风险主要表现在道路安全事故等。如驾驶人不按交通标志行车、行驶速度过快、逆向行驶、酒后驾驶；行人出行时，未按规定行走人行通道，或非机动车占用机动车道行驶；不按施划车位停车，路边随意停放车辆；发生交通事故后，车辆管理人员响应迟缓、处置不专业，不积极主动应对与处理等情形，导致道路秩序混乱、人员冲突、连带赔偿责任等风险。

小区道路安全管理风险防范措施：一是加强道路交通安全宣传力度，增强业主和物业使用人遵守物业管理区域交通规则的意识，树立文明出行、遵章驾驶的观念。二是结合小区路况，对小区的道路进行合理的划分，实行单向行驶或人车分流方式；合理设置交通设施和交通标志，在转弯处、危险或重要部位进行特别警示，便于驾驶员清晰辨识；设置减速带和限速标志。三是制定交通事故应急处理预案，车辆管理人员应熟练有效地开展应急救援；发生事故时，车辆管理人员应迅速赶到现场维持秩序、疏导交通，视情况决定是否报警或寻求救援，事后做好相关记录并存档。

（3）车辆受损或被盗的风险与防范。车辆受损或被盗的风险主要表现在业主和物业使用人车辆停放产生纠纷，车主车辆或车内物品被盗索赔认定纠纷等。如业主和物业使用人随意停放车辆、占用他人车位、占用消防通道或行车违规，造成他人车辆损坏；车主未锁闭车窗、车门，车内物品被盗；车主未按车位停放或随意停放车辆被损被盗；物业服务企业未建立健全车辆管理制度，未采取措施降低风险损失或未尽到管理责任等情形，导致人员冲突、经济赔偿、连带赔偿责任等风险。

车辆受损或被盗风险防范措施：一是加强制度建设，规范作业程序，杜绝管理漏洞；严格车辆出入登记，加强车辆安全巡视，并做好巡视记录；发现车窗门异常或车辆损坏情况，及时留存证据并通知车主确认。二是明确车辆停放非保管法律关系，并在显著位置明确告知，且并保留相关证据，避免在车辆出现刮损或丢失时引起法律纠纷而担责；完善监控安防系统，加大对停车区域、道路的技术监控，并留存监控信息。三是加大物业管理区域内文明行车、文明停车、车辆防盗防损的宣传，加强对占用他人车位、乱停乱放现象的管理力度，及时纠正不良行为，保证物业服务区域的交通安全。

5.5.5 施工现场的风险识别与防范

1．施工现场的基本认识

施工现场管理是指物业服务企业对物业管理区域内企业自身与物业专营企业、施工单位的施工人员、施工材料、施工设施设备、施工车辆的进出、施工区域划分分隔、物料存放以及安全警示的有效管理。

根据民法典、《中华人民共和国消防法》（以下简称消防法）、《物业管理条例》

等相关规定，物业服务企业在进行施工现场管理时，应督促施工单位防止建筑物、构筑物或者其他设施倒塌造成他人损害；督促施工单位防止从建筑物中抛掷物品或者从建筑物上坠落的物品造成他人损害；督促施工单位防止堆放物倒塌造成他人损害；督促施工单位防止在公共道路上堆放、倾倒、遗撒妨碍通行的物品造成他人损害；督促施工单位在公共场所或者道路上挖坑、修缮安装地下设施等时设置覆盖物、防围和明显警示标志并采取安全措施；督促施工单位防止窨井等地下设施造成他人损害；督促施工单位因施工等特殊情况需要使用明火作业的，应当按照规定事先办理审批手续，采取相应的消防安全措施；作业人员应当遵守消防安全规定；督促施工单位进行电焊，气焊等具有火灾危险的作业的人员和自动消防系统的操作人员，必须持证上岗，并严格遵守消防安全操作规程；提请装修人、施工单位履行国家或地方有关装修管理方面的规定等职责。

对非经常性的特殊作业，如动火作业、有限空间作业、临时用电作业、高处作业、动土作业等危险性较高的作业活动应实施作业许可管理，严格履行审批手续，并结合作业实际，确定具体的危险场所，禁止与作业无关人员进入施工操作现场。必要时实行定置管理，物品摆放整齐、有序，区域划分科学合理，夜间应保持良好的照明。按照国家标准为操作人员配备相适应的合格的劳动防护用品，并监督、教育操作人员佩戴、使用。对施工现场出现的不安全行为进行严肃处理，并定期进行分类、汇总和分析，制定针对性控制措施。根据施工现场的实际情况，规范设置安全警示标志，进行危险提示、警示，告知危险的种类、后果及应急措施等。

〖**相关法规制度标准**〗

1. 2020年5月28日第十三届全国人民代表大会第三次会议通过的《中华人民共和国民法典》；

2. 2021年4月29日第十三届全国人民代表大会常务委员会第二十八次会议修改的《中华人民共和国消防法》；

3. 2014年8月31日第十二届全国人民代表大会常务委员会第十次会议修改的《中华人民共和国安全生产法》；

4. 2018年3月19日国务院修改的《物业管理条例》(国务院令第698号)；

5. 2008年12月11日国家标准化管理委员会、国家质量监督检验检疫总局发布的《安全标志及其使用导则》GB 2894—2008；

6. 2020年3月31日国家标准化管理委员会、国家市场监督管理总局发布的《图形符号　安全色和安全标志》。

【案例5-10】污水井中毒事故案

北京市某小区的某污水井排水出现问题，物业公司3名维修人员先后下井对污水提升泵进行维修，在出现中毒情况后，井口外的物业公司员工又有7人下井救援，都依次中毒晕倒。消防部门接警后参与抢险救援。本次事故，因硫化氢、甲烷引起窒息性气体中毒，造成王某某等6名物业员工死亡，李某等4人受伤，另有一名消防员在施救过程中牺牲。

区法院开庭审理此案，对物业公司总经理南某和本小区物业管理执行经理陈某以重大安全事故罪提起公诉。检察院认为该公司未按规定设置安全生产管理机构或配备专职安全生产管理人员；未组织制定本单位危险作业安全管理和操作规程；未进行必要的安全投入；未及时发现和消除井下作业存在的安全隐患；未组织制定和实施本单位生产安全事故应急救援预案。在作业前对有限空间作业现场检查不到位；未及时向总公司申请相关的劳动防护用品和相关检验检测设备；且事故发生后，在未采取有效安全防护措施的情况下贸然组织施救。故造成重大人员伤亡的事故。

分析：本案例是物业服务企业对有限空间污水井进行维修，施工时未执行和落实《中华人民共和国安全生产法》的关于安全生产的规定，发生重大人员伤亡的事故。

南某作为物业公司总经理，未按规定设置安全生产管理机构或配备专职安全生产管理人员；未组织制定本单位危险作业安全管理和操作规程；未进行必要的安全投入；未及时发现和消除井下作业存在的安全隐患；未组织制定和实施本单位生产安全事故应急救援预案，对该起事故发生负有直接领导责任。陈某作为物业管理分公司执行经理，全面负责本小区的安全生产工作，对有限空间作业现场检查不到位；未及时向总公司申请相关的劳动防护用品和相关检验检测设备。事故发生后，在未采取有效安全防护措施的情况下贸然施救，导致事故进一步扩大，对该事故发生负有直接领导责任。陈某、南某作为企业的主要负责人，未保障企业安全生产条件符合国家规定，因而发生重大伤亡事故，且情节特别恶劣，应当以重大劳动安全事故罪追究其刑事责任。

所以，物业管理区域内，进行一些危险性较高的施工作业活动时，物业服务企业对其法律后果应引起足够重视，应积极采取有效的措施予以规避。

想一想：物业服务企业在施工现场管理中可能会承担哪些法律风险？

2．施工现场法律风险的识别与防范

（1）物业服务企业施工的法律风险。主要表现在施工作业没有落实法律法规、规章政策或强制性标准有关施工安全的相关规定等。如对高危险性特殊作业的施工现场，没有采取相应的安全防范措施和应急处理预案；施工人员无安全生产意识，不遵守安全要求和操作规程，违规操作，违章使用明火或使用明火与使用易燃易爆品同步作业等情形，致使发生安全事故，导致人员伤害、财产损失、行政处罚甚至刑事责任等法律责任风险。

规避物业服务企业施工法律责任风险，首先要熟悉法律法规有关安全生产的强制性规定，并依此制定严格的企业内部规章制度、操作规程，并通过组织培训，提升企业安全管理人员和施工人员的安全意识。其次要开展施工现场安全生产宣传教育，按照规定为施工人员配备符合要求的安全防护用品，保证设备设施安全；重点施工项目，要经施工作业审批后方可实施。再次是加强施工现场管理，划定安全警戒区域，设置符合标准规范的安全警示标志；对高危施工作业，要做好事前检查，排除一切安全隐患方可组织施工；指导和监督施工人员规范操作、安全施工，发现违规现象及时纠正、整改。最后要做好各类施工安全事故应急处理预案，发生意外安全事故，能立即启动应急处理预案，依照标准规范组织施救，把损失降到最低。

（2）外来单位施工的法律风险。主要表现在没有依据法律法规、规章政策或强制性标准有关施工安全的相关规定实施有效监管。如没有对物业专营企业、施工单位进行必要的资质审核、安全生产条件审查；对施工现场和施工过程缺少有效监管，未能规范施工方实施现场安全维护、必要的安全提示，或巡查频次过低，未能及时发现安全隐患；对业主和使用人没有尽到告知义务和采取必要的安全防范措施等情形，致使发生安全事故，导致人员伤害、财产损失、连带责任、行政处罚甚至刑事责任等法律责任风险。

规避外来单位施工的法律责任风险，首先是做好外来施工单位的审核工作、施工前的提示告知工作。对施工单位应建立严格的管理制度，重视资格审查，签订严密的施工责任确认协议，加强对施工单位安全生产的监督管理；对物业专营企业应要求其到物业服务企业办理报备手续，告知其禁止行为和注意事项，提示其履行好安全注意和警示义务，并加强施工现场的安全管理。其次是做好施工过程的监管，应要求按标准规范对施工区域进行划分和分隔，对施工现场的分隔、警示、安全防范、施工人员的行为进行监督与检查，发现违规行为，应立即联系施工单位现场负责人及时整改。三是将施工项目的施工时间、范围、潜在危险及注意事项等，施工前告知业主和物业使用人，提示其留意危险并提前规避；物业服务企业或监督施工方采取必要的安全措施和警示，保护业主和物业使用人的安全。最后是对施工管理过程所形成的各种合同、报备手续、规章制度等文件资料和现场管理中监督检查和问题处理等记录，要完整保存，以备证据之用。

3．施工现场实施的风险识别与防范

（1）施工人员的风险与防范。施工人员尤其外来施工人员的风险主要表现在不文明、不安全的行为等。如着装随意、言行粗鲁、高声喧哗、故意制造作业噪声，或在非施工区域长时间逗留等违反劳动纪律行为；施工人员安全生产意识差，缺少个人安全保护、违反操作规程等情形，导致影响业主和物业使用人工作、生活，人员伤害、财产损失的风险。

施工人员的风险防范措施：一是加强现场管理，严格管控施工人员，通过宣传与培训，在施工人员中倡导文明施工、安全施工的良好风气。二是加强与施工单位现场管理人员的沟通，督促其加强施工人员个人安全防护，提高安全施工意识，严格按照操作规程组织施工作业，以防意外事件的发生。三是加强施工现场的监督管理，通过对施工现场和物业管理区域的巡查，发现施工人员的违规行为应及时指出、督促改正，严格执行协议和规章制度中的处理规定。

（2）施工车辆进出的风险与防范。施工车辆进出的风险主要表现在行车安全和行驶、停放扰民等。如不按车辆出入管理规定进出物业管理区域；在物业管理区域超速行驶或不按交通指示行驶，或不按划定施工区域停放施工车辆；乱、长鸣笛扰民等情形，导致与车辆管理人员、业主和物业使用人发生纠纷甚至冲突，引发交通事故、承担连带责任的风险。

施工车辆进出风险防范措施：一是与施工单位达成协议，严格执行物业管理区域车辆出入管理办法，对施工车辆进行登记，发放出入通行证，不符合相关手续的一律不得进入物业管理区域。二是加强施工车辆的管理，施工期间增加巡逻、检查的频次，发现施工车辆违规及时纠正，发生事故及时处理；不配合检查、整改的车辆，对施工单位依据协议约定进行必要的限制或处罚。三是将施工信息、施工车辆在小区内出入、通行和停放的批准区域告知业主和使用人，提醒注意出行安全。

（3）施工材料、设施设备的风险与防范。施工材料、设施设备的风险主要体现在施工材料存放的安全隐患，施工机械与设施设备存放、使用的安全隐患等。如施工材料、设施设备超出施工区域占用公共通道、场地随意存放，摆堆超高；易生灰尘、产生异味甚至易燃易爆的建筑材料，缺少存放环境保护和安全管理措施；施工机械随意停放，或施工机械与设施设备故障运行或运行时产生噪声等情形，导致粉尘污染、噪声污染，人员出行不便等投诉、人员伤害、财产损失等或连带责任的风险。

施工材料、设施设备风险防范措施：一是做好施工区域划分与分隔。物业项目管理处应指定施工单位施工区域，以及施工材料、施工机械、设施设备等存放、停放区域，并要求施工单位采取必要的限高存放、安全管理措施，安排专人加强现场监督。二是要求施工单位做好施工区域、存放停放区域以及周边的安全警示和防范措施，防止并杜绝非施工人员随便进入施工现场。三是提前告知业主和物业使用人施工期间的安全注意事项，对业主和物业使用人的反映和投诉，及时核查和整改，做好安抚和解释工作，尽量取得业主和使用人的理解和支持。

5.5.6 自然灾害防范管理的风险识别与防范

1. 自然灾害防范管理的基本认识

自然灾害防范管理是指物业服务企业根据物业项目所在地自然特征，有针对性地制定自然灾害应急预案，通过事前充分的准备和事中积极的行动，采取适当的措施手段抵御和减少自然灾害损失的管理活动。

自然灾害是指给人类生存带来危害或损害人类生活环境的自然现象。自然灾害主要包括洪涝、干旱、台风、冰雹、暴雨、暴雪、沙尘暴等气象灾害；火山、地震、山体崩塌、滑坡、泥石流等地质灾害；风暴潮、海啸等海洋灾害，森林草原火灾和重大生物灾害等。

从物业管理的角度看，自然灾害防范的对象主要是指洪涝、台风、暴雨、暴雪、冷冻等能给物业带来财产损害、甚至人身伤害的气象灾害；从安全防范义务的角度看，物业服务企业自然灾害防范的主要内容是抵御自然灾害对物业造成的损害，减少财产损失。

在自然灾害防范结果出现不利情形，被追究法律责任时，物业服务企业常常以自然灾害是不可抗力为由，请求免责。所谓不可抗力，民法典第一百八十条第二款规定为“不可抗力是不能预见、不能避免且不能克服的客观情况”，可是构成不可抗力还必须同时具备不可预见的偶然性、不可控制的客观性两个要件，因此，并不是所有的自然灾害都符合不可抗力条件的。如气象灾害，是可以通过现代科技手段知悉预见，且通过采取必要的措施可以控制甚至避免损失出现的，因而天气灾害往往不完全属于不可抗力而免责的情形。但由于不可抗力事件的不可预见性和偶然性，物业服务企业因自然灾害而被追责时，只需要举证自身履行应尽义务，对于无法控制及预料的部分是免责的。除了不可抗力因素外，还要考虑自然灾害造成的损失是否在物业服务企业的服务范围内，受损方有无过错及过错程度和有没有第三方责任等因素进行综合分析和判断。

〖相关法规制度标准〗

1. 2020年5月28日第十三届全国人民代表大会审议通过的《中华人民共和国民法典》；

2. 2007年8月30日第十届全国人民代表大会常务委员会第二十九次会议通过的《中华人民共和国突发事件应对法》；

3. 2016年3月24日国务院办公厅公布修订的《国家自然灾害救助应急预案》；

4. 2018年3月19日国务院修改的《物业管理条例》（国务院令第698号）；

5. 地方性法律法规。

【案例5-11】暴雪压断树枝砸坏车辆索赔纠纷

11月4日的一场突如其来的大雪，压断了某小区停车场的杨树枝，砸中了宋先生的越野车。保险公司赔付后，基于代为求偿权将该小区物业公司诉至法院，要求其承担赔付的1.6万元。物业公司认为该事故因暴雪导致，属于不可抗力，不同意赔偿，且向法院提交了对停车场树木的修剪记录，但没有被雪压断树枝那棵树的明确修剪记录。保险公司提供了报纸、网络等媒体有关该场大雪的天气预报资料。

分析：根据保险公司提供的天气预报信息资料，11月4日的暴雪已经预见，不符合民法典第一百八十条第二款有关不可抗力的规定，法院不会确认物业公司的不可抗力的抗辩理由，将基本确认11月4日的暴雪不属于不可抗力，而是难以预见的意外事件。物业公司提供了修剪记录，但该修剪记录缺少细节记录，并未明确记载对于受损车辆上方的杨树有关修剪行为，记录未能实现凭证作用，法院将会认定物业公司未尽到物业服务合同约定的绿化管理义务，对小区树木的养护、管理义务存在过错，应承担一定的赔偿责任。

想一想：物业服务企业应从本案例中应吸取哪些教训？

2．自然灾害防治法律风险的识别与防范

（1）自然灾害防范的法律风险。主要表现在缺乏针对自然灾害防范的有效免责机制。如物业服务合同中对不可抗力条款的自然灾害内容范围、防范职责和免责条款等约定不清或过于粗略；没有自然灾害应急预案，自然灾害防范过程应急物资不足，或没有采取必要的防范、救助措施或者采取措施滞后；自然灾害防范过程没有必要的记录，或记录没有存档等情形，导致损失损害扩大、法庭举证不能、经济赔偿的法律责任风险。

规避自然灾害防范法律责任风险，首先要准确认识、把握不可抗力的法律规定，依法明晰免责条件，不可存在侥幸心理；物业服务合同中不可抗力条款，须明确约定、细化解释自然灾害不可抗力的适用含义，避免在责任认定时产生分歧和纠纷。其次要制定各类自然灾害应急预案并定期演练，做到能按预案及时识别判断，实现事前有效防范、事中应对措施得力，能够控制自然灾害造成的损失或将损失控制在最小；事后做好善后工作，总结经验教训，完善应急预案。再次要详尽规范地记录日常物业管理工作，有损失赔偿纠纷时能够提供有效的证据，避免或减少承担赔偿责任。最后可以通过购买物业管理责任险或公众责任险，在因人身伤害、财产损害而承担赔偿责任时，通过保险公司理赔减少企业损失。

（2）自然灾害防范中人员伤害的法律风险。主要表现在自然灾害防范事中阶段员工或他人的人身伤害等。如员工违规操作致使自身或他人人身和财产受到损害；员工见义勇为，或私自行动，或因自身能力、意外发生伤亡事故等情形，导致工伤事故、他人伤害、劳动赔偿等法律责任风险。

规避自然灾害防范中人员伤害法律风险，首先要建立应急管理制度与操作规程，制定自然灾害应急预案，并且充分考虑员工操作执行的身体条件。加强自然灾害应急预案培训与演练，保证员工能执行、会执行，且能保证自身与他人安全。其次要加强对全体员工风险意识、纪律意识的教育与培训，让员工掌握在自然灾害防范中应对各类风险的防范、规避的措施，注意个人人身的安全，有规避风险的能力。最后要为员工配备必要的安全防护装备，保护员工的生命安全。

3．自然灾害防范实施的风险识别与防范

（1）内涝的风险与防范。内涝的风险主要表现在防涝抗涝不力。如地下停车场的排水设施，在设计和施工过程留有先天缺陷，查验时没有要求整改或整改未完成即进行承接；缺少对排水系统、排污管道及配套设施设备的定期养护与维修，导致地下停车场排水不畅而水淹车损、低洼地势积水倒灌财产损害的风险，以及误用不可抗力免责败诉承担相应赔偿责任的法律风险。

内涝风险防范措施：一是对物业承接查验时发现的排水系统、排污管道及配套设施设备设计缺陷、质量问题，应要求建设单位、业主予以整改，并制作遗留问题备忘录，经对方签字确认后，立卷存档。二是定期对排水系统、排污管道进行养护性疏通、组织及时维修；对配套设施进行计划保养检修，尤其重视汛期前检修工作，保证其正常状态；对市政排水设施进行观察，发现排水不畅等情况，应书面报告相关部门，请求及时修复；对低洼地势须准备充足的防涝抗涝物资与器材设备，可能的情况下应建议业主进行必要的环境改造。三是及时收集气象信息，大暴雨前，应提醒或通知地下停车场、低洼区域的停放车辆的车主及早转移车辆。四是制定内涝应急预案，做好防涝抗涝物资与器材设备，水情异常须采取有效应对措施，控制水流，做好记录和证据收集工作。

（2）台风的风险与防范。台风的风险主要表现在抗击台风组织不力，准备不足等。如未制定切实可行的台风应急处理预案，事前警示不到位、事中应对不专业、事后抢修不及时；抗灾物资准备不充足，抗灾救灾形不成积极有效的行动，没有及时组织抢险救灾；致使延误最佳救援、恢复供水供电时机，导致公共设施设备瘫痪，正常生活受影响，乔木倒伏、园林景观受损、构筑物损害的风险。

台风风险防范措施：一是制定台风应急处理预案，组织救灾演练，明确各部门各岗位职责，确保预案有序实施，应对积极有效。二是台风高发季节来临前，应对易倒伏、坠落的危险源进行加固防护处理，及时排除公共区域安全隐患；三是关注天气预报，及时发出安全警示，通知业主和物业使用人做好安全防范；抗灾物资准备充足，人员配置充裕，关键区域、部位及早安排人员值守。四是台风过后及时组织工作人员进行抢险救灾，如有人员伤亡等情况及时向政府主管部门汇报，对损坏的公共设施设备及时组织抢修，逐步恢复园林景观。

（3）暴雪的风险与防范。暴雪的风险主要表现在雪前警示不到位，雪后清除不及时。如未及时根据气象部门发布的灾害预警信息通知业主，提前引导业主做好防范措施；未及时组织对暴雪破坏的供水供电等公共设施设备的有效抢修；未及时组织雪后清除积雪、清理地面等情形，导致影响业主生活、人员车辆出行不便、业主摔伤、车辆打滑相撞的风险。

暴雪风险防范措施：一是制定暴风雪应急处理预案，成立暴雪预防应急工作小组，在项目负责人统一领导下，协调指挥物业管理区域暴雪预防及应急处理工作。二是按预案要求做好室外消防水管线、自来水管线、排水管线的保温防冻准备；及时清理积雪，防止路面结冰，尽最大可能保障业主正常出行，将风险降到最低。三是密切关注气象预报做好警示工作，提示业主和物业使用人做好防护准备。四是暴雪后，应及时组织人员抢修损坏的公共设施设备，及时清理积雪，做好善后工作。

5.5.7 对外委托的风险识别与防范

1. 对外委托的基本认识

物业管理对外委托也称物业单项服务外包，是物业服务企业经业主同意后将物业服务合同约定的专项管理服务事项转委托给物业专营企业，由物业专营企业按照物业服务合同约定的服务质量标准，代物业服务企业完成受委托的专项服务事项的物业管理经营方式。

物业管理对外委托一般分为两类，一是法律强制规定需要转委托给物业专营企业的特种设备专项养护维修事项，如电梯维保、消防设施设备维保等；二是经营管理需要转委托给物业专营企业专业性强、高危险作业的专项养护维修事项，如排水系统、污水系统清掏维护、落水管维护管理、垃圾清运、绿化管理、保洁管理、秩序维护管理和卫生消杀等。

根据民法典第九百二十三条、第九百四十一条以及《物业管理条例》第三十九条的规定，物业服务企业经业主同意，可以将专项管理服务事项转委托给物业专营企业，但仍须对该专项管理服务事项向业主负责，即物业服务企业要对物业专营企业的管理服务质量、结果向业主负责；不得以任何形式将全部物业管理服务事项进行对外委托。在法律风险方面，转委托合同中约定由物业专营企业承担施工作业中的人身或财产损害的法律赔偿责任，也并不意味着物业服务企业即可因此完全规避相应的法律责任风险。

因此，为确保物业服务合同的全面履行，物业服务企业须规范物业专营企业履约行为，加强物业管理对外委托业务的有效监管。

〖相关法规制度标准〗

1. 2020年5月28日第十三届全国人民代表大会审议通过的《中华人民共和国民法典》;

2. 2021年4月29日第十三届全国人民代表大会常务委员会第二十八次会议修改的《中华人民共和国消防法》;

3. 2013年6月29日第十二届全国人民代表大会常务委员会第三次会议通过的《中华人民共和国特种设备安全法》;

4. 2018年3月19日国务院修改的《物业管理条例》(国务院令第698号)。

【案例5-12】电梯事故致人损伤纠纷案

某小区业主李女士，当从8楼进入电梯按1层按键时，电梯突然发生滑梯坠落，急速下降后停在2楼，李女士感到腰部不适，紧急联系物业公司报告电梯故障。物业公司迅速联系电梯维保单位通报电梯事故情况，并派秩序维护员到场稳定李女士情绪。电梯维保人员赶到现场，采取停电措施打开电梯厢门，救出李女士。李女士因腰椎间盘突出间断性住院治疗三个月，经司法鉴定机构鉴定李女士为劳动能力伤残鉴定9级伤残。李女士向法院起诉，要求物业公司赔偿医疗费、护理费、交通费、人身损害抚慰金34万余元。

分析：物业服务企业虽然将电梯维保服务转委托给电梯维保公司，但电梯在运行过程中因故障等原因给业主造成人身损害的，根据民法典第九百四十一条第一款规定，物业服务人将物业服务区域内的部分专项服务事项委托给专业性服务组织或者其他第三人的，应当就该部分专项服务事项向业主负责，物业服务企业仍然须向业主承担第一责任。但该物业服务企业应诉时，可依据与电梯维保公司订立的电梯维保外委（转委托）合同，向法院提交追加电梯维保公司为共同被告申请，一起承担连带民事赔偿责任，或者物业服务企业赔偿后向电梯维保公司追偿，避免损失。

想一想：1. 物业服务企业要求追加电梯维保公司为共同被告的方式有哪些？

2. 物业服务企业从本案中可以吸取哪些经验教训？

2. 对外委托法律风险的识别与防范

（1）选择受托方的法律风险。主要表现在未对受托方进行全面细致的审核。如签约前未审核受托方物业专营企业专业资质、企业信用；审核受托方走过场，物业专营企业没有或缺少具备从业资格的人力资源；选聘或评标只注重报价，忽略对受托方物业专营企业商务文件、技术文件的审核，对其劳动关系、履约能力、设备配备信息掌握不足，致使对外委托的物业管理服务事项无法履行、履约不达标，发生安全事故引发人身财产损害，导致经济赔偿、劳务纠纷、行政处罚甚至刑事责任的法律责任风险。

规避选择受托方法律风险，首先要根据物业项目实际情况、企业专业技术能力，合理确定对外委托的物业管理服务事项，并结合物业服务合同界定其内容范围，建立客观规范的考核机制和评价标准。其次要对受托方物业专营企业进行全面细致的专业资质、企业信用审核，尤其是企业履约能力，人员的专业技术资格、劳动关系的审核。最后要加强现场管理，注重对受托方物业专营企业日常作业行为、管理服务的监督。

（2）对外委托合同的法律风险。主要表现在对外委托合同内容、标准、考核方法、责任界定等约定不明确、不合法。如在对外委托合同中约定受托方物业专营企业就转委托专项管理服务事项向业主负责；在对外委托合同中约定由受托方物业专营企业承担实施作业中一切人身或财产损害的法律赔偿责任，物业服务企业不承担任何法律责任；对外委托合同中忽视合同内容、适用范围、运作方式、服务方案、实施计划、责任划分、不得再委托、保险事宜、合同修改与终止、付款方式、事故赔偿等事项的详细规定等情形，导致物业服务企业在无准备情况下因举证要件不足而承担的法律责任风险。

规避对外委托合同法律风险，首先要全面把握有关委托的法律规定，尤其要掌握有关转委托的法律责任的规定，依法依规地订立对外委托合同，作为双方共同遵守的依据，保护双方的利益，不可存在任何逃避法律责任风险的侥幸心理。其次要在对外委托合同中明确物业专营企业提供的专项管理服务事项的质量标准要求，不得低于物业服务合同中对该专项管理服务事项的质量标准要求的约定；应严格审查对外委托合同的一切内容，注重质量标准要求和考核方法条款的可操作性。最后要在对外委托合同中有效约定违约责任，如物业专营企业管理服务过程中存在过错、瑕疵或维保质量不合格造成事故，致使业主或使用人人身或财产损害的，物业服务企业经法院或仲裁机构裁决后判令承担赔偿责任的，物业可以依裁决确定的金额，以向法院申请支付令方式向物业专营企业追偿，以减轻物业服务企业的诉累，维护自身合法权益。

（3）对外委托作业现场监管的法律风险。主要表现在对物业专营企业日常管理服务缺少有效的监管。如认为物业专营企业只要达到合同规定的内容和标准即可，忽视日常作业规范与安全监管；导致人身或财产损害承担违约或经济赔偿等法律责任风险。

规避对外委托作业现场监管法律风险，首先要强化合同意识、安全意识，运用多种监管手段，加强日常监督管理，尤其是作业安全监管；委派专人负责现场监督，对巡查的中发现的违规操作行为以及不符合质量标准要求情形，及时要求整改，予以纠正。其次要做好监管过程记录，详细记录物业专营企业的管理服务过程，可作为对外委托的服务质量评价和责任界定的主要依据。

3．对外委托实施的风险识别与防范

（1）对外委托服务质量的风险与防范。主要表现在物业专营企业专业素质、管理能力不足。如物业专营企业人力资源不足，用工数量得不到保证；员工专业素质低、专业技能较差，难以胜任作业需要；管理人员缺乏管理能力，工作无序，或服务意识较弱，对业主和使用人的整改要求反应迟缓，改进效果不明显；业主和物业使用人对物业专营企业工作人员的服务态度、工作效率、专业能力尤其整体服务质量差评等情形，导致服务质量投诉、要求更换物业专营企业甚至更换物业服务企业的风险。

对外委托服务质量风险防范措施：一是重视对物业专营企业的前期市场调查和现场考察，关注物业专营企业的公司实力、经营理念、人员管理、管理控制及效率、服务保障能力、员工业务素质与能力、服务态度、工作记录等服务细节，及其真实情况。二是加强对外委托的日常管理，将对外委托的专项管理服务事项纳入物业服务企业管理体系之中，通过目标制定、监督检查、有效评估、绩效考核、及时反馈改进等手段实现对外委托专项管理服务事项的有效管控，实现物业管理工作的整体管理服务目标。三是对业主和使用人投诉反映的问题，物业服务企业要积极响应、认真对待，马上进行核实，并加强与物业专营企业现场负责人和员工的必要沟通，适当施加压力，要求物业专营企业立即采取相应措施进行整改，并实施全程监督。四是在对外委托合同中须明确解除合同条款的约定，合理规避解约责任。五是做好对业主和使用人的安抚和解释工作，争取理解和谅解。

（2）质量标准与考核方法分歧的风险与防范。主要表现在物业服务企业与业主之间、物业服务企业与物业专营企业之间对对外委托专项管理服务事项的质量标准与考核方法的理解认识不同。如物业服务企业认为对外委托专项管理服务事项的质量标准可以另行约定，而业主要求必须按照物业服务合同的约定来确定；物业服务企业要求物业专营企业执行本企业质量标准体系及考核方法，而物业专营企业认为应按照自己的质量标准体系及考核方法等情形，导致对外委托专项管理服务质量下降、出现矛盾纠纷的风险。

质量标准和考核方法分歧风险防范措施：一是订立对外委托合同条款要注重可操作性，尤其是要明确约定质量标准和考核方法。二是明确对外委托双方是合作关系，加强物业专营企业的日常工作监管，应注意过程、以效果为前提，多提建设性意见；对于监管中发现的问题，物业服务企业要及时提出，并要求限期整改。三是注重监管记录，为以后评估提供依据；对于检查发现的问题要做好记录，并在一定时间进行汇总、评估。

5.5.8 突发事件应急处理预案

1．突发事件应急处理预案的基本认识

物业管理中的突发事件也称紧急事件，是物业管理服务活动过程中突然发生的，可能对业主和物业使用人、物业服务企业和公众产生危害，需要立即处理的事件。物业管理实践中常将突发事件分为突发社会安全事件、事故灾害事件、公共卫生事件和自然灾害事件四类。

从物业管理实践看，物业管理区域常见的突发事件主要集中表现在突发社会事件、事故灾害事件等方面，这些突发事件主要有：业主集体投诉、住客受伤及意外、煤气泄漏、火警、消防设备人为损坏、漏水（水浸）、停电及电力故障、电梯困人、高空抛物、噪声污染、交通意外、发生自杀和企图自杀、罪案现场、盗窃、抢劫、殴斗、偷车、擅自侵入、发现可疑物或爆炸物、接收恐吓电话、拾获财物、水力系统故障、地震等事件，以及其他不可预见的突发事件。

突发事件应急处理预案是指在意外事故或突发事件发生时，物业服务企业在物业管理区域内，面对突发的紧急状况，为维护广大用户的利益，以专业知识技能和训练有素的快速处置能力尽快处理问题，采取应对措施，将损害和不良影响降低到最低限度的预定方案。

物业管理突发事件处理预案主要有四类，一是突发社会安全事件处理预案。主要包括盗窃、匪警案件应急处理预案；打架、斗殴应急处理预案；酗酒闹事和精神病人事件应急处理预案；对爆炸物品及可疑爆炸物品事件应急处理预案；接报治安案件应急处理预案；交通事故应急处理预案；高空坠物、抛物应急处理预案等。二是事故灾害事件应急处理预案。主要包括突发性水浸和室内水浸应急处理预案；停水、停电、停暖应急处理预案；可燃气体泄漏应急处理预案；给水排水设备事故应急处理预案；电梯困人应急处理预案；消防设备故障应急预案；空调设备故障应急处理预案；火灾应急处理预案等。三是公共卫生事故应急处理预案。主要包括传染病及疫情的防控预案；食物中毒应急处理预案；业主伤病救护应急处理预案等。四是自然灾害类突发事件应急处理预案。主要包括暴雨应急处理预案；地震应急处理预案；台风灾害应急处理预案；风、雨、雪应急处理预案等。

物业服务企业可以根据管理中的常见安全隐患，编制应急处理预案，加以培训、演练，以提高突发事件发生时的紧急应对能力、处置能力。

〖**相关法规制度标准**〗

1．2020年5月28日第十三届全国人民代表大会第三次会议通过的《中华人民共和国民法典》；

2．2007年8月30日全国人民代表大会常务委员会第二十九次会议通过的《中华人民共和国突发事件应对法》；

3．2012年10月26日十一届全国人大常委会第二十九次会议修订的《中华人民共和国治安管理处罚法》；

4．2005年1月26日国务院第七十九次常务会议通过的《国家突发公共事件总体应急预案》；

5．2011年1月8日国务院修订的《突发公共卫生事件应急条例》（国务院令第376号）；

6．2016年3月24日国务院办公厅公布修订的《国家自然灾害救助应急预案》。

【案例5-13】预案带来效率

某住宅小区，大部分房屋为20世纪50～60年代建造的，小区内的电源进表线容量较小，用电高峰时故障频繁。某日晚上，气温在37℃左右，忙碌了一天的业主正在享受着空调送来的丝丝凉风，突然间整幢楼里一片漆黑，空调戛然而止。显然是由于用电量过大，部分架空线及进表线烧毁。

接到报修后，物业管理处马上启动处理突发事件应急预案。该公司的应急预案程序是：

1）突发事件一经发生，当事人或知情人同时向小区物业管理处报告。物业管理处根据事件的类别立即做出反应，报告上级，派员解决。在解决的过程中，需要向公司有关部门求助时，有关部门立即主动配合与支持。

2）监控中心值班员接到报修后，立即通报相关方位的巡逻岗保安人员迅速赶往事发现场，查明缘由并将现场情况立即报告监控中心。在时间不允许的情况下，物业管理处可以采取边向公司报告边自行处理的方法，对事件直接进行应急服务。

3）突发事件的应急服务由经理负责统一指挥，如经理不在，由保安部主管负责统一指挥。

4）在紧急情况下，有权调动公司一切现有的资源，全权处置后，再进行总结。如有偏差，待处理下次类似事件时，再吸取教训。

5）应急服务过程中涉及公司以外的人和事统一由公司行政部门对外交涉。

6）突发事件的事发报告，应急服务过程及事后结果报告由物业管理处编写，报公司领导。

7）突发事件的起因经调查分析，通报给相关人员吸取教训。

这一预案发挥了独特作用，不到20分钟，5名设备维修工带好工具、材料到达现场。经过一个多小时的紧急抢修，整幢房子的电源恢复正常，空调又吹起了凉风。

分析：对突发事件的应急处理，是检验物业公司综合能力的试金石。俗话说："台上一分钟，台下十年功"。物业公司有一个好的应急预案，平时又加强训练，才能临急不乱。

突发事件，件件都关系到业主生命与财产的安全，若没有一个好的应急预案，就很难在关键时刻从容应对。事件的突发性和紧急性要求物业管理人员及时、准确地应对，把业主的损失降低到最大程度。为确保及时、有效地解决问题，物业公司不但要备有各种应急处理预案，还要提前培养、组建一支有应急服务技能的队伍，并能够对事件的起因和变异做好调查分析，以不断丰富应急处理预案，确保为业主提供更满意的应急服务。这种把充分准备做在事发前的服务，无疑是高水平、高质量的物业服务。

想一想：假如你是该项目负责人，对停电这样的突发事件，你会有什么样的考虑？

2．突发事件应急预案的法律风险识别与防范

（1）编制应急预案的法律风险。主要表现在突发事件的法律责任意识缺失、对相关法律法规理解不到位、运用不准确；预案的编写缺乏专业性。如未依照相关法律法规、国家和地方的突发事件应对标准，编制企业的突发事件应对预案；对相关法律法规缺乏研究，制定的应急预案上法律职责等运用不准确、预案中的岗位职责、分工不明确，操作程序及工作方法缺少实际操作性；没有根据各突发事件的个性、特点等制定有针对性的应急预案等情形，造成突发事件的发生、应对突发事件时没有依据或者无法采取有效的应急措施，带来业主人身、财产损害或损害扩大的，导致物业服务企业承担相应的行政处罚、损害赔偿甚至刑事责任的法律风险。

规避编制应急预案法律风险，首先是要提高物业服务企业的突发事件应急处理意识，明确突发事件的应急处理是做到管理和服务、提高服务水平的必要条件之一。其次是要依法办事，认真研读相关法律法规，知道企业在处理突发事件中的地位和职责，明确编制应急预案在处理突发事件中发挥的重要作用。最后是要增强编写应急预案的专业性、针对性和可操作性，要对可能发生的各种突发事件编制不同处理程序、方法的预案，切不可千篇一律。明确部门、员工的工作职责，内容上要充分体现事前有效预防、事中快速反应、事后妥善处理的可操作性。

（2）实施应急预案的法律风险。主要表现在应急处理预案未执行或未有效执行。如在发生突发事件时，相关部门和员工不知所措、反应迟缓、应急措施不当；或者处理突发事件时出现越位、缺位、错位等情形，导致突发事件的发生给业主带来损害或损失扩大，物业服务企业被追究损失赔偿的法律责任。

规避实施应急预案的法律风险，首先是必须对员工进行严格的应急抢险培训，让员工切实掌握应急预案中的每一个步骤、每一种方法，保证突发情况发生时，相关员工能迅速进入应急处理程序，采取正确、有效的应对方法。其次是对应急预案要定期进行演练、演习，提高员工在应急处理中的实践操作能力，增强员工面对突发事件时处变不惊、处置有序的能力。同时，也可以检验应急预案的合理性和可操作性，为应急预案的改进提供依据。最后是对应急预案进行必要的评审和改进。

3．编制预案的风险识别与防范

（1）突发事件风险分析的风险与防范。突发事件风险分析的风险主要表现在对可能发生的突发事件及其原因和危害性等分析不全面、认识不到位。如未对以往发生过的突发事件的处理过程、手段和结果进行全面、细致的分析和总结；未对火灾、爆炸、设备失灵、电力故障等突发事件发生的技术原因进行有效的统计和分析；未对因员工的工作粗心大意、错误操作、疲劳操作等原因导致突发事件产生的可能性进行汇总、分析等情形，导致编制的应急预案没有预见性和前瞻性，应急项目、程序、处理方法缺失，造成物业服务企业无法有效实施应急预案，开展突发事件的应急处理，影响物业服务质量，引起业主的不满和投诉的风险。

突发事件风险分析风险防范措施：一是全面调查分析，物业项目所在地经常或可能发生的突发事件的类型、规律、损害后果、应急措施等来编制本项目的突发事件应急预案。二是通过对物业项目的历史数据、技术问题和员工因素等方面进行汇总分析，分析各类突发事件的可能性和潜在的影响，进行识别，找出发生规律和应对措施。三是编制预案一定要有具有实际操作经验和专业技术人员参与、充分沟通，增加预案的有效性，以免预案无法落实。

（2）突发事件应急能力分析的风险与防范。突发事件应急能力分析的风险主要表现在未对企业面对突发事件的综合响应能力做出准确分析与判断。如未针对各类突发事件，从人力、物力和能力等方面考虑应对潜在突发事件从发生、发展到结束所需要的资源、所需要的资源与能力是否配备齐全、外部资源能否及时到位、是否还有其他可以优先利用的资源等情形，导致编写的应急预案缺乏操作性，面对突发事件不能按照应急预案及时反应、有效应对，造成业主投诉、索赔甚至引起社会、媒体关注的风险。

突发事件应急能力分析风险防范措施：一是编制的突发事件处理预案前，要组织专家、相关岗位工作人员对本企业的应急能力进行综合分析与讨论，提出改进意见，使编写的应急预案具有操作性、时效性、灵活性。二是通过试运行或演练发现突发事件综合应急能力中存在的不切实际或规定不合理之处，及时进行研讨、修改、调整，使预案进一步提高完善。

4．实施预案的风险识别与防范

（1）应急预案培训的风险与防范。应急预案培训的风险主要表现在企业不重视、员工不积极、业主不参与等。如将编制完成的应急预案放在文件柜里，未对员工进行定期、连续性的培训，对培训质量缺乏有效的制度监管；员工参加应急预案培训态度不认真、行动不积极，存在走过场思想；对业主和使用人进行培训时业主参与度不高、效果不明显等情形；致使突发事件发生时员工不能开展有效的应急措施，业主和使用人不会自救、不会配合专业救援，导致损害发生或扩大，造成物业服务企业被索赔、投诉等风险。

应急预案培训的风险防范措施：一是提高应急预案培训重要性的认识，做好培训制度的制定，加大培训资源的投入，培训的效果和员工的绩效结合在一起。二是对员工的培训要将应急预案和突发事件结合起来，利用早会、例会或专题会议进行培训，采取适当、有效的方式对培训效果进行考核，保证培训的真正落实及培训的质量。三是利用宣传栏、社区活动、主题活动等多种形式和方式向业主进行宣传和培训，使其了解各类突发事件处理预案，掌握基本自救、他救知识和方法，配合专业救援的能力。

（2）应急预案演练的风险与防范。应急预案演练的风险主要表现在演练准备不充分、演练过程不真实、演练目的未实现。如未制定严密周全的应急预案演练方案，演练目的、参与人员、分工、演练流程等不清晰；未做好物资、装备、技术等方面的准备工作；演练内容过于理论和展示，缺乏实操；组织松散、相关安全管理措施缺乏等情形，导致应急预案的指导作用丧失，指挥部门和员工协同配合、快速响应及处理能力未得到提高，甚至演练中出现人员受伤、设备受损等风险。

应急预案演练风险防范措施：一是提前做好演练计划，制定的应急演练方案要审核。做好应急演练设备、设施、器材等的准备，明确参与演练的人员及其分工。二是紧密结合应急管理工作实际，明确演练目的，根据资源条件确定合理的演练方式和规模。演练内容要着眼实战、讲究实效，提高指挥人员的指挥协调能力、应急队伍的实战能力。三是应急演习前做好培训、宣传和实施的通知工作。四是周密组织演练活动，严格遵守相关安全措施，确保演练参与人员及演练装备设施的安全。五是对预案演练过程要记录，演练结果要评估，对演习工作要总结。

思考题

1. 简述物业服务企业的安全保护义务。
2. 简述物业消防管理法律风险的规避措施。

实训练习题

基础理论知识

一、单项选择题

1. 物业安全防范目的是通过保证（　），保障物业管理区域内的人身安全和财产安全。

　A. 物业基本秩序　　B. 物业安全秩序
　C. 物业安全保障　　D. 物业安全使用

2. 在物业安全防范管理中，物业服务人承担的角色是在物业管理区域内（　）公安、消防、执法等有关部门进行安全防范和基本秩序维护等管理活动。

　A. 执行　　B. 保护　　C. 协调　　D. 协助

3. 物业服务人未能履行物业服务合同的约定，导致业主人身、财产安全受到损害的，应当依法承担相应的（　）。

　A. 法律责任　　B. 行政处分责任
　C. 行政处罚责任　　D. 刑事责任

4. 物业服务人在履行物业服务合同约定的公共秩序维护管理职责时，因违反法定权限、法定义务或者合同约定，以及因第三人的过错和违法行为，给物业管理区域内的业主、物业使用人造成人身伤害和财产损失，导致物业服务企业承担相应责任的风险，是指（　）。

　A. 公共秩序维护管理　　B. 公共秩序维护风险
　C. 物业安全防范管理　　D. 物业安全防范管理

5. 导致在物业管理区域内发生盗窃、抢劫、故意伤害、故意杀人等治安案件的（　）情形，物业服务企业要承担赔偿损失的法律责任风险。

　A. 扣留访客身份证件　　B. 扣押当事人财物
　C. 发生肢体冲突　　D. 安防监控设施不能正常工作

6．物业消防安全管理是以实现预防火灾发生及在火灾发生时采取有效应急措施以最大程度的（　）火灾损失为管理目的。

A．控制　B．杜绝　C．减少　D．消灭

7．物业服务企业对圈占、破坏、封堵消防设施设备或占用消防车通道的违法违规行为，没有履行制止义务、报告义务的，会受到消防管理部门的（　）。

A．赔偿责任　B．行政处罚

C．刑事责任　D．行政处分

8．在物业管理区域内发生车辆交通事故，物业服务企业应迅速赶到现场（　）秩序、疏导交通，协助有关部门做好救助工作。

A．保护　B．保证　C．保持　D．维持

9．如停车场地的排水系统损坏，发生雨水淹车造成车辆损伤，物业服务企业未尽车辆安全管理职责，物业服务企业可能会承担（　）的法律责任风险。

A．行政处罚　B．罚款　C．赔偿　D．补救

10．车辆管理制度的（　）是指政府公布的交通法规、停车收费管理办法等。

A．车辆出入制度　B．车辆停放制度

C．公共制度　D．内部制度

11．（　）是指物业服务企业对物业管理区域内施工单位的人员、施工材料、设施设备、施工车辆的进出、施工区域划分分隔、物品存放以及安全警示的有效管理。

A．装修管理　B．公共安全管理

C．施工现场管理　D．设施管理

12．物业服务企业对污水井、化粪池等有限空间进行维修，施工时未执行和落实《中华人民共和国安全生产法》的关于安全生产的规定，发生重大人员伤亡的事故，主要负责人会被追究（　）。

A．行政责任　B．刑事责任　C．赔偿责任　D．违约责任

13．暴雨、暴雪、寒流等天气灾害，是可以通过现代科技手段知悉或者采取措施避免受损，这一类天气灾害在法律上不完全属于（　）而免责的情形。

A. 不可抗力　B. 意外事件　C. 紧急避险　D. 正当防卫

14. 物业服务企业因自然灾害而被追责时，除了（　）因素外，还要考虑自然灾害造成的损失是否在物业服务企业的服务范围内，受损方有无过错及过错程度和有没有第三方责任等因素的综合分析和判断。

A. 不可抗力　B. 意外事件　C. 紧急避险　D. 正当防卫

15. 规避自然灾害法律责任风险，物业服务企业可以通过（　），在因人身伤害、财产损害而承担赔偿责任时，通过保险公司理赔减少企业损失。

A. 责任区员工承担　B. 业主自行承担

C. 购买公众责任险　D. 风险自留

16.《中华人民共和国民法典》第九百四十一条规定，物业服务人将物业服务区域内的部分专项服务事项委托给专业性服务组织或者其他第三人的，应当就该部分专项服务事项向（　）负责。

A. 业主　B. 业主委员会

C. 业主大会　D. 专业性服务组织

17. 物业服务企业对物业专营企业日常管理服务缺少有效的监管。导致人身或财产损害承担违约或经济赔偿等法律责任风险，属于（　）法律风险。

A. 选择受托方　B. 对外委托合同

C. 对外委托现场监管　D. 质量考核标准分歧

18.（　）指在一定物业管理区域内有计划地巡回观察，以确保该区域的安全。

A. 出入管控　B. 秩序维护　C. 监控服务　D. 巡逻

19.（　）是指在意外事故或突发事件发生时，物业服务企业在受托管理服务的物业区域内，面对突发的紧急状况，为维护广大用户的利益，以专业知识技能和训练有素的快速处置能力尽快处理问题，采取应对措施，将损害和不良影响降低到最低限度的方案。

A. 突发事件　B. 突发事件应急处理预案

C. 紧急事件　D. 自然灾害应急处理预案

20. 突发事件发生时员工不能开展有效的应急措施，业主和使用人不会自救、不会配合专业救援，而使损害发生或扩大，造成物业服务被索赔、投诉等风险属于（ ）风险。

A. 应急预案分析　　B. 应急预案培训

C. 应急预案演练　　D. 应急预案计划

二、多项选择题

1. 物业服务人安全保护义务的内容主要是对物的安全保护义务和对人的安全保护义务。在物业管理活动中，具体表现为（ ）等。

A. 物业保修义务　　B. 安全警示义务

C. 告知义务　　D. 制止义务

E. 报告义务

2. 因管理疏漏给不法分子可乘之机等，导致在物业管理区域内发生（ ）等治安案件时承担赔偿责任的法律责任风险。

A. 入室盗窃　　B. 抢劫

C. 故意伤害　　D. 故意杀人

E. 暴雨淹车

3. 面对业主或使用人擅自占用、破坏、封堵消防设施设备的违法违规行为，物业服务企业应该（ ）。

A. 进行制止　　B. 立即拆除　　C. 罚款

D. 报告　　E. 报警

4. 在物业消防管理中，规避行使消防安全防范职责法律风险的措施有（ ）。

A. 依法依约履行安全防范职责　　B. 加强检查、巡查与整改

C. 加强消防技能培训与演练　　D. 制定物业服务礼仪规范

E. 加强消防档案管理

5. 在车辆出入管理中，对业主或使用人堵塞出入口的行为，物业服务企业应当与当事人（ ）等合理合法的方式处理，切不可采取过激甚至违法的方式处理。

A. 沟通　　B. 劝阻　　C. 协商

D. 砸车　　E. 置之不理

6. 物业服务企业在进行施工现场管理时，应履行（ ）等职责。

A. 督促施工单位防止堆放物倒塌造成他人损害

B. 督促施工单位防止在公共道路上堆放、倾倒、遗撒妨碍通行

的物品造成他人损害

C. 督促施工单位设置覆盖物、防围和明显警示标志并采取安全措施

D. 提请装修人、施工单位履行国家或地方有关装修管理方面的规定

E. 施工单位因施工等特殊情况需要使用明火作业的，可以先施工后审批

7. 从物业管理的角度看，自然灾害防范的对象主要是指（　　）等能给物业带来财产损害、甚至人身伤害的气象灾害。

A. 洪涝　B. 地震　C. 台风

D. 暴雪　E. 暴雨

8. 下列专项物业管理事项中，物业服务企业可以外包的有（　　）。

A. 电梯维保　B. 秩序维护　C. 保洁服务

D. 化粪池清掏　E. 绿化服务

9. 下列突发事件应急预案属于事故灾害事件应急处理预案的有（　　）。

A. 台风灾害应急处理预案

B. 电梯困人应急处理预案

C. 停水、停电、停暖应急处理预案

D. 火灾应急处理预案

E. 给水排水设备事故应急处理预案

10. 在物业管理服务过程中经常会面临的突发事件有（　　）等，处理不善，物业服务企业可能被追究责任。

A. 电力故障　B. 浸水漏水　C. 电梯故障

D. 燃气爆炸　E. 高空坠物

案例分析题

1. 请分析本案例，帮助该物业公司识别其可能面临的法律风险。

案情：吴某在居住的一楼公共部位防火台上搭建小房、堆放杂物。物业公司和业主委员会发出通知，告知吴某在此处建房侵犯广大业主权利，限期拆除。市城市管理行政执法局接到举报现场查看，通知吴某接受处理。吴某写下保证书，承诺规定日期以前拆除。但没过几天堆放杂物处起火。吴某家物品被烧了不少，还殃及一家邻居。消防部门现场勘查，认定火灾是外部火源引燃公共防火台上堆放的苯板等杂物。吴某将物业公司告上法庭，认为外来火源引着我家物品，是物业管理部门没尽到管理义务，应赔偿其损失。

2. 分析本案例，你认为涉案物业公司该怎样做好高空抛物法律风险

的识别和规避。

案情：某住宅小区，姥姥带着孩子回家途中，刚走到楼下时，孩子被高空掉下的一个苹果砸中头部。之后，孩子脸色发白，头部出现水肿，没有知觉，陷入昏迷。在附近居民的帮助下，她们立即拨打电话报警并向急救中心求助。大约10分钟后，救护车赶到，孩子被送往医院进行抢救。经法医鉴定，孩子所受损伤为重伤二级，分别评定为二级、十级伤残，终身需大部分护理依赖。事发后，所在地公安分局成立专案组，由刑侦介入调查。最终确定肇事者为家住该栋某单元的一名11岁女童陈某，事发时其独自在家。

被砸孩子父母向法院起诉，向女童陈某监护人索赔544万余元。该案审理中，原被告均认为事发小区的入户大门处设计以及物业公司的管理存在缺陷和安全隐患，遂申请追加小区开发商及物业公司为共同被告参加诉讼。

3．请分析本案例中物业服务企业对业主饲养动物劝导工作的法律风险。

案情：业主张某牵着一只金毛狗在小区内散步，一小孩骑自行车从旁边经过，金毛犬突然扑过去，咬伤小孩的大腿。事件发生后物业公司方面进行积极协调处理，但由于被咬小孩家长对狗主人赔偿不满，遂要求物业公司赔偿损失，并向媒体诉说物业公司管理不到位。媒体记者前来小区采访了解事件的情况，客服经理向媒体详细讲述事件相关情况：

事发前客服人员向张某递送过《住宅小区饲养宠物犬管理规定》，张某签收；事发后客服人员积极协调处理，劝导张某除赔偿医药费之外，还要考虑营养费、交通费、误工费等赔偿，还应进一步加强犬只的管控，这些都有详尽事件报告和照片作证。客服中心还提供了日常文明养犬宣传、违规整改函等文件，以及曾经报请公安部门击毙流浪病犬的视频和照片。媒体记者看过资料后，肯定了客服中心在管理宠物犬和事件处理方面的专业性和合理性。

4．请分析本案例中物业公司疫情防控的法律风险。

案情：S省X市C区对疫情防控工作中物业服务企业的工作情况进行全面督查，发现部分企业疫情防控不力。陕西A物业公司管理的开发二区、开发三区等5个小区未做到小区人员车辆出入登记、测体温、消毒工作，疫情防控宣传、入户工作也未做到位，日常消毒流于形式，应对疫情防控工作不力，造成不良影响。B物业公司管理的华美小区无人员值守，疫情防控工作不积极、不作为。此外，还有7家物业企业存在小区人员车辆出入登记、测温、消毒工作不够扎实的情况。

2020年2月4日，长安区对各物业服务企业予以处罚通报：①公安机关对A物业公司法人张某作出行政拘留决定；区住建局对A物业公司责令限期整改并处以罚款。②公安机关对B物业公司予以警告，区住建局对其处以罚款。③公安机关对其他7家物业公司因防控工作不扎实依法教育训诫。④按照《X市物业服务企业及项目经理违法违规行为记分标准》对物业企业予以扣分处理。区住建局还将对违规情况移交相关部门联合惩戒。

5.6 客户服务的风险防范管理

学习目标：1. 了解客户服务以及档案管理、公共关系管理的基本知识、相关法规政策；

2. 熟悉客户服务的基本内容，物业档案的基本要求，公共关系管理步骤以及各步骤主要内容；

3. 掌握识别客户服务及档案管理、公共关系管理的风险，可以依法依约规避相关风险，能够对可能发生或已经发生的风险进行有效处置。

5.6.1 客户服务的基本认识与相关法规政策规定

客户服务管理是指物业服务人为了解和创造业主或使用人的需求，以实现客户满意为目的的企业全员、全过程参与的一种经营行为和管理方式。

物业客户服务是为响应和满足业主和物业使用人的需求而开展的一系列活动。其核心理念是物业服务人的全部的经营活动都要从满足业主和物业使用人的需要出发，以提供满足业主和物业使用人需要的管理服务作为企业的责任和义务，以客户满意作为企业的经营目的。

客户服务包括入住、迁出、装饰装修和特约服务等事项手续办理，接待管理，投诉处理，违规处理，档案管理，信息管理，满意度（率）调查，沟通管理以及物业费收取等内容。物业服务人通过客户沟通、投诉处理、客户关系维护、满意度调查和客户服务创新等手段，不断改进工作，提升管理服务水平，获取更大的经济效益和社会效益。

客户服务风险是指在为业主或物业使用人提供客户沟通、接待、投诉、满意度调查等过程中，因程序不健全、管理职责不明确、服务不规范、不文明等原因，可能导致业主对客户服务不满意、投诉、产生服务纠纷甚至起诉，而给公司利益带来的不确定性。

〖相关法规制度标准〗

1．2020年5月28日第十三届全国人民代表大会第三次会议通过的《中华人民共和国民法典》；

2．2018年3月19日国务院修改的《物业管理条例》（国务院令第698号）；

3．地方性法律法规。

5.6.2 客户服务的风险识别与防范

【案例5–14】开发商违约，业主维权获支持

周先生购买商品房后，在开发商指定的A物业公司陪同下验房时发现：客厅及次卧的南面窗户的直线部分为双层玻璃，而向西延伸的弧形部分安装的却都是单层玻璃（因为该房南面正好朝马路，故在“合同附件二”中特别约定该物业南面窗户须为双层玻璃，以达到较好的隔声效果），周先生当即要求物业公司予以解决。入住后三年时间里，周先生每年均致函A物业公司要求解决问题，但一直没有结果。因A物业公司服务质量差，该小区更换B物业公司，新任B物业公司明确告知周先生该问题不属于物业管理范畴，并函告开发商，要求其尽快解决，但是开发商始终不予处理。无奈之下，周先生将开发商告上了法庭。周先生认为开发商违背了合同的约定，窗户未全部安装双层玻璃，极大地影响了隔音效果。要求开发商按约定安装双层玻璃。法院经审理后认为，开发商的行为实属违约，依法判决开发商为业主周先生房屋的南面窗户的弧线部分安装双层玻璃。

分析：B物业公司明确的态度和积极的行动，使得周先生弄清了问题的性质，找到了解决的途径，通过法律诉讼程序保护了自己的合法权利，对解决困扰周先生多年的双层玻璃问题的积极意义。A物业公司采用拖延战术一拖再拖，直至被更换，周先生的问题仍没得到解决。可见，A物业公司对待业主是怎样一种服务态度，被解除物业服务合同，也是咎由自取的结果。

另外，值得注意的是，A物业公司为周先生办理入住手续、陪同周先生验房的行为，是受开发商委托的一种代理行为。对此，周先生可以诉告A物业公司承担连带责任。

想一想：物业服务企业应如何规避客户服务风险？

1．客户服务法律风险的识别与防范

（1）人身伤害的法律风险。主要表现在与业主发生矛盾纠纷时的肢体冲突接触。如接待业主报修、投诉，双方意见不一致，由语言冲突发展至肢体冲突；因业主挑衅或人身攻击引发物业管理人员肢体反击等情形，导致人身伤害、财产损失的法律责任风险。

规避人身伤害法律风险，首先要开展法律法规培训，提高物业管理人员的法律意识，掌握客户服务的各个环节的法律规定，明确法律责任，树立依法服务意识；加强对物业服务合同内容和标准的掌握，明确物业服务企业的管理责任，规避矛盾冲突发生。其次要制定严格、科学、规范的客户服务操作规范与流程，开展专业化的客户服务技能培训，端正员工的态度、规范服务礼仪、服务语言、提高客服人员的专业素质和服务技能，避免因人为因素引发纠纷、激化矛盾；培训员工规避人身伤害的能力。再次向业主宣传法律法规和物业服务合同约定，要让业主知晓物业管理责任边界，理解支持物业管理。最后要做好客户服务相关记录并保存。

（2）接待报修的法律风险。主要表现在报修处理不及时、拖延甚至不作为等。如业主因下水管道堵塞、上水管道爆裂、屋面渗漏水、墙面渗水、公共设施设备故障等情形，向物业项目管理处报修，但物业项目管理处没有及时组织维修或者拖延维修，甚至根本就不安排维修，致使业主财产受损或财产损害扩大，导致合同违约承担赔偿责任的法律责任风险。

规避接待报修法律风险，首先要建立接待报修作业程序，要求客服人员认真对待业主报修，在第一时间要积极、快速反应，按照操作规程要求采取适当、专业、有效的措施实施抢修、维修，以减少业主损失。其次要做好接待报修、维修过程的作业记录，定期整理后建档保管，以作为责任认定举证材料。最后要明确业主共有部分报修义务，尤其要让业主清楚对经过专有部分的共用上下水管线所应承担的观察与及时报修义务，在危害初期及早排除隐患。

2．客户服务实施的风险识别与防范

（1）客户沟通的风险与防范。主要表现在物业管理人员服务礼仪不规范，与业主沟通不专业等。如在提供物业服务时，仪容仪表、举止态度、表情、言语及文明礼貌不规范等，引起业主反感和不满；与业主沟通内容不专业、方式单一、缺乏技巧等情形，导致业主不愿或拒绝沟通、沟通不畅、不能有效解决问题反而激化矛盾纠纷的风险。

客户沟通风险防范措施：一是制定物业服务礼仪规范，做好物业服务礼仪培训，减少因物业服务不规范而引起的矛盾和纠纷。二是物业管理人员应掌握基本的沟通技巧，能够换位思考，因人而异地运用沟通技巧，针对不同业主、不同情况实现有效沟通。三是充分开发和利用各种沟通渠道，开展丰富多彩的社区文化活动，定期采用走访回访、意见征询等方式主动与业主沟通，与业主达成共识。

（2）客户投诉、报修的风险与防范。主要表现在客服人员、接待人员的接待态度不友善、反应速度迟缓，相关人员处理周期过长和解决效果不尽如人意等。如业主因房屋质量及配套设施、服务质量瑕疵、财产受损、邻里纠纷、服务态度和物业费等投诉或报修，客服人员、接待人员接待态度不主动，甚至消极对抗、无理拖延；对投诉事件缺少客观专业分析，事件性质、责任认定模糊甚至错误，延误解决时机，对报修处理不及时，不能有效解决业主的问题，致使业主不满意、隔阂加深甚至寻求媒体关注，导致引发或激化纠纷、舆论谴责等不良社会影响或财产损失甚至人身伤害等经济赔偿的风险。

客户投诉、报修风险防范措施：一是正确认识客户的投诉，客观理性地对待客户投诉，善于换位思考去沟通协调；对投诉者及其心态进行充分了解，能够采取不同的应对策略。二是建立客户投诉、报修处理机制，做到快速响应，第一时间应对解决，并及时对投诉、报修处理结果进行回访，对客户投诉信息及时发布与反馈。三是加强投诉、报修应对策略和沟通能力、技巧的培训，提升服务人员的综合素质，提高客户投诉、报修处理的效率和效果。四是对客户投诉、报修进行准确分类，做好统计分析，找出原因，改进物业服务质量。

（3）客户满意度调查的风险与防范。主要表现在客户满意度调查工作专业性不够、宣传不到位、客户参与度不高等。如调查问卷内容存在设计缺陷、事前宣传不到位，业主参与度不高或问卷填写不够严谨，工作人员业务不专业、统计不科学等因素，致使调查数据不准确，不能真正反映实际状况，导致业主对调查结果真实性和可信度产生质疑、影响企业决策正确性的风险。

客户满意度调查风险防范措施：一是制定科学规范的客户满意度制度、调查程序，保证满意度调查的程序化、规范化，明确调查职责、内容，避免客户满意度调查走形式。二是明确调查目的、确定调查指标、确定调查对象，做好满意度问卷的设计与策划，保证调查问卷设计的科学合理。三是开展客户满意度调查前，应通过公告栏、微信等传播平台做好满意度调查的通告与宣传，让所有业主知晓，提高业主参与度。四是做好客服人员调查专业能力培训，培训调查问卷发放、回收、统计、分析等方面正确操作能力，提高调查数据的准确性。五是聘请第三方专业机构进行调查，提高满意度调查结果的公信力。六是对满意度调查结果进行公示，提出改进方案。

5.6.3 物业档案管理的风险识别与防范

【案例5-15】诉讼时效中断的证据

张某为某小区业主，无理由拒交2003年12月1日至2015年12月31日期间的物业费。2016年3月1日该小区物业公司向法院起诉，要求张某交纳所欠物业费及违约金。张某以部分欠费已过诉讼时效为由拒交该部分费用。物业公司向法院提交了催缴物业费中所保留下来的物业档案，包括2005年至2014年在小区公示栏及张某所住房屋单元门张贴的催缴物业费通知照片，每年向被告邮寄书面催缴函的底单和邮寄凭证等，以及相关业主的证明。法院认可物业公司提供的催缴举证符合诉讼时效中断的构成要件，判决物业公司胜诉。

分析：物业公司的胜诉，得益于其每年连续通过有效途径向张某催缴物业服务费，并逐年将这些催缴记录证据保存下来。从档案管理的角度，该物业公司有较强的档案管理意识，深刻理解物业档案管理工作具有动态性的特点，将这些催缴证据以档案的形式保存下来，充分发挥了档案的凭证作用，维护了企业自身的合法权益。

想一想：物业服务企业应如何识别物业档案管理中存在的风险。

1．物业档案管理的基本认识

（1）物业档案。物业档案是指在物业管理过程中形成并反映物业状况、业主和物业使用人变迁以及物业服务企业管理服务、经营活动情况，具有保存、查考利用价值的不同形式与载体的历史记录。形式主要有文字、图表、声像等；载体为纸媒介和电子媒体（硬盘数字存贮）等。

物业档案的内容主要包括物业权属资料、技术资料和查验文件；业主和使用人是权属档案资料、个人资料；物业运行记录、物业维修记录、物业服务记录、物业管理相关合同和企业行政管理资料等。

物业档案是物业项目基本情况的反映，是开展物业管理的基础；是物业维修、更新、改造的重要依据，是业主维护合法权益的原始凭证；是物业服务企业各项工作的真实记录，是物业服务企业解决法律纠纷、化解矛盾的重要材料。物业档案对于查考既往情况、总结经验教训，梳理管理规律，具有重要的参考作用，并具有法律凭证作用。

（2）物业档案管理。物业档案管理是物业服务企业对物业档案进行科学、规范的管理，以保证档案的安全、合理利用，以提高物业管理水平，为业主生活提供服务管理活动。

物业服务企业要充分认识物业档案管理工作的基础性、动态性和服务性等特点，强化物业档案管理意识、提高物业档案管理水平。在物业档案管理中应当有留存证据归档的意识，充分利用档案资料的参考和凭证作用，来解决物业管理纠纷，减少物业服务企业可能承担的各种风险，提高物业服务质量。

（3）物业档案的种类。物业档案一般是按照物业管理的流程分类进行的，分为物业承接查验期档案、物业入住期档案和日常物业管理期档案。

1）物业承接查验期档案主要是被承接查验物业及其附属设施设备的权属、技术和验收文件，即权属资料档案、技术资料档案和验收文件档案，一般称为物业基础资料档案。这类档案需要在承接查验期间认真全面收集才能形成并建立。

2）物业入住期档案主要是业主和使用人的权属资料、个人资料，其内容范围是业主资料和相关资料，即未来的主要服务对象的权属档案和个人档案。这类档案需要在业主和使用人的积极配合才能形成并建立。

3）日常物业管理期档案主要包括物业运行记录档案、物业维修记录档案、物业服务记录档案和物业服务企业行政管理档案。物业运行记录档案包括建筑物运行记录和设施设备运行记录等；物业维修维护记录档案包括建筑物维修维护记录和设施设备维修维护记录等；物业服务记录档案包括小区及共用设施清洁服务记录、小区安全巡视记录、小区业主装修管理服务记录、小区增值服务记录、会所服务记录、社区活动记录和服务与投诉管理记录等；物业服务企业行政管理档案包括物业服务企业（物业项目管理处）人事、行政等相关部门的各类文件。这类档案需要在工作过程中认真全面收集才能形成并建立。

〖相关法规制度标准〗

1．2020年5月28日第十三届全国人民代表大会第三次会议通过的《中华人民共和国民法典》；

2．2020年6月20日第十三届全国人民代表大会常务委员会第十九次会议修订的《中华人民共和国档案法》；

3．2018年3月19日国务院修改的《物业管理条例》(国务院令第698号)；

4．2019年10月14日最高人民法院审判委员会第1777次会议修改通过的《最高人民法院〈关于民事诉讼证据的若干规定〉的决定》。

2．档案管理法律风险的识别与防范

（1）档案信息泄露的法律风险。主要表现在档案管理人员出售或工作失误泄露业主个人信息、企业机密信息等。如档案管理人员或其他员工将业主信息出售、提供给房产中介、社区电商、装修公司等；档案收集、整理、移交、借阅和销毁等档案管理环节作业程序不健全不规范、管理职责不明确等情形，导致重要档案丢失、员工泄露企业机密、侵犯业主隐私权甚至承担刑事责任等法律责任风险。

规避档案信息泄露法律风险，首先要提高物业服务企业及档案管理人员、全体员工的档案管理意识，尤其是保密意识和法律意识。其次要制定合理规范的档案管理制度、规范作业程序，明确落实责任人，杜绝档案管理混乱、职责不清的情况出现。最后要严格执行物业档案的保存、利用、借阅流程与规定，防止档案信息流失、泄露。

（2）物业档案缺失的法律风险。主要表现在使用尤其是交接物业档案时造成物业档案缺失。如司法诉讼中，因档案缺失造成举证不能；因档案缺失，承接查验无法实现物业资料全部交接引发责任纠纷等情形，导致诉讼败诉、经济赔偿的法律责任风险。

规避物业档案缺失法律风险，首先要加强培训，提高全员档案意识，提高对档案司法举证作用的认识，形成日常工作中留存证据归档的工作习惯；加强档案管理人员专业知识培训，提高档案管理的专业技能，实现档案管理的专业化。其次要加强物业档案规范化管理，制定切实可行的档案管理办法，明确物业档案的内容和标准，抓好承接查验环节的资料验收和接收；管理服务过程要重视记录并留存；档案收集、整理阶段要保证资料收集齐全、完整、全面；规范档案保管、借阅、移交和销毁等作业程序，明确责任人。最后要注重推进物业档案信息化管理，利用计算机存储物业档案信息，保证档案寿命，方便查找和节省时间。

3. 物业档案管理实施的风险识别与防范

（1）物业档案保管的风险与防范。物业档案保管的风险主要表现在物业档案保管不善造成损毁、丢失等。如档案管理制度缺失，管理混乱、职责不清，档案资料存放分散、杂乱无章；档案室硬件环境不符合档案管理要求，技术防护不到位，致使档案资料虫蛀、水浸、蚀化等情形，导致档案查找困难、利用低效、丢失或遗漏的风险。

物业档案保管风险防范措施：一是将物业档案管理纳入全面物业管理工作中，建立健全物业档案管理的各项规章制度，明确物业档案管理的岗位职责，对物业档案信息的分类、保存事先做出明确规定，实施全方位管理，保证档案保管质量。二是加强全员档案管理工作的宣传教育培训，提高全员档案管理意识，加大人、财、物的投入，改善档案管理的硬件条件。三是提升物业档案管理人员的综合素质，加强档案管理人员培训工作，提升他们的专业知识和专业技能；人员招聘应考虑物业档案管理的专业人才需求，创新档案管理手段，提升档案保水平。

（2）物业档案利用的风险与防范。物业档案利用的风险主要表现在借阅、利用物业档案要求不规范，或档案利用效率低等。如借阅物业档案不履行规定程序和规则，随意复制和转借，对档案材料进行折叠、拆散、更改和涂写；物业档案利用缺乏开放性，对业主和物业使用人甚至内部员工查阅档案设置障碍等情形，导致物业档案损坏、丢失或信息泄露、引发使用纠纷甚至经济赔偿的风险。

物业档案利用风险防范措施：一是制定严格的物业档案利用制度，明确物业档案借阅、利用的流程、规则和办法，明确档案使用人使用规定、责任承担等内容。二是建立物业档案公开查阅制度，尊重业主知情权，满足内部物业管理需要。三是通过更新技术手段，方便物业档案查阅，提高物业档案利用效率。

5.6.4 公共关系管理风险防范管理

【案例5-16】拒绝协助法院执法　物业公司被罚款

Z市第一人民法院在执行被执行人梁某金融借款合同纠纷一案中，因被执行人梁某拒不履行生效法律文书所确定的义务，法院拟对被执行人名下位于Z市N区H路2号B街12幢A座别墅进行强制执行。7月12日上午，执行人员前往该小区开展执行工作时发现门牌与房地产登记门牌信息不相符，故前往该小区物业管理公司服务中心内调查取证。当执行人员出示证件后，物业公司员工拒不协助法院执行人员前往被执行人名下房产的实际所在地，同时拒绝协助法院调取被执行人名下房产的相关证据资料。该员工向被执行人梁某“请示”，在梁某表示“不知道”后，以“公司规定”对抗法律规定，拒绝协助执行。该员工称执行人员依法出具的工作证和执行公务证“无法核实真实性”，要求出具法院介绍信。执行人员无奈返程领取介绍信。该员工竟通知保安“把这两个自称法院的人带出去”。

在依法出具工作证、执行公务证，还出具了法院的介绍信后，该员工依然百般刁难，拒不履行。被执行人员严正告知拒不协助执行的法律后果，该员工居然称“罚多少钱都没问题”，并向公安机关报警。当公安人员现场了解清楚相关情况、核实法院执行人员身份后，该员工仍拒绝协助法院执行。

第二日，Z市第一人民法院依照《中华人民共和国民事诉讼法》有关规定，依法对该物业管理公司罚款10万元。

分析：这是典型的通过媒体负面报道后，企业形象严重受损的真实案例。

从法律视角看，在社会公众面前造成该物业管理公司法盲无知、肆意践踏法律的形象认识，是因其员工恶意拒绝并妨碍法院执行工作的违法行为所致。

从公共关系实践看，该物业管理公司公共关系意识淡薄，对员工的公共关系知识与能力培训不到位，是导致本案发生的根本原因。其表现，一是对公共关系的协调关系职能认识不到位，其员工面对与法院这一国家司法机关，毫无协调配合意识，妄自尊大，竟以“公司规定”对抗法律；二是对公共关系的真实诚信、平等互利、服务社会的基本原则一无所知，不尊重法律使其失信，妄自尊大使其错位，拒绝配合司法公务使其对立，服务形象荡然无存；三是对公共关系的基本技能没有掌握，其沟通过程的表现是无理且无礼，将违法业主非法利益置于法律之上致使站位错位是为无理，态度蛮横且百般刁难执法人员是为无礼。综上，本案例物业管理公司的公共关系窘境是因对公共关系的重视程度不够，对员工的公共关系意识、素质和能力培养不到位造成的。

想一想：作为物业服务企业应怎样规避此类公共关系风险？

1．公共关系管理的基本认识

（1）公共关系。公共关系是指某一组织为建立、维护、改善与社会公众的关系，促进社会公众对组织的认识、理解及支持，达到树立良好组织形象，促进组织健康发展目的的专业活动。

公共关系是由社会组织、社会公众和传播三要素组成的。公共关系的主体是社会组织，客体是社会公众，联结主体与客体的中间环节是传播。从物业管理公共关系看，物业服务企业作为物业管理公共关系活动的主体，是物业管理公共关系活动的实施者、承担者；社会公众包括业主、物业使用人、建设单位、政府物业行政主管部门与相关部门、物业专营企业、媒体等，是公共关系的客体；传播是向社会公众传递信息，及时有效地收集社会公众对组织自身的意见、了解社会公众态度的活动的媒介和途径，如新闻媒体、公众微信群、QQ群以及服务APP等。

公共关系的基本原则是真实诚信原则、平等互利原则、服务社会原则、科学指导原则；公共关系的基本职能是采集信息、监测环境；咨询建议、参与决策；传播推广、塑造形象；教育引导、培育市场；科学预警、危机管理。

（2）公共关系管理。本教材公共关系管理，特指物业管理公共关系管理，是指物业服务企业以树立良好组织形象为目的，为建立良好的内部和外部环境，并取得内部、外部公众的理解和支持，通过制定合理的策略、采取有效的行动和手段，对本企业组织与内部、外部公众之间传播沟通的目标、资源、对象、手段、过程和效果等基本要素实施管理的活动。

公共关系管理的内容包括公众信息管理、公众关系管理和组织形象管理。公众信息管理是指物业服务企业对其自身与内部、外部公众之间信息传播沟通的管理，既包括物业服务企业对内部、外部公众信息传播，也包括对内部、外部公众信息的收集、整理；公众关系管理是指物业服务企业对其自身与内部、外部公众之间关系的管理，包括对现实或潜在关系、直接与间接关系所进行的管理；组织形象管理是指物业服务企业对自身形象的知名度与美誉度的管理。

（3）公共关系管理的步骤。公共关系管理是有计划、有系统的活动，其基本程序包括公共关系调查、公共关系策划、公共关系实施和公共关系评估四个步骤。

1）公共关系调查是指公共关系人员运用科学的方法，有计划、有步骤地收集相关信息，并通过综合分析相关因素及其相互关系，以确定物业服务企业的公共关系状态，解决面临的实际问题，实现物业服务企业公共关系目标为目的的活动。

公共关系调查的内容，包括来自内部公众的内源信息，即来自企业内部各方面的信息和动态，如企业内部人、财、事、物的状况和动态，以及内部公众的了解与评价；来自外部公众的外源信息，即企业所处外部环境的信息动态，如客户需求、合作者意向、竞争者动态、政府官员看法、新闻界评价以及意见领袖观点等。但关注的重点是涉及社会公众对物业服务企业的政策、产品、行为、人员等企业形象的评价信息。

2）公共关系策划是公共关系人员在充分调查研究的基础上，根据物业服务企业的公共关系现状和企业发展目标，对企业公共关系战略和策略、具体公共关系活动进行谋划、设计，将公共关系目标具体化和可操作化，并形成方案的活动。

公共关系策划的内容包括公共关系确立目标、设计主题、分析公众、确定项目、选择时机、整合媒介、预算经费、拟订方案等。物业服务企业的公共关系策划还需注重物业项目管理处的宣传活动策划和文体活动策划，要重视宣传栏和简报、期刊等，以及利用物业管理区域广播系统、网络业主论坛、短信群发、微信群、QQ群等方式传递、交流信息。物业项目管理处可设置文化专员岗位具体负责宣传活动和文体活动的策划。

3）公共关系实施是指物业服务企业利用企业自身与外部实施条件，依据公共关系策划方案和公共关系计划，将策划的目标和内容变为现实所进行的实际操作与管理的活动。

除常规性的公共关系实施，如组织活动预演和展示、联络新闻媒体、准备必要设施等内容外，物业服务企业须重视建立明确的公共关系实施制度，如物业项目文化活动制度、物业项目管理处对外联系制度等，尤其要重视物业项目管理处对外联系职能，通过加强与政府物业行政主管部门与相关部门、街道办事处、社区居民委员会、新闻媒体等确定沟通协调的内容，建立沟通协调的渠道，保证物业项目的良性运作。

4）公共关系评估是指公共关系人员或专家依据科学的标准和方法对物业服务企业公共关系的整体策划、准备过程、实施过程及实施效果进行测量、检查、评估和判断，测定公共关系活动真实状况的活动。

公共关系评估的过程，包括收集原始记录，即收集公共关系活动实施开始后的所有记录；归纳各种相关资料，梳理出清晰的内在联系，从中得出公共关系活动的基本走势；提出评估标准，确定能够集中反映公共关系活动实施效果的基本指标；得出评估结论，通过将资料与标准进行衡量分析与评判，最终所得出的基本结论四个环节。

〖相关法规制度标准〗

1．2020年5月28日第十三届全国人民代表大会第三次会议通过的《中华人民共和国民法典》；

2．2020年6月20日第十三届全国人民代表大会常务委员会第十九次会议修订的《中华人民共和国档案法》；

3．2018年3月19日国务院修改的《物业管理条例》（国务院令第698号）。

2．公共关系管理法律风险的识别与防范

（1）客户服务过程中的法律风险。主要表现在部门决策或员工个人职业行为触犯法律法规、规章政策，如接待投诉、接受咨询时，曲解甚至有意歪曲法律法规、规章政策的相关规定，维护自身不当利益；组织员工或员工个人以妨碍、干扰业主和物业使用人生活、工作的手段催要物业费，导致恶意中伤、造谣生事、侵害业主权益的法律风险。

（2）职业安全的法律风险。主要表现在对因疏于作业安全管理、人力资源风险防范所导致的生产事故，以及由此造成的员工伤亡；由辞退员工、工伤处理引发的劳动纠纷等的处置，忽视相关法律法规、规章政策以及相关标准规范，甚至进行法外私了等引发的争议冲突，致使形成企业罔顾员工人身安全和权益的不良组织形象，导致侵害员工权益的法律风险。

（3）与业主关系的法律风险。主要表现在擅自进行共有部分经营并独占收益、占用物业服务用房并擅自租赁、擅自启动住宅专项维修资金、买通操控业主委员会成员、阻碍业主大会筹备工作、人身攻击或侵犯个人隐私等违法违规行为，导致恶意中伤、造谣生事、侵害业主权益的法律风险。

（4）与同行企业关系的法律风险。主要表现在合同届满或解除拒不交接、拒不离场；买通个别业主抢盘在管项目；诋毁竞争对手；投标过程中围标护标、业绩或荣誉造假等违反法律法规的行为，致使形成企业失信失德、弄虚作假的不良组织形象，导致合同违约、信用惩处的法律风险。

（5）与物业专营企业关系的法律风险。主要表现在拒不履行转委托合同义务，或拖延付款；与外委企业签订阴阳合同，虚报管理服务成本；不经业主同意进行转委托，或推卸转委托情形下仍须向业主负责外委服务事项责任等不合乎法律法规要求的行为，致使形成企业不讲诚信、见利忘义的不良组织形象，导致合同违约、信用惩处的法律风险。

（6）与政府部门关系的法律风险。主要表现在处置危及物业管理区域安全防范行为时，未履行或未及时履行报告义务；政府依法实施的应急处置措施和其他管理措施情形下，不履行应急配合的公共义务；突发事件、安全事故发生时，未履行现场保护义务、协助调查义务；公安、司法部门执行司法权力时，未履行协助配合义务；街道办事处、社区居民委员会开展社区建设工作，未履行协助义务，致使形成企业缺乏社会责任担当的不良组织形象，导致未履行法定义务、连带责任的法律风险。

规避公共关系管理法律责任风险，首要解决的是法律认识问题，物业服务企业应重视全员普法教育工作，尤其要重视普法教育的实际应用能力的培养，不仅要求员工掌握与物业管理活动紧密关联的法律法规、规章政策和标准规范，还要结合岗位对外关系，掌握与本岗位有所交集的社会公众关联紧密的法律法规，并通过培训考核强化法律意识、用法能力等。其次要加强公共关系知识培训，要清楚每个岗位在企业公共关系活动中的定位；要让员工清醒地认识到工作时间内没有个人行为，一言一行都是职业工作行为，代表了企业组织形象，要自觉规范、约束自己的言行，摆正与社会公众的关系，尊重社会公众。最后要结合组织架构规范建设，明确部门、岗位的公共关系职责，建立部门、岗位的公共关系制度，制定各岗位作业程序时需结合岗位对外关系体现公共关系意识与规范，并通过岗位能力培训使其固化为员工的习惯行为。

3．公共关系管理实施风险的识别与防范

（1）公共关系调查阶段的风险识别与防范。主要体现在公共关系调查过程中，调查不全面、不深入，造成后续工作尤其公共关系策划无以为继、缺乏针对性；调查迎合领导层意图，弄虚作假，编造信息，导致公共关系决策失误；调查片面，倾向性严重，致使公共关系决策方向偏离；调查方法不得当，所得资料不全面、不完整，影响研究分析的准确性等情形。

1）调查不全面、不深入，造成后续工作尤其公共关系策划无以为继、缺乏针对性。调查工作没有统一计划安排，随意性强，只注重形式热闹，实质工作走过场；调查收集资料无清单，对各部门、各岗位无统一、规范要求，造成后续的整理分析工作资料不全面、不完整，缺乏扎实的基础，撰写调查报告无从下笔或胡编乱造，导致重新启动调查工作或调查报告误导后续工作等风险。

2）调查迎合领导层意图，弄虚作假，编造信息，导致公共关系决策失误。调查唯上，不尊重也不注重客观实际，一味揣摩领导意图，置所收集资料于一边甚至根本不做调查收集，编造内容、数据，只求分析结论与领导意图高度一致，以证明领导卓见，导致因公共关系决策失误而带来的经济损失和企业形象损失的风险。

3）调查片面，倾向性严重，致使企业战略决策方向偏离等情形。调查计划安排尤其收集资料清单没有结合企业性质、具体事件或公共关系活动尤其企业公共关系目标进行仔细论证，调查人员主观倾向严重，造成收集资料片面，缺乏完整性、全面性，导致因资料分析结论偏差性大误导企业战略决策的风险。

4）调查方法不得当，所得资料不全面、不完整，影响研究分析的准确性。没有根据具体调查对象的性质特征确定调查方法，或是因缺失实际情况信息造成定性结论支撑度不够，或是缺少数据信息造成定量分析无法实现，导致工作延期、重新启动调查工作或是研究分析可信度不足、调查无效等风险。

公共关系调查风险的防范措施：一是认真落实公共关系调查的基本程序，即确定调查任务、制订调查方案、搜集调查资料、整理分析资料和撰写调查报告，尤其要重视调查方案的制定，确定合理的研究思路、研究方法，做好充足的事前准备工作；二是确定收集资料清单，从物业服务企业自身状况调查；相关公众、产品和服务形象的调查；传播媒介状况调查；社会环境状况调查；物业服务企业与公众关系现状调查五个方面确定公共关系调查的内容，保证资料的全面性、完整性，收集过程要认真考核资料的真伪，保证其准确性；三是扎实掌握公共关系调查的观察法、访谈法、问卷法和文献分析法等方法的特性、适用对象，选择合理得当的调查方法，做的整理分析有恰当可用的充足资料，保证研究结论的可信性，为后续工作奠定扎实的基础。

（2）公共关系策划阶段的风险识别与防范。主要体现在公共关系策划过程中，确立目标、设计主题、分析公众、确定项目、选择时机、整合媒介、预算经费、拟订方案等内容环节的风险。

1）确立目标的风险识别与防范。确立目标风险主要是指确立的公共关系目标不正确或不明确、不具体给公共关系实施带来的风险。如公共关系活动目标表述不简练不清晰，或是公共关系活动目标太高，尤其公共关系活动目标不符合公众利益，在实施过程中因目标公众疑惑或不满，得不到到合作响应甚至遭遇抵制的风险；公共关系活动目标过低，在实施过程中会使实施人员因迟疑而却步不再实施的风险。

确立目标风险的防范措施：首要的是清楚确立公共关系目标须做到目标是具体的、可测量的，且是能够达到并有时间限制。其次在策划时策划人员尤其是实施前实施人员需关注公共关系活动目标是否兼顾了社会公众利益；是否切合实际并可以达到；是否可以进行比较和衡量；是否指向了所期望的结果；是否是实施人员在职权范围内所能完成的；是否规定了完成的期限。如果在这些方面有疏漏，应重新修订，并进行检查。

2）设计主题的风险识别与防范。设计主题风险主要是指设计的主题偏离公共关系目标，造成实施效果与目标效果不一致，导致公共关系活动失败的风险；设计的主题，偏离目标公众需求预期，或因表述语句繁琐，在实施过程中因目标造成公众疑惑或不满，得不到合作响应甚至遭遇抵制的风险。

设计主题风险的防范措施：就是在设计主题时，要理解公共关系目标内涵，要与公共关系目标一致，并能充分表现目标，服务于目标；含义清楚，表述简明扼要，符合公众心理的需要，易于理解、记忆和接受，具有感召力。

3）分析公众的风险识别与防范。分析公众风险主要是指错误确定目标公众，致使公共关系活动公众参与率低，或目标公众定性错位，导致公共关系活动未能实现预期效果甚至遭遇抵制的风险。

分析公众风险的防范措施：调查研究阶段要做到资料收集全面、完整、准确，尤其是社会公众需求或需要方面的信息；分析阶段要严谨、认真，结合目标、主题确定目标公众。

4）确定项目的风险识别与防范。确定项目风险主要是指公共关系活动形式与目标公众心理需求不一致，导致因工作兴趣索然而带来公众参与率低甚至不满，导致公共关系活动达不到预期效果甚至遭遇抵制的风险。

确定项目风险的防范措施：对为展现主题而组织的一系列具体活动安排时，须深入把握目标公众心理需求或需要，确定好公共关系活动的形式，达成内容、趣味、形式三方面的一致。在物业项目管理处实施的宣传活动策划和文体活动策划，既要突出情感沟通的目的，还要考虑内容的针对性、趣味性，更要兼顾形式的喜闻乐见。

5）选择时机的风险识别与防范。选择时机风险主要是指因公共关系策划工作计划性不周，错过最佳预先选定时机，因公共关系新闻效用不佳导致公共关系活动没有达到预期效果的风险；突发事件发生，公共关系部门反应迟缓，见义勇为型突发事件错过新闻轰动期，企业知名度没能借机得到提升，而恶性突发事件没能及时传播真相，给企业形象带来极为不利的负面影响的风险。

选择时机风险的防范措施：一是对可以预先选定的节假日、特殊庆典等时机，事先一定要将如全年企业创办开业或周年庆典之时、企业迁址之时、企业推出新产品新技术新服务之时、国际国内各种节日和纪念日之时、举办重大社会活动之时等确定其时间区间，并形成直观表格，易于查找确认；二是对预先不可选定、稍纵即逝的时机，要根据以往经验制定突发事件预案，明确各项具体工作的责任人，并加强培训、反复演练，一旦突发事件方式，能够及时启动公共关系活动，传播事件真相，掌控引导舆论。

6）整合媒介的风险识别与防范。整合媒介风险主要是指选择传播媒介不恰当，或者媒介组合没有形成优势互补，导致传播效果不佳或成本不经济的风险。

整合媒介风险的防范措施：熟悉不同媒介的各自优劣与特征，结合公共关系活动目标、经费状况，从传播效果、经济核算两方面综合考虑，选择成本经济、传播有效的媒介，并结合不同媒介的各自优劣与特征，形成多个组合方案进行比较，选择最为适宜公共关系活动目标的组合方案。对物业项目管理处实施的宣传活动策划要关注媒介选择的经济性、易操作性，做好宣传栏、简报、期刊广播系统、网络业主论坛、短信群发、微信群、QQ群等线上线下媒介的选择，尤其是做好媒介组合。

7）预算经费的风险识别与防范。预算经费风险主要是指经费测算考虑因素不周全、未预留适当额度不可预见费用，导致公共关系实施中经费不足，公共关系活动难以为继的风险；经费测算时对支出项目没有严格的论证，支出项目随意性很强，且物品购置片面追求高大上，导致公共关系实施中浪费严重，公共关系活动没有取得目标效果的风险。

预算经费风险的防范措施：掌握公共关系支出项目一般包括宣传广告费、调查活动费、人员培训费、场地租用费、赞助费、办公、布展、接待参观费等，经费测算要根据经费支出项目，列出详细的支出预算清单，严格论证、审查，保证所有的支出项目都是必要的，可检测的，最后还要精打细算。

在物业项目管理处实施的宣传活动策划和文体活动策划需要考虑其开展公共关系活动的长期性，一是确定公共关系活动项目时就须考虑其经济成本的可承受性，二是要善于整合社会资源，争取更多的外界公共服务或商业服务的资金支持。

8）拟订方案的风险识别与防范。拟订方案风险主要是指公共关系方案内容不完整或存在着前述个别或几个公共关系策划内容上的风险，导致公共关系实施时障碍重重，难以取得公共关系效果的风险。

拟订方案风险的防范措施：要清楚一个完整的公共关系计划通常包括公共关系目标、公共关系活动主题、公共关系活动目标公众、公共关系活动项目、公共关系媒介选择和经费预算等内容，制定过程中要反复核查内容有无遗漏，要审慎地识别内容中有无风险隐患，并及时排查。要反复论证方案目的性、可行性、经济性，尤其要关注方案是否完整地体现公共关系目标和方案要求，以及具体公共关系资源的合理安排，不断优化方案。

（3）公共关系实施阶段的风险识别与防范。在公共关系实施过程中，除因前述的公共关系策划的操作引导或内容疏漏导致公共关系风险外，还有落实公共关系方案需组织人员培训、做好人员分工分组重视程度不够或落实不到位、随意变更，导致公共关系实施混乱无序、工作效率低下的风险；没有组织活动预演或预演敷衍走过场，预想问题不足，导致公共关系实施时对突发问题反应迟缓，或活动走向失控的风险；必要设施准备不充分、不到位，导致公共关系实施中高投诉率的风险，更主要的是在以上风险源中普遍存在的沟通障碍风险、突发事件风险。

1）落实公共关系方案对人员培训、人员分工分组重视程度不够或落实不到位、随意变更，导致公共关系实施混乱无序、工作效率低下的风险。如人员分工分组不合理，现场引导人员不足，造成活动场地内外的人员聚集、通行阻塞，致使活动启动时间拖延；人员未经培训，对活动内容、会序尤其现场安排不知晓，造成的服务能力低下，引发社会公众不满；各分工组不知晓不熟悉工作内容与工作分工，未形成相互之间的分工合作，造成工作效率低下等风险。

2）没有组织活动预演或预演敷衍走过场，预想问题不足，导致公共关系实施时对突发问题反应迟缓，或活动走向失控的风险。如参与公众突破预想数量，得不到及时有效的安置、引导或疏散，导致现场秩序混乱；参与公众远远低于预想数量，没有预案准备，造成现场气氛冷清，难以实现预期效果；没有进行现场实地勘察与推演，选址没有考虑周边交通出行的便利性，车辆停放没有备选地点、造成入口人车混杂，通行困难、秩序混乱等风险。

3）必要设施准备不充分、不到位，导致公共关系实施中高投诉率的风险。场地布置没有考虑公众活动期间出入、休憩需要，造成活动中的秩序混乱或中途退场；展览布置缺少主题统领，动线设计不合理，造成公共关系活动效果下降或参观效果下降，并带来现场秩序混乱；会议资料、配餐、奖品礼品、备用椅具数量不足，造成投诉不断，或严重过剩，造成的浪费等风险。

4）沟通障碍风险。组织分工不明确或分工过细，造成抢事抢工、相互推诿、反应迟缓；认识、情感、态度等心理因素或道德、观念的偏见，造成歪曲事实真相、情感情绪失控，致使沟通受阻；民族习俗、地域习惯、审美习俗的影响，造成沟通受挫；语义表达不明确、不简练、不清晰，地方语言差异，造成的沟通困难等风险。

5）突发事件障碍风险。内部公众关系失调，导致的内部纠纷事件；内部安全事故、工伤事故，导致的公众投诉、媒体曝光、流言四起；与外部公众因管理服务活动纠纷、处置不力，导致的群体事件；自然灾害应对不力、责任误解，导致的群体事件等风险。

公共关系实施风险的防范措施：首先要确定公共关系实施的领导小组或负责人，全面准确理解把握公共关系方案内涵，质疑之处应及时沟通咨询，统一认识，再落实实施。其次要重视准备工作，尤其要做好人员培训、分工，落实专项经费，科学合理地做好设施准备工作，物品准备要留有适当余量。次之要有强烈的风险意识，要认识到风险源头内外部都有，主客观造成并存，须厘清性质才能及时有效排除。排除沟通障碍风险，一要缩小与公众间差异，二要清楚公众乐于接受与自身利益密切相关且一致的传播活动与信息，做好公众细分，用公众易于接受的传播方式进行沟通；排除突发事件障碍风险，要有事先预案准备，由专人负责第一时间实事求是、口径一致地向公众传播真相最为重要。最后要建立明确的公共关系实施制度，尤其要重视物业项目管理处公共关系实施的制度建设，重点是发挥其对外联系职能，建立沟通协调的渠道，建立良好的外部公共关系。

（4）公共关系评估阶段的风险识别与防范。主要出现在公共关系评估过程中，确定评估标准指标不全面、组合不合理，或有严重倾向性；原始记录收集不全面、不完整或有倾向性等情形，导致评估结论不够准确、严谨的风险。

公共关系评估风险的防范措施：首先要建立科学合理的公共关系评估标准及公共关系评估指标体系，评估标准指标应包括覆盖区域、接待人员数量、施加影响数量、公共关系消息数量、专题报道数量、媒介引用次数、增加的知道数量、增加的了解数量、增加的信任数量、增加的忠诚数量等，才能得出公共关系活动实施的效果。其次是根据评估标准指标，全面收集公共关系实施原始记录，并依据公共关系评估指标体系，对大量繁复、零碎的原始记录进行归类、整理，梳理出清晰的内在联系线索，比照标准进行公正严谨的衡量分析与评判，最终得出公共关系实施评估结论。最后根据公共关系实施的衡量分析与评判过程、评估结论，形成评估报告。评估报告要以事实为依据，做出对公共关系实施效果的专业评价，并提出问题；客观分析产生问题的原因，并提出克服原因、解决问题的思路与办法，提出今后公共关系活动的建设性意见。

思考题

1．简述物业客户服务的核心理念。

2．简述客户服务法律风险的规避措施。

3．简述公共关系管理法律风险的种类及内容。

实训练习题

基础理论知识

一、单项选择题

1．（　）是为响应和满足业主和物业使用人的需求而开展的一系列活动。

A．客户服务　　B．消防管理　　C．档案管理　　D．施工现场监管

2．（　）是指在为业主或物业使用人提供客户沟通、接待、投诉、满意度调查等过程中，因程序不健全、管理职责不明确、服务不规范、不文明等原因，可能导致业主对客户服务不满意、投诉、产生服务纠纷甚至起诉，而给公司利益带来的不确定性。

A．客户服务风险　　B．档案管理风险

C．外包监管风险　　D．施工现场监管风险

3. 物业服务人员在提供物业服务时，与业主沟通内容不专业、方式单一、缺乏技巧等情形，导致业主不愿或拒绝沟通、沟通不畅、不能有效解决问题反而激化矛盾纠纷的风险属于（ ）风险。

A. 接待报修 B. 客户沟通 C. 客户投诉 D. 客户满意度

4.（ ）是指在物业管理过程中形成并反映物业状况、业主和物业使用人变迁以及物业服务企业管理服务、经营活动情况，具有保存、查考利用价值的不同形式与载体的历史记录。

A. 物业档案 B. 物业建设档案

C. 物业管理档案 D. 业主档案

5.（ ）是物业管理公共关系活动的主体，是物业管理公共关系活动的实施者、承担者。

A. 物业服务企业 B. 业主

C. 物业行政主管部门 D. 建设单位

二、多项选择题

1. 客户服务包括（ ）等内容。

A. 入住、迁出、装饰装修和特约服务等事项手续办理

B. 接待管理，投诉处理

C. 档案管理，信息管理

D. 满意度（率）调查

E. 沟通管理、物业服务费收取

2. 客户沟通的风险防范措施有（ ）。

A. 制定物业服务礼仪规范

B. 充分开发和利用各种沟通渠道

C. 掌握基本的沟通技巧

D. 满足客户需求

E. 对客户投诉、报修进行回访

3. 按照物业管理的流程，物业档案可分为（ ）三类。

A. 物业建设档案 B. 物业承接查验期档案

C. 物业入住期档案 D. 人事档案

E. 日常物业管理期档案

4. 在物业档案管理中应当有留存证据归档的意识，充分利用档案资料的（　　），来解决物业管理纠纷，减少物业服务企业可能承担的各种风险，提高物业服务质量。

A. 参考作用　　B. 基础性　　C. 凭证作用

D. 服务性　　E. 动态性

5. 公共关系管理是有计划、有系统的活动，其基本程序包括（　　）等步骤。

A. 公共关系调查　　B. 公共关系策划

C. 公共关系实施　　D. 公共关系操作

E. 公共关系评估

案例分析题

1. 请识别本案例物业公司员工服务侵权可能引发的法律风险。

案情：程某于2017年5月21日在小区丢失一只白色泰迪犬。在寻找过程中，听说该泰迪犬被小区业主李某发现并送至小区客服中心，交给值班客服张某保管。于是便来到客服中心寻找，但张某拒不承认。程某随即报警，在证人及监控视频的指证下张某才承认从李某手里接收了程某的泰迪犬。但张某在接收程某的泰迪犬后，将这只泰迪犬已送给了他人。程某遂诉至法院，请求判令张某及张某就职的物业公司赔偿其泰迪犬丢失的损失。

2. 结合本案例，请你帮助该物业服务企业识别社区活动存在的风险。

案情：为让业主热热闹闹迎新春，某小区物业项目管理处专门组织了游园活动。66岁的李老太带着5岁的孙子一起参加游戏。但在游戏中，李老太摔了一跤导致骨折。身体逐渐康复后，李老太将小区物业公司告上法院，索赔医疗费、精神损失费等。李老太说，事发当天下雨且风很大，地面很湿滑，物业公司明知当天天气不宜开展大型户外游园活动，更不宜开展“两人三脚”的游戏项目，却没取消，而且没有对地面进行相应的防滑措施，也没有做到相应的提示义务和安全保障义务，存在重大过失。

物业公司认为，活动当天，是在小雨停后开展的。而且活动场地都安排在雨淋不到的地方，且安排了工作人员在现场进行讲解和维持秩序。李老太与孙子要参加“两人三脚”游戏前，在现场维持秩序的工作人员已经进行过劝阻，但李老太执意要参加，从而导致摔倒。物业公司尽到了安全提示义务，不应当承担责任。

6

物业管理财务管理的风险防范管理

知识目标

1. 了解物业管理财务管理基本知识，知晓要义；
2. 熟悉物业管理财务管理制度建设、物业管理法律风险防范管理的原则、防范过程与实施内容；
3. 掌握物业管理财务管理风险识别、风险防范的思路与方法；
4. 掌握物业费风险识别、风险防范的思路与方法；
5. 掌握住宅专项维修资金风险识别、风险防范的思路与方法；
6. 掌握其他费用风险识别、风险防范的思路与方法。

能力目标

1. 具备物业管理财务管理风险防范工作的组织能力；
2. 具备物业管理财务管理法律风险识别和防范的能力；
3. 具备物业管理财务管理实施过程风险识别和防范的能力。

思政目标

1. 培养知法守法的思想品德与职业操守；
2. 培养实事求是、客观公正的工作态度；
3. 培养注重能力、细致严谨的工作作风。

6.1 物业管理财务管理的风险防范管理

学习目标：1．了解物业管理财务管理的基本知识，以及物业管理财务管理在物业服务企业中的准确定位；

2．熟悉物业管理财务管理制度建设要点以及主要内容；

3．掌握物业管理财务管理风险识别、风险防范的思路与方法。

6.1.1 物业管理财务管理的基本认识与相关法律政策规定

1．物业管理财务管理的基本认识

（1）财务管理。财务管理是在一定的整体目标下，关于资产的购置（投资）、资本的融通（筹资）和经营中现金流量（营运资金）以及利润分配的管理。

财务管理的工作包括财务预测、财务决策、财务预算、财务控制、财务分析等环节。

财务管理职能主要是：规划职能，对未来的财务管理工作事先拟定好具体目标、内容、步骤和措施，用来指导企业的经济活动，主要是通过预算管理的手段实现；组织职能，合理组织财务管理活动中的各种要素进行合理的分工和协作，主要是通过财务部门的组织架构、职责分工来实现；控制职能，按照预算目标对公司的财务管理活动进行监督、检查，主要是通过财务管理活动的实际成果与预算目标对照的方法来实现。

通常，企业将利润最大化作为企业财务管理目标。这有利于企业加强管理，增加利润。

（2）物业管理财务管理。物业管理财务管理主要是指物业服务企业做好管理经营活动各项财务收支预算、控制、核算、分析和考核工作，如实反映企业财务状况和经营成果，并妥善安排资金使用，严格控制各项支出，维护和有效利用企业的各项资产，努力提高经济收益的活动。

物业管理财务管理实行财务监督机制，物业服务企业财务部门须根据物业管理与财务管理相关法律法规、规章政策以及企业财务计划对企业内部预算开支标准、经营管理活动收支情况和各项经济指标进行监督，保证资金筹集合理合法，确保资金分配合理，及时合理上缴各项税费。其工作途径主要是建立财务预算管理制度、固定资产管理制度、物业项目财务收支管理制度等手段和措施。

2．物业管理财务管理内容

物业管理财务管理的内容主要为营运资金管理、资产管理、税费管理、利润分配管理和财务分析等内容。实践中，主要是做好营业收入管理、成本和费用管理、利润管理等，以便有效保护物业管理市场主体双方的合法权益。

（1）物业管理营业收入管理。物业管理营业收入是指物业服务企业从事物业管理和其他经营活动所取得的各项收入，包括主营业务收入和其他业务收入。其中主营业务收入特指物业费收入，其他收入包括共有部分经营收入（与业主分配后所得收入）、维修资金修缮项目收入、代办性服务费收入和特约服务收入。

（2）物业管理成本费用管理。物业管理成本费用由营业成本、企业费用、其他业务支出费用和税费构成。

1）营业成本。营业成本包括直接费用和间接费用等，直接费用是直接从事物业管理活动所发生的支出，即物业费包干制的物业服务成本或者酬金制的物业服务支出构成；间接费用，又称管理费分摊，是物业项目管理处按照一定的比例承担的上级公司管理费用。

2）企业费用。企业费用是指物业服务企业在物业管理过程中发生的，与物业管理活动没有直接联系，属于某一会计期间发生的费用，包括管理费用、营业费用和财务费用。其中管理费用即为前述营业成本中的间接费用，是指公司各部门（除市场部门外）发生的各项费用；营业费用，是指公司市场部门发生的各项费用；财务费用，是指银行利息、银行扣款手续费用等。

3）其他业务支出费用。其他业务支出费用是指物业服务企业从事其他收入活动支出的成本费用和费用支出。

4）税费。物业服务企业的税费包括经营环节的流转税、附加税、所得税等。物业服务企业代有关部门收取的水费、电费、燃（煤）气费、住宅专项维修资金的行为，属于“现代服务业”税目下“经纪代理服务”业务，代收代付部分不计征增值税；对其从事此项代理业务取得的收入应当征收增值税。

（3）利润管理。物业服务企业利润总额包括营业利润、投资净收益、营业外收支净额以及补贴收入。其中，营业利润包括主营业务利润和其他业务利润。主营业务利润是指主营业务收入减去营业税金及附加，再减去营业成本、管理费用及财务费用后的净额；其他业务利润指其他业务收入减去其他业务支出和其他业务缴纳的税金及附加后的净额；补贴收入是指国家拨给物业服务企业的政策性亏损补贴和其他补贴。

3．物业管理财务管理制度

作为非财务专业人员应了解的物业服务企业财务管理制度主要有经营预算管理制度、票据管理制度、物品申购制度、仓库管理制度、固定资产管理制度、物业项目财务收支管理制度等。

（1）经营预算管理制度。经营预算管理制度是物业服务企业为规范开展内部经营预算编制、执行、监督和考核工作，保证物业管理的管理经营活动按照预算计划进行，以完成既定经营目标的制度。

经营预算是对企业收入、费用和利润作出的预计，是企业预算管理的一个分支。经营预算的内容包括营业收入预算，由主营业务收入预计和其他业务收入预计构成，是编制利润预算的基础，体现物业服务企业经营目标遵循以收入定费用的原则；成本费用预算，由营业成本和企业费用预计、其他业务支出费用预计和税费预计构成，不得超出营业收入预算；利润预算，是以货币形式综合反映预算期内经营活动成果的预测结果。

（2）票据管理制度。票据管理制度是物业服务企业为规范票据管理，根据票据管理相关事项制定财务票据管理细则，要求企业内部部门和人员严格执行，防止财务管理出现疏漏的制度。

票据管理是根据物业管理特点对票据种类、使用准则、统计核销、账册管理、财务稽核、印章管理、票据档案等事项的管理。物业管理活动常用票据有外部业务交往的规范制式票据如支票、发票、收据等；内部自制票据如借款单、费用报销审批单、费用支付申请单、材料出入库单等。会计主管负责保管空白票据和票据存根；出纳员或授权收款部门负责领取和开具票据；财务部门、授权收款部门对票据的购、领、存进行登记管理，领用票部门凭已用票据换领新票据。票据使用要求所有款项的收取须向交款方出具票据；上交开具收据或发票的收入，须填写《收银明细缴款表》；代收款项与收款单位结算时，应与票据财务联金额核对相符，经负责领导同意后方能办理付款。财务部门须不定期进行检查，发现违法违规使用票据的行为要予以严肃处理。

（3）物品申购制度。物品申购制度是物业服务企业为规范物品申购行为，对物品申购从申请到审核实施制定的流程，要求企业内部部门和人员严格执行，以有效地控制物料成本和办公费用的制度。

物品申购是经营管理所需物资、物品的购置，须提出申请经上级部门审核通过方可实施采购行为的管理流程。申购物品，应明确各部门物品申购范围，以部门为单位按月填写申购单，写清所需物品的数量、规格等基本信息，经部门负责人签字后，报财务部或采购部门履行审批程序。所有补库和曾有库存的物品申购需仓库管理员核实签字，防止重复申购；急购物品，可先购后批；特殊物资，如专用配件可由申购人自行采购；须现金购买物品，由相关权限人审批。采购人员负责申购物品采购，财务部门负责复审。

（4）仓库管理制度。仓库管理制度是物业服务企业为保证仓库存放物品或物资的完好无损，确保物业管理活动正常进行，对仓库管理活动的流程操作、作业要求等制定的流程文件和管理规定。

仓库管理是对仓库存放物品或物资的采购、入库、出库、盘点及保管等活动的有效控制活动。采购员采购须至企业招标或市场调查确定的供应商家，采购物品到货时交付验收人员验收，并填写验收单，与仓库保管员办理入库手续。到货物品规格、品种或质量不符合要求，采购员负责办理退换货。采购员凭购置发票、验收单和入库单办理报销手续。

仓库管理员须对到货物品进行质量、性能验收，合格物品填写物品验收记录、入库单，并将物品按相关规定进行存放；验收不合格的物品，不得入库；对暂时无法检验的物品，应收入仓库“待检物品存放区”，等待相关部门或人员检验。物品使用人凭相关权限人签字确认的领用单到仓库领用物品，仓库管理员根据领用单上所列的品种、数量按照“先进先出”保管原则进行发放，并填写出库单，领用人需在出库单上签字确认。仓库管理员应每月进行盘点，公司财务部门每年至少一次派员进行盘点。

（5）固定资产管理制度。是企业为保证固定资产的安全完整，充分发挥固定资产效能，提高固定资产使用效率，对固定资产管理活动的流程操作、作业要求等制定的流程文件和管理规定。

固定资产是指使用期限较长，单位价值较高，在使用过程中能够保持原有实物形态的资产。通常固定资产的认定，是指使用期限在一年以上，单位价值在2000元以上的资产，包括房屋、机械工具、办公设备、作业设备等。固定资产是物业服务企业实施物业管理活动所必需的物质条件。

固定资产管理是指企业对固定资产的计划、购置、验收、登记、领用、使用、维修、报废等全过程的管理。固定资产实行分级归口管理，谁使用谁管理，固定资产管理责任须落实到部门、个人。固定资产购置管理，须履行请购、审批手续，到货查验并形成固定资产验收单；固定资产使用管理，使用部门应做好自用固定资产登记，强化固定资产的日常管理，建立固定资产卡片，定期保养，保证固定资产完好无缺；做好固定资产调配、有偿调出管理，固定资产的增减变动和分布情况须及时登记，并与财务部门核对。固定资产报废管理，报废固定资产须填写固定资产报废申报单，写明报废原因、使用年限、已提折旧额等，由部门负责人签字后交固定资产监管部门，并经鉴定小组鉴定和作价后上报审批。固定资产盘点管理，财务部门定期组织使用部门对固定资产进行盘点，保证账账相符、账实相符；固定资产盘亏盘盈，均应查明原因，分清责任，上报处理。

（6）物业项目财务收支管理制度。物业项目财务收支管理制度是物业服务企业根据物业项目目标管理要求，为做好物业项目财务收支管理工作而制定的管理规范。

物业项目财务收支管理制度的基础是预算管理，总原则是没有预算不得开支。要求物业项目管理处每月末根据年度预算及下月预计情况，编制、上报下月收支预算；每月初对上月预算执行情况进行总结，编制上月收支预算与执行情况比较表，上报公司。各月度支出计划的编制以年度预算为依据，可在各月之间调节，但各月总和不得超过年度指标。

收支规定包括票据及公章使用规定、收款规定、支出规定等。其中票据及公章使用规定包括票据由公司财务部门统一购买、统一管理，物业项目管理处专人负责领用、保管和缴销，以及使用、填写的规范要求等。收款规定包括收款票据的领用、用印要求；已收现金款项的入账要求；收款转账要求；票据检查、核销规范等。支出规定包括工资费用发放要求、员工福利费发放要求、维修费用付款审批程序、日常性开销费用报销规定、水电费的支付规范要求、转账结算各项支出要求等。资金报表，每天由物业项目管理处出纳填报每日收款报表交公司财务部门，并注明当天款项的增加、减少情况说明。

〖相关法规制度标准〗

1. 2017年11月4日第十二届全国人民代表大会常务委员会第三十次会议修正的《中华人民共和国会计法》;

2. 2004年8月28日第十届全国人民代表大会常务委员会第十一次会议修正的《中华人民共和国票据法》;

3. 2015年4月24日第十二届全国人民代表大会常务委员会第十四次会议修正的《中华人民共和国税收征收管理法》;

4. 2000年6月21日国务院发布的《企业财务会计报告条例》(国务院令第287号);

5. 2014年7月23日财政部修改的《企业会计准则——基本准则》(财政部令第76号);

6. 2006年12月4日财政部颁布《企业财务通则》(财政部令第41号);

7. 2003年11月13日国家发展改革委、建设部发布的《物业服务收费管理办法》(发改价格〔2003〕1864号);

8. 2007年9月10日国家发展改革委、建设部发布的《物业服务定价成本监审办法(试行)》(发改价格〔2007〕2285号)。

6.1.2 物业管理财务管理的风险识别与防范

【案例6-1】财务核算惊现支出异常,现场循因找到给水漏点

6月底,××花园物业管理处财务室在核算上半年的水费时,发现比去年同期高出近5万元,立即向管理处张主任报告。张主任立即安排维修班对半年来的用水情况进行盘查,发现后3个月总表数大于分户表总数。

维修班经过紧急讨论,决定兵分三路:第一路到小区供水管理所反映情况、联系核查总表是否存在问题;第二路全面检查住户用水情况;第三路对雨水井、污水井、水箱、水池地面进行查漏。第三路按设计图纸普查,在A栋一个雨水井旁听到流水声。打开井盖发现雨水管外管壁清水汩汩流出,判断是供水主管破裂,很快就找到漏点并进行了焊接。

维修完成,物业管理处仍担心自来水总表有问题,再次与供水管理所协商后,拆表送至市水表计量检定中心检测。物业管理处安排专人陪检,检定结果,总表正常。7月底,自来水总表抄表从每月用水3万多m^3降至2.1万m^3。

分析:这是财务人员进行经营成本核算时,通过同期专项费用对比,发现支出异常,立即提醒物业项目管理处负责人,从而及时止损的典型案例。

经营成本核算是指物业服务企业对其发生的经营费用进行审核和控制,并运用一定的方法,最终计算出该成本计算对象经营成本的核算过程。准确的成本核算,再结合统计的同比与环比,就能够及时发现成本管理中出现的问题,有利于物业服务企业的经营管理。本案就是通过当年前6个月与上年前6个月的同比，发现了水费成本支出的异常，通过对供水系统进行技术排查，找到漏点，经过技术处理实现止损的典型案例。

但通过本案例分析我们也发现，涉案物业项目管理处对半年用水情况盘查的结论是后3个月总表数大于分表数。这就意味着该物业项目管理处经营成本核算工作存在两个方面的风险隐患，一是没有月度经营成本核算；二是有月度经营成本核算，但没有月度经营成本环比。如果该物业管理处既有月度经营成本核算，又有月度经营成本环比，水费成本支出异常应该在第四个月最迟应该在第五个月就能够及早发现了，因为上半年水费成本同比高出近5万元且发生在后三个月，每月平均在1万元以上，这个数字差异是很大的，应该能够及早发现。这说明规范细致的企业财务管理制度，对防范物业管理经营活动风险有现实意义。

想一想：结合本案你认为物业项目管理处经营成本核算制度应该包括哪些主要内容？

1．物业管理财务管理法律风险的识别与防范

物业管理财务管理有其自身很强的专业性，物业服务企业领导层由于对财务工作专业认识的限制，尤其是对有关财务管理的相关法律法规、部门规章、地方政策等掌握不足或者理解把握不正确、不到位，加之主观上不愿接受制度约束等因素，不重视或不愿意做好企业自身财务管理制度建设；有的规模一般的物业服务企业领导者，没有长远发展想法，不懂得也不关心人、财、物、信息等资源的优化配置，也不懂得财务管理工作及其作用，认为财务管理制度建设就是做给审计、税务部门的样子，根本没有认真落实的想法和行为；有的物业服务企业因为企业规模过小，采取会计代账方式，或是财务人员流动过于频繁等因素，缺乏企业财务管理制度建设基础，导致企业财务管理漏洞百出，法律风险隐患普遍存在，物业服务企业就要承担一定的法律风险责任。

物业管理财务管理的法律风险主要有：

（1）物业管理财务管理制度建设的法律风险。主要表现在物业管理企业财务管理制度没有系统完整的制度体系，个别规模小的物业服务企业甚至没有制定内部财务管理制度。如依法建账不到位，虽然设立了账目，但没有按照会计科目的要求分门别类地设置明细的账目，会计信息得不到真实的反映；有的物业服务企业结合自身经营管理的要求，自行设立会计核算科目；有的物业服务企业财务管理制度要求，对内对外只提供资产负债表、利润表、现金流量表等报表，数据过于笼统和宏观，无法了解企业财务真实信息等违反财务管理相关法律法规、部门规章、地方政策的情形。

规避物业管理财务管理法律责任风险，首先要解决好物业服务企业领导层或领导者的认识问题，要使其认识到规范的财务管理工作对企业发展、经营管理的决策基础作用、优化资源配置作用，得到其真正的重视。其次要加强组织财务人员尤其是财务管理制度编撰人员学习、掌握财务管理相关法律法规、部门规章、地方政策，按照《中华人民共和国会计法》《企业财务会计报告条例》《企业财务通则》《企业会计准则》和《小企业会计准则》，结合自己的经营特点和管理要求，制定适合本企业的完整规范、具体可行的财务管理制度，财务管理做到有法可依、有章可循。再次要结合物业服务企业组织架构规范建设，明确部门、岗位的财务管理职责，制定各岗位作业程序，以规范财务人员、相关人员财务工作的行为规范。最好要加强对财务人员、财务工作相关岗位人员的财务管理制度培训，并认真组织考核，成绩合格方可上岗，以固化员工的财务工作行为习惯。

（2）物业管理财务管理的经营预算管理的法律风险。主要表现在，一是预算编制环节违反财务管理相关法律法规、部门规章、地方政策，如有意隐瞒侵占业主合法权益的财务信息，或是自行设立会计核算科目隐藏侵占业主合法权益的财务信息，或是随意调整利润的计算、分配方法，编造虚假利润或者隐瞒利润的情形；二是预算执行环节违反财务管理相关法律法规、部门规章、地方政策，如为应对以收入定费用原则，企业内部各部门尤其物业项目管理处虚列或者隐瞒收入，推迟或者提前确认收入；随意改变费用、成本的确认标准或者计量方法，虚列、多列、不列或者少列费用、成本的情形。

规避物业管理财务管理的经营预算管理法律责任风险，首先要加强对经营预算管理的监督和考核工作，保证物业管理的管理经营活动按照制度要求、预算计划进行，以完成既定经营目标。其次要加强对财务人员、财务工作相关岗位人员尤其是物业项目管理处财务人员的经营预算管理制度培训，规范成本核算法律责任教育并强化成本核算能力，严格执行定额管理，控制企业内部的劳动定额、物质定额、费用定额、人员定额、工时定额并落实好考核办法。最后要加强健全财务核算资料，原始记录要统一规范格式、内容和方法；保管原始记录要明确签署、传递、汇集、反馈等要求；要建立责任制，确保原始记录的真实、完整、正确、及时。

（3）物业管理财务管理的票据管理的法律风险。主要表现在，一是设置会计账簿违反财务管理相关法律法规、部门规章、地方政策的规定，如私设会计账簿登记或是“小金库”；二是会计账簿记录违反财务管理相关法律法规、部门规章、地方政策的规定，如会计账簿记录与实物及款项的实有数额以及会计凭证的有关内容不相符、伪造或变造会计凭证与会计账簿和其他会计资料、随意纠正或更改会计账簿记录错误或者装订错误；会计凭证包括原始凭证和记账凭证违反财务管理相关法律法规、部门规章、地方政策的规定，如采用不真实不合法、记载不准确不完整或者记载内容有涂改或更改、更正金额错误的票据报销，并被财务人员作为原始凭证；三是使用支票、汇票、本票违反财务管理相关法律法规、部门规章、地方政策的规定，如签发空头支票或者故意签发与其预留的本名签名式样或者印鉴不符的支票、签发无可靠资金来源的汇票或本票、汇票或本票在出票时作虚假记载、冒用他人票据或者故意使用过期或作废的票据等情形。

规避物业管理财务管理的票据管理法律责任风险，首先要加强有关法律法规、部门规章、地方政策的宣传教育，企业领导层或领导者应严格自律，不得以任何方式授意、指使、强令会计机构、会计人员伪造、变造会计凭证、会计账簿和其他会计资料。其次要依法设置会计账簿，严格按照国家统一的会计准则或会计制度的规定填制、更正或采用会计账簿、各种票据，会计账簿登记必须进行认真审核，保证会计账簿记录与实物及款项的实有数额和会计凭证的有关内容相符以及会计账簿之间相对应的记录相符。最后，加强财务人员、财务工作相关岗位人员以及采购人员、经常报销员工的票据管理制度培训，提升他们规范地填制、辨识票据的能力。

（4）物业管理财务管理的物品申购的法律风险。对于物品申购，财务管理方面没有明确的法律法规、部门规章规定，但从国家到地方党政部门在廉政建设方面却有许多相关规定，企业内部也有相应制度约束。物品申购的法律风险主要表现为超标超值申购、消费性非工作申购等情形。

规避物业管理财务管理的物品申购法律责任风险，主要是加强企业内部员工尤其是对各部门、物业项目管理处有关权限人廉洁自律教育，形成有效的自我约束机制，建立严格的有关权限人、责任人惩处机制。其次在物品申购制度上须明确申购物品的使用性能只为满足工作需要，价格、品质须货比三家，合理申报。最后要加强财务部门、采购部门的审核监督，建立审核、复核、审批多重审查机制，严格把关。

（5）物业管理财务管理的仓库管理的法律风险。主要表现在，一是会计账簿登记与《企业会计准则第1号——存货》不一致，如存货的采购成本只登记购买价款和相关税费，或是将非正常消耗的直接材料或仓储费用计入存货成本，导致成本核算不准确；二是库存物品等各项存货的实存数量与账面数量不一致，如有报废损失和积压物资等；三是人员职务犯罪，如采购人员收受回扣或勾结仓库管理人员以次充好、以少充多等损公肥私、营私舞弊行为，或是仓库管理人员疏于管理，造成库存物品损失甚至事故，以及慷单位之慨，造成账实不符等行为，或是有关权限人勾结采购人员或仓库管理人员收受回扣、弄虚作假、中饱私囊行为等情形。

规避物业管理财务管理的仓库管理法律责任风险，首先要加强采购人员、仓库管理人员尤其采购库存有关权限人廉洁自律教育，形成有效的自我约束机制，建立严格的有关权限人、责任人惩处机制。其次要明确规定采购只能在企业公开招标确定的供应商名单中实施，价格、品质须货比三家，采购大宗物资须成立采购小组负责实施。最后要加强财务部门、采购部门的审核监督机制，严格把关，杜绝谋取私利的管理漏洞。

（6）物业管理财务管理的固定资产管理的法律风险。主要表现在，一是会计账簿登记与《企业会计准则第4号——固定资产》不一致，如固定资产的成本只登记购买价款和相关税费，或是未对固定资产计提折旧，或是固定资产盘亏损失、发生固定资产毁损或报废固定资产未计入当期损益，导致成本核算不准确；二是固定资产的实存数量与账面数量不一致，如固定资产盘亏损失、固定资产毁损或报废固定资产等，未及时调整账目；三是未按报废固定资产条件或程序进行固定资产报废，如随意确定固定资产寿命及预计净残值、未到固定资产寿命报废期提前报废、低估净残值等，导致固定资产损失；四是人员职务犯罪，如管理人员或有关权限人自己或为他人提供便利，长期占用非工作需要但有消费功能属性的固定资产，或是疏于管理造成固定资产损失甚至事故，或是弄虚作假，将固定资产据为己有等情形。

规避物业管理财务管理的固定资产管理法律责任风险，首先要认真落实固定资产购建、使用、报废制度，加强固定资产管理人员尤其有关权限人廉洁自律教育，形成有效的自我约束机制，建立严格的有关权限人、责任人惩处机制。其次要有切实可行的固定资产日常管理措施，实施分级归口管理，指定专人负责，建立固定资产台账，对固定资产统一编号，制作固定资产卡片。最后要加强固定资产清查管理，定期实施财产清查工作，保持固定资产标识所标注内容与资产实物、固定资产卡片及固定资产台账的一致。

（7）物业管理财务管理的物业项目财务收支管理的法律风险。由于物业项目财务收支管理主要涉及的内容就是经营预算管理、票据管理，因此其法律风险与经营预算管理、票据管理法律风险基本一致，这里不再赘述。

2．物业管理财务管理实施风险的识别与防范

（1）物业管理财务管理的经营预算管理实施的风险与防范。一是预算编制环节，业务部门参与度较低、所依据的相关信息不足、编制时间过早或过晚、方法选择不当或强调采用单一的方法、预算目标及指标体系设计不完整不合理等，导致预算编制不合理、预算管理责权利不匹配、预算编制范围和项目不全面、预算准确性不高，影响预算的执行；二是预算执行环节，缺乏严格的预算执行授权审批制度、核定经费支出随意、预算执行过程中缺乏有效监控、缺乏健全有效的预算反馈和报告体系、物业项目管理处成本核算不及时不准确等，导致预算审批权限及程序混乱、预算执行随意、越权审批或重复审批、预算执行不力、预算执行情况不能及时反馈和沟通，影响预算目标难以实现、预算监控难以发挥作用；三是预算考核环节，预算考核不严格、不合理、不到位，导致预算目标难以实现、预算管理流于形式等风险。

物业管理财务管理的经营预算管理风险的防范，一是针对预算编制环节，预算管理小组应融入主要业务部门，明确各部门预算编制责任；根据企业战略发展目标确立年度预算总目标，重视和加强预算编制基础管理工作，确保预算编制以可靠、完整的基础数据为依据；坚持以充分预测分析为基础，自上而下、自下而上反复整合，再层层落实的预算原则，选择科学合理的预算方法或组合；科学设定生产经营成果预算、资本运营预算、资金平衡及绩效评价指标预算和预算指标分解实施方案；合理安排预算工作进程安排。二是针对预算执行环节，强调以预算指标为各项收支的依据，严格财务支出审批程序，坚持量入为出；各部门尤其物业项目管理处做好预算指标内部再分解，建立与其匹配的预算指标过程控制和措施保证体系；建立预算执行实时监控制度，及时发现和纠正预算执行中的偏差；实行月预算管理，强化预算的预测、管控功能；建立财务成本分析控制制度，强化成本观念与成本核算控制。三是预算考核环节，建立健全预算执行考核制度，制定科学的预算考核指标体系，坚持公开、客观、反馈和时效的原则，将平常考核与月度、季度、年度考核有机结合起来，保证考核结果及时兑现。

（2）物业管理财务管理的票据管理实施的风险与防范。一是财务管理人员坐收、坐支、截留收入不入账，私设“小金库”；违规发放津贴、补贴和奖金；不按照规定管理、使用发票，致使发票损毁、丢失等风险。二是财务人员隐瞒现金收入，据为己有；账簿记载有挖补、涂改或用褪色药水消除字迹；将他人已报账的凭证金额改大，骗取现金；在他人已报账的凭证后插入粘贴支出票据，增大报销金额，骗取现金；抽取他人以前已报账凭证，重复报销，骗取现金等风险。三是票据使用人员收费款项，不开或少开票据，坐收、截留收入，以备预算管理调账或据为己有；填制票据弄虚作假，联次分开，上下联数额不一致，或者编造项目、日期留白后填；故意模糊填制字迹，甚至有意涂改或者大小写金额不一致；填制错误，只在客户联盖签“作废”字样等风险。

物业管理财务管理的票据管理风险的防范，首先要加强财务管理效果法律法规学习，严格财经纪律，强化监督机制尤其是设置岗位间的相互监督；要求财务人员认真审核各种原始票据，要求一切原始票据必须手续完备、合法；内容真实、数字正确、日期和印章齐全、大小写相符，审核无误后，才能填制记账凭证，据以记账。其次要专人负责保管一切票据，领用时须办理领用手续；作废票据一律回收，妥善保存，不得销毁，确保原始记录的真实、完整、正确、及时。最后要加强对票据使用人的培训，使其掌握票据填制的规范要求，并能正确实施。

（3）物业管理财务管理的物品申购管理实施的风险与防范。一是申购前未查询仓库库存量，导致库存量过剩或重复申购的风险；填写物品申购单未写明品牌、规格、型号、数量、价格及到货时间等信息，导致错购物品或到货不及时的风险；工具、配件或设备紧急申购，未实施紧急程序，到货延误，导致经济损失；新产品或特殊物品供应商未提供样品或详细图文资料，导致错购的风险。二是申购审核流于形式，导致库存量过剩或重复申购以及超标申购等风险。三是未落实“谁使用谁申购谁验收”的原则，导致到货物品品牌、规格、型号、数量与申购物品不一致却又因超期无法退货的风险；仓库管理人员未在申购单上注明到货的时间，导致无法考核采购及时性的风险。

物业管理财务管理的物品申购管理风险的防范，首先要加强各部门、物业项目管理处相关人员培训，做到熟知制度，掌握流程，依规行事。其次要认真履行流程，落实好每个环节的工作要点，避免出现疏漏。最后是对违反程序的采购行为，财务部门不予核销。

（4）物业管理财务管理的仓库管理实施的风险与防范。一是采购环节，采购人员购买规格、型号特殊配件未与购买部门核实或未要求购买部门派人共同购买，导致错购的风险；未严格执行公司合格供应商名册选择采购渠道，导致购买物品存在价高质次、严重质量缺陷的风险；大宗物资未签订三包协议并留尾款，导致物品保修、退货没有保障的风险；常规物品未参照周期使用需求量计划购买，导致库存积压或不足的风险。二是入库环节，仓库管理员未认真履行清点、核对等验货手续，导致错购、质量缺陷物品入库，无法退换的风险；虽对到货物品进行了核对、查验，但未要求供货方、采购人员在到货验收单上签字确认，导致无法入账报销的风险。三是出库环节，未要求领用人员填写物资领用单，或者未要求经领人、领用部门负责人签字确认，或者特殊工种人员领用工具未填写工具借用登记表并签字，导致盘点账实不符的风险；未按先进先出、以旧换新原则进行物品、工具出库，导致早进物品、工具损失的风险。四是盘点环节，弄虚作假，虚报数据，或者故意漏盘、少盘、多盘，以及因书写潦草、错误等，导致盘点结果不准确，影响成本核算的风险。五是保管环节，库房出入随意，导致物品损坏、丢失风险；物品摆放随意、凌乱，倒货不及时，导致物品超期，出库效率低的风险；安全意识淡薄，危险品未隔离摆放，导致火灾、腐蚀事故的风险。

物业管理财务管理的仓库管理风险的防范，首先要加强仓库管理人员的安全意识，重点做好库房安全管理，坚决杜绝一切事故发生。其次要加强仓库管理人员、采购人员的责任意识，认真执行入库、出库、盘点和保管的管理制度，严格落实作业流程，排除因不规范作业行为导致的风险隐患。最后要加大对仓库管理违规违章行为尤其是涉及安全的违规违章行为的处罚。

（5）物业管理财务管理的固定资产管理实施的风险与防范。固定资产管理虽落实到部门，但部门未指定专人负责，得不到有效养护和及时维修，导致固定资产损坏或提前报废的风险；因工作粗心大意，固定资产卡片信息不准确、固定资产标识统一编号错误，导致固定资产标识所标注内容与资产实物、固定资产卡片及资产台账的不一致，固定资产流失或盘点困难的风险；固定资产内部调拨、报废等未及时或没有变更信息并报财务部门，导致因财务信息不正确，成本核算不准确的风险；将成套设备任意拆件改作他用，导致固定资产有名无实、数量虚假的风险；未按规定进行每年定期盘点，并及时调整账目，导致固定资产账实不符、实际使用情况不清、外流的风险。

物业管理财务管理的固定资产管理风险的防范，首先要落实好分级归口管理，实行"谁使用谁管理"的原则，将固定资产的管理落实到部门、个人，且各部门须指定专人负责固定资产管理。其次要加强固定资产管理人的责任意识，认真执行固定资产管理制度，严格落实固定资产管理流程，排除因不规范作业行为导致的风险隐患。再次要建立科学合理的固定资产日常管理制度，建立固定资产卡片，固定资产粘贴固定资产标识，注明名称、购置时间、编码、项目名称、使用部门、存放地点、使用人、负责人等信息，强化使用人责任意识，为固定资产盘点打好基础，保持固定资产标识所标注内容与资产实物、固定资产卡片及资产台账的一致。最后要从制度建设上保证固定资产的日常养护维修，确保使用情况良好；对因使用、保管不善造成固定资产损坏或丢失，由相关责任人按原价值或公司财务部评估的价值赔偿损失。

（6）物业管理财务管理的物业项目财务收支管理实施的风险与防范。以种种借口或者账外现金方式不执行日清月结，导致自设“小金库”的风险；收取物业费、停车费等不及时开具票据，控制上交公司节奏应对经营预算管理，导致账外现金的风险；收款不开具票据，私自出售票据，导致税务稽查的风险；编造出勤、加班，侵吞空编，套取工资挪为私用的风险；编造或虚报维修项目，套取维修费用为私用的风险。

物业管理财务管理的物业项目财务收支管理的防范，首先要建立健全物业项目管理处的财务收支管理制度，如建立健全现金账目；建立完善费用现金报销制度，包括差旅费报销制度、加班费报销制度、医药费报销制度、客饭招待费报销制度、往来账目清理制度等。其次要加强经营预算管理，没有预算不得开支；预算内支出严格按公司规定流程审核支付，超预算支出上报公司领导层审批后支付。再次要加强收据、发票及公章使用规定，物业项目管理处设专人负责收据、发票的领用、保管和缴销。加强定期与不定期的物业项目管理处财务收支管理工作检查，尤其要强化不定期抽查，对发现的问题监督整改，严重的给予严厉处罚。

思考题

1. 简述物业管理财务管理内容。
2. 简述物业管理财务管理票据管理制度。
3. 简述物业项目财务收支管理制度。

实训练习题

基础理论知识

一、单项选择题

1．经营预算是对企业收入、费用和利润作出的（　）。

A．预测　　B．预计　　C．计划　　D．安排

2.（ ）是经营管理所需物资、物品的购置，须提出申请经上级部门审核通过方可实施采购行为的管理流程。

A. 物品申请　B. 物品购置　C. 物品申购　D. 物品采购

3. 仓库管理员应每月进行盘点，公司财务部门（ ）至少一次派员进行盘点。

A. 每月　B. 每季度　C. 每半年　D. 每年

4. 规避物业管理财务管理法律责任风险，要加强对财务人员、财务工作相关岗位人员的财务管理制度培训，并认真组织考核，成绩合格方可上岗，以（ ）员工的财务工作行为习惯。

A. 加强　B. 强化　C. 巩固　D. 固化

5. 规避物业管理财务管理的经营预算管理法律责任风险，要严格执行（ ），控制企业内部的劳动定额、物质定额、费用定额、人员定额、工时定额并落实好考核办法。

A. 定额管理　B. 定量管理　C. 计划安排　D. 预算计划

二、多项选择题

1. 物业管理财务管理主要是指物业服务企业做好管理经营活动各项财务收支（ ）和考核工作，如实反映企业财务状况和经营成果，并妥善安排资金使用，严格控制各项支出，维护和有效利用企业的各项资产，努力提高经济收益的活动。

A. 预算　B. 控制　C. 核算

D. 稽核　E. 分析

2. 物业管理财务管理的内容实践中，主要是做好（ ）等，以有效保护物业管理市场主体双方的合法权益。

A. 营业收入管理　B. 成本和费用管理

C. 资产管理　D. 税费管理

E. 利润管理

3. 固定资产管理制度是企业为（ ），对固定资产管理活动的流程操作、作业要求等制定的流程文件和管理规定。

A. 保证固定资产安全完整　B. 达到固定资产使用年限

C. 充分发挥固定资产效能　D. 提高固定资产使用效率

E. 避免固定资产浪费

4．物业管理财务管理的票据管理风险的防范要确保原始记录的（　　）。

A．真实　B．完整　C．正确　D．及时　E．规范

5．物业管理财务管理的固定资产管理风险的防范要保持固定资产标识所标注内容与（　　）的一致。

A．资产实物　B．资产质量

C．固定资产卡片　D．固定资产编码

E．资产台账

案例分析题

1．请分析本案例，请你提出G物业公司收费工作的整改建议。

案情：G物业公司为节省人员费用支出，2013年将公司所管辖的三个楼盘的物业收费工作及出纳岗位都由K员工一人担任。2016年G公司进行岗位轮换，新的财务经理任职后对G物业公司的财务数据进行分析时，发现该三个楼盘虽入住率提升，但每年的收入额却在逐年递减，于是将情况报告公司领导。公司当即聘请会计师事务所对该期间的账务进行了审查。

在经过事务所的审查后，发现公司的收据存根联与会计凭证后附的收据存在以下几个问题：①收款收据存根及记账联撕去而短缺，致使收款收据存根联与记账联金额的差异，难以确认。②收款收据存根被无端撕去。从2012年241～420册，每册都被撕去一页存根联；自421册后几乎每册都有被撕去存根联的现象。③收费人员未及时将当日收取的款项和编制的收款日报表、收款收据记账联及时交回公司财务，公司财务也未及时向其本人催要。④收费人员在收取费用后，未在收款收据“经手人”处签字且收费员在交回前一日现金、收款收据记账联、收费日报表后，在收费日报表上，未见有交款人员与财务出纳双方确认的签字。

会计师事务所在审计的2013～2016年，发现前述三个楼盘A小区收款收据存根与会计记账凭证后附的记账联的差异合计1292163.30元，其中：2014年351657.30元，2015年630565.60元，2016年309940.40元；B小区收款收据存根与会计记账凭证后附的记账联的差异合计464386.50元，其中：2014年4333.10元，2015年193844.82元，2016年266208.58元；C小区因刚建成住户较少，未发现有收款收据存根与会计记账凭证后附的记账联存在差异的情况；三个小区差异合计1756549.80元。

2．请分析本案例，你认为该物业公司怎样调整物品申购制度才能适用物业项目管理处设施设备风险的应急防范。

案情：某日凌晨3时40分，某物业项目管理处工程部部长刘某的

手机突然响起，来电显示是物业项目管理处电话号码，凭直觉就知道有突发事件发生，因为工程部有专职技术员24小时值班。于是马上按了接听键，得知原来是B18后花园一草坪向外冒水，马上穿上衣服直奔现场。经现场查看，水势很大，因为对该物业项目管线走势较熟悉，知道漏水处恰好有一主供水管经过，不容多想，立即关掉主供水阀，由于该物业项目给水管网采取全循环供水功能，此处供水管与三处不同方向的管网相连，显然就至少必须关掉三个直径为150mm闸阀。马上关掉水阀，漏水时间15分钟，考虑因B10～B22，C25～C35，C70～C80以上区域受影响（已停水），马上动工抢修水管，经挖开漏水处检查发现是直径为75mm × 50mm补芯破裂。

由于公司规定工程部不能存放材料，刘某知道仓库也没有这种中、大型水管配件，马上打电话联系公司采购部负责人，但其电话关机。所以只能电话联系，请示物业项目管理处经理。经理询问情况后，指示只能等天亮后再联系公司采购部负责人。天亮后6时50分刘某联系上公司采购部负责人，并说明情况，但该负责人回答须按物品申购制度走流程。

公司上班后，物业项目管理处经理按物品申购制度申请购置抢修所需物品，时近中午11时，公司五金供应商送来抢修所需75mm × 50mm大小头1个，50mm快速接头1个，经过约40分钟的抢修，在中午12时前顺利通水。整个上午期间，业主因抢修暂停影响正常用水表示强烈不满，以致投诉不断。

6.2 物业费的风险防范管理

学习目标：1. 了解物业费的基本知识，以及物业费相关法律法规、规章政策的要点；

2. 熟悉物业费的基本构成，以及物业服务收费明码标价制度、物业服务收费监审制度、物业服务费使用公示制度；

3. 掌握物业费风险识别的一般性规律，以及物业费风险识别、风险防范的思路与方法。

6.2.1 物业费的基本认识与相关法律政策规定

1．物业费的基本认识

物业费也称物业服务费，依据民法典第九百三十七条规定，物业费是指业主支付给物业服务人（包括物业服务企业和其他管理人）在物业管理区域内为业主提供建筑物及其附属设施养护、维修、管理，维护环境卫生和相关秩序的费用。

根据民法典第二百八十四条规定，“业主可以自行管理建筑物及其附属设施，也可以委托物业服务企业或者其他管理人管理”。因而，物业管理的法律关系属性是委托性质，物业费不是业主支付给物业服务人的劳务报酬，而是委托报酬。

物业费标准由业主与物业服务人在物业服务合同中约定。根据民法典第九百三十九条规定，只要是依法定程序约定的物业服务合同，业主均须履行。这需要强调两点，一是前期物业服务合同约定的物业费标准，是在物业销售前，由建设单位以业主身份与物业服务人约定的；物业服务合同约定的物业费标准，是经全体业主依法定程序进行业主共同决定事项表决通过后，授权业主委员会或者其他业主组织的组织执行机构代表全体业主约定的，业主均须履行。

物业费标准的确定原则，在《物业管理条例》《物业服务收费管理办法》中有所规定；定价方式、计费方式等，在《物业服务收费管理办法》中有所规定；物业费支付形式，在民法典中有所规定。

（1）物业费标准的确定原则。物业费标准应当遵循的原则，即合理、公开以及费用与服务水平相适应的原则。

（2）物业费的定价方式。有政府指导价和市场调节价两种。实行政府指导价，由人民政府价格主管部门会同物业管理行政主管部门根据物业管理标准、人力资源市场成本、市场价格等因素制定相应的基准价及其浮动幅度并定期公布，建设单位或业主与物业服务人根据基准价和浮动幅度在前期物业服务合同或物业服务合同中约定具体支付标准，主要用于建设单位选聘物业服务人的情形；实行市场调节价，由业主与物业服务人在物业服务合同中约定，主要用于业主大会选聘物业服务人情形。

（3）物业费的计费方式。业主与物业服务人可以约定按照包干制或者酬金制等形式支付物业费。包干制是指由业主向物业服务人支付固定物业服务费用，盈余或者亏损均由物业服务人享有或者承担的物业管理计费方式；酬金制是指业主在预收的物业管理资金中按约定比例或者约定数额提取酬金支付给物业服务人，其余全部用于物业服务合同约定的支出，结余或者不足均由业主享有或者承担的物业管理计费方式。

（4）物业费的支付方式。根据民法典第九百二十一条“委托人应当预付处理委托事务的费用”之规定，即物业费的支付方式应为业主预付形式业，主应当预先支付物业费。

（5）物业费支付主体。根据《物业管理条例》《物业服务收费管理办法》规定，业主须按照物业服务合同约定，按时足额支付物业费；业主与物业使用人约定由物业使用人交付物业费的，由物业使用人交付物业费，但业主承担物业使用人拒绝支付物业费的连带责任；物业产权转移时，业主或物业使用人须结清应支付的物业费。已经竣工但尚未出售的物业，或者尚未交付给物业买受人的物业，建设单位全额支付物业费。

（6）物业费支付主体的责任义务。综合物业费相关的法律法规、部门规章、地方政策等，业主享有物业费标准约定的主导权，但须履行物业费支付义务，且该义务的履行应做到按时足额支付物业费。

民法典第九百三十九条规定，依法订立的前期物业服务合同、物业服务合同，对业主具有法律约束力。因此，业主以建设单位或业主委员会订立的合同本人没有签字或者表决选聘物业服务企业时，表决意见是弃权或者反对等为由，拒付物业费的行为，足以构成违法事实行为。

民法典第九百四十四条规定，业主不得以未接受或者无需接受相关物业服务为由拒绝支付物业费。因此，业主以办理入住后从没有使用过物业（空置房）或自己不需要物业管理等为由，拒付物业费的行为，也足以构成违法事实行为。

（7）物业费收取主体的责任义务。物业服务人享有收取物业费的权利。根据民法典第九百四十八条、第九百五十条规定，即使在物业服务合同期限届满，业主没有依法作出续聘者选聘物业服务人的决定，物业服务人继续提供物业服务的情形；或是物业服务合同终止后的接管之前，原物业服务人继续提供物业管理，均有请求业主支付物业费的权利。

物业服务人还享有以调解、诉讼或仲裁等方式维护收取物业费权利的权利。民法典第九百四十四条规定，业主违反物业服务合同约定逾期不支付物业费，物业服务人可以在合理催告期限后，提起诉讼或申请仲裁；但为维护业主合法权益，也明确规定禁止物业服务人采取停止供电、供水、供热、供燃气等行为、干扰业主和物业使用人正常生活的方式催要物业费。

物业服务人须承担配合业主测算物业费标准义务、物业费收取明码标价义务、物业费收取使用情况公开义务、接受物业费收取使用情况监督义务等。

2．物业费的成本构成

物业费的成本构成，根据《物业服务收费管理办法》的规定，包括管理服务人员的工资、社会保险和按规定提取的福利费等；物业共用部位、共用设施设备的日常运行、维护费用；物业管理区域清洁卫生费用；物业管理区域绿化养护费用；物业管理区域秩序维护费用；办公费用；物业服务人固定资产折旧；物业共用部位、共用设施设备及公众责任保险费用；经业主同意的其他费用。

物业费基本构成的具体内容，《物业服务定价成本监审办法》有相应规定，物业服务定价成本由人员费用、物业共用部位共用设施设备日常运行和维护费用、绿化养护费用、清洁卫生费用、秩序维护费用、物业共用部位共用设施设备及公众责任保险费用、办公费用、管理费分摊、固定资产折旧以及经业主同意的其他费用组成。

3．物业费收取使用的监督

为保护业主合法权益不受侵害，规范物业服务人收取物业费行为，国家通过制度建设加强对物业费收取使用的监督。

（1）物业服务收费明码标价制度。《物业服务收费明码标价规定》中规定，物业服务企业在其提供物业管理的服务区域内的显著位置或收费地点应当遵循公开、公平和诚实信用的原则，实行物业费明码标价。

物业费明码标价的内容包括物业服务企业名称、收费对象、服务内容、服务标准、计费方式、计费起始时间、收费项目、收费标准、价格管理形式、收费依据、价格举报电话等，实行政府指导价的物业费须标明基准收费标准、浮动幅度以及实际收费标准，应当做到价目齐全，内容真实，标示醒目，字迹清晰，不得有虚假的或者使人误解的表述。明码标价方式可采取公示栏、公示牌、收费表、收费清单、收费手册、多媒体终端查询等方式。

物业服务收费标准等发生变化时，应当在执行新标准前一个月，将明码标价的相关内容进行调整，并说明新标准实行的起始日期。

（2）物业服务收费监审制度。民法典第二百八十五条规定，物业服务人根据业主的委托，物业服务合同规定管理建筑区划内的建筑物及其附属设施，接受业主的监督，包括接受业主对物业费收取使用情况的监督。

《物业管理条例》第四十二条规定，县级以上人民政府价格主管部门会同同级房地产行政主管部门，应当加强对物业服务收费的监督。《物业服务定价成本监审办法》规定，由政府价格主管部门负责组织实施对实行政府指导价的物业服务企业的定价成本监审，政府物业管理主管部门应当配合价格主管部门开展工作；成本监审选取一定数量、有代表性的物业服务企业进行；核定物业服务定价成本，遵循合法性、相关性、对应性、合理性原则，以经会计师事务所审计的年度财务会计报告、原始凭证与账册或者物业服务企业提供的真实、完整、有效的成本资料为基础。

物业共用部位、共用设施设备的大修、中修和更新、改造费用，应当通过专项维修资金予以列支，不得计入物业费成本或者从物业费支付。

（3）物业服务费使用公示制度。民法典第九百四十三条规定，物业服务人应当定期将收费项目、收费标准、履行情况等以合理方式向业主公开并向业主大会、业主委员会报告。这里的定期，依据《物业服务收费管理办法》应为每年至少一次，一般确定为每年年底公开当年物业费收取使用情况，或第二年第一季度公开上一年度物业费收取使用情况。公开，即公之于众，物业服务人公开物业费，不仅是上述的主动公开行为，还应当及时答复业主提出的询问。

〖相关法规制度标准〗

1．2020年5月28日第十三届全国人民代表大会第三次会议通过的《中华人民共和国民法典》；

2．2018年3月19日国务院修订的《物业管理条例》（国务院令第698号）；

3．2003年11月13日国家发展改革委、建设部颁布的《物业服务收费管理办法》（发改价格〔2003〕1864号）；

4. 2004年7月19日国家发展改革委、建设部发布的《物业服务收费明码标价规定》(发改价检〔2004〕1428号);

5. 2007年9月10日国家发展改革委、建设部发布的《物业服务定价成本监审办法(试行)》(发改价格〔2007〕2285号)。

6.2.2 物业费的风险识别与防范

【案例6-2】物业管理公司未公布财务报表　法院判决减收物业费

徐女士是某住宅小区业主,在入住小区时与某物业管理公司签订一份《物业管理合同》,双方约定,由该公司对其居住的小区提供物业服务,并定期公布财务报表。

合同签订后,徐女士缴纳了一年的物业费。次年,徐女士拒绝缴纳物业费,因此,物业管理公司将其告上法庭,要求其支付拖欠的物业费,并承担逾期付款违约金。

庭审中,徐女士辩称:物业管理公司未按照合同约定,对小区实行封闭性管理,允许外单位车辆长期自由小区通行;家中卫生间漏水,拒绝提供维修服务;未按合同约定公布财务账目。因物业管理公司提供的服务不符合约定,所以拒绝支付物业费。

物业公司则称其已履行了物业管理义务,合同中虽然约定物业公司应定期公布财务账目,但因小区未成立业主大会,没有业主委员会,本公司财务情况不能随意公布。

法院审理此案认为,徐女士与物业管理公司签订的合同,系双方真实意思表示,内容不违反法律规定,合同合法有效,双方均应严格履行。物业管理公司履行了物业管理义务,徐女士作为业主应按期缴纳物业费;但物业管理公司未能按合同约定定期公布财务账目,其提供的物业管理存在瑕疵。故判决徐女士应交付的物业费予以适当减收,按物业费约定标准的85%交付。

分析:这是典型的因物业服务企业没有履行物业服务合同约定,导致物业费收取损失的案件。

根据民法典第九百四十三条规定,物业服务企业应当定期将收费项目、收费标准、履行情况等以合理方式向业主公开并向业主大会、业主委员会报告的规定,向业主公示物业费,即本案物业服务合同约定的财务报表,是物业服务企业的法定义务,必须履行,否则涉嫌违法。

法院之所以判决徐女士应交付的物业费应予以适当减收,只按物业服务合同约定的物业费标准的85%交付,就是因为涉案物业管理公司没有履行物业服务合同约定,未定期公布财务账目,即物业费使用情况,属于未完全履行物业服务合同的情形,是违反民法典中有关合同规定的行为,故须承担相应的法律责任。

想一想：国家或你所在城市关于物业服务企业公示物业费使用情况都有哪些规定？

1．物业费法律风险的识别与防范

物业费是物业服务企业资金的主要来源。在物业管理实践中，业主与物业服务企业有关物业费的矛盾纠纷，较为集中地表现在物业费标准、物业费标准调整、物业费使用范围、物业费催交方式、物业费公示等方面，其中很多是由于物业服务企业因疏忽、私欲造成的违法违规行为，为此，物业服务企业往往所要承担的是法律风险责任。

物业服务企业在物业费方面的法律风险主要有：

（1）物业费测算的法律风险。主要是为提高物业费标准，将不该纳入物业费成本的费用纳入成本测算，或重复计算成本，如将雇主责任险或团体意外险计入人员费用，或是将上级公司管理人员薪酬纳入人员费用，或是在物业共用部位、共用设施设备日常运行和维护费用中计入应由建设单位承担保修责任的维修费以及技术改造费用，或是办公费用计入各类协会组织会费；或是办公费用与管理费分摊中均包含各类协会组织会费，或是在人员费用中计入雇主责任险，再在公众责任保险费用中计入团体意外险，以及在物业共用部位、共用设施设备日常运行和维护费用与物业共用部位、共用设施设备及公众责任保险费用中均计入财产保险等情形，违反物业费相关规定的弄虚作假、侵害业主权益的法律责任风险。

规避物业费测算法律责任风险，一是要解决好与业主关系的认识问题，要注重物业服务企业长远利益和长远发展，恪守诚信，克服私欲，不贪图眼前利益，真正尊重业主的合法权益。二是要准确把握《物业服务收费管理办法》《物业服务定价成本监审办法》有关物业费成本核算的相关规定，并真正落实；要以业主利益至上，实事求是地进行成本核算。

（2）物业费调整的法律风险。物业费调整，对物业服务企业而言，主要是为了提高物业费标准。为此，物业服务企业主要是表现为单方擅自提高物业费标准，或是未经全体业主表决，只经业主委员会同意提高物业费标准等情形，违反合同有关的法律法规、侵犯业主共同决定事项表决权的法律责任风险。

规避物业费调整法律责任风险，一是要遵守合同有关的法律法规，信守合同，不能单方擅自更改物业服务合同核心内容。二是要学习掌握业主自治管理的相关法律法规，要尊重业主的合法权益；要了解业主共同决定事项的范畴，清楚业主委员会的执行机构地位。调整物业费，物业服务企业应当依照物业服务合同约定，首先致函业主委员会提出想法，说明理由，由业主委员会决定是否组织全体业主进行表决；其次在业主委员会决定组织全体业主表决的前提下，公示以往账目，提供详尽的物业费使用情况报告，让业主了解物业费偏低的真实情况以及对物业管理的负面影响，争取业主表决通过。

（3）物业费收取催要的法律风险。一是将收取物业费与供暖费、水费、电费挂钩打包，不全部交付上述费用，其他任何一项费用都不单收；或是不交付物业费，其他费用限额收费等情形。二是催要物业费采取停水停电、限水限电、短期频繁升级门禁卡或电梯卡限制出行等情形，混淆不同合同关系，妨碍业主正常生活，侵害业主合法权益的法律责任风险。

规避物业费收取催要法律责任风险，一是要加强民法典普法学习，尤其是有关民事法律关系的规定，依法约束自我行为，依法表达合理合法诉求。二是要尊重业主合法权益，从物业服务企业长远利益出发，注重与业主和物业使用人的良性沟通，推动诚信交易引导，尤其要强化自身的合同履约行为，通过优质的物业管理服务赢得业主信任。

（4）物业费使用的法律风险。物业费财务管理没有以物业项目为基本单位独立建账，或是管理费分摊比例过高，或是用物业费补贴经营亏损物业项目等情形，侵害业主委托合法权益的法律责任风险。

规避物业费使用法律责任风险，一是要加强民法典普法学习，准确把握物业管理本质尤其是物业费的本质属性，尊重业主的委托权和业主的合法权益。二是要全面履行物业服务合同，要将物业费成本测算中养护费用支出落到实处。

（5）物业费公示的法律风险。物业服务合同中有意不约定物业费公示事宜，或者是以包干制为由拒绝公示物业费，或是只向业主委员会提供物业费使用情况报告，却不向全体业主进行公示，或是物业费使用情况报告造假等情形，侵犯业主知情权、财务管理相关法律法规、规章政策的法律责任风险。

规避物业费公示法律责任风险，首先要加强民法典普法学习，准确把握物业费的委托报酬属性，尊重业主作为委托人的知情权。其次要认真执行财务管理方面有关物业费财务报告的法律法规、规章政策，实事求是地提交并公示物业费使用情况报告。最后要依规进行物业费公示，既要向业主大会的执行机构业主委员会提交物业费使用情况报告，也要在物业管理区域内的显著位置向全体业主公示物业费使用情况报告；物业管理区域内的显著位置一般是指物业项目主出入口、客户服务中心的公告栏，或是楼宇单元的公告栏。

2．物业费实施风险的识别与防范

（1）物业费测算的风险与防范。一是物业费测算，缩短耗材使用周期、降低人工定额标准以虚报用工数量，或重复计算成本，有意将物业费标准做高，导致物业管理活动质价不符，失信于业主的风险；二是没有考虑所在城市经济发展状况、物业项目业主经济承受能力，盲目借鉴其他物业项目或周边物业项目的物业费标准，不做精心测算，导致物业费偏高或偏低等风险。

物业费测算风险的防范，首先要解决观念认识问题，要克服私欲，要有物业服务企业长远发展目标，将业主利益放在第一位，讲求诚信。其次要准确把握并真正落实《物业服务收费管理办法》《物业服务定价成本监审办法》有关物业费成本核算的规定，要有严谨的市场调查和物业项目客户调查作为基础，进行严谨细致的成本核算。最后要拿出不同的物业费标准方案，并配套相对应的物业管理标准，交由业主委员会或代行业主委员会职责的社区居民委员会，组织征求业主意见，最终依法定程序确定；前期物业服务合同物业费标准的确定，建设单位与物业服务企业更应考虑业主利益、实事求是地协商确定。

（2）物业费调整的风险与防范。为了提高物业费标准，物业服务企业在前期物业服务合同中与建设单位约定每年可上调物业费标准；不惜与业主委员会或代行业主委员会职责的社区居民委员会私下交易，合谋表决票造假，如代业主签字、将弃权票计入同意票；提出的调整方案，调整幅度过大等，不顾业主利益，弄虚作假，失去业主基本信任，导致业主否决甚至爆发群体维权的风险。

物业费调整风险的防范，首先要了解法律法规有关业主共同决定事项的相关规定，尊重业主合法权益，依法依规地提出物业费调整建议。其次要做好市场调查和物业项目客户调查，公平、认真地进行成本核算，并充分考虑业主心理承受能力，拿出不同的物业费调整方案，并配套相对应的物业管理标准，交由业主委员会或代行业主委员会职责的社区居民委员会，组织征求业主意见，最终依法定程序确定。最后在业主讨论期间，要做好舆论引导，让业主对物业管理有更深入的了解，理解物业费调整的必要性，付之于行动支持。

（3）物业费收取催要的风险与防范。一是收取物业费制度要求业主须限于工作日工作时间到物业项目管理处支付；或者不允许微信、支付宝等电子支付方式；或者上门收取物业费须两人以上且其中一人为财务人员等要求，导致收费效率低下的风险。二是采取逼迫业主手段催要物业费，如深夜电话、短信、门铃、对讲系统骚扰欠费业主，堵欠费业主家锁眼、入户门刷漆等失德手段，导致物业费矛盾激化风险，以及贪图私欲、蛮横无理的组织形象的风险。

物业费收取催要风险的防范，首先收取物业费要加强服务意识，制度设计要为业主和物业使用人提供更多的支付便利、要明确物业管理员或管家的职责，并给予充分的授权且建立完善的监督制度。其次催要物业费要有法律维权意识，部门决策或员工行为均不得以非法、失德手段进行催要。最后要依约履行物业服务合同，只有满意的物业管理，才能保证物业费的收取，不能将催要物业费甚至司法手段作为收取物业费的重要手段。

（4）物业费使用的风险与防范。没有小修小补项目费用预算，或故意不列支小修小补项目费用，将小修工程拖至中修工程以上，要求业主使用专项维修资金，侵占业主利益的风险。

物业费使用风险的防范，关键在于解决唯利思维，在实践中诚实守信地把握好物业费适用范围，按照成本核算项目全面履行物业服务合同的各项约定。

（5）物业费公示的风险与防范。物业项目管理处所谓公示，只是将物业费使用情况报告放在客户服务中心，或是有选择地公示物业费使用情况，只公示对自己有利的财务信息，如模糊收入，突出支出等隐瞒事实的风险。

物业费公示风险的防范，关键在于树立诚信意识，克服唯利意识，真正尊重业主的知情权。应在物业服务合同中明确约定、在物业服务企业制度中明确规定物业费公示事宜的规范要求，并自觉执行。

思考题

1．简述物业费收取使用的监督制度。
2．简述物业服务企业在物业费方面可能存在的法律风险。
3．简述物业费实施风险的防范措施。

实训练习题

基础理论知识

一、单项选择题

1．根据《物业服务收费管理办法》的规定，物业服务收费实行（　）的，有定价权限的人民政府价格主管部门应当会同房地产行政主管部门根据物业管理服务等级标准等因素，制定相应的基准价及其浮动幅度，并定期公布。

A．政府指导价　　B．市场调节价

C．包干制　　D．酬金制

2．规避物业费调整风险，要充分考虑业主（　）能力，拿出不同的物业费调整方案，并配套相对应的物业管理标准，组织征求业主意见，最终依法定程序确定。

A．经济承受　　B．收入承受

C．心理承受　　D．情感承受

3．根据《物业服务收费管理办法》的规定，物业共用部位、共用设施设备的大修、中修和更新、改造费用，应当通过（　）予以列支。

A．物业服务费　　B．专项维修资金

C．物业服务成本　　D．物业服务支出

4．根据《物业服务收费管理办法》的规定，（　）是指由业主统一向物业服务企业支付固定物业服务费用，盈余或者亏损均由物业服务企业享有或者承担的物业服务计费方式。

A. 政府指导价　B. 市场调节价　C. 包干制　D. 酬金制

5. 根据《物业服务收费管理办法》的规定，业主与物业使用人约定由物业使用人交纳物业服务费用或者物业服务资金的，从其约定，业主负（　）责任。

A. 赔偿　B. 民事　C. 连带交纳　D. 行政

二、多项选择题

1. 根据《物业服务收费管理办法》的规定，物业费的成本包括（　）及经业主同意的其他费用。

A. 管理服务人员的工资、社会保险和按规定提取的福利费等

B. 物业共用部位、共用设施设备的日常运行、维护费用

C. 物业管理区域清洁卫生费用、绿化养护费用、秩序维护费用

D. 办公费用、企业固定资产折旧

E. 物业共用部位、共用设施设备及公众责任保险费用

2. 根据《物业服务收费明码标价规定》的规定，物业费明码标价的内容包括物业服务企业名称、收费对象、（　）、收费标准、价格管理形式、收费依据、价格举报电话等。

A. 服务内容　B. 服务标准

C. 计费方式　D. 计费起始时间

E. 企业固定资产折旧

3. 业主违反约定预期不支付物业费的，物业服务人可以采取（　）方式催收物业费。

A. 催告　B. 停水　C. 诉讼

D. 讨要　E. 仲裁

4. 民法典第九百四十三条规定，物业服务人应当定期将（　）等以合理方式向业主公开并向业主大会、业主委员会报告。

A. 服务事项、负责人员、质量要求

B. 收费项目、收费标准

C. 税金与利润

D. 维修资金使用情况

E. 业主共有部分的经营与收益情况

5. 物业管理区域内的显著位置一般是指（ ）。

A. 物业项目主出入口　　B. 业主会所广告栏

C. 客户服务中心公告栏　　D. 楼宇单元的公告栏

E. 地下车库通知栏

案例分析题

1. 请分析本案例，B物业公司是如何规避物业费上调法律风险的。

案情：2014年，A小区业主委员会与B物业公司签订了《物业服务合同》，委托其对小区进行物业管理服务。B物业公司从2014年起正式为A小区持续提供物业管理服务至今。2016年，A业主委员会和B物业公司共同发布了《关于物业费涨价事宜的告示》，表示因B物业公司于2016年4月份向小区业主委员会和全体业主提出涨价事宜，通过广大业主公平、公开签字确认，通过业主委员会严格审查，将此次小区上调物管费结果向全体业主/物业使用人进行告知。该告示表示，同意将物管费上调0.20元/月/m^2的户数占小区总户数的71.10%，占小区业主物业总面积的71.75%，均超过2/3，已经达到“双过半”，根据上述结果和相关法律规定，A小区物管费的收费标准从2016年9月起住宅和商业物管费均上调0.20元/月/m^2合法有效，请广大业主自觉遵守。后A业主委员会与B物业公司签订了新的合同，对上述涨价进行了约定。王某认为B物业公司存在违约乱涨价问题，2016年9月某小区业主委员会未依法履行职责召开业主大会，对物业费涨价事宜形成决议，程序不合法，以此拒交物业费。B物业公司遂诉至法院。

法院判决：业主大会对物业费涨价规定的事项作出决定的，应当经专有部分占建筑物总面积过半数的业主且占总人数过半数的业主同意。本案中，同意将物管费上调0.20元/月/m^2的户数占小区总户数和小区业主物业总面积的比例均超过2/3，已经达到“双过半”。法院遂支持了B物业公司的诉求。

2. 结合本案例，你认为W物业公司的应该怎样规避其面临的法律风险。

案情：W物业公司经过长期市场跟踪，与N建设单位达成共识，由N建设单位直接选聘W物业公司对其开发的D花园提供前期物业管理服务事宜，双方签订了《D花园前期物业服务合同》。业主入住后，部分业主拒付物业费。W物业公司对拒付物业费业主提起诉讼。所有受诉业主均指出由于W物业公司没有经过依法招投标，长期怠于提供物业服务，疏于管理，造成小区物业严重损坏或环境卫生、绿化、安保、公共卫生程序等方面持续严重恶化，严重影响到全体业主的正常生活，虽经业主屡次反映仍拒绝整改，且所在市住建局曾对W物业公司因“未按物业服务合同约定的内容和标准提供服务，业主投诉或主管部门检查后拒不整改解决”予以减分6分的处罚，要求其对存在问题逐一制定整改方案，限期整改到位。

6.3 住宅专项维修资金的风险防范管理

学习目标：1. 了解住宅专项维修资金的基本知识，以及住宅专项维修资金相关法律法规、规章政策的要点；

2. 熟悉住宅专项维修资金的使用要求、监督管理的内容；

3. 掌握住宅专项维修资金风险识别的一般性规律，以及住宅专项为维修资金风险识别、风险防范的思路与方法。

6.3.1 住宅专项维修资金的基本认识与相关法律政策规定

1. 住宅专项维修资金的基本认识

住宅专项维修资金是指专项用于住宅共用部位、共用设施设备保修期满后的维修和更新、改造的资金。

从更为广泛的不同物业类型看，住宅专项维修资金只是针对居住型物业的狭义定义，属于建筑物及其附属设施的维修资金（通常简称为专项维修资金或维修资金）范畴内，是建筑物及其附属设施的维修资金的分支之一。

民法典第二百八十一条、《物业管理条例》第五十三条均规定，专项维修资金属于业主共有；《住宅专项维修资金管理办法》第九条补充规定，从公有住房售房款中提取的住宅专项维修资金属于公有住房售房单位所有。

住宅专项维修资金管理实行专户存储、专款专用、所有权人决策、政府监督的原则。

住宅专项维修资金的交存主体主要包括住宅的业主，住宅小区内的非住宅或者住宅小区外与单幢住宅结构相连通非住宅的业主；出售公有住房的，售房单位应当按照规定交存住宅专项维修资金。但一个业主所有且与其他物业不具有共用部位、共用设施设备的除外。

业主大会成立前，商品住宅业主、非住宅业主交存的住宅专项维修资金，由物业所在地直辖市、市、县政府物业管理行政主管部门代管；已售公有住房住宅专项维修资金，由物业所在地直辖市、市、县政府财政部门或者物业管理行政主管部门负责管理，均委托所在地一家商业银行作为专户管理银行。

业主大会成立后，政府物业管理行政主管部门将住宅专项维修资金划转业主大会，业主委员会代表业主大会委托所在地一家商业银行作为专户管理银行，开立住宅专项维修资金专户，并以物业管理区域为单位设账，按房屋户门号设分户账。

2．住宅专项维修资金的使用

住宅专项维修资金的使用，应当遵循方便快捷、公开透明、受益人和负担人相一致的原则，按照民法典第二百七十八条规定，由全体业主共同决定。

（1）住宅专项维修资金的分摊规则。住宅共用部位、共用设施设备的维修和更新、改造费用的分摊：

1）商品住宅之间或者商品住宅与非住宅之间共用部位、共用设施设备的维修和更新、改造费用，由相关业主按照各自拥有物业建筑面积的比例分摊。

2）售后公有住房之间共用部位、共用设施设备的维修和更新、改造费用，由相关业主和公有住房售房单位按照所交存住宅专项维修资金的比例分摊；其中，应由业主承担的，再由相关业主按照各自拥有物业建筑面积的比例分摊。

3）售后公有住房与商品住宅或者非住宅之间共用部位、共用设施设备的维修和更新、改造费用，先按照建筑面积比例分摊到各相关物业。其中，售后公有住房应分摊的费用，再由相关业主和公有住房售房单位按照所交存住宅专项维修资金的比例分摊。

4）住宅共用部位、共用设施设备维修和更新、改造，涉及尚未售出的商品住宅、非住宅或者公有住房的，开发建设单位或者公有住房单位应当按照尚未售出商品住宅或者公有住房的建筑面积，分摊维修和更新、改造费用。

（2）住宅专项维修资金的使用程序。住宅专项维修资金的使用程序分为业主大会管理前和业主大会管理后两种情形，其中业主大会管理前的使用程序，按照《住宅专项维修资金管理办法》第二十二条执行；业主大会管理后的使用程序，按照《住宅专项维修资金管理办法》第二十三条执行。

为了提高住宅专项维修资金使用效率，当发生危及房屋安全等紧急情况，需要立即对住宅共用部位、共用设施设备进行维修和更新、改造的，《住宅专项维修资金管理办法》第二十四条规定了紧急使用程序。发生紧急使用情况后，未按规定实施维修和更新、改造的，政府物业管理行政主管部门可以组织代修，维修费用从相关业主、公有住房住宅专项维修资金分户账中列支。

3．住宅专项维修资金的监督管理

《物业管理条例》第五十三条、《住宅专项维修资金管理办法》第五条规定，政府物业管理行政主管部门会同同级财政部门负责本行政区域内住宅专项维修资金的指导和监督工作。财政部门负责对住宅专项维修资金收支财务管理和会计核算制度执行情况的监督，审计部门负责对住宅专项维修资金的管理和使用的审计监督。

专户管理银行应当建立住宅专项维修资金查询制度，接受业主、公有住房售房单位对其分户账中住宅专项维修资金使用、增值收益和账面余额的查询。

（1）公示要求。政府物业管理行政主管部门、公有住房住宅专项维修资金的行政管理部门及业主委员会，每年至少一次与专户管理银行核对住宅专项维修资金账目，并向业主、公有住房售房单位公布住宅专项维修资金交存、使用、增值收益和结存的总额；发生列支的项目、费用和分摊情况；业主、公有住房售房单位分户账中住宅专项维修资金交存、使用、增值收益和结存的金额；其他有关住宅专项维修资金使用和管理的情况等。

专户管理银行每年至少一次向政府物业管理行政主管部门，公有住房住宅专项维修资金的行政管理部门及业主委员会发送住宅专项维修资金对账单。

（2）住宅专项维修资金的使用禁止。《物业管理条例》第五十三条规定，专项维修资金专项用于物业保修期满后物业共用部位、共用设施设备的维修和更新、改造，不得挪作他用；《住宅专项维修资金管理办法》第二十五条规定，依法应当由建设单位或者施工单位承担的住宅共用部位、共用设施设备维修、更新和改造费用；依法应当由相关单位承担的供水、供电、供气、供热、通信、有线电视等管线和设施设备的维修、养护费用；应当由当事人承担的因人为损坏住宅共用部位、共用设施设备所需的修复费用；根据物业服务合同约定，应当由物业服务企业承担的住宅共用部位、共用设施设备的维修和养护费用等，不得从住宅专项维修资金中列支。

（3）住宅专项维修资金违法行为的法律责任。物业服务企业挪用住宅专项维修资金，追回挪用的住宅专项维修资金，没收违法所得，可以并处挪用金额2倍以下的罚款；构成犯罪的，依法追究直接负责的主管人员和其他直接责任人员的刑事责任。

对违反住宅专项维修资金专用票据管理规定的行为，按照《财政违法行为处罚处分条例》的有关规定追究法律责任。

〖**相关法规制度标准**〗

1．2020年5月28日第十三届全国人民代表大会第三次会议通过的《中华人民共和国民法典》；

2．2018年3月19日国务院通过的《物业管理条例》（国务院令第698号）；

3．2007年10月30日建设部第142次常务会议讨论通过，与财政部联合签署发布《住宅专项维修资金管理办法》（建设部、财政部第165号令）。

6.3.2 住宅专项维修资金的风险识别与防范

【案例6-3】物业管理公司擅自使用住宅专项维修资金 法院判决返还 —

H花园业主委员会接到物业项目管理处的工作函，函称鉴于小区入住已达12年，且业主普遍反映楼宇外墙渗水较为严重，建议使用住宅专项维修资金，对小区所有楼宇外墙进行修缮。业主委员会会议讨论认为情况属实，决定召集业主大会会议就解决楼宇外墙渗水使用住宅专项维修资金事宜进行表决。表决过程十分顺畅，业主同意使用住宅专项维修资金。经过申报，政府住宅专项维修资金主管部门很快批复同意，但小区里却迟迟不见外墙修缮。

期间，业主委员会不断催促物业项目管理处，答复是招标工程队、天气原因等。半年过去了，有人传出是物业项目管理处的上级公司通过种种手段，将启动使用的住宅专项维修资金180余万转入公司账户，用于公司投资项目了。业主委员会马上找物业项目管理处了解情况，在多次严厉要求下，物业项目管理处不得不承认了这一事实。

最后，业主委员会将情况报告政府住宅专项维修资金主管部门。在政府住宅专项维修资金主管部门强力要求下，物业管理公司返还了这笔住宅专项维修资金。

分析：这是典型的物业服务企业非法挪用住宅专项维修资金，导致侵害业主财产权的侵权行为案件。

《物业管理条例》第五十三条及《住宅专项维修资金管理办法》第十八条规定，住宅专项维修资金专项用于物业保修期满后物业共用部位、共用设施设备的维修和更新、改造，不得挪作他用。据此，住宅专项维修资金的使用用途是法定的，不容随意挪用；若有挪用，即为违规违章行为。涉案物业管理公司将业主同意用来修缮楼宇外墙的住宅专项维修资金用于公司投资项目，显然违反了上述法规与部门规章的规定，可以定性为挪用住宅专项维修资金，其行为触犯法规及部门规章，甚至涉嫌经济诈骗。

《住宅专项维修资金管理办法》第四条规定，住宅专项维修资金管理实行专款专用、政府监督的原则。对于挪用住宅专项维修资金的行为，《物业管理条例》第六十条及《住宅专项维修资金管理办法》第三十七条规定，由县级以上政府物业管理行政主管部门追回挪用的专项维修资金，给予警告，没收违法所得，可以并处挪用数额2倍以下的罚款；构成犯罪的，依法追究直接负责的主管人员和其他直接责任人员的刑事责任。据此，涉案物业管理公司所在地政府物业管理行政主管部门有权对涉案物业管理公司追回挪用的住宅专项维修资金，没收违法所得，并给予警告的行政处罚，直至报告公安部门追究其涉嫌经济诈骗刑事责任。

想一想：国家、地方以及物业服务企业应该怎样从住宅专项维修资金制度设计上防范住宅专项维修资金挪用风险。

1. 住宅专项维修资金法律风险的识别与防范

住宅专项维修资金的风险集中表现在物业服务企业套取、挪用住宅专项维修资金，以及对因种种原因存在的代管住宅专项维修资金管理疏忽、私用、挪用造成的违法违规行为。为此，物业服务企业所要承担的是法律风险责任。

住宅专项维修资金法律风险主要表现在物业服务企业使用住宅专项维修资金，如利用应急维修项目申报程序不尽完善，以应急使用住宅专项维修资金为名，将审批的住宅专项维修资金转入企业账户或据为个人已有；与不轨业主委员会或社区居民委员会合谋私分获批使用的住宅专项维修资金，将其转入企业账户或据为个人所有；编造维修项目的施工、验收、审计等材料，使住宅专项维修资金划入到企业账户，然后用于企业其他经营或投资项目；不经业主同意，私自将企业代管的住宅专项维修资金用于物业日常养护维修、更新改造，或质量保修、人为损坏修复，或企业其他经营项目以及购买股票、基金等；住宅专项维修资金没有履行向业主公开并向业主大会、业主委员会报告其受业主委托实施的维修工程使用住宅专项维修资金的情况等情形，违反住宅专项维修资金法律法规、规章政策的相关规定，以弄虚作假等手段涉嫌诈骗、挪用、非法占有住宅专项维修资金等侵害业主合法权益、职务犯罪的法律责任风险。

规避住宅专项维修资金法律责任风险，首先要解决的根本问题是置法律法规、规章政策于不顾，视法律责任风险不见的唯利思想，无论是对企业自身还是企业成员，要从根本上认识到依法经营所得之利，才是物业服务企业经营发展所追求的目标。其次要加强对管理者的法制教育，尤其要让其深刻了解住宅专项维修资金法律法规、规章政策的法律责任规定，认识到违法违规违章行为的法律后果，决策要有法律底线思维。再次要建立并不断完善企业内部的自我监督机制，规范物业项目管理处申请使用住宅专项维修资金流程，并通报业主委员会、所在地的社区居民委员会，从制度建设上形成有效监督，堵住个人骗取、套取住宅专项维修资金的管理漏洞。最后要建立企业与业主委员会、所在地的社区居民委员会重大事项互通机制，安排专人负责，及时掌握物业项目动态，强化对物业项目管理处的监管。

2．住宅专项维修资金实施风险的识别与防范

物业服务企业的住宅专项维修资金实施的风险，较为集中地表现在使用住宅专项维修资金上，具体体现在物业服务企业以谎编应急维修项目、谎报应急维修工程量，甚至买通相关人员的手段，套取住宅专项维修资金，挪作他用甚至据为企业或个人所有；与贪图私立的业主委员会或社区居民委员会，采取冒充业主签名的手段弄虚作假，伪造住宅专项维修资金表决通过文件，套取住宅专项维修资金进行私分，并挪作他用甚至据为企业或个人所有；以虚报维修项目、维修工程量等手段，将政府物业管理行政主管部门划拨的住宅专项维修资金据为企业甚至个人所有；在业主依法定程序获批使用住宅专项维修资金后，编造维修工程施工、验收、审计等材料，套取住宅专项维修资金，挪作他用甚至据为企业或个人所有的风险。不按法律法规规定在物业管理区域显著位置向业主公开或是只在客户服务中心提供维修工程使用住宅专项维修资金使用情况；只向业主大会及业主委员会口头报告维修工程住宅专项维修资金使用情况；或是公开、提供经过财务技术处理内容不完整的、甚至编造的维修工程使用住宅专项维修资金的使用情况报告的风险。

住宅专项维修资金实施风险的防范，关键也是前述的规避住宅专项维修资金法律责任风险的内容要求。除此之外，就是要加强企业内部对划拨入账的住宅专项维修资金的财务监管，落实《住宅专项维修资金管理办法》规定的专款专用原则，自觉杜绝挪用行为；落实住宅专项维修资金使用的公开透明原则，主动向业主公开、向业主大会及业主委员会报告接受业主委托的维修工程使用住宅专项维修资金的财务真实情况，自觉接受业主、业主大会及业主委员会的监督。

思考题

1．简述住宅专项维修资金法律风险防范的要点。

2．简述物业服务企业违法挪用住宅专项维修资金的法律责任。

实训练习题

基础理论知识

一、单项选择题

1．《物业管理条例》第五十三条规定，（　）是专项用于物业保修期满后物业共用部位、共用设施设备的维修和更新、改造，不得挪作他用。

A．装修保证金　　B．专项维修资金

C．物业服务费　　D．特约服务费

2．《住宅专项维修资金管理办法》规定，业主交存的住宅专项维修资金属于（　）所有。

A．业主　　B．公有住房售房单位

C．物业服务企业　　D．建设单位

3．规避住宅专项维修资金法律责任风险，要规范物业项目管理处申请使用住宅专项维修资金流程，从（　）上形成有效监督。

A．制度建设　　B．规范建设

C．法规建设　　D．法制建设

4．规避住宅专项维修资金法律责任风险，要建立企业与业主委员会、所在地的社区居民委员会重大事项（　）机制，强化对物业项目管理处的监管。

A．报告　　B．通报　　C．互通　　D．请示

5．规避住宅专项维修资金实施风险的防范，要加强企业内部对划拨入账的住宅专项维修资金的（　），落实住宅专项维修资金管理的专款专用原则。

A．专人监管　　B．会签监管　　C．财务监管　　D．财务纪律

二、多项选择题

1.《住宅专项维修资金管理办法》规定，住宅专项维修资金管理实行（　　）的原则。

A. 专户存储　　B. 专款专用

C. 所有权人决策　　D. 业主委员会决策

E. 政府监督

2.《住宅专项维修资金管理办法》规定，不得从住宅专项维修资金中列支的费用有（　　）。

A. 依法应当由建设单位或者施工单位承担的共用设施设备更新和改造费用

B. 依法应当由相关单位承担的供水、供电、供热等管线和设施设备的养护费用

C. 应当由当事人承担的因人为损坏住宅共用部位、共用设施设备所需的修复费用

D. 根据物业服务合同约定，应当由物业服务企业承担的住宅共用部位养护费用

E. 保修期满后住宅共用部位、共用设施设备的维修和更新、改造费用

3. 规避住宅专项维修资金法律责任风险，应做好（　　）等工作。

A. 从根本上认识到依法经营所得之利，是物业服务企业经营发展所追求的目标

B. 认识到违法违规违章行为的法律后果，决策要有法律底线思维

C. 建立并不断完善企业内部的自我监督机制

D. 规范物业项目管理处申请使用住宅专项维修资金流程

E. 建立企业与业主委员会、所在地的社区居民委员会重大事项互信机制

4. 住宅专项维修资金实施风险的防范，物业服务企业从财务管理方面应该做好（　　）等工作。

A. 利用住宅专项维修资金购买国债实现增值收益

B. 加强企业内部对划拨入账的住宅专项维修资金的财务监管

C. 落实住宅专项维修资金管理办法的专款专用原则，自觉杜绝挪用行为

D. 充分利用住宅共用设施设备报废后回收的残值

E. 主动向业主公开报告接维修工程使用住宅专项维修资金的财务真实情况

5. 住宅专项维修资金应当专项用于住宅共用部位、共用设施设备保修期满后的（　　），不得挪作他用。

A. 维修　　B. 保养　　C. 更新

D. 改造　　E. 维护

案例分析题

1. 如本案例所陈述的签名情况属实，该小区物业公司将承担怎样的法律责任风险，应该如何应对。

案情：2019年6月，某小区业主们在准备使用住宅专项维修资金时发现，早在5年前，该维修资金就已被该小区物业公司提走了513万余元。根据《住宅专项维修资金管理办法》等相关规定，使用住宅专项维修资金，应当经专有部分占建筑物总面积2/3以上的业主且占总人数2/3以上的业主同意。更让业主们惊讶的是，他们确实在该市住房资金管理中心见到了同意使用住宅专项维修资金的业主签名文件。

业主代表向记者一一指出签名文件上的可疑之处说，存在签名有错，抱着6本房产证的业主邓某，指着和房产证相对应店铺编号后的签名说，均非自己所签，不仅把“琍”字错写为“俐”，名字后的电话号码也是错的。还有其他一些业主名字也被写错；签名有假；业主洪某说文件上对应自己房产的签名却是“任某”；房产重复，有的房产重复出现两次，且前后签名不一。甚至已于2011年6月去世者，在2013年12月的签字公示材料上仍赫然有名。

2. 请分析本案例物业公司将面临怎样的法律责任风险，应该如何防范。

案情：H花园业主委员会对小区2018年3月到2019年3月期间的专项维修资金进行审计时，发现J物业公司在业主不知情的情况下，挪用了小区的物业专项维修资金5.4万元，遂要求J物业公司在小区内公示专项维修资金的使用明细表并附上情况说明。

J物业公司称5.4万元维修资金是用于小区共用设施和设备的日常维护和保养，属于正常合理使用范畴。H花园业主委员会向J物业公司发函要求其返还被挪用的5.4万元专项维修资金。J物业公司拒绝返还。H花园业主委员会在业主大会的授权下作为原告将J物业管理公司诉至法院，要求被告J物业公司将5.4万元专项维修资金返还给原告。

6.4 其他费用的风险防范管理

学习目标：1. 了解业主共有部分经营、特约服务、承接物业前期投入、多种经营等其他费用的基本知识，以及法律法规、规章政策的要点；

2. 熟悉业主共有部分经营、特约服务、承接物业前期投入、多种经营等其他费用的管理要求、监督管理的内容；

3. 掌握上述其他费用的风险识别的一般性规律，以及风险防范的思路与方法。

6.4.1 其他费用的基本认识与相关法律政策规定

本教材所称其他费用，特指物业管理活动中，业主共有部分经营、特约服务、承接物业前期投入、多种经营等活动的收入与支出的费用。

1．业主共有部分经营费用的基本认识

业主共有部分经营，是指物业服务企业经业主共同表决同意，利用业主共有部分进行建筑空间租赁、场地租赁、广告位租赁、停车位租赁以及提供商业服务等活动。

业主共有部分经营费用，是指物业服务企业利用业主共有部分进行经营活动支付的管理成本、人员费用支出和取得的经营收入。

根据民法典第二百七十八条、《物业管理条例》第五十四条以及《物业服务收费管理办法》第十八条规定，物业服务企业利用业主的共有部分进行经营，须征得相关业主、业主大会同意后，按照相关经营规定办理有关手续，方可进行经营活动。不经全体业主表决同意，擅自利用物业共有部分进行经营，《物业管理条例》第六十四条规定县级以上政府物业管理行政主管部门责令限期改正，给予警告，并处以个人1000元以上1万元以下的罚款、单位5万元以上20万元以下的罚款；所得收益，用于业主共有部分维修养护，剩余部分按照业主大会的决定使用。

根据民法典第二百八十二条规定，物业服务企业利用业主的共有部分产生的收入，在扣除合理成本之后，属于业主共有。即利用业主共有部分经营取得的全部收入，扣除物业服务企业在经营活动中合理必要的管理成本、人员费用支出后，所余费用属于业主所有。对物业服务企业是否应该取得合理的利润，没有明确规定，应由物业服务企业与业主协商约定，最后经业主表决决定。

《物业管理条例》第五十四条、《物业服务收费管理办法》第十八条规定，业主所得收益应当主要用于补充专项维修资金，也可以按照业主大会的决定使用。即利用业主共有部分经营应由全体业主所有的收入费用，主要用于补充业主的住宅专项维修资金，其补充方法按照民法典第二百八十三条规定实施，即业主有收益分配约定的，按照约定进行补充；业主没有收益分配约定或者收益分配约定不明确，按照业主专有部分面积所占比例确定补充额度。根据民法典第二百八十三条规定，除前述收益分配方法外，也可以由全体业主共同表决决定利用业主共有部分经营属于全体业主所有的收入费用的使用方案，如作为业主大会及业主委员会的工作经费，或者作为业主委员会、业主大会监事会成员的工作报酬，或者用来资助低收入家庭支付物业费，或者按照业主专有部分面积所占比例确定补助物业费，或者作为业主开展社区文化活动的费用等。

民法典第九百四十三条规定，物业服务企业应当定期将业主共有部分的经营与收益情况以合理方式向业主公开并向业主大会、业主委员会报告。即物业服务企业须向业主公开利用业主共有部分经营的收支情况。

2．特约服务费用的基本认识

特约服务，是指物业服务企业为满足业主和物业使用人的个别需求而提供的物业服务合同约定以外的服务项目。如接送小孩、看护老人、室内保洁、室内维修、代为购物、订票送票、代理房屋出租出售等服务。

特约服务费用，是指物业服务企业为业主和物业使用人提供特约服务投入的成本费用与收取的服务报酬。由于特约服务是物业服务合同约定以外的服务项目，因此，特约服务费用应独立建账，其收支不能计入物业费。

根据《物业管理条例》第四十三条规定，物业服务企业可以根据业主的委托提供物业服务合同约定以外的服务项目，服务报酬由双方约定。物业服务企业为业主和物业使用人提供特约服务项目，双方须事先约定的收费标准，并在提供特约服务前向业主和物业使用人明确需要收费及收费金额。

根据《物业服务收费明码标价规定》第九条规定，物业服务企业提供特约服务项目，双方须事先约定的收费标准须以适当的方式向业主进行明示。

3．承接物业项目前期投入的基本认识

承接物业项目前期投入，是指物业服务企业为承接物业项目所做的前期资金投入。这里特指物业服务企业主动提出或者应承业主委员会或代行业主委员会职责的社区居民委员会要求，为改善物业项目基础环境赢得业主好感所投入的资金。如维修道路、绿地或者更换门禁、道闸等资金投入。

承接物业项目前期投入，没有相关法律法规、规章政策规定，只是物业管理市场自发形成的市场惯例。而这一惯例，实践中都没有经过全体业主依法定程序共同表决同意，不属于业主委托的物业管理事项，不能在物业服务合同中约定，因而得不到法律保护。即使业主委员会或代行业主委员会职责的社区居民委员会书面承诺将来用住宅专项维修资金补偿物业项目前期投入，但因业主委员会或社区居民委员会并没有得到全体业主依法定程序共同表决同意的授权，其承诺本身就是违法违规的侵权行为。而且使用住宅专项维修资金是需要全体业主依法定程序共同表决的，承接物业项目前期投入想要通过这一表决，基本是不可能的；即使表决通过，但因维修工程、更换工程没有经过事先审核，不符合使用住宅专项维修资金审批程序，也难以得到政府住宅专项维修资金管理机构的审核通过，否则就只能以涉嫌造假的手段，蒙混过关。因而，物业服务企业承接物业项目前期投入的这一投资行为，根本不可能得到经济回报。因此，从实践看，物业服务企业多是在其后的物业管理服务活动中，以减少人员等手段谋求经济回报，其结果往往是物业管理品质的下降，导致失信的企业形象。要么，就只能选择放弃经济回报，作为拉近、融洽与业主关系的感情投资。

4．多种经营费用的基本认识

多种经营，即多种经营服务，是指物业服务企业在业主同意的前提下，通过挖掘自身潜力，整合物业项目内的各种资源，积极开发拓展社区商业服务、社区公共服务等经营项目，以增加自身经济收益，为业主和物业使用人提供优质、便利的生活、工作条件的经营管理活动。

多种经营费用，即物业服务企业开展多种经营服务的投入的成本费用与取得的收益费用。由于多种经营是物业服务合同约定以外的服务项目，也非接受业主委托的特约服务，因此，多种经营费用应独立建账，其收支不能计入物业费、特约服务费用。

6.4.2 其他费用的风险识别与防范

【案例6-4】物业管理公司利用业主共有部分经营的归属与分配

2009年5月1日，X投资公司作为甲方与作为乙方的X物业公司签订A花园前期物业服务合同，约定由X物业公司对A花园小区提供前期物业管理服务事宜。合同第十一条约定“本物业管理区域内属于全体业主的停车场、甲方所有的停车场及其他物业共用部分、共用设备设施统一委托乙方经营，经营收入由乙方享有（用于物业管理开支）”。期限届满后，X投资公司与X物业公司又分别于2012年1月30日、2015年1月28日、2018年1月29日签订了A花园前期物业服务合同。上述四份合同除了合同管理期限相衔接、物业费的标准外，其他内容约定均相同。

物业管理期间，X物业公司将公共区域、房屋进行广告经营或对外出租，并收取了相应的广告费和租金。经营过程中，因商户要求，X物业公司开具了广告费和租金的发票。2018年8月21日，X物业公司在A花园小区张贴公告，宣布将于2018年9月1日撤出小区，并将住宅专项维修资金使用和公共经营（广告、租金收费）汇总表情况进行公告，其中2009年2月～2018年8月广告费457478元、2012年7月～2018年8月经营性用房租金1556157元。2018年9月1日，X物业公司撤离A花园小区。

A花园小区业主大会于2018年7月11日备案。A花园小区业主委员会提起诉讼，要求X物业公司返还给A花园小区业主大会2009年以来广告费、经营性用房租金款项及利息。

分析：本案讼争的主要内容为小区共有部分经营所得归属问题。

业主对建筑物专有部分以外的共有部分，享有权利；利用共有部分从事经营活动所得的广告费、租金，系法定孳息，应归全体业主共同所有。A小区在建造完毕、未对外出售时，X投资公司作为小区建筑物的所有人，可以处分自己的权益；在X投资公司将房屋对外出售后，小区共有部分系全体业主共同所有，对于收益的处分应当由全体业主共同决定。考虑到X物业公司在从事共有部分经营过程中确实存在开具发票致税额支出、人力安排、物资消耗等成本支出，可酌情确定成本并进行扣减。因X物业公司一直未移交争议款项，A花园小区业主委员会要求支付利息损失合理，法院应予以支持。

若X物业公司抗辩A花园小区业主委员会提起诉讼已超过诉讼时效，根据民法典第一百八十八条规定，诉讼时效期间从权利人知道或者应当知道权利受到损害及义务人之日起计算，X物业公司于2018年8月21日公告了共有部分经营收入情况，此前A花园小区的业主并不知晓权利受损情况，故业主知晓权利受损起算时间应为2018年8月21日。2018年A花园小区业主委员会成立后提起本案诉讼，并未超过三年的诉讼时效期间。

想一想：物业服务企业应该怎样开展利用共有部分经营的活动，以防范其法律风险。

1．其他费用法律风险的识别与防范

（1）业主共有部分经营费用法律风险的识别与防范。物业服务企业利用业主共有部分经营费用法律风险主要表现为不经业主共同表决决定，擅自利用业主共有部分进行经营，且将经营收入全部据为己有；或是不经业主共同表决决定或委托，扣除合理经营成本后，将经营收入结余费用按户平均分配给业主的情形，导致侵害业主支配权的法律责任风险。物业服务企业拒绝或长期拖延向业主公开、向业主大会及业主委员会报告利用业主共有部分经营的收支情况，导致侵害业主知情权的法律责任风险。

规避利用业主共有部分经营费用法律责任风险，在解决唯利思想这一根本认识问题的基础上，物业服务企业须加强利用业主共有部分经营相关法律法规的学习，尤其是深刻认识违法违规行为的法律后果，树立法律底线思维，规范自身守法行为。

（2）特约服务费用法律风险的识别与防范。物业服务企业提供特约服务法律风险主要表现为有意将特约服务成本计入物业费成本，抬高物业费标准；单方确定特约服务收费标准且不向业主公开，待特约服务结束后向业主或物业使用人索取高价，导致违反价格、财务管理相关法律法规、规章政策，侵害业主权益的法律责任风险。

规避特约服务费用法律责任风险，物业服务企业须认识到特约服务虽无明确具体的法律法规规定，但其财务管理须符合相关法律法规、规章政策，依法设置会计账簿；特约服务收费行为，《物业管理条例》中是有“双方约定”的原则性要求，且《物业服务收费明码标价规定》也有收费标准须明示的规定，应依法规范特约服务费用管理。

（3）承接物业项目前期投入法律风险的识别与防范。物业服务企业承接物业项目前期投入法律风险主要表现为物业服务企业承接物业项目前期投入资金，并没有依法定程序经过业主共同决定事项的表决同意，尤其是更换门禁、道闸，导致侵害业主物业共有部分处分权的法律责任风险；承接物业项目前期投入不属于物业管理范畴，不能在物业服务合同中约定，导致物业服务企业这一投资行为不受法律保护的风险。

规避承接物业项目前期投入法律责任风险，物业服务企业须认识到承接物业项目前期投入没有相关法律法规、规章政策规定，其投资行为不受法律保护甚至存在擅自改造业主共有部分的侵权之嫌。因此，要慎重决策，不可主动自愿承诺；在不得已的情况下，应该尽可能地减少修缮、更换项目，控制投资额度，最好只做必要的维修项目，因为这是未来物业管理活动必须要实施的，还可规避侵权责任的法律风险。

（4）多种经营费用法律风险的识别与防范。物业服务企业多种经营费用法律风险主要表现为有意将多种经营成本计入物业费成本，既抬高物业费标准，又降低经营成本，谋取不当得利，导致违反财务管理相关法律法规、规章政策，侵害业主权益的法律责任风险；为配合建设单位销售车位，超高确定停车位租金，导致违反物价管理相关法律法规、规章政策的法律责任风险；利用门禁管理权限，以规范外卖、快递、房屋中介、家政服务为名，通过限制外卖人员、快递人员、房屋中介人员、家政人员等出入物业项目等不正当竞争手段，促成独自开展房屋中介、送货到户等服务项目的经营垄断，取得不当得利，或者收取所谓管理费、服务费等不当得利，违反公平竞争相关法律法规、规章政策，破坏营商环境的法律责任风险；以所谓会员制形式，组织传销、集资，违反投资相关法律法规、规章政策的法律责任风险。

规避多种经营法律责任风险，物业服务企业须严格执行财务管理、价格管理和营商环境相关法律法规、规章政策，依法设置会计账簿，保证多种经营费用信息的真实性、保证物业费信息的真实性。自觉守法经营，依法定价，公平竞争，不谋取不当得利。

2. 其他费用实施风险的识别与防范

（1）业主共有部分经营费用实施的风险。主要表现为没有设立业主共有部分经营费用独立账户，收支两不清，尤其是支出不清，无法实现独立核算的情形；与业主协商分配利用业主共有部分经营收入，有意隐瞒收入、加大经营成本，涉嫌账目造假的情形；将业主共有部分经营收支情况报告放置在客户服务中心，缩小向业主公开范围的情形；业主共有部分经营收支情况报告有选择地公示、报告对自己有利的财务信息，在报告中隐瞒收入、加大经营成本的情形。

业主共有部分经营费用实施风险的防范，关键在设立业主共有部分经营独立账户，同时要严格按照国家统一的会计准则或会计制度做好账目管理，规范业主共有部分经营收支的财务管理工作。

（2）特约服务费用实施的风险。主要表现为没有设立特约服务费用独立账户，收支两不清，无法实现独立核算的情形；与业主约定特约服务收费标准，有意加大经营成本，提高收费标准的情形；提供特约服务前不告知服务项目为收费项目、收费标准，服务后产生争议的情形；随意要价，私自提供配件且索取高价，将得利据为个人已有的情形；特约服务过程中以偷工减料方式降低成本，服务品质低劣甚至酿成事故的情形。

特约服务费用实施风险的防范，关键在设立特约服务费用独立账户，严格按照国家会计准则或会计制度做好账目管理，规范业主共有部分经营收支的财务管理工作；建立特约服务工作规范、作业流程，规范员工服务行为；在客户服务中心、物业管理区域显著位置公示特约服务的服务项目、收费标准。

（3）物业服务企业承接物业项目前期投入实施的风险。主要表现为承接物业项目前期投入过程中一方面以偷工减料方式降低成本，另一方面夸大成本支出，以抬高虚假投资额，以图后期抬高经济回报，造成企业弄虚作假的情形；承接物业项目前期投入后，业主委员会或社区居民委员会使用住宅专项维修资金的书面承诺无法兑现，或全体业主依法定程序没有表决通过，或表决通过，但得不到政府住宅专项维修资金管理机构审批通过，即难以得到经济补偿或经济回报的情形；承接物业项目后，贪图承接物业项目前期投入的经济回报，一味控制管理服务成本，导致管理服务品质低劣的情形。

承接物业项目前期投入实施风险的防范，与前述规避承接物业项目前期投入法律责任风险的内容基本一致。

（4）物业服务企业多种经营费用实施的风险。主要表现为租售房屋、商业经营等涉及较大的资金占用，由于财务管理的资金统筹能力不足，资金断链的情形；销售假冒伪劣产品、以次充好，降低服务标准、服务过程偷工减料，以降低经营成本，谋取不当得利被识破的情形；将经营产生的水电等能耗费用摊入公共能耗，转嫁业主承担败露的情形；财务管理制度不完善，经营费用收取存在贪占漏洞的情形等。

多种经营费用实施风险的防范，关键在于建立并完善多种经营财务管理制度，将费用管理置于制度管理之中，通过成本核算监督，及时识别、预警资金风险，提高资金使用效率。开展多种经营服务初期，应控制好资金投入，不可操之过急；针对自身资金实力不足的情况，可以采取出租场地、招商引资、联营合作的形式，以减少企业自筹资金的压力；待资金积累达到一定程度，可以依靠自有资金、银行贷款等作为前期投入启动经营项目。谨慎处理多种经营收费，无论是物业服务企业自身定价还是平台供应商定价，都应该充分考虑业主和物业使用人经济承受能力，要分层次提供服务、分档次收取费用，薄利多销、稳定收入，是长期生存之道。

思考题

1. 简述利用业主共有部位进行经营活动的法律规定。
2. 简述规避其他费用法律风险的措施。
3. 简述业主共有部分经营费用风险的表现形式。

实训练习题

基础理论知识

一、单项选择题

1.（ ）是指物业服务企业经业主共同表决同意，利用业主共有部分进行建筑空间租赁、场地租赁、广告位租赁、停车位租赁以及提供商业服务等活动。

A. 业主共有部分经营　　B. 特约服务

C. 承接物业前期投入　　D. 多种经营

2.（ ）是指物业服务企业为业主和物业使用人提供特约服务投入的成本费用与收取的服务报酬。

A. 业主共有部分经营费用　　B. 特约服务费用

C. 承接物业项目前期投入　　D. 多种经营费用

3. 根据民法典第二百八十二条规定，物业服务企业利用业主的共有部分产生的收入，在扣除合理成本之后，属于（ ）。

A. 业主委员会　　B. 物业服务企业

C. 业主共有　　D. 建设单位

4. 根据民法典第九百四十三条规定，物业服务企业应当（ ）将业主共有部分的经营与收益情况以合理方式向业主公开并向业主大会、业主委员会报告。

A. 不定期　　B. 主动　　C. 定期　　D. 明确

5. 物业服务企业为业主和物业使用人提供（ ）项目，双方须事先约定收费标准，并在提供服务前向业主和物业使用人明确需要收费及收费金额。

A. 物业服务　　B. 特约服务　　C. 商业服务　　D. 公益服务

二、多项选择题

1．根据《物业管理条例》第五十四条的规定，物业服务企业利用业主的共有部分进行经营，须征得相关（　　）同意后，按照相关经营规定办理有关手续，方可进行经营活动。

A．业主　　B．业主委员会

C．业主大会　　D．社区

E．物业管理行政主管部门

2．根据《物业管理条例》第五十四条的规定，物业服务企业擅自利用物业共用部位、共用设施设备进行经营的，可能会受到（　　）行政处罚。

A．责令限期改正　　B．赔偿损失

C．警告　　D．罚款

E．罚金

3．业主共有部分经营费用，是指物业服务企业业主共有部分进行经营活动支付的（　　）等费用。

A．管理成本　　B．业主收益

C．利润　　D．人员费用支出

E．经营收入

4．特约服务是指物业服务企业为满足业主和物业使用人的个别需求而提供的物业服务合同约定以外的服务项目，如（　　）等服务。

A．接送小孩、看护老人　　B．室内保洁、室内维修

C．代为购物、订票送票　　D．代理房屋出租、出售

E．维修道路、绿地或者更换门禁、道闸

5．多种经营费用实施风险的防范，物业服务企业应该做好（　　）等工作。

A．将费用管理置于制度管理之中

B．多种经营服务初期，应控制好资金投入

C．有资金积累，要舍得资金投入

D．应该充分考虑客户经济承受能力

E．分层次提供服务、分档次收取费用

案例分析题

1．请分析本案例物业公司将承担怎样的法律责任风险，应该如何规避。

案情：某小区大门显眼位置有一块广告展板，上面贴着让小区业主前往物业处领取新年红包的通知。在物业办公室，部分业主在办理领取红包手续，物业工作人员在核实过其楼栋及身份信息后，便会将红包交到业主手中。给每户业主发放的500元红包是小区2018年的公共收益，红包来源于小区内的公共收益，包括小区广告、停车位收益和店铺租金。小区物业工作人员D女士介绍，“给业主发红包是小区业主委员会提出的，委托物业代为发放，我们只是服从并执行业主委员会的决定。”

2．请分析本案例物业公司将承担怎样的法律责任风险，应该如何应对。

案情：某小区2栋楼内有2部电梯，自3月25日起，其中一部电梯出现出现故障停运。经检测，物业项目管理处给出的维修报价达2万元，并提出要求使用住宅专项维修资金。业主却表示不同意，双方协商未能达成一致，致使该电梯至今已经停运40余天。

业主们认为此次维修应该使用物业公司利用小区公共部分的经营收益来进行维修。因为小区公共部分的经营收益很可观：小区100余个停车位，停车费15元/位/天，还有小区内的广告费收入等。按照相关的规定，小区公共部分的经营收益应当属于全体业主共有，并不归属物业公司的运营所得，这笔钱应当用于电梯维修上，房屋的养老钱尽量不要动用。

但物业项目管理处回复说：业主说的经营收益已经公示，资料没有留存，已上交至公司。还是应该使用住宅专项维修资金。

7

人力资源管理的风险防范管理

知识目标

1. 了解人力资源管理的基本知识，以及相关法律法规、规章政策要点；
2. 熟悉人力资源招聘、劳动关系的主要内容；
3. 掌握招聘以及订立、履行、解除、终止劳动合同法律风险的思路与方法；
4. 掌握招聘以及订立、履行、解除、终止劳动合同实施风险的思路与方法。

能力目标

1. 具备人力资源管理风险防范工作的组织能力；
2. 具备人力资源管理、劳动关系风险识别和防范的能力。

思政目标

1. 培养知法守法的思想品德与职业操守；
2. 培养严谨求实、一丝不苟的工作态度；
3. 培养注重能力、踏实肯干的工作作风。

7.1 人力资源管理的风险防范管理

学习目标：1. 了解人力资源管理的含义、基本任务和主要内容；
2. 熟悉人力资源管理风险的含义、特点和分类；
3. 掌握人力资源管理风险防范管理的识别、评估、防范和监控。

7.1.1 人力资源管理的基本认识与相关法律政策规定

1. 人力资源管理的含义

（1）人力资源管理。人力资源管理是指根据企业发展战略的要求，有计划地对人力资源进行合理配置，通过对企业中员工的招聘、培训、上岗、考核、薪酬等一系列过程，调动员工的潜能与积极性，保证企业目标实现与员工发展最大化的一系列活动。

人力资源管理应自始至终围绕“以人为本”为中心，将人作为企业最为重要的资源，采取互惠价值取向，追求企业与员工的双赢性与互惠性，强调企业绩效和员工成长的双重结果、企业与员工间的共同利益；重视以员工为基础，以员工为中心和导向，发掘员工工作的主动性和责任感，创造竞争优势；强调运作的整体性，以系统观念对待企业与员工的关系，依靠并支持企业战略发展。

（2）人力资源管理的基本任务。人力资源管理的基本任务是为企业发展提供人力资源上的保证，其主要措施是通过计划、调配、招聘、培训、激励等方式，保证一定数量和质量的管理人员、专业技术人员和一线操作人员，以满足企业发展的需要。

人力资源管理基本任务实现的方式和途径，包括按照人力资源规划，有计划地招聘人员；加强对员工的培训，不断提高他们的劳动技能和业务水平；明确岗位功能和职责，对员工及时给予评价和报酬；对员工进行选拔、使用、考核和奖惩，激励员工适应岗位，发挥积极作用；协调劳动关系，避免劳动关系争议，尊重员工个人权益；保证任何部门、任何位置的负责人随时都有胜任的人来接任。

2. 人力资源管理的内容

人力资源管理的内容主要包括人力资源规划、招聘与配置、培训与开发、绩效管理、薪酬福利管理、劳动关系管理六大模块。

（1）人力资源规划。人力资源规划是指根据企业发展战略需要或生产经营目标，通过对企业未来的人力资源需要和社会供给状况的预测分析，制定企业人力资源供需平衡计划，以确保企业发展的人力资源需求，并保证事得其人、人尽其才，实现人力资源合理配置。

（2）招聘与配置。招聘与配置是指根据企业人力资源规划和工作分析的要求，吸引、招收、录用合适人员并安排至适宜岗位工作的过程。

（3）培训与开发。培训与开发是指企业向员工提供工作所必需的知识和技能的教育与训练，并依据员工需求与组织发展对员工潜能开发和职业发展进行系统设计与规划。

（4）绩效管理。绩效管理是指管理者在与员工之间就目标与如何实现目标达成共识的基础上，通过激励和帮助员工取得优异绩效，从而实现企业目标的管理方法。

（5）薪酬福利管理。薪酬福利管理是指企业在经营目标的指导下，通过对薪酬福利的支付标准、发放水平要素构成进行确定、分配和调整，以制定合理薪酬福利制度，实现人力资源激励的管理目标的过程。

（6）劳动关系管理。劳动关系管理是指对企业与员工劳动关系双方劳动合同的文本、签订与解除；集体合同的协商与履行；劳动争议处理；员工沟通系统；职业安全卫生管理、拟订劳动关系管理制度等的规范化、制度化，以维护稳定和谐的劳动关系、维护双方合法权益的管理活动。

〖相关法规制度标准〗

1. 2018年12月29日第十三届全国人民代表大会常务委员会第七次会议修改的《中华人民共和国劳动法》；

2. 2012年12月28日第十一届全国人民代表大会常务委员会第三十次会议修正的《中华人民共和国劳动合同法》；

3. 2007年12月29日第十届全国人民代表大会常务委员会第三十一次会议通过的《中华人民共和国劳动争议调解仲裁法》；

4. 2015年4月24日第十二届全国人民代表大会常务委员会第十四次会议修正的《中华人民共和国就业促进法》；

5. 2018年12月29日第十三届全国人民代表大会常务委员会第七次会议修改的《中华人民共和国社会保险法》；

6. 2008年9月3日中华人民共和国国务院第25次常务会议通过的《中华人民共和国劳动合同法实施条例》（国务院第535号令）；

7. 2010年12月8日国务院第136次常务会议相关的《工伤保险条例》（国务院第586号令）；

8. 2012年12月31日最高人民法院审判委员会第1566次会议通过的《最高人民法院关于审理劳动争议案件适用法律若干问题的解释（四）》（法释〔2013〕4号）；

9. 2013年12月20日人力资源社会保障部第21次部务会通过的《劳务派遣暂行规定》（人力资源和社会保障部令第22号）；

10. 2005年5月25日劳动和社会保障部发布《关于确立劳动关系有关事项的通知》（劳社部发〔2005〕12号）；

11. 2010年12月31日人力资源和社会保障部第56次部务会议修订的《非法用工单位伤亡人员一次性赔偿办法》（人社部令第9号）。

7.1.2 人力资源管理风险的基本认识

【案例7-1】未签书面劳动合同解除劳动关系，物业公司承担赔偿

B先生自2013年3月1日开始，在银行A分行从事维运电工，包括银行A分行下辖支行、自助银行维修工作，当时是S市物业公司代发工资。2013年10月Y物业公司被告中标银行A分行物业管理。2013年10月开始，B先生开始在Y物业公司工作，双方未签订劳动合同，工资为当年度社会最低工资标准，每月工资1200元，2016年起Y物业公司未按照相关规定增加B先生的工资。2018年9月30日，双方解除劳动关系。

B先生认为，Y物业公司侵犯了自己的合法权益，故向法院起诉请求判令，Y物业公司因未与自己签订劳动合同，支付11个月工资14520元；给付自己2016年1月至2017年2月补发最低生活标准工资每月120元，共计14个月，合计1680元；2018年1月至2018年9月补发最低生活标准工资100元，共计9个月，合计900元。

Y物业公司认可补发最低生活标准工资2580元，但不认同B先生的其他请求。

分析：用人单位自用工之日起即与劳动者建立劳动关系。建立劳动关系，应当订立书面劳动合同。根据《中华人民共和国劳动合同法》（以下简称劳动合同法）第七条“用人单位自用工之日起即与劳动者建立劳动关系。用人单位应当建立职工名册备查”、第十条“建立劳动关系，应当订立书面劳动合同”“已建立劳动关系，未同时订立书面劳动合同的，应当自用工之日起一个月内订立书面劳动合同”“用人单位与劳动者在用工前订立劳动合同的，劳动关系自用工之日起建立”、第八十二条“用人单位自用工之日起超过一个月不满一年未与劳动者订立书面劳动合同的，应当向劳动者每月支付二倍的工资”之规定：本案中，Y物业公司未与B先生签订劳动合同，应当向B先生每月支付2倍工资，即Y公司应当给付B先生未签订劳动合同的工资13200元（1200元×11月=13200元）。

对于B先生请求判令Y物业公司补发2016年1月至2018年9月工资2580元一事，Y物业公司予以认可，法院依法应予以支持。

想一想：结合本案你认为应该如何规避人力资源管理中的法律责任风险。

1．人力资源管理风险的基本认识

（1）人力资源管理风险。人力资源管理风险是指人力资源管理引起的损失发生的不确定性。这种不确定性是指人力资源管理行为的结果偏离企业期望的目标，给企业造成的损失或伤害，以及偏离员工期望甚至背离员工期望。

人力资源管理风险主要是因人而生，对企业产生的危害更为严重和深刻。其危害既表现在对有形资产的损害，即财产损失，如岗位安置没有做到人事匹配，不仅降低人力资源配置的效率，造成培训成本浪费，也因物质资源得不到合理应用，造成资源的浪费，增加了企业的成本，甚至导致事故风险发生；也表现在对无形资产的损害，如因工伤带来的劳动关系争议会使企业形象大打折扣，造成企业信誉损害，而这往往会给身处十分重视企业信用的服务业当中的物业服务企业带来沉重的打击，甚至导致企业破产。

人力资源管理风险主要是由于人力资源管理活动中没有很好地协调、处理人力资源管理中各因素之间的关系所导致的，因而其人为的影响因素要更大，往往与法律法规、规章政策会有很强的关联性，呈现出法律责任风险为主体的倾向，这在劳动关系管理的风险中表现得尤为突出，因而人力资源管理人员应重视相关法律法规、规章政策的学习领会。

（2）人力资源管理风险的特点。由于人力资源管理风险的人为影响因素较大，因此，人力资源管理风险有如下特点：

1）人是风险的主因。作为人力资源管理主体的人力资源管理人员，是人力资源管理风险产生的主导方，其专业素质、心理素质、决策能力和操作行为等的偏差，都会导致风险产生；作为人力资源管理客体的员工，其专业素质、职业能力尤其是心理心态对风险产生的影响也是不可忽视的。

2）风险有较大的隐蔽性和突发性。由于人具有的能动性、自私性和趋利性，员工对自认为损害自己利益的人力资源政策，就会选择抵制的对策，其表现往往是隐秘的，以隐蔽方式实施，而风险发生却是爆发式的，影响力较大。

3）风险影响力与职位相关。人力资源管理风险的影响力与当事人职位正相关。职位越高，权力越大，管理范围越宽泛，风险发生影响力越大；基层岗位的影响力一般只限于工作范围。

4）风险向企业外转移困难。人力资源管理风险发生一般源自企业内部，且因企业形象与企业机密等因素，企业不愿对外透露，人力资源管理风险很难向企业外部转移。

2．人力资源管理风险的分类

若要做好人力资源管理风险的防范和应对，需要对人力资源管理风险进行科学地识别、评估，为有针对性地采取不同对策打好基础。这就需要全面深刻地认识人力资源管理风险的本质，在对人力资源管理风险本质的准确把握基础上，对人力资源管理风险进行科学的分类。这是人力资源管理风险防范的重要基础。根据不同的目的和不同的角度，我们可以对人力资源管理风险作如下分类：

（1）按照企业人力资源管理的内容划分。人力资源管理风险划分为人力资源规划风险、员工招聘风险、员工培训风险、员工考评风险、薪酬与福利管理风险、劳动关系管理风险等。

1）人力资源规划风险。人力资源规划风险是由于人力资源规划决策与现实脱节，或外部环境的不确定因素，导致人力资源规划未能符合或满足企业发展需要的风险。

2）员工招聘风险。员工招聘风险是指因招聘过程的信息不对称，或招聘者过失，导致录用不合格人员的风险。

3）员工培训风险。员工培训风险是指培训计划决策错误，或内部外部环境变化，导致培训的员工不能满足企业需要的风险。

4）员工考评风险。员工考评风险是指由于故意或过失，考评结果不符合实际情况，导致员工积极性下降或员工流失的风险。

5）薪酬与福利管理风险。薪酬与福利管理风险是指薪酬与福利体系设计、激励政策等不科学不合理，薪酬与福利分配不公，导致员工积极性下降或员工流失的风险。

6）劳动关系管理风险。劳动关系管理风险是指劳动关系政策与制度损害员工劳动权益，导致劳动关系争议的风险。

（2）按人在风险事件的作用划分。可以分为人为风险和非人为风险，人为风险又分故意风险和无意风险。

1）故意风险。故意风险是指因员工出于实现个人目标、利益的动机，损害企业利益所导致的风险。

2）无意风险。无意风险是指并非员工的不正当动机，或外部环境发生变化所导致的风险。

（3）按风险在决策过程中所处阶段划分。可以把企业人力资源管理风险划分为决策风险、执行风险、监督反馈风险。

1）决策风险。决策风险是指在决策阶段由于失误或错误，或内部外部环境变化所导致的风险。

2）执行风险。执行风险是指在执行阶段由于执行不当或过失，或内部外部环境变化所导致的风险。

3）监督反馈风险。监督反馈风险是指在监督阶段失察或不公，或反馈不公所导致的风险。

（4）按人力资源在企业中的流动情况划分。可以划分为流入风险、使用风险和流出风险。

1）流入风险。流入风险是指在招聘时录用了不合格的人员所导致的风险。

2）使用风险。使用风险是指员工在岗期间因种种因素所导致的风险。

3）流出风险。流出风险是指员工因种种因素流出企业所导致的风险。

（5）按风险涉及的人力资源数量划分。可以划分为个体风险和群体风险。

1）个体风险。个体风险是指因个人各种原因给企业带来的风险。

2）群体风险。群体风险是指企业内部正式组织或非正式组织给企业带来的风险。

3．人力资源管理风险防范管理

（1）人力资源管理的风险识别。识别风险就是主动地去寻找风险，通过认真了解客观情况，确定何种风险可能会产生影响，并以明确的文档描述这些风险及其特性。风险识别是一个反复进行的过程，常用的方法是对风险进行分类和归纳。这首先就要对人力资源管理风险进行分类，按类寻找风险，能够提高风险识别的效率；然后就是根据以往的经验，提出问题，在逐一问题回答中归纳出风险隐患。如针对员工流出风险，可以提出如下问题：员工是否满意现行待遇，工作有无成就感或受他人尊重，是否在同事中有良好的人际关系，是否近期有结婚、留学、深造的想法；公司是否给予他与能力匹配的满意地位，是否为他提供了负责空间；是否得到同事认同等，就有可能识别出已存在的风险隐患。

（2）人力资源管理的风险评估。风险评估是对风险可能造成损失的衡量与评价。人力资源管理的风险评估主要是调研已识别出的风险，根据调研结果和以往经验，估算、衡量风险，确定风险的频度和强度，将高概率且易发生的风险或损失影响程度大的风险列为优先防范对象。如员工流出风险中，排在优先前位的是地位低于能力不匹配，其本质是公平问题，那么，在人力资源管理政策调整上就应该重视公平性。

（3）人力资源管理的风险防范。采用积极的措施解决风险评估中发现的问题，降低风险损失发生的概率，从而消除预知风险或减少损失程度与规模。根据风险评估结果，拟定风险防范方案，其中风险防范的步骤包括调研预知风险；组织相关人员讨论方案；将方案报上级批准；实施方案；方案执行有效性追踪、总结。如人力资源部门应针对公平问题，组织座谈和调查，广泛征求员工的意见，进行深度沟通，拟定调整方案，并反复讨论，最终达成共识一致的改革政策，从根本上消除风险。

（4）人力资源管理的风险监控。在风险防范政策、制度执行的过程中，跟踪防范措施对已识别出风险的效果，监视残余风险并识别有无新风险，对风险持续再分析，对风险防范方案执行中的问题再评估，以保证执行的有效性。

风险监控是伴随风险防范方案实施整个周期的一种持续过程，持续评估风险应对措施对减少风险的有效性，通过经验总结，以便为日后的风险管理提供依据，从而不断完善风险监控机制。

思考题

1．简述人力资源管理的内容。

2．简述人力资源管理风险的特点。

实训练习题

基础理论知识

一、单项选择题

1．人力资源管理是指根据企业发展战略的要求，有计划地对人力资源进行合理（　　）。

A．安排　B．安置　C．配置　D．配备

2．人力资源管理基本任务实现的方式和途径之一是保证任何部门、任何位置的负责人随时都有胜任的人来（　）。

A．顶替　B．顶岗　C．接任　D．接替

3．人力资源管理风险的（　）是指人力资源管理行为的结果偏离企业期望的目标，给企业造成的损失或伤害，以及偏离员工期望甚至背离员工期望。

A．可能性　B．不可能性

C．确定性　D．不确定性

4．人力资源管理风险呈现出（　）责任风险为主体的倾向。

A．岗位　B．制度　C．法律　D．人为

5．员工对自认为损害自己利益的人力资源政策，会选择抵制的对策，其往往以（　）方式实施。

A．隐藏　B．隐蔽　C．隐秘　D．秘密

二、多项选择题

1．人力资源管理通过对企业中员工的（　）等一系列过程，调动员工的潜能与积极性，保证企业目标实现与员工发展最大化的一系列活动。

A．招聘　B．培训　C．排班　D．考核　E．报酬

2．招聘与配置是指根据企业人力资源规划和工作分析的要求，（　）合适人员并安排至适宜岗位工作的过程。

A．吸收　B．吸引　C．招收　D．录用　E．录取

3．薪酬福利管理是通过对薪酬福利的支付标准、发放水平要素构成进行（　）以制定合理薪酬福利制度，实现人力资源激励的管理目标的过程。

A．确定　B．分配　C．调整　D．核算　E．测算

4．人力资源管理主体的人力资源管理人员，是人力资源管理风险产生的主导方，其（　）等的偏差，就会导致风险产生。

A．专业素质　B．心理素质

C．决策能力　D．判断能力

E．操作行为

5．按人力资源在企业中的流动情况划分，人力资源管理风险可以划分为（　　）。

A．录用风险　　B．流入风险

C．使用风险　　D．调整风险

E．流出风险

案例分析题

1．请分析本案例物业公司的法律责任风险。

案情： 2019年国庆假期即将来临，C先生所在的物业公司获得了一个重要的写字楼项目招标信息。为了投标文件能够保质保量完成，总经理要求C先生所在的市场开发部开始加班，并承诺会给每个加班的员工放假休息。

为了完成工作，C先生从九月底开始天天晚上加班到10点多才回家，而且整个国庆的七天长假他也天天都在单位加班，终于在“十一”长假后完成了领导交付的工作任务。总经理给C先生放了三天假休息。

等到十月份的工资发下来后，C先生发现公司并没有给自己支付加班工资，于是找到总经理询问情况。总经理解释说已经给C先生放了三天的假作为补休，就不再支付加班工资了。

2．分析本案例，你认为该物业公司的培训安排有哪些风险，应该如何规避。

案情： X先生于2016年8月1日入职某物业公司，担任客服主管一职。双方签订了为期三年的书面劳动合同。在劳动合同中约定：X先生从事管理方面工作，月工资4500元，每周六为公司统一安排的培训日、学习日。X先生在其签收的《公司考勤制度》中也写入了“管理人员每周周一至周五为工作日，周六为培训日。”

X先生在工作期间，公司均安排了他和其余的管理人员每周六进行培训，并有专人负责培训的考勤管理和对培训情况的检查。

2018年7月31日，X先生以“个人发展原因”向公司提出解除劳动合同，并向公司递交了书面的辞职申请，公司批准之后，X先生离职。

2018年9月10日，X先生向当地法院提起诉讼：要求原物业公司支付解除劳动合同补偿金9000元；要求原物业公司支付2016年8月至2018年7月31日休息日加班工资39724.13元。在法院审理过程之中，X先生出示了该公司每个周六培训的考勤签到表以及培训内容资料作为证据。

7.2 招聘的风险防范管理

学习目标：1. 了解招聘、招聘的内容、招聘的方式，以及招聘相关法律法规；
2. 熟悉招聘的流程，熟悉招聘法律风险和招聘实施风险；
3. 掌握招聘法律风险和招聘实施风险的识别规律以及防范思路与方法。

7.2.1 招聘的基本认识与相关法律政策规定

（1）招聘。招聘是指为维持企业运营和发展，根据人力资源规划及工作分析以确定人员需求数量和岗位任职资格要求，发布招聘信息进行人员招募，通过科学甄选录用适宜的人员，并配置到适合的岗位的过程。

招聘工作一般基于新设立企业、企业扩张、企业设立新机构、调整岗位结构；出现职位空缺等情形。

（2）招聘的内容。招聘工作的内容主要包括招聘信息发布、人员招募、甄选录用、人员配置等。

1）招聘信息发布。招聘信息发布就是通过外部媒体或内部通告面向社会或内部公布招聘信息的过程。

2）人员招募。人员招募就是为吸引足够数量的符合企业用人标准的潜在员工而采取的所有行动。

3）甄选录用。甄选录用就是对募集到的应聘者运用科学的考评手段进行区分、评估，并从中确定选择符合企业用人标准要求的人加入企业。

4）人员配置。人员配置就是根据录用人员的知识、技能、个性等因素，结合岗位需求，将其安置到合适的工作岗位，或对在职员工进行晋升、降职和调动。

（3）招聘工作的流程。招聘工作的流程一般分为招募、甄选、录用三个环节。

1）招募。招募工作主要包括制定招聘计划、组建招聘团队、发布招聘信息、接受应聘者申请等。人力资源部门征求统计各部门空缺岗位信息与要求，结合企业用人计划指标和经费等实际情况制定招聘计划；招聘团队应由人力资源部门人员和拟招聘人员的业务部门人员组成；招聘信息的发布应考虑其信息送达的广泛性与针对性相结合的要求，合理组合多种媒体传播方式；接受应聘者申请资料后，要对应聘者信息进行归类预处理。

2）甄选。甄选工作主要包括资格初审、考核测评和人员确定等。资格初审就是通过审阅应聘者申请信息，去除不符合招聘计划要求的应聘者；考核测评就是通过面试、笔试等考核手段，对应聘者从知识结构、专业技能、个性特征等方面进行测评；根据甄选结果确定录用人员，也可先确定拟留用人选通过再次面试最终确定录用人员。

3）录用。录用工作主要包括做出录用决策、公布录用名单、办理录用手续、通知应聘者、签订试用合同、新员工安置与试用、新员工转正并签订正式劳动合同等环节。

通过录用决策确定录用人员后，公布录用名单，并办理企业内部录用手续。前述工作无误后，根据录用结果向应聘者发送录用通知书或未录用通知书。录用人员报到后，办理入职手续，签订劳动合同并约定试用期。试用期满且通过考核，即予以转正，成为企业正式员工。

（4）招聘方式。招聘方式主要有内部招聘和外部招聘。

内部招聘主要有内部公开招聘、工作轮换以及返聘等渠道；外部招聘主要有现场招聘、校园招聘、网络招聘、传统媒体广告招聘、员工推荐、专业机构外包等渠道。

〖相关法规制度标准〗

1．2018年12月29日第十三届全国人民代表大会常务委员会第七次会议修改《中华人民共和国劳动法》；

2．2012年12月28日第十一届全国人民代表大会常务委员会第三十次会议修正的《中华人民共和国劳动合同法》；

3．2015年4月24日第十二届全国人民代表大会常务委员会第十四次会议修正的《中华人民共和国就业促进法》。

7.2.2 招聘实施的风险识别与防范

【案例7-2】招聘简章的审核

人事专员/助理招聘简章

人事专员/助理

任职资格：

1. 人力资源或相关专业大专以上学历；

2. 两年以上人力资源工作经验；

3. 熟悉国家各项劳动人事法律法规、规章政策；

4. 熟悉人力资源管理各项实务的操作流程，并能实际操作运用；

5. 具有良好的职业道德，责任心强，有较强的沟通、协调能力，有团队协作精神；

6. 熟练使用相关办公软件。

岗位职责：

1. 协助上级建立健全公司招聘、培训、工资、保险、福利、绩效考核制度；

2. 建立、维护人事档案，办理和更新劳动合同；

3. 执行人力资源管理规章制度和各项实务操作流程，配合其他业务部门工作；

4. 收集相关的劳动用工等人事政策及法规；

5. 执行招聘工作流程，协调、办理员工招聘、入职、离职、调任、升职等手续；

6. 执行新员工入职与员工业务培训计划，联系外部培训以及培训效果的跟踪、反馈；

7. 负责员工工资结算和年度工资总额申报，办理相应的社会保险等；

8. 帮助建立员工关系，协调员工与管理层的关系，组织员工的活动；

9. 协助完成部门内其他事项。

福利待遇：

1. 月薪：岗位最低工资3000元，试用期工资为月薪70%；

2. 享有五险一金；

3. 带薪培训；

4. 员工节日福利；

5. 热情有爱的团队伙伴、良好舒适的工作环境；

6. 工作时间：星期一到星期五9：00～17：00；星期六上午半天；

7. 试用期：3个月。

公司地址： 联系电话： 简历邮箱：

分析：首先从试用期工资看，该企业招聘简章中规定试用期工资是正常工资的70%。劳动合同法中第二十条明确规定，劳动者在试用期的工资不得低于本单位相同岗位最低档工资或者劳动合同约定工资的百分之八十，并不得低于用人单位所在地的最低工资标准。显然，招聘简章中的试用期工资规定低于法律的规定，违反了劳动合同法相关规定。

其次从试用期期限规定看，该企业招聘简章中规定试用期为三个月。劳动合同法第十九条明确规定：劳动合同期限三个月以上不满一年的，试用期不得超过一个月；劳动合同期限一年以上不满三年的，试用期不得超过二个月；三年以上固定期限和无固定期限的劳动合同，试用期不得超过六个月。该企业在招聘简章中未谈劳动合同年限，直接规定试用期为三个月，明显与上述法规不符，违反了劳动合同法相关规定。

最后，从招聘内容看，该企业招聘简章一是缺少对于企业基本情况的描述，二是录用后的工资、福利、待遇等不具体。劳动合同法第八条规定用人单位招用劳动者时，应当如实告知劳动者工作内容、工作条件、工作地点、职业危害、安全生产状况、劳动报酬，以及劳动者要求了解的其他情况。据此，该企业在招聘简章中所提供的信息不够完整且不够具体，违反了劳动合同法相关规定。

招聘简章的拟定，应该符合法律规定，做到真实具体，简单明了。

1. 招聘法律风险的识别与防范

招聘的法律风险，主要表现在招聘广告内容设计、录用人员以及录用人员签约等工作忽视相关法律规定。如招聘广告内容中没有如实提供法定的工作内容、工作条件、工作地点、职业危害、安全生产状况、劳动报酬等岗位信息，或前述法定信息提供不完整，或没有提供明确的录用条件；未了解应聘者年龄是否满16周岁，是否与原单位解除劳动合同或者是否与其他单位存在劳动关系；未经审查即录用刚刚离职的或高薪吸引在职的同业高级管理人员、高级技术人员和其他负有保密义务的人员；办理录用手续，没有将新入职员工的信息登录职工花名册，或要求新入职员工提供身份证、暂住证等做抵押，或提供担保人信息；未全部说明或故意隐瞒劳动关系签约内容，或模糊录用条件、试用期、试用期薪资待遇等相关约定内容；要求新入职员工按时上岗，但却推脱、拖延劳动关系签约等情形，导致侵犯应聘者、新入职员工合法权益的法律责任风险。

规避招聘法律风险，首先要加强人力资源人员的法律培训，全面学习、掌握招聘有关的法律法规、规章政策，树立法律意识、法律风险意识，具备较强的法律应用能力，在工作的各个环节、各项事务的处理上，都要充分考虑其内容、做法等应合乎法律法规、规章政策的要求，要建立规范的工作指导、作业程序，尤其要加强招聘工作内容合法性审查的规范程序，要求企业法务部门要负责此项工作，重点审核招聘广告内容、竞业限制、录用手续等是否符合《中华人民共和国劳动法》(简称劳动法)、劳动合同法等相关法律要求。然后要加强录用员工的背景调查，应主动了解应聘者信息，重点考虑其上岗的竞业限制，对在职人员的招聘吸引上更要重视这一限制，应要求提供前一用人单位终止或解除劳动合同的证明，或救济金领取证明，以证实确无其他劳动关系；要重视录用手续办理的合法性、规范性要求，及时依法将新入职员工录入员工名册、签订劳动合同，明确试用期的期限、待遇等约定，尊重员工合法权益。

2. 招聘实施风险的识别与防范

招聘实施的风险，主要表现在招聘决策环节人员需求确定与实际情况不符；招聘渠道选择没有兼顾员工来源的合理性；招聘测试缺乏科学手段、存在主观干扰；招聘录用忽视拟录用人员信息核实等。如招聘工作无人力资源规划指导，无具体计划安排，人力资源部门与用人部门缺乏有效衔接，各自为政，招聘工作混乱无序且录用人员不符合实际工作需要；在招聘人数上忽视实际情况和运营科学分析工具，造成人员冗余，或数量不足再次组织招聘的重复工作或成本过高；忽视任职资格、岗位结构要求，标准较实际需求偏高或偏低，缺乏适用性，造成录用人员专业不对口、岗位胜任能力弱，招聘工作质量低下；招聘渠道选择不当，招聘程序过于繁琐，招聘流程过长，应聘者被别的用人单位抢先录用而前功尽弃；过度依赖内部招聘渠道，尤其是将员工推荐方式作为高中层领导者内定选拔遮羞布，近亲繁殖造成企业关系复杂，工作效率低下；过度信赖外部招聘，不仅造成招聘成本高，培育新员工适应工作环境成本高，而且高比例外聘中高层管理岗位，尤其领导岗位切断了员工晋升途径，造成人员外流；过于看重应聘者简历尤其是学历，忽略工作经验、职业能力和个性特征；对简历没有进行必要初步筛选、真伪审核，加大了测试工作量，工作效率低下；网络简历、投递简历的回应处理时间过长，错失优秀应聘者；对应聘者没有准确、一致的衡量标准，未能根据测试的阶段性筛选结果合理地安排面试、笔试以及心理测试，造成过高成本且效果不佳；招聘人员未经必要的培训，面试环节的测试结果往往受个人喜恶或以点带面、以偏概全的影响，评价准确率低，或招聘人员工作不认真，面试环节衣冠不整，与应聘者交流时不尊重应聘者，或未严格把关，为达不到招聘要求的亲朋好友蒙混过关行方便；聘用结果反馈不及时造成人才流失；录用前忽视或没有进行拟录用人员基本信息的核实与背景调查、体检，带来后期劳动争议等情形，导致招聘工作成本过高、效率低下，招聘结果未满足现实需求或人员冗余，劳动争议，人才或人员流失，内部士气消沉、负面形象等风险。

规避招聘实施风险，首先要做好建立招聘制度，规范招聘流程设计。要建立健全严格的招聘信息管理制度、招聘人员管理制度、招聘监督机制。招聘制度中要将各级领导的重视，转化为具体明确的职责要求，要体现在招聘策划决策、组织实施、考核录用的各个环节的具体行为要求；要强化各部门协调和配合，用人部门应主动提出用人岗位的具体要求，并积极参与测试考核环节，保证录用人员符合工作需要。招聘流程要具体规范，制定确定招聘需求、选择招聘渠道、发布招聘信息、组合测试技术、进行背景调查、通知聘用结果、评估招聘工作等作业程序，并将工作各个环节的具体细节都应体现在流程规范中，通过强化培训来提升招聘人员专业能力，形成标准化的行为，杜绝工作疏漏。

其次要加强人力资源规划，做好工作岗位分析。人力资源规划包括人员招聘、培训、薪酬和绩效体系、人员调配计划等内容，应以企业战略发展方向、经营管理目标为指导，在现有人力资源情况基础上，结合所在地经济和就业形势预测做好人力资源供求预测，设计好招聘计划方案。通过科学的岗位分析，对于需要招聘的岗位，要制定出详细的岗位要求，确定岗位道德素养、专业素质和职业技能等基本要求，作为岗位招聘标准，以便实际招聘时有所依据，做好招聘准备工作。

再次要加强招聘人员队伍建设，提高招聘专业水平。重视人力资源部门人员的专业素质，坚决杜绝将人力资源部门作为“关系户安置中心”，要注重吸引人力资源专业人才，提升人力资源队伍的专业素养与能力。加强对招聘人员队伍的专业化培训，尤其是对来自专业部门的测试人员，要加强招聘流程、面试技术培训、形象培训，同时引导建立正确的招聘评价意识，避免唯学历、唯待遇判断，克服晕轮心理效应；规范招聘人员队伍的监督惩罚机制，增强法律意识，加强廉政教育，杜绝招聘渎职行为的发生，防范招聘法律责任风险。

最后要加强操作层面对风险的技术防范。根据招聘职位的特点和需求，以及所需人员的社会活动特点，选用合适的招聘渠道，才能到吸引到需要的人员；同时还应控制好适中的招聘规模，吸引到的应聘者数量能够保证较为宽裕且完成合理的选择，要保证招聘成本与回报的关系最经济、有效率。严格面试与评估程序，科学地设计面试场景和题目，尤其是评价的依据和标准；重视拟录用人员背景调查，除招聘测试或应聘者自述外，可以通过多种合法方式来了解应聘者的情况，防止因应聘者包装造成录用错误。还可建立人才储备制度，根据人力资源规划为未来发展提前录用人才，确保在合适的时段和需要的岗位上获得所需要的人力资源。再有选用第三方代理招聘，对初创型企业、日常招聘工作量不大的中小企业，可以通过利用第三方机构代理招聘来降低招聘成本，保证招聘的专业性；但在选择第三方代理招聘时，须从招聘价格、招聘质量、招聘效率、服务可靠度等方面进行充分的调查和评估，并要求加强过程监管。

思考题

1．简述如何规避招聘法律风险。

2．简述如何规避招聘实施风险。

实训练习题

基础理论知识

一、单项选择题

1．招聘是指通过科学甄选录用（　）的人员，并配置到适合的岗位的过程。

A．适合　　B．适应　　C．适宜　　D．适当

2．招聘信息发布就是通过外部媒体或内部通告面向社会（　）招聘信息的过程。

A．公布　　B．公告　　C．公示　　D．公开

3．（　）工作主要包括制定招聘计划、组建招聘团队、发布招聘信息、接受应聘者申请等。

A．招聘　　B．招募　　C．招选　　D．招考

4．要加强录用员工的背景调查，应主动了解应聘者信息，重点考虑其上岗的（　），对在职人员的招聘吸引上更要重视这一限制。

A．竞争限制　　B．竞业限制　　C．竞聘限制　　D．竞岗限制

5.（ ）包括对在职员工进行晋升、降职和调动。

A. 人员安排 B. 人员安置 C. 人员配置 D. 人员调整

二、多项选择题

1. 招聘工作的流程一般分为（ ）等环节。

A. 招募 B. 宣传 C. 甄选
D. 考核 E. 录用

2. 内部招聘主要有（ ）等渠道。

A. 内部公开招聘 B. 工作轮换
C. 竞聘上岗 D. 返聘
E. 延迟退休

3. 加强招聘工作内容合法性审查的规范程序，重点审核（ ）等是否符合劳动法、劳动合同法等相关法律要求。

A. 招聘广告内容 B. 竞业限制
C. 录用手续 D. 录用程序
E. 工作地点

4. 规避招聘实施风险，首先要做好建立招聘制度，规范招聘流程设计，要建立健全严格的（ ）。

A. 招聘信息管理制度 B. 招聘人员管理制度
C. 应聘人员管理制度 D. 招聘风险处置制度
E. 招聘监督机制

5. 招聘制度中要将各级领导的重视，转化为具体明确的职责要求，要体现在招聘（ ）的各个环节的具体行为要求。

A. 策划决策 B. 计划目标 C. 组织实施
D. 考核录用 E. 订立合同

案例分析题

1. 请分析本案例物业公司的责任风险，应该如何防范。

案情：W女士于2017年3月16日前往某物业公司应聘，经过两轮的面试之后，3月30日，物业公司向W女士发送《录用通知书》，通知书上面载明员工姓名、部门、职位、录用条件、试用期（3个月）、试用期工资、转正工资、社会保险等内容。同日，W女士签收《录用通知书》回执，并在回执上写明：“本人确认收到物业公司录用通知书，自愿接受录用通知书上提供的职位，同时对录用通知书各项条款意思理解清楚且无异议。”

4月1日，W女士正式入职。同年12月8日，W女士因个人原因提出辞职，并于次日办理完毕各项离职手续。随后，W女士向当地劳动争议仲裁委提起劳动仲裁，要求物业公司支付在职期间未签订书面劳动合同二倍工资差额35000元。

物业公司辩称：公司发放的《录用通知书》不仅含有录用的意思表示，还就劳动报酬、工作岗位、试用期、社会保险等内容进行了约定，并有申请人签字的回执，为双方真实意思表示，已具备了劳动合同应当具备的必备条款，应认定为双方签订了真实有效的劳动合同。

2. 请结合本案例分析，请你提出内部招聘的思路与方法的建议。

案情：小赵和小张同在W物业公司的市场开发部工作。小赵比小张先来公司工作三年。当小张刚开始进入W公司工作时，小赵处于团队建设的考虑，给予了小张无微不至的关怀和帮助。尤其是当小张初来乍到，客户资源很少，销售业绩欠佳时，小赵主动帮助小张介绍客户并告诉其一些实战方面的营销技巧。随着小张的不断努力和小赵的帮助，很快二人的业绩基本旗鼓相当，而且小张的业绩发展趋势有超过小赵的迹象，小赵对此并无防范和嫉妒之心。

然而，一件意想不到的事情打破了局面。市场开发部主管突然高薪被人“挖”走了。公司高层震惊不已，要求市场开发部经理尽快在市场开发队伍中采取内部招聘的方式招募一名市场开发主管，人力资源部门负责协助工作。小张和小赵由于近些年来出色的业绩，通过层层选拔成为此次招聘的热门人选。市场开发部经理通过对两人的档案和近三年的销售业绩进行全面衡量，认为小张的发展潜力更大，决定录用小张为主管。在得知这一消息后，小张显得非常高兴，而小赵却感到很沮丧。小赵在这种沮丧与压抑中度过一个月后，最后决定离开公司，寻求新的发展。小张由于其并不具备管理能力，资历又浅，很难管理好自己的团队，每天只能身心疲惫地工作着，过得并不快乐。

7.3 劳动关系的风险防范管理

学习目标：1. 了解劳动关系的基本知识，以及相关法律法规、规章政策的要点；

2. 熟悉订立、履行、解除、终止劳动合同的相关内容要求；

3. 掌握订立、履行、解除、终止劳动合同的风险防范思路与方法。

7.3.1 劳动关系基本认识与相关法律政策规定

1．劳动关系的基本认识

（1）劳动关系。劳动关系是指用人单位与劳动者在实现劳动与就业过程中形成的社会关系，也是用人单位与劳动者之间，依法所确立的劳动过程中的权利义务关系。

劳动关系中，用人单位是指中华人民共和国境内的企业、个体经济组织、民办非企业单位等组织，也包括国家机关、事业单位、社会团体与劳动者建立劳动关系的；劳动者，是指达到法定年龄，具有劳动能力，以从事某种社会劳动获得收入为主要生活来源，依据法律或合同的规定，在用人单位的管理下从事劳动并获取劳动报酬的自然人。

从法律关系看，劳动关系是指劳动者与用人单位依法签订劳动合同而在劳动者与用人单位之间的劳动权利、义务关系。有关劳动关系的相关立法主要调整劳动者与用人单位之间的劳动权利义务的设立、变更、消灭。

根据劳动合同法第七条规定，用人单位自用工之日起即与劳动者建立劳动关系。用人单位应当建立职工名册备查。劳动关系的认定应具备用人单位和劳动者符合法律法规规定的主体资格；用人单位依法制定的各项劳动规章制度适用于劳动者，劳动者受用人单位的劳动管理，从事用人单位安排的有报酬的劳动；劳动者提供的劳动是用人单位业务的组成部分等三个要素。也就是说劳动者与用人单位形成劳动关系，则意味着劳动者接受用人单位的管理，从事用人单位安排的工作，成为用人单位的成员，从用人单位领取劳动报酬和受劳动保护。

（2）劳动关系的法律特征。劳动法所规范的劳动关系，主要包括以下三个法律特征：

1）劳动关系是在现实劳动过程中所发生的关系，与劳动者有着直接的联系。

2）劳动关系的双方当事人，一方是劳动者，另一方是提供生产资料的用人单位。

3）劳动关系的一方劳动者，要成为另一方用人单位的成员，要遵守单位内部的劳动规则以及有关制度。

（3）劳动关系的基本内容。劳动关系的基本内容包括劳动者与用人单位之间在工作事件、休息时间、劳动报酬、劳动安全、劳动卫生、劳动纪律及奖惩、劳动保护、职业培训等方面形成的关系；劳动行政部门与用人单位、劳动者在劳动就业、劳动争议以及社会保险等方面的关系；工会与用人单位、职工之间因履行工会的职责和职权，代表和维持职工合法权益而发生的关系等。

（4）处理劳动关系的原则。正确处理劳动关系，应遵循以下原则：

1）兼顾各方利益原则。

2）协商为主的解决原则。

3）以法律为准则。

4）劳动争议预防为主。

2．劳动关系的分类

（1）按实现劳动过程的方式划分。按实现劳动过程的方式来划分，劳动关系分为直接实现劳动过程的劳动关系和间接实现劳动过程的劳动关系两类。

1）直接实现劳动过程的劳动关系。即用人单位与劳动者建立劳动关系后，由用人单位直接组织劳动者进行生产劳动的形式。

2）间接实现劳动过程的劳动关系。即劳动关系建立后，通过劳务输出或借调等方式由劳动者为其他单位服务实现劳动过程的形式。

（2）按劳动关系的具体形态划分。按劳动关系的具体形态来划分，劳动关系可分为常规形式，即正常情况下的劳动关系；停薪留职形式，放长假的形式，待岗形式，下岗形式，提前退养形式，应征入伍形式等。

（3）按用人单位性质划分。按用人单位性质来划分，劳动关系可分为国有企业劳动关系、集体企业劳动关系、三资企业劳动关系、私营企业劳动关系等。

（4）按劳动关系规范程度划分。按劳动关系规范程度来划分，劳动关系分为规范的劳动关系、事实劳动关系和非法劳动关系三类。

1）规范的劳动关系。即依法通过订立劳动合同建立的劳动关系。

2）事实劳动关系。即指用人单位与劳动者没有订立书面合同，但双方实际履行了劳动权利义务而形成的劳动关系。

3）非法劳动关系。即指违反劳动关系法律法规规定，劳动者与用人单位所建立的非法劳动关系。

3．事实劳动关系与非法劳动关系

（1）事实劳动关系的认定。根据《关于确立劳动关系有关事项的通知》，凡符合其第一条、第二条规定的，可认定为事实了劳动关系。即用人单位招用劳动者未订立书面劳动合同，但同时具备下列情形的，劳动关系成立：

1）用人单位和劳动者符合法律法规规定的主体资格；

2）用人单位依法制定的各项劳动规章制度适用于劳动者，劳动者受用人单位的劳动管理，从事用人单位安排的有报酬的劳动；

3）劳动者提供的劳动是用人单位业务的组成部分。

用人单位未与劳动者签订劳动合同，认定双方存在劳动关系时可参照下列凭证：

1）工资支付凭证或记录（职工工资发放花名册）、缴纳各项社会保险费的记录；

2）用人单位向劳动者发放的“工作证”“服务证”等能够证明身份的证件；

3）劳动者填写的用人单位招工招聘“登记表”“报名表”等招用记录；

4）考勤记录；

5）其他劳动者的证言等。

（2）非法劳动关系的认定。依据《工伤保险条例》《非法用工单位伤亡人员一次性赔偿办法》的规定，无营业执照或者未经依法登记、备案的单位以及被依法吊销营业执照或者撤销登记、备案的单位用工情形都属于非法劳动关系的范畴；所有的证照齐全，合法经营的单位，如果雇佣未成年人，即童工的，也属于非法劳动关系。

4．劳动合同的基本认识

（1）劳动合同。根据劳动法第十六条规定，劳动合同是劳动者与用人单位确立劳动关系、明确双方权利和义务的协议。

劳动关系的主体是确定的，即一方是用人单位，另一方必然是劳动者。根据劳动法第十六条规定，建立劳动关系应当订立劳动合同。从实践看，劳动关系的争议主要体现在劳动合同实施的合法性上。

（2）合同约定。劳动合同法第十七条规定劳动合同应当具备以下条款：

1）用人单位的名称、住所和法定代表人或者主要负责人；

2）劳动者的姓名、住址和居民身份证或者其他有效身份证件号码；

3）劳动合同期限；

4）工作内容和工作地点；

5）工作时间和休息休假；

6）劳动报酬；

7）社会保险；

8）劳动保护、劳动条件和职业危害防护；

9）法律法规规定应当纳入劳动合同的其他事项。

劳动合同除前述必备条款外，用人单位与劳动者可以约定试用期、培训、保守秘密、补充保险和福利待遇等双方自主协商的条款。

（3）合同订立。根据劳动合同法第十条规定，建立劳动关系，应当订立书面劳动合同。劳动合同法第三条规定了订立劳动合同原则是合法、公平、平等自愿、协商一致、诚实信用。同时明确依法订立的劳动合同具有约束力，用人单位与劳动者应当履行劳动合同约定的义务。

劳动合同签订的时间，根据劳动合同法相关规定自用工之日起一个月内订立书面劳动合同即可，否则用人单位须向劳动者支付双倍工资；自用工之日起超过一年未与劳动者签订书面劳动合同的，视为双方已经形成无固定期限劳动合同。

按照劳动合同的期限，劳动合同有固定期限的劳动合同、无固定期限的劳动合同和以完成一定的工作为期限的劳动合同等。约定试用期，试用期是包含在劳动合同期限内的；若劳动合同仅约定试用期的，试用期不成立，该期限为劳动合同期限。

高级管理人员签订劳动合同，还需注意保密条款和竞业限制条款的约定。

（4）合同履行。劳动合同履行应由劳动者本人亲自履行，用人单位与劳动者应当按照劳动合同的约定，全面履行各自的义务。用人单位应当依法依约支付劳动报酬，安排加班应当支付加班费；劳动者有权拒绝用人单位违章指挥、强令冒险作业。

（5）合同变更。根据劳动合同法规定，用人单位与劳动者协商一致，可以变更劳动合同约定的内容，但变更的劳动合同须采用书面形式。

（6）合同解除。根据劳动合同法规定，用人单位与劳动者协商一致，可以解除劳动合同。符合劳动合同法第三十八条规定，劳动者可以解除劳动合同；符合劳动合同法第三十九条、第四十条、第四十一条和劳动法第二十四条、第二十五条、第二十六条、第二十七条规定，用人单位可以解除劳动合同。

（7）合同终止。根据劳动合同法第四十四条、劳动法第二十三条规定，劳动合同期满或者当事人约定的劳动合同终止条件出现，劳动合同即行终止。

〖相关法规制度标准〗

1．2018年12月29日第十三届全国人民代表大会常务委员会第七次会议修改的《中华人民共和国劳动法》；

2．2012年12月28日第十一届全国人民代表大会常务委员会第三十次会议修正的《中华人民共和国劳动合同法》；

3．2007年12月29日第十届全国人民代表大会常务委员会第三十一次会议通过的《中华人民共和国劳动争议调解仲裁法》；

4．2015年4月24日第十二届全国人民代表大会常务委员会第十四次会议修正的《中华人民共和国就业促进法》；

5．2018年12月29日第十三届全国人民代表大会常务委员会第七次会议修改的《中华人民共和国社会保险法》；

6．2008年9月3日中华人民共和国国务院第25次常务会议通过的《中华人民共和国劳动合同法实施条例》（国务院第535号令）；

7．2010年12月8日国务院第136次常务会议相关的《工伤保险条例》（国务院第586号令）；

8．2012年12月31日最高人民法院审判委员会第1566次会议通过的《最高人民法院关于审理劳动争议案件适用法律若干问题的解释（四）》（法释〔2013〕4号）；

9．2013年12月20日人力资源社会保障部第21次部务会通过的《劳务派遣暂行规定》（人力资源和社会保障部令第22号）；

10．2005年5月25日劳动和社会保障部发布的《关于确立劳动关系有关事项的通知》（劳社部发〔2005〕12号）；

11．2010年12月31日人力资源和社会保障部第56次部务会议修订的《非法用工单位伤亡人员一次性赔偿办法》（人社部令第9号）。

7.3.2 劳动合同的风险识别与防范

【案例7-3】员工故意不签书面劳动合同是否能得到二倍工资赔偿

T物业公司招聘录用F先生后，多次通知其到公司人力资源部签订书面劳动合同，但F先生一直以物业项目管理处工作紧张等为理由，没有来公司签订书面劳动合同。甚至有两次公司人力资源部顺便到物业项目管理处找F先生签订书面劳动合同，也被其称在外办事回避了。等到F先生入职半年，他来到公司提出辞职，并向公司索要没有签订书面劳动合同的2倍工资。

T物业公司人力资源部经理L女士怎么想，都感觉这事很不正常。于是通过F先生的应聘简历与其就职的上家企业进行了背景调查。结果发现，F先生已经以同样的方式向4家公司索要过2倍工资，并且每次就职时间都是半年。

L女士对此感到非常气愤，但依据劳动合同法第十条、第八十二条规定，T物业公司的确没有与F先生签订书面劳动合同，似乎只能依法赔偿F先生5个月的双倍工资。

分析：T物业公司有权拒绝F先生的无理要求。

劳动合同法第十条规定，建立劳动关系，应当订立书面劳动合同；第八十二条规定，用人单位自用工之日起超过一个月不满一年未与劳动者订立书面劳动合同的，应当向劳动者每月支付2倍的工资。此两个条款的规定的确表明，用人单位和劳动者应当在建立劳动关系的一个月内订立书面劳动合同，规范双方的权利义务。但从立法本意上看，劳动合同法第八十二条对未依法签订书面劳动合同给予2倍工资处罚的目的，在于督促用人单位和劳动者签订书面劳动合同，减少事实劳动关系，以保证劳动关系的和谐有序，而非鼓励劳动者利用这一法律规定，为自己谋取更高的利益，给动机不纯者可乘之机，更不是鼓励F先生这种“职业碰瓷”。

从动机上看，F先生以每半年一次的频率，向用人单位索要未签订书面劳动合同的2倍工资，具有明显的主观恶意。因为F先生的行为表明其知晓、熟悉劳动合同法有关2倍工资的法律规定，其进入公司工作，只是为了获得未签订书面劳动合同的2倍工资，而非建立、维持稳定的劳动关系。劳动合同法第三条规定，订立劳动合同，应当遵循合法、公平、平等自愿、协商一致、诚实信用的原则。F先生的所谓索赔要求，是建立在以损害T物业公司利益而让自己受益的有失公平、诚实信用的一系列躲避签订书面劳动合同的基础上，是明显的主观恶意。

T物业公司应整理其在本公司想方设法回避、拖延与公司签订书面劳动合同的恶意表现，尤其是收集以前4家企业的被F先生所谓索赔2倍工资的恶意行为证据，就可证明F先生明显的主观恶意行为，对其索赔行为坚决拒绝。必要情形下，如采取劳动仲裁或司法诉讼方式进行维权，也会得到劳动仲裁机构或人民法院的支持。

1．劳动合同签订法律风险的识别与防范

劳动合同签订的法律风险，主要表现在劳动合同订立内容或条款、劳动合同订立期限、劳动合同订立形式等方面。

（1）劳动合同订立内容或条款的法律风险。主要表现在劳动合同内容必备条款不完整、不全面，以及关于试用期、试用期工资、抵押金及担保、社会保险、服务期、竞业禁止、违约金等约定不符合法律规定等方面。如合同中没有工作地点、社会保险、劳动保护、劳动条件、职业危害防护等内容的约定，或模糊劳动合同期限、工作内容和工作地点、工作时间和休息休假以及劳动保护、劳动条件和职业危害防护等内容的约定；约定试用期工资标准低于合同约定或同岗位最低档工资的80%，或低于所在地最低工资标准；约定劳动者集资、入股，或收取抵押金、抵押物、保证金、定金等，或要求抵押身份证、学历证书、职业资格证书、技能等级证书等，或提供就业担保人；约定为劳动者缴纳社会保险的条件，只有达到条件才可缴纳社会保险，或试用期不缴纳社会保险；约定竞业禁止期限超过2年，或违约金约定过高，或超出适用对象范围进行竞业禁止约定；约定服务期违约金超过用人单位提供的培训费用；约定服务期和竞业限制以外违约金等情形，导致经济赔偿、行政处罚的法律责任风险。

规避劳动合同订立内容或条款法律风险，要树立守法意识，与劳动者订立劳动合同时，应当依法合理地约定劳动合同中的条款和内容，是物业服务企业应坚守的底线。劳动合同法把劳动合同的内容分为必备条款和其他条款，其中必备条款是在劳动合同中必须约定的条款，必须要给予足够重视，即不可遗漏，还要合法守规。

抵押金及担保方面，劳动合同法第九条明确规定，用人单位招用劳动者，不得扣押劳动者的居民身份证和其他证件，不得要求劳动者提供担保或者以其他名义向劳动者收取财物。因此，绝不允许在劳动合同中有关于抵押金及担保方面的约定。

社会保险方面的合同约定，必须按照法律法规如《社会保险费征缴暂行条例》的相关规定给予劳动者办理社会保险，并可根据工作岗位需要为劳动者办理必要的商业保险。

服务期方面的合同约定，需要明确服务期违约的条件，如培训出资的适用范围和培训期限、违约金额度等。一般情况下，约定服务期需满足用人单位出资一个月以上的脱产培训；培训范围为委托院校或教育机构代培、学历培训、能力培训以及出国或异地培训、进修、研修等，企业内部在职培训不能约定服务期。约定违约金不能高于培训费；承担责任只是服务期尚未履行部分所应分摊的比例。若企业内部在职培训耗资比较大，就可考虑安排一个月以上的脱产培训。

竞业禁止方面的合同约定，首先应明确要明确其范围、对象、期限等，不可超出高层管理者、高级技术人员和涉密人员的范围进行约定；违约金约定要兼顾双方的利益，劳动关系终止后，在竞业限制期限内应给予劳动者一定的经济补偿，若其违反了竞业禁止条款，则应该向企业支付违约金。

违约金方面的合同约定，要清楚地认识到劳动合同法只规定了劳动者违反劳动合同中服务期和竞业禁止约定的情形下，应该向企业支付违约金，其数额由双方在劳动合同中约定，因而不要在此范围外进行违约金约定，因为得不到法律支持。

（2）劳动合同期限的法律风险。主要表现在有关试用期的约定试图不受劳动合同期限约束，未按法律规定与符合条件员工签订无固定期限劳动合同。如不与试用期内的员工签订劳动合同或先签订“试用期合同”，待试用期过后再签订劳动合同；将试用期约定在劳动合同期限以外；约定试用期违反合同期限前提，故意延长或约定法定最长试用期限，或劳动合同仅约定试用期，或约定苛刻的试用期解除条件，以便试用期满解除劳动合同，或约定非全日制用工试用期；未与连续工作满十年或连续订立两次固定期限劳动合同的员工事先协商、解释说明并征得同意的情况下继续签订固定期限劳动合同；未与劳动者协商签订无固定期限劳动合同等情形，导致经济补偿或经济赔偿、行政处罚的法律责任风险。

除此之外，在劳动合同期限不受法律约束的情况下期限设定不合理，也会带来人力资源管理的风险。如劳动合同期限过短地设定为1～2年，不仅造成员工不安全感，人员流失严重，而且连续两个合同期的较易实现带来大量员工签订无固定期限劳动合同，也造成人员沉淀、灵活用工难；劳动合同期限过长地设定为五年以上，造成员工惰性等情形，导致员工队伍不稳定或发展动力不足的风险。

规避劳动合同期限法律风险，首先要坚持守法底线，的确无固定期限劳动合同在一定程度上降低了企业用工灵活性，对企业活力有一定的不利影响，但是在与符合签订无固定期限劳动合同的员工签订固定期限劳动合同前，应在尊重员工权益的前提下，做好深入的动员工作，澄清员工个人利益，并将可能的个人利益损失最小化，并依据员工在本单位工龄情况，设计不同的个性化方案；对坚持签订无固定期限劳动合同的员工，要表示充分的理解。

其次要用好法律规定。物业管理有以物业项目为基本管理单元的“项目制”特点，结合承接物业项目的物业服务合同期限，用好劳动合同法规定的第三种劳动合同形式，即“以完成一定工作任务为期限的劳动合同”，可与员工签订以完成物业项目物业管理为期限的劳动合同，以此保持一定程度的用工灵活性。

最后要合理设定劳动合同期限。试用期和试用期待遇方面的合同约定，要在掌握劳动合同法明确详细规定的基础上，严格遵守这些规定与劳动者进行协商约定，达成一致意见。也可进行岗位薪酬细化，划定更多层级的职位等级和工资分级，在劳动合同中约定基本工资，奖金和效益工资则约定或季度绩效考核确定，避免试用期工资过高并引发系列问题。设定固定期限劳动合同的合同期限，重要的是要有个性化设计的认识，要在全面统计分析用人单位工龄构成的情况下，有针对性地进行个性设计，利用劳动合同期限进行淘汰管理、激励管理，而不是全员一致的无差异福利。淘汰管理，可根据员工的考核结果，以及岗位人员配置情况，决定不再与员工延续劳动关系，提前通知员工，如期终止劳动合同；激励管理，与表现好的员工续签劳动合同。首次劳动合同期限签订应设定为3～5年，这样可得到最长6个月的试用期（但不是要用足6个月），对员工岗位胜任力有充分的考核认识。根据员工的首次合同期间表现情况，确定第二次劳动合同期限，对表现优异者可设定较短的合同期限，将取得无固定期限劳动合同作为激励手段；对表现不佳者设定较长且两个合同总期限不超过10年的合同期限，以示督促。劳动合同终止前，即使企业有意延续劳动关系，也要先向员工发出合同即将终止通知书，征求员工是否续签以及续签合同类型的意见，如果员工愿意续订，并且续订合同期限与企业想法一致，则可续签；如果员工提出签订无固定期限合同，则向其发出终止合同意向书。应对固定期限合同，还可以采用合同终止再招聘的方式。

（3）劳动合同订立形式的法律风险。主要表现在未按照法律规定的形式与劳动者签订劳动合同，劳动合同文本不规范，未将与劳动者订立的劳动合同文本送达给劳动者。如用人单位不与劳动者签订书面劳动合同，或只向劳动者口头承诺达成协议；用人单位的劳动合同文本没有统一格式和条款，劳动合同内容不够具体完整，条款内容违背劳动法、劳动合同法规定；合同内容不公平，偏袒用人单位，用人单位的权利规定得多且清楚，而劳动者的权利则规定得少且模糊；使用用人单位格式合同时，没有提醒劳动者认真阅读和研究合同条文，可以对自己不清楚或有疑义的内容提出询问，经反复沟通后确认；签订后的合同没有送达劳动者，或送达劳动者的劳动合同与用人单位留存建档的劳动合同文本内容不一致；发放劳动合同时未要求劳动者签收等情形，导致事实劳动关系认定、阴阳合同、侵犯权益、补缴社会保险、经济赔偿、行政处罚的风险。

规避劳动合同订立形式法律风险，首先要建立先签约后用工制度。树立与劳动者签订劳动合同后用工的认识，建立订立劳动合同制度与作业规范，与劳动者确定劳动关系，就须签订书面劳动合同，并依法在一个月内完成合同签订；劳动合同终止后继续聘用者，应依法续签书面劳动合同；对劳动者因故或拒不签订书面劳动合同的情况，应要求提交本人签字的书面说明，对拒不签订的保留相关证据。然后要确定劳动合同签订规范程序。签订劳动合同，应在指定地点和时间经专人监督签订经协商确认、格式规范的书面劳动合同，并确保是劳动者本人签订；签订书面劳动合同应一式多份，由用人单位人力资源部门、档案室、劳动者分别保管；发放或送达给劳动者的劳动合同应与用人单位保管的劳动合同保持内容、格式等文本规范的一致性；按约定时间向劳动者发放或送达劳动合同时应落实签收制度，请劳动者本人签署回执；运用计算机技术实行劳动合同管理，设置签约提前预警程序，避免因疏忽导致过期未签订或续签劳动合同；与劳动者签约同时，建立员工名册，及时将劳动者信息登入员工名册。

2．劳动合同履行法律风险的识别与防范

劳动合同履行的法律风险，主要表现在劳动报酬、加班与加班工资、劳动安全和劳动保护、管理制度等方面。劳动安全和劳动保护、管理制度等内容在本教材其他单元多有述及，这里不再赘述。

（1）劳动报酬的法律风险。主要表现在劳动报酬的构成、劳动报酬标准、加班事实、加班时数、加班工资计算基数等方面。如合同对薪酬约定不明确；未按照劳动合同的约定及时足额支付劳动报酬；自主订立薪酬方案，以工资加奖金的收入替代工资且实际工资低于所在地最低工资标准；未按照规定或约定支付加班工资；以综合工时制为由不支付加班工资；模糊约定工作时间以消除加班工资；加班工资确定基数不明确；与劳动者约定固定加班工资；法定节假日以安排员工调休取代支付加班工资；以“奖金”“节日福利”“节日补助”等名目发放加班工资；未在劳动合同中约定事假、病假是否发放工资的依据与标准等情形，导致重复支付加班费、补充支付加班费差额、劳动者申请支付令、经济赔偿、行政处罚的法律责任风险。

规避劳动报酬法律风险，首先要通过规章制度和劳动合同明确有关劳动报酬的约定。用人单位应根据《关于工资总额组成的规定》等规章政策合理设计工资福利结构，明确劳动报酬的构成及标准；交通补贴、差旅费、午餐费、通信费等，不得列入工资项目；设立年终奖的用人单位须通过制度或合同约定离职人员是否享受年终奖金。

其次要规范加班和加班费管理。明确加班费支付标准，尤其要在劳动合同中明确加班工资的计算基数，即计入加班工资的工资项目和具体标准。制定加班管理制度，明确加班管理要求，对确实需要加班的，实行加班申请审批制；规范加班考勤，考勤记录和加班记录需经员工书面确认并建档留存；规范加班工资发放与工资签收管理，及时足额支付员工加班费或调休，应将出勤时数、加班时数、工资、加班工资、各类假期工资等明确单列在工资单上，由员工签收确认并建档留存。对高级管理人员，用人单位可申请实行不定时工作制，并在劳动合同中约定不再另行支付其加班工资。

再次要明确各类假期工资的计算标准。法定节假日的工资发放须依据法律规定执行；事假、病假应在劳动合同中约定。员工因私请假视为事假，按照请假天数来扣除相应的当日工资；但在法定工作时间内依法参加选举活动、法院出庭等社会活动的，应视同其提供了正常劳动。病假工资发放依据《劳动部关于贯彻执行〈中华人民共和国劳动法〉若干问题的意见》第五十九条规定，不能低于最低工资标准的80%。

最后要做好劳动报酬争议与证据管理。劳动报酬争议的举证责任，由用人单位承担；用人单位不能举证或举证不力，将承担不利后果。日常管理中，需做好值班记录、生产会议纪要等可能引起加班事实争议的证据管理，建档留存，防止因此产生加班工资争议；遇到经营不善，迫不得已延迟或不能足额发放工资时，要提前与员工沟通，征得员工的书面同意，建档留存，作为发生劳动纠纷时的证据。

（2）缴纳社会保险费的法律风险。主要表现在不缴纳社会保险或部分缴纳社会保险。如未给试用期内的员工缴纳社会保险费；受到上一年度内部处罚如严重警告以上处分的员工不缴纳当年的社会保险费；与员工集体协商缴纳社会保险费的工资基数；异地员工个人缴纳社会保险费，公司给予报销；异地社会保险转移时差造成社保不能及时续接甚至中断；与不愿缴纳社会保险的员工签订“自愿放弃参加社会保险协议书”等情形，导致补缴社会保险、经济赔偿、行政处罚的法律责任风险。

规避缴纳社会保险费法律风险，首先要遵守劳动合同法、《中华人民共和国社会保险法》（以下简称社会保险法）的规定，用人单位与员工只要双方存在劳动关系，用人单位就有缴纳社会保险费的义务，必须及时足额为员工缴纳各项社会保险费，没有自行选择是否缴纳的权利；用人单位内部以任何形式自行规定试用期内员工和部分受处分的职工不缴纳保险费，或与员工签订“自愿放弃参加养老保险协议书”的行为，都不受法律保护。其次用人单位要清楚地认识到劳动合同法赋予了员工因用人单位未及时缴纳社会保险费解除劳动合同并获得经济补偿的权力；要清楚社会保险费缴费标准，法律规定的应按员工全部工资性收入缴纳，只有超过当地规定的缴费上限的部分才不计入缴纳的范围；用人单位不得擅自确定或与员工协商约定工资缴纳额度少缴社会保险费。

3．劳动合同变更法律风险的识别与防范

劳动合同变更的法律风险。主要表现在用人单位的变化，员工岗位调整、报酬调整。如企业名称、法人代表发生变化，或企业发生合并、分立，未与员工变更劳动合同；社会经济、法律环境变化，原劳动合同失去适用性，未与员工变更劳动合同；未与员工沟通一致即调整员工工作岗位、工资报酬，或虽与员工协商一致后实施调整员工工作岗位、工资报酬，但未与员工签订劳动合同变更协议，或经员工确认同意的其他劳动合同变更记录；对安排参加培训的员工，未做“专项培训费用和服务期”的劳动合同变更；员工升职或调用保密岗位，未做“竞业限制与保密义务”的劳动合同变更；劳务派遣工或外借用工，未做相应的劳动合同变更；绩效管理过程未能提供充足的员工表现事实和数据情况下的岗位调整等情形，导致经济赔偿、行政处罚的法律责任风险。

规避劳动合同变更法律风险，首先要规范劳动合同变更管理。加强劳动合同变更的依法、规范要求，严格按照劳动合同法规定，凡是涉及劳动合同约定内容变更，都需要签订书面变更协议，尤其是合同期限、工作内容和工作地点、工作时间和休息休假、劳动报酬等合同核心内容和条款变更的，要及时与员工签订劳动合同变更协议，或者通过其他书面形式，如面谈记录、岗位调整意见函，确认员工同意变更劳动合同内容。

其次要强化绩效管理，做好员工绩效考核记录，形成绩效管理档案。劳动合同法规定劳动合同中应当约定劳动报酬，但用人单位为了增强发展动力，需要制定灵活的薪资激励政策，通过加大绩效加薪、浮动薪酬和长期激励的比例，达到激励员工上进的目的。而加薪、浮动薪酬的实质就是变更劳动合同的劳动报酬内容，要求绩效管理作为劳动合同变更的依据，应准确无误，确保变更劳动合同有理有据，公平公正，减少不必要的劳动争议。

再次要重视做好用人单位合并、分立、变更名称及法人等情况的劳动合同的变更，掌握用人单位变化时劳动合同的处理要求，即企业的名称、法人、投资人、主要负责人发生变化时，劳动合同继续履行；企业发生合并、分立等情况时，需与员工在平等自愿的原则下变更劳动合同，并做好变更劳动合同的书面证据。

最后要慎用单方变更劳动合同权。劳动合同法第四十条规定，员工患病或者非因工负伤，或不能胜任工作，以及劳动合同订立时所依据的客观情况发生重大变化致使劳动合同无法履行，用人单位可单方变更劳动合同。但这要求用人单位必须提供充分举证以证实员工因病因伤、不能胜任工作以及客观情况发生重大变化，用人单位应做好日常工作的痕迹管理，规范绩效管理，留存充足的档案。

4．劳动合同解除或终止法律风险的识别与防范

（1）劳动合同解除的法律风险。主要表现在书面形式结束劳动关系、过错性解除、非过失性解除风险、单方解除劳动合同、经济补偿金、违约金等。如口头通知员工，未以书面形式明确结束劳动关系，并由员工签字确认；绩效考核末位淘汰制对绩效不佳员工的处理缺乏有说服力的业绩管理过程记录；因病因伤或员工不适应岗位解除劳动合同；未有充分理由证明解除劳动合同；因病因伤或员工不适应岗位且不能从事新的岗位以及用人单位生存环境重大变化解除劳动合同，未支付经济补偿金；解除劳动合同后员工未履行工作交接办理义务；用人单位未及时为解除劳动合同员工办理离职手续，或因解除劳动合同员工未履行工作交接办理义务而不予办理离职手续；未按约定支付给解除劳动合同受竞业限制员工在受竞业限制期限内的经济补偿；服务期或竞业限制违约金约定过高；员工集体辞职，或核心员工辞职以及其引起集体跳槽；用人单位未听取工会或者员工意见，未向政府劳动主管部门报告进行裁员等情形，导致经济赔偿、行政处罚的法律责任风险。

规避劳动合同解除法律风险，首先要建立劳动合同解除管理制度，尤其是规范的作业程序。应以书面形式明确结束劳动关系，由解除劳动合同员工签字确认，并建档留存。重视绩效管理在劳动合同解除过程中的作用，对过错性解除劳动合同制度的依据制定要严密细致，细化试用期录用条件，细化严重违纪违规行为，量化重大损害；建立员工不胜任岗位的标准，做好绩效考评日常工作的详细记录，书面通知员工调整岗位，并要求签收；对不胜任工作的员工培训时，要与其书面确认培训记录，以上书面记录均要求涉事员工签字确认，并建档留存，这对惩处性地解除不合格员工的劳动合同尤为重要。

其次，对因病因伤或员工不适应岗位这两种非过失性解除劳动合同的情形，不能直接解除劳动合同，应谨慎对待法律规定须遵循的程序，即因病因伤需经另行安排工作仍不能从事；员工不适应岗位需先培训或调岗，仍不能胜任工作；而客观情况发生重大变化的，需先与员工协商变更劳动合同不成，方可启动解除劳动合同程序。但此时须注意，选择额外支付一个月工资解除劳动合同比提前三十日以书面形式通知再解除劳动合同，风险小得多。

再次要做好解除劳动合同的工作交接风险。企业利用制度规定来规范员工的离职工作交接，就需要在劳动合同中须有员工离职时应严格按照公司的规章制度办理交接手续的约定，减少员工离职不进行工作移交带来的潜在风险。由于员工离职办理工作交接，与劳动手续办理是分属于员工与公司各自的义务，没有先后履行之序，企业不能因为员工未履行工作交接办理义务而不予办理离职手续；对涉密员工解除劳动合同，除事先在劳动合同应由竞业限制约定外，离职前应严格履行工作交接手续，并签订严格的保密协议书，以合同规范其离职后的保密行为。

又次要在劳动合同中明确约定竞业限制期限内经济补偿金标准与支付要求，劳动合同解除后，要按原劳动合同约定按月支付竞业限制期限内的经济补偿金；对于协商解除劳动合同的，法律规定只有用人单位提出解除劳动合同，才会支付给被解除劳动合同员工经济补偿金，如果是员工提出离职是不需补偿的，因而用人单位尽量不要主动提出解除劳动合同，可用改变环境压力的措施让员工提出离职；对于赔偿金，用人单位应遵守法律规定，在合理合法的原则下灵活应用，规范好自身行为；违约金是由履行服务期义务、竞业限制义务员工在违反义务时承担并支付给用人单位的，应本着尊重员工、杜绝风险、额度适当的原则约定其支付标准。

次之要做好员工辞职控制，尤其是控制好核心员工离职的情形。对于员工辞职，应调查清楚员工离职背后的影响因素，为以后防范离职风险提供依据；对核心员工要制定严格的劳动合同约束，必要时可采用法律手段维护用人单位利益；加强对核心员工心理干预，强化其忠诚度；对员工主动离职单方面解除劳动合同的，要求其填写“员工解除劳动合同申请书”，明确是员工个人原因单方面提出解除劳动合同的。

最后要建立用人单位裁员制度与规范的作业程序。用人单位裁员，须依照法律规定逐步实施，应当提前30日向工会或者全体职工说明情况，听取工会或者职工的意见后，向劳动部门报告，方可裁员；不能随意使用裁员方式解除员工劳动合同。用人单位以裁员方式单方面解除劳动合同，需在“解除劳动合同通知书”中明确解除的理由、事实与时间；对于双方协商解除的，需在“解除劳动合同通知书”中明确表述“经双方协商一致解除劳动合同”和协商解除的时间。

（2）劳动合同终止的法律风险。主要表现在书面形式结束劳动关系、交接工作、离职仍工作等。如终止劳动合同后员工未履行工作交接办理义务；用人单位未及时为终止劳动合同员工办理离职手续，或因终止劳动合同员工未履行工作交接办理义务而不予办理离职手续；未按约定支付给终止劳动合同受竞业限制的员工在受竞业限制期限内的经济补偿；合同终止后员工仍在原单位工作形成事实劳动关系等情形，导致经济赔偿、行政处罚的法律责任风险。

规避劳动合同终止法律风险，首先要建立劳动合同终止管理制度，尤其是规范的作业程序。人力资源部门应加强对合同期限的管理，利用计算机进行期满预报；确定劳动合同终止后，应及时以书面形式明确劳动关系终止，由终止劳动合同员工签字确认，并建档留存。其次要制定“终止劳动合同通知书”“终止劳动合同书”等文本，建立书面手续制度，实现劳动合同管理规范化，避免在劳动合同管理过程中因遗漏书面手续而造成的事实劳动关系或其他纠纷。最后对于到期终止劳动合同的，需在“终止劳动合同通知书”中明确在原劳动报酬及岗位不变的情况下，哪一方主动提出终止劳动合同的。

思考题

1. 简述规避劳动合同期限法律风险的要点。
2. 简述规避劳动合同解除法律风险的要点。

实训练习题

基础理论知识

一、单项选择题

1. 劳动关系是指用人单位与劳动者在实现劳动与就业过程中形成的（　），也是用人单位与劳动者之间，依法所确立的劳动过程中的权利义务关系。
   A. 合同关系　　B. 经济关系
   C. 雇佣关系　　D. 社会关系
2. 用人单位自（　）之日起即与劳动者建立劳动关系。
   A. 聘用　　B. 录用　　C. 用工　　D. 录入
3. 用人单位依法制定的各项劳动规章制度适用于劳动者，劳动者受用人单位的劳动管理，从事用人单位安排的有报酬的劳动属于（　）。
   A. 规范的劳动关系　　B. 规制的劳动关系
   C. 书面合同劳动关系　　D. 事实劳动关系

4.（ ）是劳动者与用人单位确立劳动关系、明确双方权利和义务的协议。

A. 劳务合同 B. 劳动合同 C. 雇佣合同 D. 雇工合同

5. 自用工之日起超过一年未与劳动者签订书面劳动合同的，视为双方已经形成（ ）。

A. 固定期限的劳动合同

B. 无固定期限劳动合同

C. 以完成一定的工作为期限的劳动合同

D. 临时劳动合同

二、多项选择题

1. 有关劳动关系的相关立法主要调整劳动者与用人单位之间的劳动权利义务的（ ）。

A. 设立 B. 变更 C. 调整

D. 中止 E. 消灭

2. 正确处理劳动关系，应遵循（ ）等原则。

A. 兼顾各方利益原则 B. 协商为主的解决原则

C. 以法律为准则 D. 劳动争议预防为主

E. 仲裁解决为主原则

3. 按劳动关系规范程度来划分，劳动关系分为（ ）等。

A. 规范的劳动关系 B. 规制的劳动关系

C. 书面合同劳动关系 D. 事实劳动关系

E. 非法劳动关系

4. 劳动合同履约期间，涉及的合同情形有（ ）等。

A. 合同订立 B. 合同履行 C. 合同变更

D. 合同解除 E. 合同终止

5. 劳动者是指（ ）的自然人。

A. 达到法定年龄

B. 具有专业技能和职业资格

C. 依据法律或合同的规定

D. 以从事某种社会劳动获得收入为主要生活来源

E. 在用人单位的管理下从事劳动并获取劳动报酬

案例分析题

1．分析本案例，指出K物业公司解除试用期劳动关系的风险责任，并说明理由和依据。

案情：F女士于2019年4月23日进入K物业公司任职。双方没有签订书面劳动合同，仅仅只是口头约定试用期一个月，试用期内工资8000元。2019年5月11日，K物业公司以F女士不符合录用条件为由解除劳动关系。

F女士对K物业公司的决定持有异议，向当地劳动争议仲裁委员会申请仲裁，要求K物业公司支付违法解除劳动关系的赔偿金。

在仲裁处理中，K物业公司认为，F女士入职后多次请假，工作成果亦不能满足要求，且部门内其他员工对其认可度较低，这属于试用期内不符合录用条件的情形，K物业公司解除劳动合同符合规定。

F女士则提出，K物业公司未与其签订书面劳动合同，也未对录用条件进行明确约定说明，仅对试用期及试用期内工资水平进行口头约定，不能以试用期间不符合录用条件解除劳动合同，同时，自己每次请假都履行了请销假手续，是正当的，工作成果符合要求与否，K物业公司并无明确标准。在仲裁委审理过程中，K物业公司未能就录用条件及告知情况进行举证。

2．分析本案例，指出L物业公司解除劳动合同的风险责任，并说明理由和依据。

案情：X女士进入L物业公司，担任某项目管理处内勤一职。年底，L物业公司称因经营不善进行内部岗位调整，决定将X女士调整至项目管理处管家岗位。X女士当即表示两个岗位的工作内容相差太大，不同意调岗。新年后，L物业公司通知X女士于1月10日前至管家岗位报到，否则按照旷工处理。X女士仍然表示不同意调岗，并连续7天未到新岗位上班。

L物业公司以X女士旷工7天为由，根据公司员工手册中的规定对X女士作出了解雇决定。X女士不服该处理决定，申请劳动争议仲裁，要求L物业公司支付违法解除劳动合同的赔偿金。

参考文献

［1］ 鲁捷．物业管理项目实务[M]．沈阳：辽宁人民出版社，2009.

［2］ 中国物业管理协会设施设备技术委员会．物业承接查验操作指南[M]．北京：中国市场出版社，2013.

［3］ 中国物业管理协会设施设备技术委员会．物业设施设备管理指南[M]．北京：中国市场出版社，2018.

［4］ 鲁捷．新编物业管理法规案例分析[M]．大连：大连理工大学出版社，2014.

［5］ 鲁捷．物业管理法律法规[M]．北京：清华大学出版社，北京交通大学出版社，2017.

［6］ 鲁捷．物业管理实务[M]．北京：机械工业出版社，2021.

［7］ 鲁捷．物业管理法规[M]．北京：电子工业出版社，2012.

［8］ 鲁捷．物业管理案例分析与技巧训练[M]．北京：电子工业出版社，2019.

［9］ 鲁捷．物业管理基础知识[M]．北京：清华大学出版社，北京交通大学出版社，2011.

［10］ 上海华联物业管理有限公司．华联商业物业管理企业标准[M]．上海：上海科学技术出版社，2004.

［11］ 王比刚，王寿华．物业管理服务常见问题100例[M]．北京：中国建材工业出版社，2010.

［12］ 邵小云．物业服务改进全案[M]．北京：化学工业出版社，2012.